马克思主义研究文库

地域发展经验思考
以云南省民族地区为视角

李普者　王明东　李甫保 | 著

光明日报出版社

图书在版编目（CIP）数据

地域发展经验思考：以云南省民族地区为视角 / 李普者，王明东，李甫保著． -- 北京：光明日报出版社，2023.5

ISBN 978-7-5194-7283-2

Ⅰ.①地… Ⅱ.①李…②王…③李… Ⅲ.①民族地区经济—区域经济发展—研究—云南 Ⅳ.①F127.74

中国国家版本馆CIP数据核字（2023）第096213号

地域发展经验思考：以云南省民族地区为视角
DIYU FAZHAN JINGYAN SIKAO：YI YUNNANSHENG MINZU DIQU WEI SHIJIAO

著　　者：李普者　王明东　李甫保	
责任编辑：杜春荣	责任校对：房　蓉　贾　丹
封面设计：中联华文	责任印制：曹　净

出版发行：光明日报出版社

地　　址：北京市西城区永安路106号，100050

电　　话：010-63169890（咨询），010-63131930（邮购）

传　　真：010-63131930

网　　址：http://book.gmw.cn

E － mail：gmrbcbs@gmw.cn

法律顾问：北京市兰台律师事务所龚柳方律师

印　　刷：三河市华东印刷有限公司

装　　订：三河市华东印刷有限公司

本书如有破损、缺页、装订错误，请与本社联系调换，电话：010-63131930

开　　本：170mm×240mm			
字　　数：370千字		印　张：20	
版　　次：2024年6月第1版		印　次：2024年6月第1次印刷	
书　　号：ISBN 978-7-5194-7283-2			

定　　价：98.00元

版权所有　　翻印必究

目 录
CONTENTS

绪 论 ·· 1
  一、研究的对象 ·· 1
  二、研究的现状 ·· 2
  三、研究的思路和方法 ·· 5
  四、研究的基本框架 ··· 6

第一章 新中国成立前的云南民族地区 ··· **10**
  一、各民族共同缔造了富饶美丽的云南 ·· 10
  二、云南各民族的分布格局和多种社会经济、政治组织形态 ············ 14
  三、秦汉至元明清历代中央王朝对云南民族地区的经略和治理 ········ 16
  四、民国中央及地方政府对云南民族地区的治理 ····························· 18
  五、历史上的统治者在云南民族地区造成的民族矛盾和问题 ············ 20
  六、马克思主义和中国共产党的民族政策在云南民族地区的宣传和传播
     ·· 22

第二章 中国共产党团结民族上层，解放和稳定云南民族地区的实践
     与经验 ·· **24**
  一、新中国成立前的云南土司和国民党滇系地方实力派民族上层人士
     ·· 24
  二、中国共产党团结民族上层，解放和稳定云南民族地区的实践 ······ 28
  三、中国共产党团结民族上层，解放和稳定云南民族地区的基本经验
     ·· 46

第三章　中国共产党通过民族调查，摸清云南民族地区"区情"的实践与经验 ········· 50
　　一、民国时期中央政府及云南地方政府对云南少数民族的认识 ········· 50
　　二、中国共产党在云南进行民族调查，摸清民族地区"区情"的实践
　　　　··· 64
　　三、中国共产党通过民族调查，摸清云南民族地区"区情"的基本经验
　　　　··· 77

第四章　中国共产党通过民主改革，使云南民族地区走上社会主义道路的实践与经验 ········· 81
　　一、新中国成立初期，云南民族地区的社会形态 ········· 81
　　二、中国共产党通过民主改革，使云南民族地区走上社会主义道路的
　　　　实践 ·· 86
　　三、中国共产党通过民主改革，使云南民族地区走上社会主义道路的
　　　　基本经验 ·· 105

第五章　中国共产党在云南培养选拔和使用民族干部，为治理民族地区提供组织保证的实践与经验 ········· 110
　　一、新中国成立前云南少数民族干部状况 ········· 110
　　二、中国共产党在云南培养选拔和使用民族干部，为治理云南民族地区
　　　　提供组织保证的实践 ·· 113
　　三、中国共产党在云南培养选拔和使用民族干部，为治理民族地区提供
　　　　组织保证的基本经验 ·· 132

第六章　中国共产党实行民族区域自治，治理云南民族地区政权问题的实践与经验 ········· 138
　　一、中国共产党解决民族问题正确道路的探索 ········· 138
　　二、中国共产党实行民族区域自治，治理云南民族地区政权问题的实践
　　　　··· 144
　　三、中国共产党实行民族区域自治，治理云南民族地区政权问题的基本
　　　　经验 ·· 156

第七章　中国共产党治理云南民族地区经济发展问题的实践与经验 ········· 164
一、云南民族地区经济建设的自然环境和经济基础 ········· 164
二、中国共产党治理云南民族地区经济发展问题的实践 ········· 172
三、中国共产党治理云南民族地区经济发展问题的基本经验 ········· 194

第八章　中国共产党治理云南民族文化发展问题的实践与经验 ········· 200
一、博大精深的云南民族传统文化 ········· 200
二、中国共产党治理云南民族文化发展问题的实践 ········· 209
三、中国共产党治理云南民族文化发展问题的基本经验 ········· 228

第九章　中国共产党治理云南民族地区教育、医疗卫生和社会保障问题的实践与经验 ········· 233
一、新中国成立前，云南民族地区的教育、医疗卫生和社会保障状况 ········· 233
二、中国共产党治理云南民族地区教育、医疗卫生和社会保障问题的实践 ········· 240
三、中国共产党治理云南民族地区教育、医疗卫生和社会保障问题的基本经验 ········· 268

第十章　中国共产党建设民族法制，为依法治理云南民族地区提供法制保障的实践与经验 ········· 273
一、新中国成立前，云南民族地区的习惯法和成文法 ········· 273
二、中国共产党建设民族法制，为依法治理云南民族地区提供法制保障的实践 ········· 284
三、中国共产党建设民族法制，依法治理云南民族地区提供法制保障的基本经验 ········· 297

主要参考文献 ········· 302
后　记 ········· 308

绪 论

云南位于中国西南边陲，幅员辽阔，东邻贵州省和广西壮族自治区，北接四川省和西藏自治区，西部和西南部与缅甸毗连，南部与越南、老挝两国接壤。从海陆位置看，云南位于亚欧大陆东南部的内陆；从文化区位看，云南处于历史上众多民族流动、迁徙和频繁交往，众多文化交汇叠加的边缘地带。云南陆地疆界4061千米，面积39.4万平方千米，占全国陆地总面积的4.1%。云南民族众多，世居民族有26个，其中世居的25个少数民族中，15个民族为云南所特有，16个民族跨境而居，是中国多民族国家的缩影。中国共产党治理云南民族地区的实践与经验大体上能反映党治理多民族地区的状况。党治理云南民族地区，从时间上来说这里是指从新中国成立到现在。新中国成立，结束了国民党对云南的统治，终结了云南残存的土司制度，云南民族地区的治理开始了一个崭新的时代。中国共产党在治理云南民族地区的过程中，创造性地解决了云南民族地区的诸多问题；既有成功的经验，也有挫折，既有坚持，也有革新，逐步形成了治理体系。《地域发展经验思考：以云南省民族地区为视角》力图比较系统地阐述中国共产党治理云南民族地区的实践过程，总结基本经验，构建党对云南民族地区的治理体系，为党治理多民族地区提供借鉴。

一、研究的对象

中国共产党治理云南民族地区的实践与经验，是本课题研究的对象。

何为"治理"？所谓治理"是指各种公共的或私人的个人和机构管理其共同事务的诸多方式的总和，是使相互冲突或不同利益得以调和并采取联合行动的持续过程；它包括有权迫使人们服从的正式制度和规则以及各种人们同意或符合其利益的非正式制度安排"[1]。新中国成立以来，中国共产党始终是治理云南民族地区最主要的主体，是变革云南民族地区治理体系的主要推动力量。中国

---

[1] 俞可平. 治理与善治[M]. 北京：社会科学文献出版社，2000：270-271.

共产党对云南民族地区的治理是全方位的，涵盖了云南民族地区的政治、经济、文化、社会和生态文明建设以及民族宗教和群体性事件等问题。中国共产党在治理云南民族地区的实践中，对云南民族地区的建设与发展的诸多领域发挥了重要的作用，形成了独具特色的对云南民族地区的治理经验。

中国共产党治理云南民族地区的实践与经验，是党治理整个云南的实践及其经验的组成部分，是党治理中国边疆少数民族地区的全盘谋划和策略的组成部分。云南有8个民族自治州、29个民族自治县、140个民族乡（2020年），少数民族自治地方的面积占云南全省面积的70.2%，是全国民族自治地方最多的省。云南有25个世居少数民族，立体、交错分布，形成大杂居、小聚居的格局。壮、傣两族主要居住在河谷地区；纳西、白、阿昌、蒙古、布依、水、回、满等民族和部分彝族主要聚居在坝区；哈尼、拉祜、基诺、瑶、景颇、佤、德昂、布朗等民族和部分彝族，居住在半山区；苗、傈僳、藏、普米、怒、独龙等民族和部分彝族，主要聚居在高山区。全省没有一个单一民族县（市），也没有一个民族只住一个县（市）。同时，云南各民族地区经济发展程度、社会发育程度、文化习俗及社会心理等都有极大的差异。云南民族地区的客观实际，自然要求中国共产党探索与全国不同的途径，采取与全国不同的方式方法来治理云南民族地区。另外，由于历史背景、经济发展、政治形态、社会结构、文化传统等方面的差异，在不同的历史阶段，中国共产党治理云南民族地区的途径、方式方法也不尽相同。

基于以上考虑，中国共产党治理云南民族地区的实践与经验研究以马克思主义民族理论为指导，以中国共产党从1949年12月接管云南政权到2016年这60多年治理云南民族地区的经验为线索，以中国共产党治理云南民族地区的实践为基础，以中国国情和云南民族地区的特殊"区情"为依据，着眼于从整体上分析、探讨和研究中国共产党治理云南民族地区的问题，总结经验，科学把握党治理云南民族地区的特点和规律，揭示党对云南民族地区的治理体系，为党治理多民族地区服务，为党推进民族地区治理体系现代化服务。

二、研究的现状

第三次民族主义浪潮于20世纪80年代末90年代初在全球兴起，并延伸至21世纪初，民族宗教问题成为热点和人们关注的焦点。随着社会对中国共产党治理少数民族及其宗教问题的关注，学术界对党治理民族地区（包括云南民族地区）的研究已成为热点之一。这些研究侧重于从整体上研究中国共产党对边疆的治理以及如何治理云南民族地区，但对于党是如何治理云南民族地区的研究较少，特别是针对党治理云南民族地区的实践与经验的系统总结明显欠缺。在此，我们试就目前所掌握的有关治理云南民族地区的研究成果进行了分类，主要有以下七个方面：

（一）关于中国边疆治理的研究

主要研究包括云南民族地区在内的中国边疆治理。主要论著有：陈霖著的《中国边疆治理研究》，探讨了边疆民族问题、边疆宗教问题、边疆认同问题、边疆陆权问题、边疆海权问题、边疆发展问题以及边疆防卫问题，提出了边疆治理的若干政策与制度；周平著的《中国边疆治理研究》，探讨了边疆治理的一些基本理论问题以及现实问题，对边疆治理提出了理论构建、制度构建和实践构建的设想；朱秦的《边疆民族地区和谐治理——在应急管理框架下的考察》，提出和谐治理的主体是多元的、基本立足点是多元治理、心理基础是信任；周平著的《当代中国的陆地边疆治理》，认为陆地边疆治理的实质就是从异质性走向同质性的过程。陆地边疆治理的过程是逐步消除陆地边疆与国家核心区之间的显著差距，最终达到"同"的理想状态。相关学术论文有：李邦伟的学位论文《建国以来我国边疆治理模式的变迁及重构研究》，以云南为例探讨了新中国边疆治理模式的变迁及其重构，提出了构建以规制主义为基础、以区域主义为核心、以族际主义和情感主义为必要补充的边疆治理模式体系；舒婕的学位论文《我国现代国家建设中的边疆治理研究——以云南少数民族地区为例》，对边疆治理提出了一些对策性的思考。

（二）关于执政方略的研究

主要研究中国共产党的执政方略及党在边疆民族地区的执政方略。主要论著有：钟世禄等著的《中国共产党在边疆少数民族地区执政方略研究》，对党在边疆民族地区执政方略形成的历史背景和发展过程、运行规律、经验教训以及实现需求等进行了较为全面、系统、深入的研究；张建德编著的《中国共产党执政方略研究》，阐述了党的执政历程、党的执政理论、党的执政基础、党的执政机制、党的执政方式，提出了党的现代化建设基本思路；徐中著的《中国共产党的执政方略研究》，阐述了党的执政方略的几个基本问题、新时期党的执政方略的主要内容，提出了发展完善党的执政方略的基本原则和思路；周平著的《中国边疆政治学》，以边疆的形成及发展、边疆的社会和人民、边疆的政治制度与政府、边疆的开发与建设、边疆的民族及宗教问题、边疆的社会与政治稳定等有关边疆政治学的重要议题作为研究内容和基本框架，对构建边疆政治学的知识体系进行了可贵的探索；吴楚克编著的《中国边疆政治学》，阐述了边疆政治学的理论方法、边疆政治学的理论前提、边疆政治制度等。

（三）关于民族地区公共治理的研究

主要研究包括云南民族地区在内的边疆民族地区的公共治理。主要论著有：李俊清的《族群和谐与公共治理》，从政治学与公共管理的角度，探讨了民族地区公共治理、边疆治理等相关问题；张燚著的《中间权力网络与边疆基层治理：边疆多民族地区基层治理的组织基础》，提出治理现代化是边疆多民族地区基层治理的发展方向，国家与社会的协作是实现边疆多民族地区基层治理现代化的基础，中间权力网络的现代化则是实现边疆多民族地区基层治理现代化的组织路径。相关学术论文有周汝永的学位论文《民族地区公共治理研究——西双版纳自治州的实证分析》，以西双版纳为例论述了民族地区公共治理的历史变迁、现状及问题。

（四）关于中国共产党的民族政策在云南的实践研究

主要研究党的民族政策在云南的实践。主要论著有：赵新国著的《新中国民族政策在云南的实践与经验研究》一书，对党和国家的民族政策体系进行了分类，阐述了云南省委、省政府贯彻落实党的民族政策的历程；赵新国的另一论著《民族政策的实践与发展——以改革开放以来的云南为例》，阐述了改革开放以来党的民族政策在云南的独创性实践与发展的历程，深化和细化了党和国家的民族政策在云南的实践与发展。相关学术论文有杨宗亮的《中国共产党的民族政策在云南的实践》，回顾了党的民族政策在云南执行的过程和取得的成就，分析了党的民族政策在云南实践的特点以及在实践中所取得的经验。

（五）关于群体性事件的治理研究

主要研究群体性事件的治理。主要论著有：马青、黄雁著的《孟连巨变——从孟连事件到孟连经验》，探讨了孟连事件的起因、经过，总结了孟连事件善后工作的基本经验；卢瑾著的《基层群体性事件的参与式治理研究》，认为参与式管理以权利为中心、以韧性稳定为目标、以沟通疏导和对话协商为手段，有助于破解基层政府维稳和公民维权之间的两难窘境，是群体性事件治理模式转变的恰当选择；薛宏伟著的《大规模群体性事件深层原因与破解路径》，研究了大规模群体性事件的产生原因，并就形成机理、发展机理、变异机理、作用机理、终结机理进行了深入挖掘，提出了理念创新、法治完善、机制联动三大治理结构；杨金东著的《群体性事件后的政府利益协商与危机管理》，探讨了群体性事件处置主客体在具体进退空间中的利益博弈逻辑与应对策略选择；戚建刚、易君著的《群体性事件治理中公众有序参与的行政法制度》，探讨了群体性事件治理中公众有序参与之合理性基础、公众有序参与困境之原因、公众有序参与之行政法制度等；周松柏等著的《抗争与秩序：基层政府面对群体性事件的因应之道》，实地实证调查研究了基层政府应对群体性事件七方面的能力；陈秀梅著的《冲突与治理：群体性事件的治理与利益表达机制的有效性研究》，从利益表达视角探寻群体性事件产生的原因，分析影响利益表达机制有效发挥作用的因素，找出利益表达机制低效或无效的体制根源，提出利益表达机制有效的对策建议。

（六）关于云南边疆地区移民问题的研究

主要研究云南边疆民族地区的移民问题。主要论著有：罗刚著的《云南边境民族地区非法移民问题及其治理研究：以河口瑶族自治县为例》，分析了非法移民产生的原因，从多方面分析了云南边境民族地区非法移民的不利影响，并提出了治理对策；陆海发著的《边疆苗族自发移民问题治理研究——以云南K县为个案》，以K县为例，分析了产生自发移民的原因，提出了治理对策；陶琳著的《云南边疆少数民族自发移民的社会网络与文化整合研究》，分析了边疆民族地区自发移民的生存生活状况及他们与移入地、移出地的社会关系和社会网络以及移民迁出与折返的行为逻辑，并从整个边疆发展的宏观历史探讨自发移民的行为。

（七）关于云南民族地区宗教问题的研究

主要研究云南民族地区的宗教问题。主要论著有：张桥贵著的《云南多元宗教和谐关系研究：基于社会学的跨学科视角》，对云南宗教和谐共处的历史、现实与相关理论问题做出了较为系统的概括、总结，选取了较为典型的社区与人群进行深入的个案分析，在此基础上提出了促进云南多元宗教和谐共处状态可持续呈现的对策建议；张桥贵主编的《云南跨境民族宗教社会问题研究（之一）》，认为云南跨境民族拥有丰富多样的社会文化和宗教信仰形态，多民族多宗教并存共处、求同存异的现象十分突出；何其敏、张桥贵著的《流动中的传统——云南多民族多宗教共处的历程和主要经验》，阐述了云南多元文化、多元宗教和谐共处的现状和历史演变以及民族宗教对社会政治、经济、文化的广泛作用；孙浩然等著的《云南宗教文化旅游研究》，重点选取儒学重镇建水文庙、道教圣地巍宝山、佛教名山鸡足山作为云南宗教文化旅游的典型代表，进行实地调查，折射了宗教文化旅游的情境。

三、研究的思路和方法

新中国成立后，中国共产党开始了对云南民族地区的治理。中国共产党治理云南民族地区是一个十分复杂的社会过程，治理范围涉及云南民族地区的经济建设、政治建设、文化建设、社会建设和生态文明建设的方方面面。因此，《地域发展经验思考：以云南省民族地区为视角》是一个宏观性的题目，涉及面宽，历史跨度大。从学科门类来说，它涉及政治学、管理学、民族学、历史学、法学、经济学、生态学、宗教学等诸多学科；从活动领域来说，它贯穿了党对云南民族地区治理活动的全部过程，体现了党对云南民族地区治理的全部实践；从研究对象的构成来说，它涉及民族上层人士问题、政权问题、经济建设问题、文化建设问题、生态文明建设问题、宗教问题、群体性事件问题等党治理云南民族地区的所有内容。

鉴于上述，具体的研究思路如下：一是系统分析党治理云南民族地区的实践。二是全面总结党对云南民族地区治理过程中的历史经验和教训。三是从云南民族地区的历史、经济、社会和文化等层面认识和理解党对云南民族地区的治理问题，科学把握影响党治理云南民族地区的各种因素，从中寻找出这些因素间相互影响的互动规律。四是揭示党对云南民族地区的治理体系，为实现党在多民族地区的执政目标提供有益的途径。

基于以上思路，《地域发展经验思考：以云南省民族地区为视角》的基本方法是史论结合、纵向展开、立足实践，具体采用以下五种研究方法：一是理论分析法。运用马克思主义基本原理，分析研究党对云南民族地区治理的内在逻辑和一般规律。二是文献研究法。阅读有关文献，厘清党治理云南民族地区的历史实践和依托的理论。三是历史研究法。全面分析党治理云南民族地区的历程，从中把握党治理多民族地区的基本特征和规律。四是田野调查法。通过实证调查云南民族地区经济、政治、文化、社会的现状，从中寻找出影响党治理云南民族地区的因素。五是案例研究法。通过对党治理云南民族地区过程中成功和失败的案例进行专门分析，为研究提供实证。

四、研究的基本框架

经过60多年的实践，中国共产党对云南民族地区的治理已逐渐形成体系。因此，中国共产党治理云南民族地区的实践与经验研究，共分为十部分。

第一，新中国成立前的云南民族地区。各民族共同缔造了富饶美丽的云南。新中国成立前的云南民族地区是一部"活的社会发展史"，各民族社会形态、经济形态各异，历史上和国民党当局造成的民族隔阂很深。民国时期中央及地方政府强化了对云南边疆民族地区的控制，但由于政策措施不当，遭到民族上层和少数民族群众的反抗。中国共产党民族观和国家观在民族地区的宣传和传播，促进了云南各少数民族的觉醒。

第二，团结民族上层，稳定云南民族地区的实践与经验。1949年12月，经过党的长期争取工作，云南绥靖公署主任兼云南省政府主席卢汉（彝族）在昆明宣布起义，云南和平解放。同时，按照中央的指示，在云南省委的直接领导下，做好对民族上层人士的统战工作。新中国成立初期，在云南中维（中甸、维西）沿边、腾龙（腾冲、龙陵）沿边、思普（思茅、普洱）沿边、河麻（河口、麻栗坡）沿边分布着百余家土司，他们的动向关系着边疆的稳定。这些土司，既是历代封建统治者推行大民族主义、实行民族压迫和民族歧视政策的受害者，但在近现代的反帝斗争中，他们往往又是当地各族群众的领袖，在一定程度上代表着本民族的利益，特别是边境一线，因此，党和政府对他们采取团结、教育、改造的政策，在政治上予以妥善安排，在生活上予以照顾，从而团结了大部分土司，稳定了云南边疆地区。

第三，进行民族识别，开展民族社会历史、语言文字调查，摸清云南民族地区"区情"的实践与经验。1950年，云南省民委刚一成立，就按照省委、省政府的要求，把搞清全省有多少少数民族和民族人口占多大比例作为一项重要工作来完成。经初步调查了解，云南各少数民族的自称和他称有130多种，少数民族人口500多万人，约占全省总人口的1/3。1954年5月，云南民族识别研究组正式成立，10月识别工作全部结束，当时确定的少数民族共21个。同时，云南省民委组织有关同志和专家成立语文组，开展民族语言文字调查研究工作。1956年7月，中央民族语言调查队、中国科学院语言研究所派出的专家学者，加上云南的有关干部，分别对云南10个民族的语言进行了为期半年的系统调查与分析。另外，同年7月，全国人大民委派出云南少数民族社会历史调查组，配合云南省边委、民委等有关部门，在过去调查研究的基础上，对云南少数民族的社会经济情况进行系统的调查，形成了千万字的调查材料。这样，党为治理云南民族地区搞清了"区情"。

第四，通过民主改革，云南民族地区走上社会主义道路的实践与经验。对于云南民族地区的社会改革，党坚持从各民族处于不同社会历史发展阶段和地处边疆的实际出发，采取有别于汉族地区的特殊政策，稳妥地进行：内地坝区少数民族和山区民族地区，和汉族同步于1952年完成土改，但在具体政策上有明确规定；在介于边疆和内地的一部分民族地区，为减少对尚未改革的边疆地区的冲击，云南省委将它们划为缓冲区，制定了缓冲区土改办法；在边疆已进入封建领主制、奴隶制社会约170万人口的民族地区，是在充分调查研究和认真准备的基础上，采取了"更加和缓"的方式，先试点后铺开，1955—1956年基本完成"和平协商土地改革"；边疆阶级分化不明显约有70万人口的地区，则不把土改作为革命运动来进行，而是通过互助合作道路，直接过渡到社会主义。

第五，培养民族干部，为治理云南民族地区提供组织保证的实践与经验。正确的政治路线确定之后，干部是决定性的因素，民族干部是党治理云南民族地区的组织基础。新中国成立之初，毛泽东主席就明确指出："要彻底解决民族问题，完全孤立民族反动派，没有大批少数民族出身的共产主义干部，是不可能的。"[①] 并指示，在民族地区，都应开办少数民族干部训练班或干部训练学校。普遍大量地培养与少数民族群众紧密联系的民族干部，是党在处理民族问题上的一贯方针，是实现少数民族当家做主、发展繁荣的关键。云南和平解放后，1950年12月，云南省委决定创办云南民族学院，边疆各地委从1950年起先后办起了定期不定期的民族干部学校，还通过汉族干部带民族干部、外地干部帮助当地民族干部和积极分子等多种形式进行培养。大批民族干部的成长为推行民族区域自治准备了干部。此后，经过多年的努力，在云南民族地区建立了各级各类学校，为民族地区的治理提供了源源不断的干部和人才。

第六，实行民族区域自治，治理云南民族地区政权问题的实践与经验。根据《中国人民政治协商会议共同纲领》，1952年中央人民政府通过了《民族区域自治实施纲要》。1954年制定了宪法，国家的根本大法保证了民族区域自治。云南省在加强民族团结，对敌斗争取得重大胜利，民族干部有了一定准备的基础上，开展民主建政，逐步推行民族区域自治，实现各民族当家做主。1951年5月12日，云南省第一个民族自治地方——峨山彝族自治区（县）成立。此后，又相继建立了8个民族自治州、29个民族自治县和140个民族乡（2020年），民族区域自治制度完全确立。

第七，治理云南民族地区经济发展问题的实践与经验。新中国成立前，云南民族地区的三大产业，除了农业外，工业和服务业可以说是空白。新中国成立后，在党和政府的帮助下，三大产业有了长足的发展。一是农业不断得到发展。民族地区的农业经过互助组、合作社、"政社合一"的人民公社到联产承包责任制，农业内部结构逐步合理化，农业科技不断得到推广，人们的吃饭问题基本得到了解决。二是工业有了一定的基础。民族地区虽然直到现在还没有建立起完整的工业体系，但有了一定的基础。三是服务业蓬勃发展。民族地区的交通运输业、住宿餐饮业、批发零售业、金融业、物资供销和仓储业、信息传输和计算机服务业等有了较大发展，特别是旅游业得到了迅猛发展。四是交通、

---

① 中共中央文献研究室，国家民族事务委员会. 毛泽东民族工作文选 [M]. 北京：中央文献出版社，民族出版社，2014：50.

通信事业得到了发展,改变了民族地区交通闭塞、信息不通的状况。五是"富民兴边行动"和扶持人口较少民族发展,使边民和人口较少民族走上致富之路。

第八,治理云南民族文化发展问题的实践与经验。中华文化是我国56个民族文化的集大成。55个少数民族文化是中华文化不可分割的组成部分,为中华文化添砖加瓦,使中华文化历久弥新。云南民族众多,民族传统文化丰富多彩、博大精深。新中国成立后,党和政府先后帮助没有文字的民族创制了14种文字,民族语文出版物不断增加。民族地区广播电视基本实现村村通,群众文化生活不断得到改善。发掘整理民族文化资料,使民族史研究不断深入,民族口承史、口承文学也不断得到整理。通过培植民族文化产业,打造民族文化品牌,丰富了民族文化。少数民族专家、作家、艺术家不断成长,以少数民族为题材的有影响的文学艺术作品越来越多。

第九,治理云南民族地区教育、医疗卫生和社会保障问题的实践与经验。新中国成立前,云南民族地区的教育十分落后,一些地方虽然建了学校,但少数民族学生和教师极少,特别是在边远落后的少数民族山区,根本没有正规学校。云南刚解放,各地党委和政府就着手大力抓民族教育。经过多年的努力,云南民族地区建立了从小学、初中、高中到中等职业教育和高等教育的民族教育体系。同时,新中国成立前,云南民族地区医疗卫生条件极差,特别是边疆民族地区,被称作"瘴疠之区",各种传染病经常流行,各族人民的生命安全得不到保障。新中国成立后,在党和政府的帮助下,云南民族地区建立了州医院、县医院、乡医院和村卫生所的医疗系统,极大地改善了医疗卫生条件。另外,新中国成立前,云南民族地区只有互助共济的社会保障模式。新中国成立后,特别是改革开放以来,党和政府着力推进社会保障体系建设,云南民族地区的社会保障制度初步建立。

第十,建设民族法律制度,推进云南民族地区依法治理的实践与经验。云南民族立法工作起步较早,早在1951年,云南省人民委员会就发布了《云南省民族自治区代表会议组织暂行条例》《云南省民族自治区人民政府组织暂行条例》《云南省民族自治乡人民政府组织暂行条例》等8个法规草案,为当地人民政府提供了法律依据。此外,各民族自治地方人民代表大会根据国家法律和各民族的特点制定了和平协商土地改革条例或办法或实施办法,按照法律实施土地改革,进行政权建设。省立法机关和各个民族自治地方的自治机关以《中华人民共和国宪法》(以下简称《宪法》)、《中华人民共和国民族区域自治法》(以下简称《民族区域自治法》)和党的民族政策为依据,制定了《云南省民族乡工作条例》《云南省城市民族工作条例》,自治州和自治县的37部自治条例和80多部单行条例,为依法治理民族地区提供了法律依据。

第一章

新中国成立前的云南民族地区

云南民族地区，是我国西南一片神奇而美丽的国土。自古以来，各族人民战天斗地、繁衍生息，极尽坚忍不拔的精神和毅力，在一代又一代的艰辛奋斗中，缔造了大美云南。新中国成立前的云南民族地区，各少数民族除了深受帝国主义和国民党政府的剥削和压迫，还受本民族土司、头人的剥削和压迫，生活在水深火热之中。中国共产党的诞生，给云南各族人民带来了希望。马克思主义、党的民族理论和民族政策在民族地区的宣传和传播，促进了云南各少数民族的觉醒。

一、各民族共同缔造了富饶美丽的云南

云南各民族多元一体，共同开拓了富饶的云南疆域，共同书写了云南的历史，共同创造了多姿多彩的、灿烂的民族文化，共同培育了伟大的民族精神。

（一）各民族多元一体

云南，一个美丽的地方！

云南地处中国西南边陲，位于北纬21°8′~28°15′和东经97°31′~106°11′之间，东、北两面与祖国内陆的广西、贵州、四川、西藏四省区相连，南、西南两面则分别与越南、老挝、缅甸三国为邻，国境线长达4061千米。云南国土面积39.41万平方千米，居住着汉、彝、哈尼、白、壮、傣、回等26个世居民族，其中25个是少数民族；在25个世居少数民族中，15个是云南所特有的，有16个少数民族跨境而居。云南境内山脉纵横、气势磅礴，名山大川雄奇俊秀，自北向南延绵起伏。在崇山峻岭之间，水系众多，江河交错，湍流不息。于青山绿水之间，散落万千湖泊，恰似繁星点点，同时镶嵌着大小不一、形态各异的坝子，造就山川地势结合、高低错落海拔、复杂立体气候，润泽肥沃土壤，孕育丰饶富美物产、多样一体生灵和举世宝藏资源，故而素有让人迷幻的"七彩云南"之称，也有"植物王国""动物王国""有色金属王国"的美誉。

据相关考古资料证明，云南是人类最早的发祥地之一。20世纪50年代，在开远小龙潭煤矿即发掘出土灵长类古猿化石；20世纪70年代到80年代，又先后发现禄丰古猿化石、丽江古人类骨骼化石、文山和呈贡古人类牙齿化石。其间，最为著名的是1965年、1973年两次在元谋发现的古人类牙齿化石，充分证明早在170万年前，就已经有早期类型的直立人代表"元谋人"在这片神奇的土地上开始活动；1986年年底至1987年年初又在元谋发现了迄今250万年的古猿牙齿化石，以及距今300万~400万年的"蝴蝶腊玛古猿"化石。这些出土和发掘，填补了人类进化过程中的重要缺憾，充分印证了云南为人类起源地之一。

美丽的自然、悠久的历史，繁衍生息出绚丽多彩的民族，演绎着无数人间奇迹。秦汉以前，在云南这片神奇的土地上，便生存着羌、濮、越三大族群。公元前3世纪，楚国将军庄蹻率众入滇，统一滇池之地。秦始皇建立大一统多民族国家后，不仅派人修通从四川到云南的"五尺道"，而且还在"西南夷"地区设置吏使，为中央王朝对云南正式统治之始，即云南纳入中国版图。之后，汉代承继秦王朝开发西南边疆的羁縻政策，进一步在"西南夷"开道置邮、派官设吏，标志着云南地区已接受中原中央王朝的管理。三国至南北朝，中原战乱频繁，南中大姓动荡不安，蜀汉诸葛亮率军征云南，以"攻心"之策平定南中，对云南各族人民产生了较为深远的影响。到唐宋时期，云南先后存续南诏、大理等地方政权，成为中原王朝在西南的屏障，为捍卫中国边陲做出了贡献。13世纪50年代，元王朝彻底征服云南，并于1276年正式建立云南行中书省，将行政中心从大理迁移至中庆（今昆明），"云南"遂正式成为中央王朝下辖行省一级的行政区划名称。明王朝建立后，接续元代辖制，在云南实行"土流兼治"之举。明亡清立后控制云南不久，又在民族地区实行"改土归流"政策，继续明代中期以后之略。在长期的封建王朝的经略治世及云南各族人民的不懈努力下，到元明清时期，云南经济社会有了明显的发展，清代还出现了资本主义的萌芽。

历经漫长的演变以及分化和融合，到了明清之际，云南境内各民族的族称及其分布已经基本上趋于稳定。其中，羌系族群发展分化出今天的彝、哈尼、白、藏、纳西、傈僳、阿昌、景颇、怒、独龙、拉祜、基诺等12个藏缅语族民族；濮系族群分化形成今天的布朗、佤、德昂等3个孟高棉语族民族；越系族群则分化形成今天的傣、壮、布依等3个壮侗语族民族；另有跟随中原和北方统治民族移居云南而来的汉族和蒙古、回、普米、满等民族。明朝，中央政权大规模移民垦殖云南，大量汉族人口进入云南，使云南的民族结构发生根本性变化，汉族成为主体民族，而非汉民族成为少数民族。同时，在这一时期，因躲避战乱、逃离灾荒或其他缘由，又有苗、瑶、布依、水等民族先后从四川、贵州、广东、广西、湖南等地迁入云南各地，形成多民族一体的大家庭，共同融汇繁衍、休养生息、开疆拓土。多民族的融汇与演化，也形成了悠久的民族交流和交往史。早在汉武帝时期，云南即起始于四川成都灵关道与起始于宜宾朱提道的史称"西南丝绸之路"交汇点，聚联各方商贾，繁荣沿途社会经济，联结内陆各地与国际社会。另据有关材料佐证，元末明初，山东为元、明争夺要地，山东半岛生灵涂炭，人口被杀戮殆尽，残存土著极微。明朝建立后，于明洪武十五年（1382年）及永乐二年（1404年）两次由小云南的乌撒卫大批移民迁入山东半岛，是故史上素有"小云南"之称。

（二）各民族共同缔造了大美云南

云南各民族在演化交融的过程中，共同缔造了大美云南。

首先，云南各民族先民披荆斩棘，共同开发了云南的锦绣河山。自远古以来，云南各族人民你来我往、频繁互动；羌系族群从北方抵达云南，越系族群西进云南，濮系族群从东南亚进抵云南，还有一些民族跟随中原和北方统治民族移居云南，各民族交往融合，我中有你、你中有我，共同开拓着脚下的大地。近40万平方千米、神奇富饶的大地，是各族先民留给云南各族人民的神圣故土，是云南各族人民赖以生存和发展的美丽家园。

其次，各民族共同书写了云南悠久的历史。云南各民族书写了哀牢、滇、南诏、大理等古国的历史，书写了元、明、清、民国在云南的历史，书写了各族人民反抗民族压迫和剥削的斗争史以及近代反帝反封建的斗争史。在反抗民族压迫和剥削的斗争中，仅仅清朝一代，就有1724年之后，景谷、镇沅、思茅、元江、墨江、临沧等地的拉祜、哈尼、傣、汉各族人民先后举行的四次起义；1797年，在滇黔相邻的罗平、师宗、兴义、普安等地，爆发了布依、壮、苗、汉、彝等族的人民起义；同年，在今大理、楚雄和丽江地区，又爆发了以"盐案"为导火线的白、汉、彝、回等族人民大起义；1799年，缅宁（今临沧）大黑山拉祜族人再度爆发起义，持续反抗清朝反动统治；1801年至1803年，滇西北澜沧江上游爆发了傈僳族人民的起义；1810年，在宾川等地爆发白莲教反清起义，威震清朝在云南腹心地区的统治；1820年，在永北（今永胜）爆发了傈僳、彝、汉、傣、回等各族人民的反清大起义。各族人民在云南边疆先后掀起的这些起义，把矛头直接指向了反动统治者，客观上加强了各族人民之间的交流团结。近代反帝反封建的斗争，从1853年开始延续到了1876年，云南先后爆发了几十起各族人民大起义，后逐渐聚集成两支宏大的巨流，即以杜文秀为首的滇西各族人民大起义和以李文学为首的哀牢山各族人民大起义，把云南近代史上的各族人民革命斗争推到了顶点，树立了榜样，产生了深刻的社会影响。在辛亥革命时期，得益于民主革命思想的传播和影响，启迪了云南各族人民追求民主进步的政治觉醒，激发了云南各族人民维护民主政体的革命热情；1908年4月，云南河口各族人民在黄明堂等人的领导下，发动了河口起义，为辛亥云南起义奠定了良好的群众基础；1911年10月27日，刀安仁、张文光在云南德宏、保山领导了腾越（今腾冲）起义；同年10月30日（农历九月九日），蔡锷、李根源又在昆明领导了重九起义；11月1日，赵又新、朱朝瑛再领导临安（今建水）起义。辛亥云南起义，彻底摧毁了清王朝在云南200多年的统治，使得民主共和观念深入各族人民心中。近代云南各族人民与全国人民一道，对民主进步思想充满追求和向往并为之而努力付诸实践、敢为人先的行动，是非常令人钦佩和赞美的，由此所表现出来的顽强拼搏、坚忍不拔、战天斗地的精神亦可歌可泣。

最后，各民族共同创造了多姿多彩的灿烂的云南民族文化。云南民族文化是中华文化的组成部分，各民族文化之间互鉴融通、交相辉映，使中华文化历久弥新。云南各民族在历史长河中生生不息、不断繁衍，在云南这个一山分四季、十里不同天的得天独厚的自然空间大舞台上扮演着各自不同的角色，创造了各具特色的本土文化，通过不断吸纳众多的外来文化和异域文化，形成了独具云南特色的民族文化。云南民族文化是各族人民在社会历史实践过程中所创造的物质财富和精神财富的总和，包括农耕文化、饮食文化、服饰文化、节日文化等。云南各民族，由于生产力发展水平和社会发展层次的差异，多层次的农耕形态并存，有的依然延续着最古老的刀耕火种的生产方式，有的在河谷地带和水源丰富、地势平坦的坝区发展灌溉农业或精耕细作的旱地农耕生产，有的把坝区农业移植到山区，利用高山水源发展梯田灌溉稻作农业，呈现出生动形象的农业发展演变历程。云南独特的气候条件和地理区位造就出多种多样的食物资源，各民族又有着各自的饮食习俗，二者的结合使云南饮食文化这朵奇葩经久繁盛、越开越艳。云南各民族都有本民族独特的传统服饰，同一个民族因支系不同或居住地域不同，在服饰上也存在着差别；由于气候条件的不同，存在着款式和用料上与自然环境相适应的具有地域特征的多种服饰类型；同时，饰品与衣装相配，使着装者倍添美的风韵。云南民族节日文化源远流长，它积淀着云南各民族的古风遗俗，伴随着各民族从远古走来，还将与各民族一起走向未来。云南每个民族都有自己的节日，民族节日可分为岁首节日、祭祀节日、农事节日、娱乐节日、商贸节日和宗教节日等类型。随着社会的发展，民族交往的增多,各民族节日文化相互渗透、相互影响、相互作用,形成了丰富多彩的节日文化。云南民族文化,是中国文化基因的宝库,将为中华文化提供源源不断的文化因子,也将不断丰富世界文化。

二、云南各民族的分布格局和多种社会经济、政治组织形态

云南各民族立体分布、交错分布,大杂居、小聚居。新中国成立前的云南民族地区是一部"活的社会发展史",从原始社会至封建社会各种社会形态兼备,原始公有制、奴隶制、领主经济和地主经济等兼有,政治组织形态千差万别,呈现出复杂纷繁的社会发展差异。

(一)悠久的历史演进和变迁,造就各民族的多态分布

悠久的历史演进,孕育出自古就繁衍生息于云南这片神奇红土地上的多种世居民族;而与中国内地的紧密联系和各民族间的相互交流、交往与交融,又演绎出多民族复杂变迁的关系史。直到"鸦片战争前夕,我国今天的各个少数民族不仅已基本形成,而且其分布情况也与现在大体相同"[1],成为地处中国西南边疆民族成分最多的省份。各民族或依托高寒山区,或倚傍江河,或遍及平坝山川,错落而立、风格别致,聚集土著、客家、侨乡、跨境而居村寨于全省,各具特色,从生产、生活到民风习俗之间,彼此守望相助、紧密联系,形成你中有我、我中有你,相互依靠、相互支撑,谁也离不开谁的紧密关系。

云南各民族的分布,总体上呈现出大杂居、小聚居状态,一族一地、一族多地或多族一地分布情况明显,各民族之间的整体性联系和区域性划分特点突出。一般而言,受历史因素影响,汉族同胞较多居住于平川坝区,而少数民族同胞则往往居住于山区、半山区,也有少数民族成片分布于坝区或交错杂居于城镇边沿、交通要道。各民族以其安身立命之所和仰仗立体多样的自然条件差异之别,构成自然的社会分工和独特的生产生活方式,生产出用于供给自身繁衍生息或在各族间进行彼此交流的诸多物质产品,维系民生社稷。

(二)复杂的经济形态和政治组织形态

当然,各民族也因生存环境的制约和漫长而复杂的历史,在社会发育程度及发展水平上各不相同,到"鸦片战争前,少数民族地区几乎处于前资本主义的各个发展阶段,各种经济形态均存在于少数民族社会之中"[2]。各少数民族处

---

[1] 罗开云. 中国少数民族革命史 [M]. 北京:中国社会科学出版社,2003:1-5.
[2] 罗开云. 中国少数民族革命史 [M]. 北京:中国社会科学出版社,2003:5.

于不同的社会经济形态,甚至同一个民族由于居住在不同地区而处于不同的社会经济形态,这些情况同时并存。在云南边疆山区的怒族、独龙族、傈僳族、佤族、布朗族、基诺族、景颇族等民族同胞社会中,尚保存着浓厚的原始公社所有制形态;而居住于川、滇交界小凉山地区的部分彝族同胞社会中,处于奴隶制经济发展阶段;也有已进入封建领主经济或刚进入封建地主经济阶段的封建地主所有制民族同胞,前者如壮族、白族、回族、苗族、部分彝族等,后者如傣族、哈尼族、部分藏族等;还有一些居住在靠近城市、交通要道或散杂居于汉族地区中的少数民族群体,不同程度地产生了资本主义生产因素和商品经济的初级形态。

与差异极大的社会经济形态相一致,云南民族地区形成了多样化的社会结构和政治组织形态。在那些处于原始社会末期的少数民族地区,基本上还实行着原始的民主制,氏族制度是他们最主要的社会组织方式,公社或部落头人土目一般由部族中最有威望的人担任,社会成员之间保持相对平等的地位,重要事情也由全体成员共同商讨决定。在川、滇交界的小凉山彝族奴隶制社会中,等级制是其最主要的社会组织形式,通行以黑彝父系血缘为纽带、互不隶属而又各有固定地域的家支制度。在已发展到和初步进入封建经济形态的民族地区,即主要在中维沿边(中甸、维西一带)、腾龙沿边(德宏、保山等地)、普思沿边(普洱、西双版纳等地)、河麻沿边(红河、文山等地)还残存着一百余家土司的地区,由于经济发展水平存在一定差距,其社会结构和政治组织形态也各具特点、形式多样,地主、领主、门宦、土司、头人、山官、户长、贵族、官僚、豪绅等不同类型的统治者处于民族地区社会的顶端,集中占有社会生产资料和物质财富,享有政治上和经济上的一切特权,主宰、控制并影响整个社会;而在一些少数民族社会中,还存在着政教合一的封建专制制度,官家、民族上层与僧侣三方相互结合,形成官家(封建政府)与宗教寺院对民族地区社会的生产资料、物质财富乃至精神生活的控制。整体而言,在少数民族地区社会中,私有制萌芽、阶级分化开始出现,剥削与被剥削、压迫与被压迫、统治与被统治的阶级对立关系已经存在,甚至在部分民族地区社会中屡屡发生民众的反抗斗争。

另外,在云南,宗教普遍存在于民族地区社会之中,不仅种类繁多,而且影响广泛、深刻。在由不同类型宗教构成的宗教世界里,有从国外传入的宗教,也有从国内其他地方传入的宗教,还有源于本地本土的自然宗教;而不同类型的宗教,有的是发展到相对成熟完整阶段的宗教,也有的是始于自然崇拜阶段的宗教。同时,在一些宗教内部还有派别之分,理念有别、信众各异。各种宗教都与信众的生产生活紧密关联，不同程度地作用或影响于民族地区社会发展，或涉及国际关系问题，或牵扯地区交流往来，或渗透于社会组织结构，或表现为民众的行为方式，或形成特定的意识形态、价值观念。因此，在民族地区展开社会实践活动，宗教是必然要面对的客观现实问题，或者说宗教是在民族地区展开社会实践时无法回避的现实社情。

总而言之，不同文化、不同习俗、不同性格特征的各民族交错杂居状态，不同民族和地区发展的极度不平衡性，社会政治组织形态的多样化，是摆在云南民族地区治理面前的最大现实情况，是实践改造和推动社会发展进步中面临的复杂、艰巨而无法回避的问题。

三、秦汉至元明清历代中央王朝对云南民族地区的经略和治理

民国之前，秦汉至元明清历代中央王朝在云南边疆民族地区都先后开展过一些治理活动，只不过是在治理领域、治理程度、治理方式和治理手段上有所不同而已，概括而言，历代中央王朝对云南民族地区的治理实践主要集中反映在以下四个方面：

首先，始终以大一统的多民族国家为主线。自从中央王朝统治力量进入滇池流域之始，随将三迤大地纳入了中国的版图，构建行政隶属辖制关系，并建驿置邮、派使设吏，协调、整合云南大小地方性政权，使中华文明和家国情怀在云南这片红土地上逐渐广泛传播开来，筑就对国家的认同基础和共同的精神家园。同时，畅通民族之间和边疆与中原内地的联系，扩大民族之间彼此的了解和人文交流交往，拓展边疆地区各族群众的视野，由此既增进了各族民众的繁衍生息、风雨同舟、守望相助，稳定了祖国边疆地区，也促进了边疆地区各民族社会的发展和进步。

其次，依托云南地方社情民意而形成边土治理架构。社会治理，事关社会的各个方面，通联上下、横纵左右、贯穿内外，是一项牵扯到包括国家、民族、社会上流、基层组织运作以及处于现实生产生活中的人们具体利益的施政实践活动，离不开地方史志和民情以及现实具体实际。云南从自然、历史到现实的差异化存在和多元格局并举，决定了历朝历代的统治者在谋划治理之策中，只能既承继往昔遗痕，又必须面对现实的治理架构状况，依据地方具体实际而提出治理经略。因而，历朝历代的中央王朝，都以最初实行"攻心"、删封、羁縻等政策为起始，后来逐渐发展为兼容了地方势力在内的"土流兼治"与"改土归流"，吸纳当地社会力量参与共治架构，特别是在边疆各民族地区，还布政实施了土司、土目、头人、山官、官家等融合治理制度。所有这些，都无一不从

一定程度上映衬出云南地方性社情民意和现实具体实际，客观上起到了催化社会整合与民族认同的作用。

再次，开启云南内外开放，拓展边土生存空间。因自然条件的局限与历史因素的影响，云南边疆民族地区不仅生存环境艰难狭窄，而且社会开发较晚，与外界的联系较为迟滞疏松、偏僻闭塞，客观上制约着民族之间、区域之间、内外之间的往来交流，致使社会的成长发育与发展进步极其缓慢。古代历朝中央政权在开发云南过程中，一方面，通过军征戍边变为民屯来促使地方开放；另一方面，又通过修建各种栈道便于商贾互市往来联通与边疆的联系；同时，还以征召大批内地民众进入云南和组织云南地方民众迁移内地的方式来强化内外开放。据此是之为故，在今天的云南边疆地区，从族际源流及成分结构，从民风民俗到地域称谓，从居住分布格局到生产生活方式等，都形成多元而又一体的格局。在云南边疆地区境内，有"五尺道""茶马古道"遗迹；在中国内地，也有不少"小云南"区域之称谓。这无疑开启了云南边疆地区的内外开放，拓展了边疆各族民众的生存空间，为边疆和内地的一体化开启了历史的起点。

最后，传播生产技术，促进地方经济发展。经济生活是开展包括社会治理在内的一切实践活动的基础，也为历代中央王朝所重视。因此，自云南被纳入中央王朝版图以来，不同朝代都在这片红土地上留下了促进地方经济发展的各种遗迹，诸如开辟内外商贾通道，设立相关口岸，促进物资交流；疏浚整治山川、河道、湖泊，兴修水利设施，灌溉农田桑植；引进作物品种，改善农桑结构，改进、传播相关耕作技术；拓殖边境沃土，扩展生产空间；分设冶金作坊，制备农具银钱；等等。这些为提升边土农事生产作业能力，起到了一定的推动作用。及至近代，在云南还逐步兴起了以土法制作盐业、冶炼有色金属为代表的一些行业，各种商号、冶金行号开始纷纷出现于云南经济社会发展进程之中。同时，兴办私塾和学校教育，开启民众智慧，服务国家治理和地方生产建设事务，并取得一定成效。

应当充分肯定，上述治理实践，在客观上为形成并巩固统一的多民族国家，为强化云南边疆民族地区与中国内地的联系，为云南边疆地区的垦殖开发和走向文明进步，奠定了相应的社会基础，提供了相应的物质条件准备，这是毋庸置疑的。但是，也应当看到，历代中央王朝的治理所为，是为扩展其封建势力、维护其封建秩序、巩固其封建统治地位而展开的治理实践，无论是行政隶辖的创设、内通外接的栈道修建，还是开启云南的内外开放、垦殖边土的开发等，都离不开封建利益的索取，都是紧紧围绕封建王朝"家天下"的政治统治而展开，因此，它对于边疆民族地区社会发展及民众生产生活改善、促进连续民族地区社会的文明进步等所发挥的作用是极其有限的,更不可能将云南边疆民族地区的经济社会发展置于国家政权经略的最高位置。再说,这些治理实践的边界其实也非常有限,仅仅限于那些发展本就相对成熟、资源相对丰饶、文明开化程度相对较高的地区,至少对于边疆丛林和蛮荒之所,有鞭长莫及与回避隔离之嫌疑,以致云南边疆地区在经济社会发育发展程度上普遍滞后于中原地区,特别是云南特有的一些边疆少数民族社会,即便历经上下千年的封建王朝纪元转换,仍然还有不少少数民族处于原始社会的末期而倍显落后。

四、民国中央及地方政府对云南民族地区的治理

在中华民国时期,中央政府在构建统一民族国家的过程中,采取各种措施以强化它对云南各民族地区的控制,以加强边疆各少数民族对民国中央政府的认同。但在强化控制、剥削和压迫云南各少数民族的过程中,由于遭到边疆各民族的反抗,中央政府未能实现全面、彻底控制云南各民族地区的目标。

首先,在边疆民族地区设治。通过采取不改土设流的治理措施,云南地方当局将其统治深入边疆各少数民族地区的基层;但由于各民族群众的不理解、各土司的不配合,民国政府的任何政治举措都未能在边疆民族地区切实推行。在中维沿边(中甸、维西一带),1912年4月,时任云南陆军第二师师长兼迄西国民军总司令李根源组建"拓边队",开赴怒江流域,6月改为"殖边队",8月改为"殖边营",在兰坪设"怒俅边务局"。怒俅殖边开始时,由于殖边队武装霸占老百姓的土地,遭到当地民众组织的武装力量的抵抗。殖边队以殖边国民党武装力量为后盾,利用当地头人和奴隶主之间的矛盾,分化瓦解氏族集团和奴隶部落,最后强行占据了老百姓的土地、稳住了国民党政权。殖边队进入怒江后,在云南军都督府的指示下,设置了知子罗、上帕、菖蒲桶等三个殖边公署(相当于县的行政机构)。1914年,又设立鲁掌行政公署。1916年,把三个殖边公署即知子罗、上帕和菖蒲桶等殖边公署改为行政公署。后来,知子罗行政公署改为知子罗设治局(后改为碧江设治局)、上帕行政公署改称康乐设治局(后改为福贡设治局)、菖蒲桶行政公署改为贡山设治局。1932年泸水改行政委员会区为泸水设治局。在腾龙沿边(德宏、保山等地),迤西道尹赵藩和李根源带兵进入滇西边陲重镇腾冲,把原腾越厅改为腾冲县,并在腾冲县增设有关机构管理腾龙边区各土司地区。接着,李根源在腾冲召开了腾龙边区各土司会议,商议改土归流问题,但遭到滇西各土司的断然拒绝。为此,云南军都督府决定"不遽设县治,改行土流"。于是,腾冲府所辖各土司地区设置行政区、设弹压委员会(后改为行政委员会),但对原土司制度原封不动。1932年把行政区改为设治局，并推行保甲制度，而各土司仍然沿袭原来的土司制度，形成了土流政权同存的局面。在普思沿边（普洱、西双版纳等地），1913年设立普思沿边行政总局，辖车里宣慰使司境域。车里宣慰使司十二版纳划为8个行政区，设8个分局。1924年，普思沿边行政总局改为普思殖边总办。1927年，西双版纳划为七县一区。西双版纳的土司对于改设县治提出了反对意见。在河麻沿边（红河、文山等地），民国初年曾在溪处土司辖区设行政委员会和县佐。1933年云南省政府将瓦渣、思陀、落恐、左能、上下亏容土司改设为石屏县第六区，每个土司地为一乡，县府委任区、乡长。1913年，广南府改为广南县。1917年，在金平勐丁设行政委员会。1932年改设金平设治局，同时将勐拉、者米、茨通坝三土司地的行政委员会改为平河设治局。1937年两设治局合并为金平县。但由于种种原因，河麻沿边的改土归流终未彻底实现，地方实权仍然操控在土司手中。

其次，开展对少数民族的调查研究，设立边疆民族事务管理机构。民国中央及地方政府为了加强对边疆少数民族的统治，抵抗外来势力的入侵，对少数民族进行了调查。在对少数民族的历次调查中，主要有"西南苗夷民族调查"（1934年）、"西南边区民族调查"（1938年）、"边疆民族及内地生活习惯特殊国民状况调查"（1947年）、"西南少数民族人口调查"（1947年）、"边区各民族生活状况调查"（1948年）以及1929年至1943年进行的四次土司调查等。虽然这些调查不够客观、翔实，但通过调查还是了解了云南各少数民族的许多情况。民国中央政府和云南地方政府在对边疆少数民族调查了解的基础上，先后设置了"云南省苗夷民族问题研究会""云南省边疆行政设计委员会（1943年成立）"等机构，管理和研究边疆少数民族事务。但"云南省边疆行政设计委员会"作为边疆民族事务的管理机构，在云南少数民族事务的管理中没有成效可言。

再次，发展边疆各少数民族经济。要治理云南边疆民族地区，必须首先发展民族经济，改善边疆各民族的生活状况。民国中央政府和云南地方政府对发展少数民族经济在政策上还算是比较重视的。例如，国民党第四次全国代表大会和第五次全国代表大会提出：必须注重"边地土著人民之生计"，边疆各地的施政纲领必须以为"当地土著人民谋利益"为前提。云南省边疆行政设计委员会将云南边疆地区划分为五大边区，即大小凉山边区（丽江、鹤庆、兰坪、永胜和宁蒗5个县）、中维德边区（包括德钦、中甸、维西、贡山、福贡、华坪、永胜和宁蒗8个县）、腾龙边区（包括潞西、瑞丽、梁河、陇川、盈江、莲山、保山、腾冲、龙陵、泸水10个县局）、缅宁边区（包括澜沧、沧源、耿马、镇

19

康、缅宁、双江、昌宁7个县)、思普边区(包括车里、佛海、南峤、江城、镇越、思茅、宁洱、六顺、景谷、临江10个县),并逐步拟定了《大小凉山开发方案》《中维德区开发方案》《腾龙边区开发方案》《滇康边区盘夷实况及治理方案》《思普沿边开发方案》。但是,这些开发方案并未真正实施,发展边疆民族地区的经济收效甚微。

最后,在民族地区兴办学校教育。民国中央及云南地方政府,为了加速边疆民族地区的文化向中原文化的变迁,将少数民族融入所谓统一的一个民族之内,在民族地区兴办学校教育。民国教育部,制订了《推行西南边疆教育方案》(1935年),出台了《有关边疆教育基本实施纲要》(1936年),1941年公布了《边地青年推进教育及人事行政实施纲要》,之后又制订了《各边省推进边疆教育三年计划》,对小学教育、职业教育和社会教育等方面提出了标准,要求全国各省在本省力所能及的范围内,制订实施计划以及实施方案。在云南,省政府制定了《云南省政府实施边地教育办法纲要》(1931年),省教育厅出台了《推广边疆教育计划及实施夷民教育计划》(1935年),并在边疆民族地区逐步推行。根据实施边地教育办法纲要的规定,南部思茅、普洱一带的沿边各县或准县以及西部的腾越、永昌一带,都属于应受边疆教育的地区。全省边疆地区分为13个学区(中维学区、丽江学区、永昌学区、腾越学区、镇康学区、澜沧学区、车里学区、普洱学区、蒙自学区、广南学区、泸西学区、华永学区、东川学区),每个学区举办若干省立边区小学或者简易师范学校。为了吸引边地少数民族学生入学,实施边地教育办法纲要规定了许多优惠条件,但由于边民学校大部分都设立在汉人居住区,采用的教材不符合当地民族地区的实际,教师又多采用汉语教学,众多少数民族子弟不愿意入学,已就学的学生大多数是以强制的手段征来,有的家庭甚至是雇佣汉人来冒名顶替,实际上边地学校教育并不成功。[①]

总之,民国政权深入云南民族地区,引起了少数民族上层的抵制和反抗,促进了少数民族上层民族意识的萌发。同时,随着民国政权的深入,加重了少数民族群众的经济负担,激发了少数民族群众对民国政府的排斥,导致了少数民族群众开展武装反抗国民党统治的斗争。

五、历史上的统治者在云南民族地区造成的民族矛盾和问题

由于历朝统治者在加强控制云南民族地区的过程中,推行反动的民族歧视、

---

① 王文光. 云南近现代民族发展史纲要[M]. 昆明:云南大学出版社,2009:259.

民族剥削和民族压迫政策，造成云南各民族之间隔阂很深、矛盾重重，各少数民族对大民族存在着极不信任的心理。

（一）封建制度下，云南各民族所遭受的民族压迫和剥削

在我国古代历史上，就曾经一度把居住于中华中心的人们统称为"夏"，而把居住在东部地区的人们称为"夷"，把居住于西部地区的人们称为"戎"，把居住于北方地区的人们统称为"狄"，把居住在南方地区的人们称为"蛮"。及至清代，尽管封建统治者先后提出了"满汉一家""中外一体"等口号，并在统治过程中推崇儒学，推行汉法，笼络地主和知识分子，以至施行满汉和亲联姻等，但它终究是漫长封建历史的一环，跳不出封建专制的历史周期率，这决定了它所提出的口号及治世经略之根本目的，只不过是为使整个社会的民众承认满洲贵族建立的清王朝为正统，从而利于协调和处理满汉关系，巩固和维护满洲王朝贵族的利益和统治地位。对于正处在彼此分化融合之中的其他社会群体，清朝统治者则依然承袭旧制，秉持"非我族类，其心必异"的观念和意识，视少数民族为化外之民，轻蔑侮辱少数民族，甚至在其官私文书中也经常将少数民族称为"匪""盗""贼"等。在统治手段上，则奉行恩威并施、因俗而治、以汉治汉、以夷治夷、旗民分治的统治政策，始终充斥着民族压迫、民族歧视、民族隔离和民族监视之举，挑拨各族、各地区之间的关系，制造族群矛盾，使之互相制约、互相挟制，乃至引发民间互相仇杀械斗，企图通过武力镇压屠杀反抗的民族来一劳永逸地解决民族问题，利于大清贵族的统治。哪里有压迫，哪里就有反抗。自清以来，在云南一地，便发生过诸如维西厅的各族农民起义、哀牢山区田以政领导的哈尼族农民起义、李文学领导的彝族人民大起义、杜文秀领导的云南回民大起义等。与此同时，清朝统治者还利用宗教统治民族地区，从维护自身统治地位需要出发决定如何对待各种宗教，充分体现出封建专制制度的政治本质。

清朝末年，清朝贵族统治风雨飘摇、岌岌可危，深受欧美思想浸润的资产阶级改良派在中国掀起立宪运动，提出了"宪政之基在弭隐患，满汉之界宜归大同""放弃满洲根本，化除满汉畛域，诸族相忘，混成一体"的"五族大同"主张，宣扬"汉满人民平等，统合满、汉、蒙（古）、回、藏为一大国民"思想，这在客观上虽然对维护中华一体格局起到了较好作用，但实质上也只不过是清王朝借改良派之口来粉饰根深蒂固的封建专制，挽救自己的统治地位，满足资产阶级改良派幻想妥协上位的结果而已。

（二）中国资产阶级对民族剥削压迫的承续

辛亥革命伊始，云南各族人民就积极投入民主革命活动，先有同盟会云南

支部的成立准备革命力量、开展群众斗争，继之又有爆发于河口、永昌的兴事与起义，掀起于滇西腾越和昆明重九的革命风雨，后来更有起兵于昆明的首义护国之举与鼎力护法维宪，本寄望于民主革命能够给云南各族人民带来共和之制，争得一个和平安定的环境，以便腾出手来反对外国侵略和建设三迤大地，但由于资产阶级本身的历史局限性及其在经济上的软弱性和在政治上的动摇性、不彻底性，最终势必导致民主共和的梦想走向破灭，这种不触动帝国主义和封建主义统治根基的民主革命，使得云南各族人民依然深陷于半殖民地半封建社会之中。在边疆民族地区内，不仅延续了前资本主义阶段的各种剥削压迫制度和手段，而且演绎出更加顽固和残酷的封建军阀割据，军政官僚、封建政客、地主阶级、土豪劣绅、牟利商人沆瀣一气，或摇身变为殖民者的代理买办，或坐地成为高利贷者，从收取地租、押金、押租到开办票号、钱庄、银行，加深控制社会经济金融，乃至大开烟禁谋利害民。这些都有力地说明了资产阶级掀起的民主共和最后只会加重云南的半殖民地半封建性质，根本不可能给云南各族人民真正带来任何变革现实社会的希望。

六、马克思主义和中国共产党的民族政策在云南民族地区的宣传和传播

受俄国十月革命和我国新文化运动的影响，马克思主义关于革命的理论，逐渐被云南各少数民族的先进青年所接受，这就为马克思主义传入少数民族地区准备了条件。五四运动的爆发，给云南各地各族人民带来了新的希望，进一步激发了云南各族人民追求民主思想、民主革命的热情。1926年，中共云南地下党组织建立，从此便扎根在云岭大地上奋力展开对马克思主义的宣传和传播。

中共云南地方党组织成立后，即于年底成立政治斗争委员会，立足于马克思主义关于各民族一律平等的基本理论原则，秉持从民众中来、到民众中去的信念和初衷，利用私人信件、小报月刊、散发传单、开办义务学校、组织农民协会等社会团体，宣传群众、觉醒群众、发动群众，向各族人民群众传播新民主主义革命的思想和反帝反封建军阀的革命道理，揭露帝国主义殖民和封建剥削制度的反动性，鼓舞各族人民支援北伐战争，掀起反帝、反封建军阀、反土豪劣绅统治的实践。中共云南临委在1927年年末制定了《少数民族问题大纲》，这个大纲是党第一个关于云南民族工作的政治纲领。大纲提出，在工农兵代表会议之下汉族与少数民族平等自由结合；在政治、经济上汉族与少数民族有平等地位；要发展和赞助少数民族文化的独立，改进少数民族的经济地位。大纲体现了党的民族政策和民族工作方针的雏形。早期的中共云南党组织，对于中国共产党民族理论和政策在云南的贯彻，使中国共产党的主张开始被各族人民所认识，使云南少数民族长期以来的争取自由幸福的斗争同无产阶级的解放事业联系起来，从而使越来越多的各族人民投身到中国共产党领导的革命斗争中去。

红军长征期间，中央红军和红二方面军先后经过云南，在云南广泛宣传和执行党的民族政策，在云南各民族人民中留下了深远的影响。在抗日战争时期，云南地下党组织进一步加强在少数民族中的工作，使云南各少数民族的广大群众对共产党不计私利、一切从中华民族利益出发的赤诚和大度留下了深刻的印象，产生了由衷的敬佩，从而积极支持参加中国共产党所倡导的事业。在抗日的大旗下，云南各族人民做出了许多牺牲、为抗战胜利做出了重大贡献。在解放战争时期，云南省各级党组织更进一步深入民族地区，在民族地区建立武装据点、团结争取民族上层人士、发动武装斗争并建立革命根据地，最终，云南各族人民选择了中国共产党。

第二章

中国共产党团结民族上层，解放和稳定云南民族地区的实践与经验

统一战线，是中国共产党领导全国各族人民夺取新民主主义革命和社会主义建设胜利的法宝之一。对少数民族上层人士的统战工作，是中国共产党统战工作的重要组成部分。在新民主主义革命时期，中共云南地下党在中央和南方局的领导下，对少数民族上层人士做了许多争取工作，使他们积极靠拢党或保持中立，从而壮大革命力量，孤立反动派，在解放云南、建立人民政权和稳定民族地区的过程中起到了非常积极的作用。新中国成立后，中共云南省委从云南实际出发，创造性地开展工作，根据不同时期的不同任务，采取不同的政策，使团结教育民族上层人士的工作卓有成效，取得很大成绩。在中国共产党的领导和教育下，绝大多数民族上层人士坚持社会主义道路，同广大人民群众风雨同舟，为建设中国特色社会主义出谋划策、积极工作，为民族团结、经济发展、社会进步、祖国统一、边防巩固做出了积极贡献。

一、新中国成立前的云南土司和国民党滇系地方实力派民族上层人士

新中国成立前，云南边疆民族地区分布着上百家大大小小的土司。云南各少数民族特别是边疆地区的各民族中，都有相当数量的上层人士。这些少数民族上层人士，是剥削者、统治者，同广大各族劳动人民存在着阶级矛盾。但是，在近现代反对帝国主义侵略中，他们在联系本民族群众、维系本民族内部团结、反对外来侵略、维护祖国统一等方面发挥过非常积极的甚至进步的作用，成为有一定影响力的民族公众领袖人物。

（一）新中国成立前云南土司的分布及民族上层人士

经过清末和民国时期的改土归流，到新中国成立前，中维（中甸、维西）沿边、腾龙（腾冲、龙陵）沿边、思普（思茅、普洱、西双版纳）沿边、河麻（红河、文山）沿边等云南边疆民族地区仍有大小百余家宣慰司、宣抚司、安抚司、土知府、土同州、土同知、土把总、土千总、土舍等存在。边疆民族地区

的土司，就民族成分而言主要有傣族、哈尼族、彝族、藏族、白族、纳西族、拉祜族、阿昌族、布朗族、壮族、汉族等；就职级而言，傣族土司的职级高且数量多。1941—1949年，云南主要土司分布情况如下：①

中维沿边及怒江流域，土司名称、职别及土司姓名：六库土千总，段承经；老窝土千总，段承恭；鲁掌土千总，茶光周；登埂土千总，段承钺；卯照土千总，段赓华；兰坪兔峨土舍，罗星；中甸五境土守备，刘恩；中甸五境土守备，刘延年；大中甸境土千总，松耀魁；小中甸境土千总，汪曲批；江边土千总，杨汉钦；泥西境土千总，七玉麟；格咱境土千总，田余丰；大中甸境土把总，杨灿文；大中甸境土把总，齐祖望；大中甸境土把总，徐凌云；大中甸境土把总，七友才；大中甸境土把总，王绍郭；小中甸境土把总，马玉龙；小中甸境土把总，陈纪；江边境土把总，和士杰；江边境土把总，和锡铨；江边境土把总，杨尚礼；泥西境土把总，刘汉鼎；泥西境土把总，黄育英；泥西境土把总，何世昌；格咱境土把总，松培祖；格咱境土把总，牛奎斗；格咱境土把总，桑义阿间；德钦阿墩子土千总，木氏阿宗；阿墩子土把总，桑尚荣；阿墩子土外委，吉福；鹤庆世袭土通判，高忠（中）亮；丽江土通判，木琼；丽江土千总，杨如桐；丽江土守备，和立忠；丽江土千总，王育炘；宁蒗永宁土知府，阿民翰；宁蒗蒗州土同知，阿鸿钧；永胜顺州土同知，子天明；小凉山黑彝的家支头人和奴隶主。

腾龙（腾冲、龙陵）沿边，土司名称、职别及土司姓名：瑞丽腊撒长官司，盖炳铨；猛卯安抚司，衎景泰；芒市安抚司，方御龙（方克光代办）；遮放副宣抚司，多英培；孟板土千总，蒋家杰；梁河南甸宣抚使，龚统政；陇川宣抚司，多永安；盈江干崖宣抚司，刀承钺；户撒长官司，赖奉先；莲山已革盏达副宣抚司，思鸿升；龙陵潞江安抚司，线家齐；保山练地土巡捕，杨定周；镇康孟定土知府，罕万贤；昌宁湾甸土知州，景功；耿马宣抚司，罕富廷。

思普沿边，土司名称、职别及土司姓名：车里宣慰司，刀栋梁；大猛笼土千总，刀荣安；猛罕土把总，刀栋庭；小猛养土把总，刀正才；南峤猛满土外委，刀正清；佛海猛海土把总，刀宗汉；打洛土千总，刀庆华；猛混土把总，刀栋宇；镇越猛腊土把总，刀镇邦；猛伴土弁，召叭（竜）拿；猛仑土弁，刀继忠（又名刀新民）；六顺土把总，刀盛珩；江城整董土把总，召存信；思茅猛旺土把总，召映福；（竜得）土司，叶应龙；倚邦土司，曹仲书；景谷威远土千

---

① 王明东，李普者，陈乐平. 民国时期云南土司及其边疆治理研究［M］. 北京：社会科学文献出版社，2015：8-12.

总，刀永康；猛班土把总，周忠权；猛戛土把总，刀太清；宁江孟往土便委，刀臣良；安康土把总，刀灿；新营盘土把总，李发荣；澜沧孟连宣抚司，刀派洪；募乃土把总，石玉清；上孟允土把总，刀世泽；下孟允土把总，刀富文；大山土守备代办，石秉总；蛮海土守备，石安荣；东河土把总，张启财；圈糯土千总代办，李家声；猛滨土目代办，罕刀氏；西盟土目代办，李长；宁江丫口土司，李小泉；班中土把总，杨玉柱；上下蒿枝坝（募乃土司辖地）土司，石秉钧；沧源猛角董土千总，罕华相；班洪总管，胡忠华。

河麻沿边，土司名称、职别及土司姓名：蒙自纳更土巡检，龙健乾；犒吾土司，龙鹏程。石屏瓦渣土司，钱祯祥；思陀土司（土千总衔），李呈祥；落恐土司（土千总衔），陈钺氏；左能土司（土千总衔），吴忠臣；亏容下河土司（土千总衔），孙荫宗；亏容上河土司（土千总衔），孙斌元。建水猛弄掌寨土外委，白日新；纳楼土司分管乐善永顺二里及江外三猛土舍，普国泰；纳楼土司分管崇道安正二里土舍，普鸿武；五亩掌寨土外委，陶文贵；瓦遮副掌寨土外委，普国梁；马龙掌寨土外委，李锦廉；六呼寨土外委，李瑞庭；宗哈副掌寨土外委，白继光；溪处土司，赵福星；宗哈瓦遮正掌寨土外委，普正宽；永平土司，赵子贵。元春土司，孙宗孔。金平孟喇土司，刀家柱；者米土司，王文龙。文山世袭开化土经历司，周如桂；广南世袭土同知，侬鼎和。

内地山区，土司名称、职别及土司姓名：玉溪世袭土州判，王家宾；武定勒品乡土巡捕，李国钧；暮莲乡土同知，那维新；环州乡土舍，李鸿缨；禄劝土司，金洪兆；巧家户候司，禄廷英。

(二) 国民党滇系地方实力派民族上层人士

国民党滇系地方实力派，是从第一次国内革命战争中产生发展而来的，经历了旧滇系、新滇系、国民党滇系地方军阀到国民党滇系地方实力派的演变过程。国民党滇系地方实力派的领导人起初是龙云，后来是卢汉，他们是滇系地方实力派民族上层人士的代表人物。

龙云（1884—1962），彝族，原名纳吉乌梯（彝名），又名登云，后改名龙云，字志舟。龙云出生于云南昭通炎山，1911年辛亥革命期间加入滇军，后毕业于云南陆军讲武堂，先后担任唐继尧（国民党滇系军阀首领）的副官、侦飞军大队长等职。1922年3月，唐继尧任命龙云为滇军第五军军长，兼滇中镇守使，驻昆明。后来，唐继尧加强亲信近卫部队，龙云被任命为昆明镇守使。1927年6月14日，龙云被蒋介石任命为"国民革命军"第三十八军军长。1928年1月17日，蒋介石任命龙云为云南省主席；四天后，龙云又被任命为第十三路军总指挥。1929年年底,龙云开始了对云南的统治。龙云统治云南期间,从军事和政治、经济、文化教育等方面实行了一系列的整顿和改革。单就基层政权建设方面而言,建立保甲制度,设立"殖边督办""对汛督办"及设治局,加强对边疆民族地区的统治。

卢汉(1895年2月6日—1974年5月13日),原名邦汉,字永衡,云南昭通人,彝族,著名抗日爱国将领,中华民国时期国民党滇军高级将领,国民革命军陆军二级上将。1914年,卢汉在云南陆军讲武堂毕业后,在滇军中历任排长、连长、营长、团长、旅长、师长等职。抗日战争爆发,蒋介石任卢汉为六十军军长,率部参加台儿庄等著名战役,升任军团长、集团军副总司令、总司令、第一方面军总司令。日军投降后,率部赴越南受降。1945年10月,龙云被蒋介石解除军政大权后,任云南省主席兼保安司令。1949年12月9日,卢汉率部起义。

(三)民族上层人士的类型

新中国成立前,由于云南各少数民族还处于资本主义社会以前的不同社会历史发展阶段,因此有着不同类型的民族上层人士。这些民族上层人士可分为以下五类:

1. 处于原始公有制社会向阶级社会过渡阶段的少数民族中的公众领袖。如景颇族的山官、寨头,傈僳族的村寨头人,独龙族的家族族长,基诺族的长老(卓巴、卓生)等。

2. 处于奴隶社会、封建社会阶段的少数民族中的奴隶主、农奴主、地主。处于奴隶社会的有小凉山地区黑彝的家支头人、奴隶主。处于封建领主制社会的有:西双版纳傣族的宣慰、卡真、召勐、波朗、叭、鲊等;德宏傣族的土司、属官、布吭、布幸、布吉;哈尼族的土司、里长、招坝、里老、三伙头;拉祜族的土司、里目、粮目;藏族的土司、千总、把总等;沧源班洪地区的佤族王子、头人。处于封建地主经济的民族,有开明绅士、工业和商业资本家。

3. 在宗教上层人士方面,有自然宗教的儒玛、毕摩、莫批、魔巴、董萨等教职人员,有人为宗教的大喇嘛、活佛、佛爷、阿訇、牧师、神父等教职人员。

4. 剥削阶级出身的社会贤达和知识分子。

5. 旧军队中,起义、投诚的少数民族将领,其中最著名的有国民党云南省政府主席龙云、卢汉等。

至新中国成立初期,云南全省共有民族上层人士1.32万人,其中边疆民族地区(含藏彝地区)有1.28万人。边疆地区的少数民族上层人士,按其政治统治和社会影响范围来划分，相当于县以上的土司、卡真、大山官、王子共115人，相当于区一级的有900多人，相当于乡一级的有1800多人，村寨头人有1万多人。① 前三种民族上层人士，是党和政府开展统战工作的主要对象。

二、中国共产党团结民族上层，解放和稳定云南民族地区的实践

民族上层人士是党在云南民族地区开展统一战线的主要对象。中共云南党组织，在不同的时期，采取了不同的政策，对民族上层人士的统战工作卓有成效。在新民主主义革命时期，争取和团结了民族上层，从而解放和稳定了云南民族地区。云南和平解放后，在疏通民族关系为民主改革做准备时，坚持通过上层发动群众，依靠群众进一步团结民族上层，从而孤立和打击了境内外敌人，消除了历史上形成的严重民族隔阂，维护了祖国的统一和边防的巩固。在民主建政和实行民族区域自治中，大胆地吸收少数民族上层人士参加政权建设和政府工作。在民主改革中，对民族上层人士采取赎买政策，使边疆民族地区顺利完成了民主改革。在反右派斗争和"文化大革命"中，团结民族上层人士的工作在曲折中进行。党的十一届三中全会以来，经过拨乱反正，云南全省对少数民族上层人士的统一战线工作得到进一步发展，扩大了爱国统一战线，对于建设具有中国特色的社会主义，加强民族团结、维护祖国统一，都有着极其重要的意义。

（一）新民主主义革命时期，党对民族上层的工作

统一战线，作为中国共产党在革命中战胜敌人和社会主义建设胜利的法宝。在新民主主义革命时期，中共云南地方组织在中共中央、中央分局的领导下，开展了大量多渠道、多层次、多方面的统一战线工作，并在各个时期发挥了重要作用，最后促进了云南的解放，夺取了新民主主义革命在云南的胜利。

1. 早期云南党组织对民族上层工作的探索

1926年11月，中共云南地方党组织建立以后，在调查和认识云南省情的基础上，认识到云南少数民族"在民族感情上，很容易团结，他们的斗争反抗是很有力的"，在领导农民运动中党组织值得注意这一问题。同时，认识到在特定历史条件下形成的少数民族上层具有两重性，一方面剥削本民族的劳动人民，另一方面又领导本民族人民反抗外来压迫和剥削。因此，党组织在领导少数民族反对帝国主义、封建主义、官僚资本主义的斗争中，有可能争取民族上层人士的同情或支持革命。

---

① 《云南民族工作四十年》编写组. 云南民族工作40年：上卷［M］. 昆明：云南民族出版社，1994：353-354.

<<< 第二章　中国共产党团结民族上层，解放和稳定云南民族地区的实践与经验

　　1927年12月中旬，中共云南临委便制定了云南党组织第一个少数民族工作的政治纲领即《少数民族问题大纲》。大纲提出云南党组织应该注意领导少数民族的斗争，因为少数民族在农民运动中是一支有力量的军队。中国共产党对少数民族的政纲是，在工农兵代表会议政府之下汉族与少数民族平等自由结合；在政治、经济上汉族与少数民族具有平等地位；工农兵代表会议政府要发展和赞助少数民族文化的独立，改进少数民族的经济地位。① 1928年春，中共洒戛竜支部派党员杨立人和农会委员张光华到文山苗寨小塘子村开展革命活动，他们通过动员办学，宣传革命思想。经过工作，争取到苗族头人周国发的支持，他表示愿腾出房子作为学校。同年秋天，中共迤南区委党员张乃猷到小塘子村，以教书为掩护开展革命活动，使小塘子村成为党的早期工作据点。张乃猷借家访的机会，深入苗族群众中，和他们交朋友、认"家门"，用省临委书记王德三编写的《苗夷三字经》的主要精神向苗族群众宣传。通过串联，他和一些贫苦苗族群众交上了朋友，培养了一批骨干，从中挑选了年轻力壮、有一定觉悟、立场坚定的苗族青年20多人，组建了云南省第一支少数民族工农武装。这支工农武装，为民除害，惩办反动团总李增辉，受到当地人民群众的拥护，扩大了共产党在各族人民中的影响力。黄明俊（共产党员，昆明市学联主席）深入彝族聚居的蒙自县查尼皮山寨，以办学为掩护，宣传和发动彝族群众，并在彝族群众中发展了一批共产党员，创建了云南第一个少数民族山寨党支部，使查尼皮山区成为云南党组织的一个活动基地。由于得到当地彝族等少数民族群众的掩护，中共云南党组织第一次全省党员代表大会在查尼皮召开。1929年5月，李国定（中共个旧县委书记）到马关县壮、苗、彝、傣、瑶等多民族杂居的八寨，以小学教师的身份作为掩护，培养积极分子，发展革命力量，建立了八寨特别党支部（云南最早的农村党支部之一），使马关县八寨地区农民运动蓬勃发展，逐步扩大宣传、发动群众，使农民运动发展到40多村。李鑫、吴澄等云南党组织的领导人也曾先后深入滇南少数民族聚居区，发动群众，建立农民协会和党组织。吴澄还曾女扮男装，深入苗族和彝族村寨，学习当地民族语言，与当地群众亲切交流，建立了较为深厚的感情。1929年冬，根据云南临委的布置，中共东川特支准备在川滇黔边开展武装斗争，为此秘密成立了"云南救贫义勇军第一师"，设八个路军。东川特支为了组织第二路军，广泛开展了统战工作和民族工作，争取了陆少斋、陆秋成等彝族头人的武装参加武装暴动。东川特支

---

① 中共云南省委党史研究室. 新民主主义革命时期党在云南的少数民族工作 [M]. 昆明：云南民族出版社，1994：53.

经过深入细致的工作，终于组织起两千多人的队伍，随时准备武装暴动。① 但后来因为党组织遭受破坏，未能发动武装暴动。1930 年，中共陆良中心县委在省委的直接领导下，准备发动武装暴动。陆良中心县委委员康建候通过旧州人程熙文（东陆大学党支部书记）的社会关系，以旧州为据点开展工作，并争取了回族实力人物马朝亮等人的支持，很快组织起由回汉两族群众组成的三百余人革命武装，任命马朝亮为武装队伍负责人。但起义军遭到敌人的镇压，武装暴动失败，马朝亮落入敌人手里，惨遭杀害。1931 年，在墨江这个哈尼族聚居的地方，中共墨江特支发动农会会员制作梭镖和长矛、筹集枪支，准备在冬季举行武装暴动，但由于事机泄露，武装暴动负责人被诱捕。面对着突发事变，部分农民武装在党组织的领导下仍开展并坚持武装斗争近一年。1932 年年底，党组织决定解散这支农民武装队伍，并分头隐蔽于普洱、墨江、镇沅、元江等县接合部的哈尼族聚居的地方，继续坚持革命活动。

　　1928 年至 1930 年，国民党反动派疯狂、残酷地镇压中共云南党组织，许多革命志士壮烈牺牲。他们为了党和人民的事业，为了各族人民的解放和幸福，献出了自己的生命和青春，在少数民族地区播下了革命的火种。

　　中共云南地方党组织早期争取团结民族上层工作，由于党的力量弱小和经验不足，以及早期党组织遭到重大破坏等原因而未能更加广泛、深入、持久地开展下去。而且在实际工作中也曾提出过"打倒土司，消灭土司制度"等当时无法做到和不切实际的口号。但是，它对于把党的民族政策和马克思主义民族理论在云南贯彻执行具有划时代的开创作用。早期云南党组织对少数民族上层的工作做了较为有益的探索，积累了一定的经验。特别是早期党组织对云南民族地区做了大量调查研究，为后来党在云南争取团结民族上层、开展民族工作、制定切合云南少数民族地区实际的方针政策提供了切实可靠的依据。

　　2. 红军长征过云南时，对民族上层的统战工作

　　1934 年 10 月，第五次反"围剿"战争失利后，为了保存革命力量，中国工农红军离开根据地，开始了举世闻名的二万五千里长征。1935 年至 1936 年，在长征途中，中央红军和红二、六军团曾先后 3 次进入云南，经过昆明、曲靖、昭通、东川、楚雄、大理、丽江、迪庆等 8 个地、州、市的 33 个县（区），转战 2000 余里，历时 3 个月左右。云南地处祖国西南边陲，由于历代反动统治者的民族压迫、民族剥削、民族歧视，造成很深的民族隔阂，特别是少数民族对

---

① 中共云南省委党史研究室. 新民主主义革命时期中国共产党在云南的统一战线工作 [M]. 昆明：云南民族出版社，1999：565.

于汉人官府和军队更存戒心。红军只有认真执行党的民族政策，争取各民族的支持，特别是民族上层的支持，才能顺利通过少数民族地区，实现战略转移的胜利。因此，红军一开始就十分重视民族工作，把认真执行党的民族政策作为政治工作的一项主要内容。长征中红军制定、颁布了一系列关于民族平等、团结为主要内容的原则、规定和进入民族地区应当遵守的纪律，制作印发了大量对少数民族的标语口号和宣传品。同时，注意开展少数民族上层统战工作，争取他们对红军的支持和帮助。红军的主要领导都亲自出面做民族上层的工作。

1935年2月，中央红军从贵州进入云南威信（原扎西），为了争取民族上层人士，红军首长邀请苗族首领熊治荣座谈，向他宣传党的民族政策，号召各族人民团结起来，拿起反抗的武器，争取翻身解放做主人。由于红军认真执行党的民族政策，对民族上层开展统战工作，在扎西集结期间，得到了各族群众的支持和拥护。1935年4月，中央红军进入寻甸柯渡回族聚居区，朱德总司令亲自到回辉村清真寺会见回民首领，宣传红军的政治主张和党的民族政策，争取回民首领的帮助和支持。在红军路过苗族人居住的地方时，王震等红军领导也亲自向苗族首领宣传共产党的政策和主张，解除了苗族上层人士对红军的疑虑和不解。1936年4月，红二、六军团从丽江石鼓渡过金沙江，向藏族聚居区进发。红二、六军团到达中甸县城后，立即以贺龙总指挥的名义发出布告，宣布"本军以扶助番民解除痛苦，兴番灭蒋为番民谋利益之目的，将取道稻城理化进入康川。军行所至，纪律严明、秋毫无犯"，并到处张贴"红军是番民的好朋友""番民群众各安生业"等标语。贺龙等红军领导带头执行党的宗教政策、尊重藏族的宗教信仰，规定无论是红军领导还是战士不得直入寺院，并让战士在寺院门口加强守卫。由于红军纪律严明，加之尊重藏族人的风俗习惯，感动了藏族同胞，噶丹松赞林寺（中甸地区的政治、军事、宗教中心，其最高权力机构是"老庄会议"，由八大老僧组成，管理滇西北地区所有的藏族事务。）派出夏拿古瓦僧人作为代表，带着礼物和洁白的哈达到红军指挥部会见红军将领，贺龙总指挥亲自接见了僧人夏拿古瓦及其随行人员，向他们宣传党的民族政策和宗教信仰自由政策，宣传红军的宗旨和北上抗日的决心。贺龙还亲自致书给"老庄会议"的八大老僧，宣传党和红军的宗教信仰政策，对寺院的生命和财产绝不加以侵犯，并且负责保护。噶丹松赞林寺的八大老僧看到了贺龙的信后，盛情邀请贺龙等红军领导到寺里做客。贺龙与其他军团领导、随行人员40人前往归化寺。八大老僧率领众僧人到寺外迎接，并举行隆重的跳神仪式，欢迎红军。贺龙将礼物和一面写着"兴盛番族"的红色锦幛赠给归化寺。老僧们纷纷表示拥护红军，要全力以赴帮助红军筹办粮食等给养。接着，噶丹松赞林寺开仓放粮，把几万斤青稞卖给红军；商人、僧侣也纷纷把粮食、马料、盐、糖等拿来卖给红军；有的藏族老百姓还无偿地把粮食送给红军。在广大藏族同胞的帮助和支持下，红军在中甸顺利地完成了休整和筹粮任务。在僧侣和藏族百姓的护送下，红二、六军团顺利通过了滇西北藏族聚居区。

除了在长征途中路过云南的红军开展民族上层统战工作外，1934年参加百色起义后坚持右江根据地斗争的红七军第二十一师也在富宁、广南等地开展民族上层的统战工作，建立游击根据地，成立中共滇黔桂边区临时委员会和滇黔桂边区劳农游击队。1935年2月，广南县黑支果乡牛滚塘苗族头领王开洪、六羊地区松树挡苗族头领王咪章，因不堪忍受残酷的阶级剥削和民族压迫，串联以苗族为主体的各族贫苦农民，组成数百人的自发暴动武装，由王开洪任总指挥、王咪章任副总指挥，他们提出"打富济贫，杀官救民"的口号，抗租抗税，武装打击国民党区乡政权和地方土豪劣绅，得到广大劳苦大众的拥护和支持。王开洪早就了解到富宁有一支为民众的红军游击队，就主动派人去联系红军游击队，要求红军派人前来领导武装队伍。红军方面派出干部黄德胜、陈瑶宝、韦高振等多次与王接触，了解情况，宣传共产党的政治主张、斗争对象、奋斗目标等。王开洪、王咪章对共产党的主张有了了解，表示拥护。1935年5月，边区党委派黄德胜等人前往牛滚塘收编民变武装，编为"滇黔桂边区劳农游击队第三联队独立大队"，大队长王开洪，副大队长王咪章。从此，这支以苗族为主体的武装成为红军的一部分，在共产党领导下，转战广南、富宁、麻栗坡县交界地区，打击地霸武装，抗击国民党驻军和地方民团的围剿，先后攻打了一些区乡公所，所到之处，都按共产党的政策，打开地霸土恶仓库，将粮食物资分给穷人，深得群众的拥护。

工农红军在云南境内开展民族上层统战工作，争取民族上层支持和参加革命，给云南地方党组织提供了经验，也在一些少数民族上层中留下了深远的影响。

3. 党争取团结中维沿边民族上层人士

在滇东南、滇南的武装起义相继兴起后，中共云南省工委为了开展滇西北的武装斗争，1948年5月在剑川成立以黄平为书记、欧根为副书记的中共滇西工委，滇西工委成立后，在多民族聚居的滇西北地区认真执行党的民族政策，开展民族工作。

在滇西北藏族聚居区，红军长征过中甸时，贺龙等红军领导人亲自做争取团结民族上层人士的工作，在云南藏族聚居区播下了革命的火种。到20世纪40年代后期，随着全国大部分地区以及滇东南的解放，滇西北藏族聚居区的解放也提上日程。中共滇西工委认为中甸是滇西北藏族聚居区的门户，藏族聚居区地方实力派人士汪学鼎盘踞中甸，只要能实现中甸的和平解放，德钦也将不成问题。虽然这次争取藏族头人不成功，但党为了藏族聚居区的解放，不计前嫌，始终争取和团结藏族头人。

在怒江地区，1948年秋，中共滇西工委派白族党员王北光、李铸宏到通兰（剑川的马登和兰坪的上兰、通甸）开展工作。他们充分发挥同本民族具有天然联系的优势，成立了在怒江地区的第一个党组织——中共通兰特委。通兰特委成立后，特委主要负责人王北光等，以教师职业为掩护，借访问学生家长为名，经常深入少数民族群众中，访贫问苦，扎根串联。1949年4月2日，中共滇西工委在剑川发动了武装暴动，打响了在滇西北开展大规模武装斗争的枪声。4月底至5月初，通兰特委发动了马登、上兰、通甸三个乡镇的武装暴动，成立了以白族为主，有彝族、普米族参加的少数民族武装——通兰人民自卫大队。5月9日，通兰人民自卫大队进入兰坪县的腹心地带，10日解放县城金顶镇。15日打退进犯啦井盐厂的"共革盟军"，解放了啦井盐厂。通兰人民自卫大队继续向澜沧江推进，占据了澜沧江边的营盘，控制了进入怒江地区的主要通道。兰坪解放之后，中共滇西工委认为，怒江地区不同于剑川、兰坪县，处于怒江峡谷的泸水、碧江、福贡、贡山，由于历代反动统治者推行民族压迫和歧视政策，比起剑川、兰坪，怒江地区群众受到的压迫和歧视更深，因而疑虑和猜忌的思想也更重，解放怒江地区，要注意民族政策，要有利于边疆的稳定。根据怒江地区民族和边疆的特殊性，中共滇西工委、中共滇西北地委采取了特殊措施，团结了怒江地区的各族群众、民族上层。1949年6月，中共滇西工委成立啦井后勤分部，任命张旭为后勤分部主任。同年6月1日，福贡县参议长霜耐冬首倡起义，致函啦井后勤分部主任张旭，要求共产党前来福贡接管政权。当接管人员尚未到达福贡，霜耐冬不知如何维持局面的时候，维西共产党员胡光烈（安徽人）、朱存义率领武装于6月4日进入福贡，绕道攻击维西境内的敌人。当胡光烈等人得知霜耐冬起义后，便主动帮助霜耐冬召开各族各界会议，成立过渡性政权福贡办事处，推举霜耐冬为办事处主任，帮助霜耐冬维持政局。1949年7月，共产党员王荣才作为滇西工委特派员进入怒江后，当他得知碧江县傈僳族头人裴阿欠从中缅交界地潜回探听虚实以便决定去留的时候，王荣才便直接到裴阿欠家拜访，开宗明义地对裴阿欠讲了共产党的民族政策和统战政策，明确提出要裴阿欠同共产党合作共事，裴阿欠对共产党的坦诚相待深受感动，决定留下工作，这对于争取怒江地区的民族、宗教上层人士同共产党合作共事，是一个良好的开端。

在丽江地区，民族上层一方面是统治者，另一方面是本民族利益的代表者，特别是在抵御外族的侵扰和官府的欺压方面，民族上层在本民族内部有很高的威望和号召力。他们对当地的局势有举足轻重的影响力。党团结争取了丽江市纳西族上层人士习自诚、小凉山彝族上层人士余海青、永宁土司总管阿云少，为解放和稳定丽江地区奠定了基础。

首先，争取团结丽江市纳西族上层人士习自诚。习自诚是丽江地区最大的实力派人物。党组织对习自诚的各方面情况进行深入的了解分析之后，认为争取习自诚是可行的。习自诚任丽江市县长之后，党组织进一步通过各种关系对其施加影响，继而直接与之交谈，做团结争取工作。丽江市工委根据滇西工委"群众发动越充分，争取习自诚起义的可能性越大"的指示，深入广大城乡发动群众，开展轰轰烈烈的反"三征"群众斗争，壮大革命力量。习自诚虽看到了国民党垮台已成定局，但对丽江乃至滇西北的中共力量仍有怀疑。1949年中共滇西工委在剑川发动"四·二"暴动以后，习自诚开始对中共力量有所重视。特别是丽江市工委组织四乡农民在丽江进行了声势空前、组织有序的"五·一"反美、反蒋、反罗瑛，进占丽江的万人示威游行以后，习自诚看到了在共产党领导下组织起来的人民的力量。中共滇西工委、丽江市工委主要领导人的多次交谈、耐心细致的团结争取工作和群众革命力量的推动，促进了习自诚进一步靠拢革命、顺应时局发展的决心。习自诚按照党组织的要求，拨出枪支支持县工委建立武装，下令解散捣乱破坏的帮会，为丽江解放创造了条件。1949年6月29日，习自诚宣布：自6月30日止，将蒋介石政府系统下之县行政权即日解除，还政于民。7月1日，中共丽江市工委召开群众大会，宣布丽江解放。

其次，争取团结小凉山彝族上层人士余海清。小凉山是指以宁蒗彝族自治县为主，包括永胜、华坪等毗连宁蒗的彝族聚居区和摩梭人、普米族、纳西族等民族的聚居区，原属永胜管辖。经过党组织深入细致的工作，争取团结了小凉山彝族上层，余海清、余国栋、余中南等彝族上层人士率所属武装加入了滇西北人民武装的行列，投身到反美反蒋的武装斗争当中，参加了解放永胜、华坪的战斗和西昌战役。

丽江和平解放后，中共滇西工委在小凉山南部彝族聚居区开展对余海清的统战工作的同时，着手对北部永宁地区开展以争取阿少云为重点的统战工作。1949年8月初，中共丽江中心县委利用民青成员赵净修（纳西族）曾在阿少云家当过账房先生，深得阿少云赏识的关系，派他去永宁做阿少云的工作，去时还带了习自诚受党组织委托写给阿少云的规劝信。习自诚在信中用自己的亲身经历劝说阿少云早日靠拢革命。阿少云表示接受，倾向进步。8月中旬，在对阿少云的政治工作取得进展的基础上，中共丽江中心县委又派杨际春（纳西族）、黄忠杰（纳西族）二人进永宁继续做阿少云的工作。在团结阿少云等上层的同时，也在永宁平静村发动群众。11月底，中共滇西北地委派党员董少舒、起义人员易少白等人到永宁开展工作，同时又带去了党组织给阿少云的信，宣传国内外形势，希望永宁地区的民族上层人士与共产党合作，实现宁蒗的和平解放。通过谈判，阿少云同意接受滇西北地委提出的和平解放宁蒗的各项政治主张，积极主动地做好各地摩梭、彝族头人的工作，并通过在永宁设治局供职的邰建业邀集了小凉山沙坪的余国栋，汉家厂的余家祥，大屋基的余子良、余庭龙，药山、金子沟的余根扎、余坑千、余拉古、余念古，石佛山的米沙瓦父子等人及部分黑彝和百姓60余人，① 集中到永宁达坡阿少云家聚会，阿少云以民族仪式接待他们。经过两天的共同协商，众人统一了认识，接受中共滇西北地委的意见，达成和平解放宁蒗的协议。最终，各地头人以饮鸡血酒表示和平解放宁蒗的诚意。1950年1月12日，召开庆祝大会，宣布宁蒗和平解放，随即成立宁蒗县临时政务委员会，阿少云任主任。5月，中共宁蒗县工作委员会和宁蒗县人民政府同时成立，阿少云任副县长。

4. 党争取团结腾龙沿边民族上层人士

在德宏地区，民主革命时期，个别共产党员曾对腾龙沿边的民族上层人士做过工作，并有一定的成效。随着革命形势的发展，1949年7月，党组织派匡沛兴、范正、李跃章组成滇西边区领导小组，开展腾龙边区的工作。他们利用各种社会关系和芒市土司代办兼潞西县县长方克胜保持联系，做团结疏通边疆民族上层的工作。同年11月，中国人民解放军滇桂黔边纵队（简称"边纵"）副司令员朱家璧率"西进部队"到腾龙边区活动，中共滇西北地委工作组也随军抵龙陵，与滇西边区领导小组会合。11月11日，龙陵解放。与此同时，中共滇西边区领导小组与滇西北地委工作组合并，成立滇西人民解放工作委员会，作为党的滇西工作领导小组。滇西人民解放工作委员会的革命活动对腾龙沿边影响较大，不同程度地沟通了芒市、梁河等地民族上层的统战关系。

1949年12月15日，中共滇西工作领导小组以滇西人民解放工作委员会的名义，发表了《告土司民众书》，号召各土司以团结爱国、维护祖国统一、争取各民族的翻身解放为重，反对一切反动派和帝国主义分裂祖国边疆的阴谋，接受中国共产党的领导，与人民解放军合作，建设繁荣富强的新边疆。之后，盈

---

① 中共云南省委党史研究室. 新民主主义革命时期党在云南的少数民族工作［M］. 昆明：云南民族出版社，1994：464.

江土司刀京版派儿子刀威伯、梁河土司龚绶派儿子龚统政到腾冲与滇西人民解放工作委员会进行联系,受到委员会领导的接见,并向他们宣传党的政策。

1950年4月,为了顺利进驻德宏地区,中共保山地委、中国人民解放军41师党委决定分两路对各土司做工作。保山地委第二书记黄平再次到芒市做土司代办方克胜的工作,并带去委任方为潞西县县长的委任状。地委和师党委决定由杨侃带领军代表团随人民解放军121团先头部队进驻芒市,4月21日,潞西解放,随即进军陇川、瑞丽。经过沟通、协商,土司、山官表示同意人民解放军进驻。4月28日,梁河解放;5月18日,盈江解放。至此,人民解放军完成了进驻边疆的任务,德宏全境解放。

在临沧市,1949年2月10日,中共华侨"回国党组"召开扩大会议,决定成立澜沧专员公署和缅宁(临沧)专员公署,将澜沧人民武装编为"迤南边区人民自卫军第一支队"。4月初,缅宁专员公署正式成立,辖缅宁、双江、沧源、耿马4个县。4月中旬,迤南边区人民自卫军第一支队将沧源岩帅佤族民众武装编为一支队第十大队和佤山守备大队。4月底,迤南边区人民自卫军第一支队被编入云南人民讨蒋自卫军第二纵队,为第十一支队。5月6日,佤山守备大队解放了沧源设治局所在地勐董,推翻了勐董土司的统治。

中国人民解放军第十四军,在进军临沧、解放临沧时,严格遵照中共西南局提出的"在云南边疆地区必须坚持团结上层人物与巩固统一战线",要"团结民族上层和开展政治攻势"的要求,紧紧抓好民族上层工作,使十四军作战的对立面减少到最低限度。在进军缅宁时,做好了邱振声的工作;进军双江时,做好了宋子皋等民族头人的工作;进军耿马时,在与土司代表反复谈判无望的情况下,仍然做好其他上层人士的工作;进军沧源时,做好了佤族王子胡忠华的工作。另外,十四军吸取了一支队进军耿马失利的教训,部队每到一个地方就宣讲党的宗教信仰自由政策,严格尊重当地信教群众的习俗。因此,十四军得到了民族上层和广大民众的支持,很快解放了临沧。

5. 党争取团结思普沿边民族上层人士

在民主革命时期,思普沿边存在着历史上的民族隔阂,加上人民群众对中国共产党不了解,民族上层说什么,多数群众就听什么。因此,能否正确处理好同民族上层的关系,尽最大可能争取团结教育民族上层问题,成为关系人心向背的问题。党组织积极开展民族工作,争取团结上层人士,促成反蒋统一战线,为解放思普沿边打下了基础。

在思普沿边,党组织在争取团结民族上层人士的工作中,除了争取澜沧、西盟、孟连的拉祜族头人、佤族头人、傣族土司外,还积极争取团结西双版纳地区的上层人士。

　　1946年冬，中共思普特支书记陈盛年做了民主进步人士刘昆府（石屏人）的工作，向他灌输革命进步思想，并赞助和支持他到车（车里县，今景洪县）、佛（佛海县，今勐海县）、南（南峤县，今勐海县勐遮）、宁（宁江县，今勐海县和澜沧县的一部分）一带进行调查研究，开展革命活动。1947年3月，刘昆府把自己掌握的40多人武装带到车佛南宁四县交界的那京、南本等地建立根据地，组建了车佛南宁澜（澜即澜沧县）民主联军。民主联军向群众宣传：我们是为穷人搞革命的，对老百姓我们不整，我们只打反动派。号召各族群众反对国民党的统治。经过一段时间的宣传，各族人民纷纷响应，短期内便拉起了1000多人的队伍。民主联军通过一系列以各民族群众的经济利益为基础的革命斗争，使各族人民普遍得到了实惠。

　　1948年6月以后，思普地下党员潘明、荀彬、邹建民、李丰等人，先后做了镇江（镇越、江城，镇越即今勐腊县）地区王少和、李衣人、朱述舜、李君平、黄位中等人的争取、团结、教育、改造工作，同镇江地区的地方实力派和社会进步人士组成了反蒋统一战线，在西双版纳建立了共产党领导下的第一支反蒋武装——江越（江城、镇越）支队。江越支队在江城团结各族各界人士共同反蒋，建立农村政权。

　　1949年7月1日，中共思普地委正式成立。为了适应革命形势发展的要求，地委在省工委代表团的指导下，就巩固扩大思普根据地的工作进行了部署。将宁洱军政干校的党员和地下党、从昆明输送的党员、"民青"成员和大中专学生以及部队抽出的骨干共700余人，组成14个工作团队，分别派往各县开展工作。① 派往内地的称民工团，派往边沿一线游击区的称武工队。派到车佛南地区的佛海民工团、车里武工队和镇越武工队积极开展民族工作。起初，由于车佛南地区长期形成的民族隔阂，祖祖辈辈受大民族的欺负，老百姓只相信老叭、老鲊，所以武工队进村寨后，娃娃妇女就像见着瘟神一样，用民族语喊着"汉人来啦！汉人来啦！"在一阵惊呼声中四散奔逃。武工队想摆脱土司头人搞农会，但土司头人不参加，老百姓也不敢来参加。语言不通，隔阂一下子消除不了。土司头人和村寨大小头人，按所有"外交惯例"，接待武工队。武工队每到一个地方，食宿由土司头人出面安排，而且只能安排在土司头人家。后来，民工团和武工队争取团结民族上层，通过民族上层，发动下层，积极宣传党的主

---

① 中共云南省委党史研究室. 新民主主义革命时期党在云南的少数民族工作[M]. 昆明：云南民族出版社，1994：235.

张，打开了在群众中开展工作的局面。

6. 党争取团结河麻沿边民族上层人士

河麻沿边，党争取团结民族上层的重点在红河以南地区。红河南岸是哈尼族最为集中的多民族聚居区，地处边疆山区，山高谷深、森林密布、地形复杂、交通不便，国民党统治相对薄弱，是发动武装斗争、建立革命根据地条件较好的地区。这里，从明洪武十五年（1382年）开始建立土司制度以来，一直延续几百年，号称"江外十八土司"（实际上不止十八家）。各民族土司都建立了一整套独特的封建统治机构，土司简直成了"国中之国"。清末民初虽"改土归流"、建立乡镇保甲制度，但这里地处偏僻，中央政权鞭长莫及，土司制度实际上依然存在。土司既有压迫剥削本民族劳动人民的一面，又有维护本民族利益的一面，因此，土司的政治倾向直接影响甚至左右着其整个民族。党要在这里发动武装斗争，解放各族人民，争取团结民族上层人士是极其必要的。中共云南地下党组织比较成功地争取了民族上层，团结了各民族，胜利开展了武装斗争，最后解放了红河南岸。

在河麻沿边，党在争取红河南岸民族上层的同时，还争取和团结文山地区的壮、苗、彝等民族的上层人士。首先，争取和团结广南壮族上层侬鼎丰、侬天祥父子。侬鼎丰，是文山北路"诸侯"中颇有影响的人物，他与当时的富宁县县长李匡时、广南县县长曹星辉及广西西林的欧衡卿都有密切的关系，又与前任广南县县长王佩伦有矛盾，其长子侬天祥出任广南县城防大队队长就是李匡时向曹星辉推荐的。广南地下党负责人陆毅、地下党员李石秀等，利用他们与侬天祥是同学关系，积极做侬天祥的思想工作，并通过侬天祥做他父亲的争取工作。在地下党的积极鼓动下，侬天祥于1948年2月28日率城防队150余人起义，打开城门，迎接讨蒋自救军第七支队，解放广南县城，活捉县长曹星辉。侬天祥起义部队被编为广南县独立大队［后编为广（南）林（西林）边独立营］，侬天祥任大队长。侬天祥率部起义后，得到侬鼎丰的积极支持，不仅把几个儿子和女儿都送到部队，还把家中的粮食、枪支都捐献给部长。由于侬鼎丰积极支持革命，当地壮族群众踊跃参军，侬天祥独立大队从原来的150多人很快发展到400多人。① 其次，争取团结猛洞（即今猛硐）苗族上层项朝宗。项朝宗在中越边境的苗族群众中有较大的影响力，拥有武装100余人，又与猛洞（今猛硐）对汛汛长李云祥有矛盾。1948年秋，武工队派梁展、董诚做项朝宗

---

① 中共云南省委党史研究室. 新民主主义革命时期党在云南的少数民族工作［M］. 昆明：云南民族出版社，1994：182.

的争取工作。项朝宗在地下党、武工队的帮助指导下，于10月中旬率部围攻猛洞对汛，汛长李云祥逃跑，项朝宗收缴了对汛署的枪支弹药。在武工队的授意下，项朝宗在猛洞（今猛硐）召开群众大会，宣布成立猛洞（今猛硐）农民协会，经武工队提名，由项朝宗任农会主席。为了配合部队解放马关，在武工队的指导下，项朝宗又率部解放了玉皇阁（都竜）、茅坪两个对汛，受到滇东南指挥部的赞扬。后来，由于受法帝国主义的蛊惑、煽动以及其他一些原因，项朝宗曾一度站在与人民为敌的立场上，给边疆人民带来了灾难。1953年3月，在中国人民解放军的强大军事压力下，在党的民族政策感召下，他才重新走上光明道路。最后，争取和团结了红花山出水寨李凤鼇、腻脚乡革舒老寨胡朝臣等彝族上层人士。

7. 党团结争取国民党滇系地方实力派及民族上层人士

滇系经历了旧滇系、新滇系、国民党滇系军阀到国民党滇系地方实力派的演变过程。国民党滇系地方实力派的主要领导人是龙云和卢汉，他们是国民党滇系地方实力派民族上层的代表人物。中国共产党在不同时期对龙云开展了统战工作，但最主要的是在抗日战争时期和解放战争时期。党在对龙云做好统战工作的同时，卓有成效地开展对卢汉的统战工作。经过党的统战工作，促成卢汉率部发动昆明起义，实现了昆明和平解放；同时，在卢汉的协助下，党迅速稳定了云南局势。

（二）新中国成立至民主改革前，党对民族上层的工作

经昆明起义，云南和平解放后，民族地区特别是边疆民族地区斗争依然极其尖锐，各种矛盾交织在一起。人民群众还没有发动起来，对党和人民政府存在着种种疑虑。另外，境内外敌人极力挑拨民族关系，威胁拉拢少数民族上层人士，进行各种破坏活动；而民族上层人士对本民族、本地区有着较大的权势和传统的影响。因此，争取团结民族上层人士，是在云南民族地区开展工作、稳定云南民族地区的重要一环。

中共云南省委根据毛泽东主席在1950年6月中共七届三中全会指出的"全党都要认真地、谨慎地做好统一战线工作"以及中共西南局第一书记邓小平在同年7月提出的到民族地区开展工作，"都要掌握一个原则，就是要同少数民族商量。……一定要他们赞成，要大多数人赞成，特别是上层分子赞成，上层分子不赞成就不做，上层分子赞成才算数。因为在少数民族地区，由于历史的、政治的、经济的特点，上层分子作用特别大。……现在一切事情都要经过他们上层，要对上层分子多做工作，多商量问题，搞好团结，一步一步引导和帮助

他们前进。如果上层这一关过不好，一切都要落空"①的指示，制定了一系列具体的争取团结教育改造民族上层人士的政策。在新中国成立初期，提出了争取团结少数民族上层，通过民族上层进行人民群众的工作，依靠人民群众的觉悟，推动和影响少数民族上层的工作方针。

这一时期，中共云南省委贯彻执行党对民族上层工作的方针政策，在疏通民族关系、稳定边疆、争取团结民族上层中，主要做了以下四个方面的工作：

首先，在争取和团结少数民族上层的基础上，派人民解放军进驻边疆少数民族地区。如在腾龙沿边的十土司地区，土司统治达几百年之久。1950年3月，中国人民解放军14军41师进驻保山，与"边纵"7支队胜利会师。当部队向防区前沿土司管辖地带进驻过程中，就遇到了土司的阻挠。为了慎重起见，41师党委命121团暂驻龙陵、122团暂驻腾冲待命，坚决避免与土司武装发生直接冲突。中共保山地委和41师党委经过认真研究，决定分两路继续去做土司的争取工作。一路由保山地委副书记黄平率杨侃（潞西办事处主任）、朱家祥（龙陵县县长）等人到芒市与方克胜等土司谈判，具体协商部队进驻事宜。虽反复做工作，但方克胜执意出走缅甸。另一路由保山地委书记、41师政委郑刚和122团政治部主任张琦等人去梁河与土司谈判，经过多次会谈，干崖土司刀京版、南甸土司龚绶、盏达土司思鸿升等人在党的政策的感召下，消除了所有顾虑，终于同意部队进驻。1950年4月至5月，41师的军政代表团和121团、122团，先后进驻滇西德宏边六县，接管了国民党潞西县政府和各县设治局，完成了和平进驻滇西各土司地区的任务。接着争取了避居深山边寨的遮放土司多英培、勐卯土司衎景泰回来。经过多方疏导，不久又将方克光（芒市土司代办）从境外争取回来，从而消除了滇西一大批少数民族上层人士的疑虑，稳定了腾龙沿边。

其次，在对敌斗争中，争取、团结民族上层，让民族上层靠拢党。新中国成立初期，边疆民族地区少数民族上层人士，一部分人拥护共产党的领导，靠拢人民政府；大部分人既对国民党不满，又对共产党怀有疑惧，持观望态度；极少数人则是公开投靠蒋军残部和帝国主义，与人民政府和人民军队进行武装对抗。在这种情况下，只有争取团结民族上层，才能掌握主动权，才能取得对敌斗争的胜利，才能稳定边疆，才能巩固边防。因此，1950年5月，中共云南省委提出"联络感情，搞好关系；十分谨慎稳重，长期工作，切忌性急"的原则，要求各级干部严格遵守。同年12月，决定对"土司衙门、黑彝、千总的武

---

① 邓小平. 邓小平文选：第1卷［M］. 北京：人民出版社，1994：168-169.

装组织，也不要去干涉和取消"。1951年7月，云南省政府和云南省军区联合发布了《关于加强民族团结，坚决剿匪，巩固国防的公告》（十项公告）。公告明确规定："边疆各民族地区现行政治制度及土司头人之现有地位和职权，人民政府不予变更。凡爱祖国、爱人民的土司头人，可同时参加各级人民政府之工作。""因受骗而实行武装对抗的土司头人，只要诚心悔过，回到祖国怀抱，人民政府可不收缴其武装，对于剿匪有功者，并论功给奖。""边疆各兄弟民族区，不实行一般汉人地区之社会改革。有关各兄弟民族内部改革事宜，完全根据各族人民的意志，由各族人民和各族人民的领导人员，采取协商方式解决。办工厂、农场、经营工商业者，上级人民政府当予以赞助。"[1] 公告深入人心，产生了积极的效果。在错综复杂的对敌斗争中，由于认真执行了争取团结民族上层的政策，大多数民族上层人士团结在党和政府的周围，从而取得了斗争的胜利。

再次，为了争取团结民族上层人士，党和政府还组织民族上层人士到内地参观，消除顾虑。如1950年10月1日是中华人民共和国成立1周年纪念日，党中央决定组织全国少数民族代表到北京观礼。思（茅）普（洱）地区（含今天普洱市、西双版纳州及临沧市部分地区）组织了以少数民族上层人士为主的参观团到北京观礼。当时有的上层人士顾虑重重，不愿意去。经过耐心做工作，他们最终同意去了。他们先到重庆，受到西南局领导的热情欢迎。到了北京，受到了中央领导的亲切接见和首都人民的隆重欢迎。在首都观礼后，又到天津、上海、南京、武汉等大城市参观，同样受到当地党政领导和群众的热烈欢迎和盛情接待，还亲眼看到了祖国的新貌。赴京观礼代表回到宁洱后，参加了"思普"地区"第一届兄弟民族代表会议"，共商民族团结、进步之大事。按照他们的倡议，1951年元旦，各族各界代表以和平平等民族的方式，在宁洱举行隆重的剽牛签字仪式，宣誓："从此我们一心一德，团结到底，在中国共产党的领导下，誓为建设平等、自由、幸福的大家庭而奋斗！"[2] 并立下新中国民族团结第一碑。据统计，至1954年7月底，4年间，全省先后组织了45次，包括各民族各阶层的代表共4170人到北京、重庆、上海、昆明等大城市参观学习。截至1956年年底，全省共组织了103次少数民族参观团，历次参观团人数总共13513人。[3] 通过参观学习，开阔了他们的眼界，提高了爱国主义思想，增强了拥护共

---

[1] 当代云南编辑部.当代云南大事纪要：1949—1995［M］.北京：当代中国出版社，1996：38.
[2] 云南省民族事务委员会.云南民族工作大事记：1949—2007［M］.昆明：云南民族出版社，2008：9.
[3] 云南省民族事务委员会.云南民委工作60年［M］.昆明：云南民族出版社，2011：9.

产党的信念，密切了党和人民政府与各族人民的联系，改善了民族关系，增强了民族团结。

最后，吸收和安排少数民族上层人士参加民族民主联合政府以及民族自治地方各级人民政府的工作。如1953年7月，德宏傣族景颇族自治州成立时，自治区人民政府委员会第一次会议，选举原干崖土司刀京版为自治区主席，选举原南甸土司龚绶，原猛卯土司衎景泰，原陇川土司多永安，景颇族上层人士雷春国、排启仁、司拉山等6人为自治区副主席。1954年8月，怒江傈僳族自治州成立时，选举傈僳族上层人士斐阿欠为自治区人民政府主席、和耕、霜耐冬、欧善政为副主席。1953年1月，西双版纳傣族自治州成立时，选举原车里军民宣慰使司议事庭长召存信（傣族）为自治区人民政府主席，选举原召勐总管刀承宗（傣族）、刀学林（傣族）、刀有良（傣族）、车罗（哈尼族）、刘岩（汉族）为副主席。1951年3月宁洱地区成立民族民主联合政府时，就有意安排了一些民族上层人士当政府委员，召存信、罗正明还被安排为副专员。1949年12月，在建水成立滇南人民行政公署；1950年12月，经中央人民政府政务院批准，改称云南省人民政府蒙自区专员公署；1951年5月召开的蒙自区一届二次各族各界人民代表会议上，选举哈尼族上层人士李和才、李呈祥为副专员。这样，民族上层人士在人民政府中有职有权，充分体现了中国共产党愿意团结民族上层的愿望，体现了共产党的伟大胸怀和气魄。

（三）在民主改革中，党对民族上层的工作

经过人民解放军、民族工作队和地方干部的艰苦工作，边疆民族地区的对敌斗争不断取得胜利，社会秩序日益安定，民族关系逐步改善，群众工作不断深入开展，对敌斗争逐步退居次要地位，民族内部的阶级矛盾逐渐凸显出来。1954年以后，边疆大多数地区的农民群众迫切要求实行土地改革。同时，民族上层经过党的教育，思想认识有了提高，他们中的大多数表示赞成土改，甚至有的自动放弃官租、地租、债利、杂派并交出了武器。中共云南省委根据边疆地区民族关系和阶级关系情况，决定采用和平协商的方式进行土地改革。在和平协商土地改革中，坚持对少数民族上层人士实行"经济上赎买，政治上安排，生活上照顾"的政策，极其注重做好对民族上层的团结工作。

首先，在政治上妥善安排民族上层人士，给予他们应有的地位，使之各得其所。对支持人民群众要求、拥护党和政府的政策、赞成土地改革的民族上层人士都安排进入自治州、县人民政府和协商机构任职。民族自治州州级行政职务大都由各地土司、头人及宗教领袖担任。如德宏傣族景颇族自治州州长、副州长8人都是民族上层人士。原干崖土司刀京版,不但担任了德宏州第一任州长,而且后来又当选为全国人大代表(第一、二、三届),担任了全国人大民族委员会委员和云南省政协副主席,不但保证在改革后不降低其政治地位,而且政治地位比原来高。在西双版纳傣族自治州政府委员中,中共党员委员仅占15%,群众委员占30%,而民族上层委员占55%。① 另外,边疆民族地区在"和平协商土改"中还吸收了众多的各民族上层人士以及属官、子女参加工作。

其次,在生活上照顾民族上层,采用政府包养的办法,不急于取消他们的特权。1955年3月,中共云南省委专门就边疆民族上层生活问题向中央做了请示,决定扩大补助的范围,除了对现任乡长以上职务的民族上层人士进行包养外,还对其属官及其家属、过去享受土司津贴的佛爷、已收不到地租的寺院僧人等实行长期定额生活补助,不降低他们原有的生活水平。请示得到了中共中央的批准。这样,有的民族上层人士一家补助费每月达一两千元。1955年国家下拨的补助费就达98万元,仅德宏州就有1608人得到了补助。② 对于那些已经自动放弃剥削,从而导致生活困难的民族上层人士,由国家给予不定期或定期的补助。此外,由省统一拨款建盖房屋,把有较大影响力的各民族上层人士及其家眷集中到昆明或各自治州(县)政府所在地居住。这样,通过采取以上措施,保障了各民族上层人士的生活水平略高于改革前的水平。

再次,对已放弃剥削的民族上层实行赎买政策,对少数民族地主从政治、经济上做适当让步。在"和平协商改革"中,只没收地主的土地和废除高利贷剥削,不分其他任何财产,并先留与农民同样的一份土地,改革中强调正面教育,不打、不斗、不杀。除现行犯外,一律不捕,并一般不剥夺政治权利,边疆沿线不划分阶级等。红河州在"和平协商改革"中,《云南省红河哈尼族自治区采取和平协商方式进行土地改革条例》规定:没收领主、地主的土地和山林,并废除其地租、高利贷以及杂派、官租和特权,征购其使用于农业之骡马、碾坊以及多余的耕牛,底财、浮财、粮食、房屋、农具等其他财产一律不动。分配土地时,先留给其一份与农民同样的土地。领主、地主新中国成立后自己劳动开垦之少量荒地不动,并不计入其应分土地数目内。领主、属官或其他头人,土改后生活确有困难者,由自治机关酌情给予补助。领主、地主的政治权利,一般不予剥夺。德宏州在"和平协商改革"中对领主、地主的具体利益也给予了较为充分的照顾,对他们的农具、房屋、粮食等其他财物以及新中国成立后

---

① 中共云南省委党史研究室.云南土地改革[M].昆明:云南大学出版社,2011:234.
② 中共云南省委党史研究室.云南土地改革[M].昆明:云南大学出版社,2011:235.

地主自己开荒的土地一律不动；对领主的小块茶园、林园、咖啡园和藕池都予以保留。

最后，和平协商。在民主改革中，同民族上层用和平协商的方式进行土地改革。在具体工作中，始终坚持"事前打招呼、事中给解释、事后教育提高"和"自上而下酝酿协商"的原则。在协商中，本着既团结又改造的方针，对领主、地主的罪恶进行必要的揭露，孤立打击少数犯罪分子。在协商中，对于上层的抵触和反抗进行教育和适当斗争，但在斗争中始终做到合理合法、有礼有节、以理服人。

在"和平协商改革"中，对民族上层进行妥善的政治上的安排，给予生活上的照顾、经济上的赎买，用来换取他们对于改革旧制度的让步和赞助，使他们从切身体验中感到只有赞成改革才是最好的出路。这样做，绝大多数上层支持"和平协商改革"，不少人主动放弃了剥削和特权，向党和人民靠拢，保证了"和平协商改革"顺利进行。

在迪庆藏族聚居区和小凉山彝族聚居区，由于部分民族上层在刚酝酿土地改革时，就发动武装叛乱，妄图阻止社会改革。因此，党和政府采取了政治解决和军事进剿的方针，坚决打击参与武装叛乱的奴隶主和农奴主。在武装叛乱平息后的民主改革中，仍然采取和平协商的方式。国家把奴隶主和农奴主养起来，对他们进行长期的团结和改造。对于被争取回来的民族上层人士或参加叛乱而被迫放下武器的，仍然采取既往不咎，不杀、不关、不斗的宽大政策。对于其中有悔过自新表现的，仍然安排职务，也不降低其生活待遇。

对于处在原始社会向阶级社会过渡的民族地区，不进行土地改革，而是通过直接办合作社的形式，引导农民走社会主义道路，即从原始社会末期直接过渡到社会主义社会。在发展生产和互助合作的进程中，逐步地、渐进地解除山官、头人的特权以及某些剥削因素，从而团结和改造民族公众领袖人物。

对于宗教上层人士，采取团结教育的政策。在民主改革中，保护寺院、教堂和正当的宗教活动，对少数民族中的宗教上层人士进行团结和教育。寺院的财产一律不动（藏族聚居区喇嘛寺，公田公地征收分配，保留僧人个人的土地），宗教上层人士的家属分得与农民同等的土地。有政治地位和有工作能力的宗教上层人士，吸收其参加各级政协或各级政府机关工作。

边疆民族地区民主改革的顺利完成，结束了云南残存的土司制度，扩大了爱国统一战线。据统计，截至1956年，云南全省参加各级政权机构和群众团体的民族上层人士共有1087人，其中边疆民族地区的有1017人；在全国政协、全国人大、佛教协会任职的有17人；在省政协、省人大、省政府有关部门任职的有117人；在自治州、县、区政府机构工作的有883人。① 在各级人民政权机构中，与民族上层人士团结共事，尊重他们的职权，有事同他们商量。这样，促进了各民族的团结，稳定了边疆。

（四）团结民族上层人士的工作在曲折中进行

正当边疆民族地区民主改革基本完成，刚刚开始步入全面建设社会主义时期，随着1957年下半年全国反"右"斗争的开始，云南全省也掀起了反对所谓"地方民族主义"的斗争。党和国家放松了对民族上层的团结工作。

1962年7月，中共云南省委根据全国民族工作会议精神，召开了全省民族工作会议。会后下达了关于加强边疆工作的重要文件，其中对少数民族上层人士，强调要继续贯彻执行长期团结，包下来，包到底，安排使用以及教育改造的方针，使大部分少数民族上层人士放下了思想包袱，党和民族上层人士的关系又回到健康的轨道。

（五）团结民族上层人士工作的恢复

党的十一届三中全会以后，为落实党的统一战线政策和民族政策，云南对民族上层的统一战线工作又得到恢复和发展。1979年3月下旬，经中共云南省委批准，省委统战部、民族工作部向边疆10个地州委发出《关于进一步做好民族上层爱国人士统战工作的意见的通知》，强调做好边疆民族上层爱国人士统战工作是党的民族、统战工作的重要组成部分，是党的一项重要民族政策。

通过落实统一战线政策和民族政策，进一步激发了民族上层人士的爱国热情。他们中许多人年事已高，仍努力工作，有的在保卫祖国安宁中立了新功，有的为民族团结进步事业做出了新的贡献，有的为民族地区的经济社会发展献计出力，有的在搜集整理民族文化古籍中付出了辛勤劳动。

（六）20世纪末至21世纪初，团结民族上层的工作走上了正确健康的轨道

20世纪90年代以来，党中央对统一战线的理论和政策有了新的发展。2000年12月，在第19次全国统战工作会议上，江泽民总书记发表了重要讲话，提出了统一战线工作的根本任务是"争取人心、凝聚力量，为实现党和国家的宏伟目标而团结奋斗"②。2006年7月，在第二十次全国统战工作会议上，胡锦涛同志的讲话，在继承江泽民总书记把统一战线的根本任务概括为"争取人，凝

---

① 云南民族工作四十年编写组. 云南民族工作40年：上卷 [M]. 昆明：云南民族出版社，1994：370.
② 江泽民. 江泽民文选：第3卷 [M]. 北京：人民出版社，2006：139.

聚力量"的基础上提出了统一战线的新任务，即为促进社会主义政治建设、经济建设、文化建设和社会建设服务，为促进香港、澳门长期繁荣稳定和实现祖国完全统一服务，为维护世界和平与促进共同发展服务。党的十八大以来，习近平总书记非常重视统一战线工作，发表了关于统一战线的一系列重要讲话。习近平总书记关于统一战线的重要论述涵盖了政党关系、民族关系、阶层关系、宗教关系以及港澳台同胞和海外侨胞关系等"五大关系"的方方面面，蕴含着正确处理一致性和多样性的"同心圆"、做好非公有制经济领域统战工作的"健康政商关系"、培养党外代表人士后备干部的"储才育才"、加强党对统战工作领导的"大统战工作格局"等新思想、新观点。上述党和国家领导人的统战思想、观点既继承了马列主义、毛泽东思想、邓小平论统战思想的理论精华，又具有新的时代价值。

云南省各级党委和政府，按照党中央的统一战线理论和政策做好统战工作，对少数民族人士（包括民族、宗教上层人士）的统战工作依法依规、健康有序地进行。

三、中国共产党团结民族上层，解放和稳定云南民族地区的基本经验

在新民主主义革命时期，党争取和团结云南少数民族上层人士的工作是非常成功的。党对云南少数民族上层统战工作之所以取得胜利，除了党的统战理论和政策的正确指导外，与云南党组织联系云南实际、创造性地开展统战工作是分不开的。新中国成立后，党团结、教育、改造云南少数民族上层爱国人士，虽然曾经有过挫折，但总的来说还是极其成功的。总结党对云南少数民族上层统战工作的成功经验，对于今天党在云南领导各族人民建设有中国特色的社会主义，进一步做好统一战线工作，建设新型社会主义民族关系，稳定边疆、巩固国防，是有着重要意义的。

（一）围绕实现民族独立和人民解放两大历史任务，看待国内民族问题、指导民族工作的实践

民族问题，历来为统治者所重视。但是，过去的一切反动统治势力，都是从维护其自身统治地位、搜刮地方资财、驾驭各族人民的需要出发，对此采取恐吓欺诈、威慑镇压、离间挑拨、割裂管控等手段，在地方民族关系问题上把它搞得情况复杂、矛盾重重乃至对立态势严重，使国内民族关系问题充满隔阂、形势紧张、挑战严峻。特别是像在云南这样一个多民族聚居且民族关系盘根错节、错综复杂的边疆地方，在民族与国家、民族与民族、各民族内部等各个方面之间，所演绎出来的民族问题就表现得更为突出。

中国共产党在领导各族人民进行民主革命和成立新中国的过程中，面对各种反动势力造成的复杂而严峻的民族关系问题，始终坚持以马克思主义的民族理论为思想基础，以实现民族的独立和人民的解放两大历史任务为主题主线，来看待、认识和分析国内各种民族问题，指导协调和处理各种民族关系实践的开展，这不仅给解决民族关系问题指明了正确的政治方向，而且也使我们获得了科学的方法去开展解决民族问题的实践，破解历史上遗留下来的各种负面因素的干扰和影响，摆脱各种细枝末节的具体问题羁绊，推动解决民族关系问题的实践始终服从并服务于历史任务的完成，从根本上体现各族人民共同的意愿和要求，确保各民族人民共同利益的实现。

（二）通过争取团结民族上层人士，保持沿边地区的稳定

云南幅员辽阔，西部和西南部与缅甸毗连，南部与越南、老挝两国接壤，边界线长达4061千米。边境沿线大都是少数民族聚居地区，有16个民族跨境而居，住在这里的少数民族群众和民族上层与境外有着千丝万缕的联系；而且有的边民还跨界而居，国内稍有动荡，就会有大批边民出境，国内稳定了，又会有大批边民返回来。新中国成立前夕，由于国民党特务的煽动，沿边的民族上层对党的政策有疑虑。因此，党对边疆民族地区采取了审慎稳健的方针，以保持边疆地区的稳定。

在思普沿边，云南人民讨蒋自卫军第二纵队进入思普地区建立革命根据地，通过拜访民族上层人士，疏通了关系、联络了感情，团结他们共事。如纵队领导拜访召存信、刀承宗、刀定国等民族上层人士，与他们共商大事。经过工作，既取得了他们的支持，又稳定了边疆。在中维沿边，1949年夏，福贡参议长霜耐冬首倡起义后，中共滇西工委根据形势的变化，一方面指定啦井后勤分部主任张旭兼管怒江边四县工作，并向边四县发放各族人民急需的食盐；另一方面派王荣才为特派员进入怒江地区，积极联络傈僳族知识分子窦桂生等人，翻译政治宣传品，到碧江、福贡广为张贴，同时贯彻执行滇西工委对怒江地区的工作方针：争取团结民族上层，培养民族干部，不提出社会改革口号，不搞清算斗争，稳定边疆。在河麻沿边，"边纵"进军上六村，两次写信给上六村土司孙宗孔，争取和平解放大兴镇，遭到拒绝。"边纵"攻占大兴镇后，根据中共滇南地委的紧急通知，撤回元江。后来，经过做孙宗孔之子孙敏初的工作，进入大兴镇，收编了孙宗孔的武装。在腾龙沿边，经过做干崖土司刀京版、南甸土司龚绶、盏达土司思鸿升、芒市土司代办方克胜、遮放土司多英培、孟板土司蒋家杰等上层人士的工作，人民解放军野战军顺利进驻了德宏地区。

（三）通过争取团结民族上层人士，从而团结整个民族，取得对敌斗争的胜利

新中国成立初期，云南沿边地区处于疏通民族关系阶段，面临着国防、民族和土匪三个重大问题，核心问题是民族问题，而民族问题的核心是如何争取民族上层问题。只有首先争取团结少数民族上层，才能接近少数民族群众，才能团结整个民族；只有团结整个民族，才能孤立敌人，巩固国防。当时云南省4000多千米的国境线上，分布着上百个由民族上层统治着的土司地区。境内外的特务和阶级敌人极力拉拢各民族上层人士，利用历史上造成的各民族之间的隔阂挑拨民族关系、破坏国家统一。在少数民族群众觉悟还有待启蒙的情况下，民族上层人物的态度，对于整个民族的向背，有着决定性的影响。如在河麻沿边，由于只做了个别土司的争取团结工作，许多民族上层公开进行武装对抗，甚至土司武装被打垮后，有的土司带着家眷随国民党残军辗转逃到台湾。在缅宁镇康县（含今永德县）跟随头人外逃的群众就达几千人。西双版纳、孟连、耿马、芒市土司和部分景颇族、佤族头人都带着家眷和率领部分民众出走缅甸。由于中共中央和云南省委及时发现问题，严格区分敌我矛盾和阶级矛盾，纠正急于消灭土司制度的"左倾"错误，展开了强大的政治攻势，争取团结了大部分抱观望和中间态度的民族上层人士，从而稳定了边疆民族地区的局面，取得了对敌斗争的胜利。

（四）通过团结民族上层，完成了民族地区的民主改革

新中国成立前，云南民族地区还有上百家土司。同时，边疆民族地区各民族的社会发展，尚处于没有资产阶级以前的不同社会发展阶段。面对着民族地区复杂的社会形态和残存的土司制度，中共云南省委通过团结民族上层以及调查研究，严格区分不同情况，采取了比较妥当的政策、措施，在民族地区先后完成了土地改革。一是在内地坝区和山区的民族地区与汉族同步完成民主改革，但在政策上、方式方法上则有许多严格的具体规定，如派熟悉民族政策的干部到民族地区领导土改，对少数民族地主坚持由本民族群众揭发批判，分配土地时优先考虑少数民族贫苦群众，妥善处理寺庙的土地等。二是对介于边疆和内地的一些地区，为了不对还没有进行土地改革的边疆地区产生大的震动，云南省委划分了缓冲区，缓冲区的土改政策更加和缓。三是已进入阶级社会即由封建领主统治的边疆地区的土地改革，是在试点的基础上，经过充分的准备，与民族上层以"和平协商"的方式进行。通过团结民族上层、对干部进行思想教育、发动群众，让封建领主、农奴主废除高利贷剥削、交出土地，不没收他们

的底财浮财,在政治上给予安排,对他们的家属子女予以照顾。在中维沿边的藏族和彝族地区,由于农奴主和奴隶主反对民主改革、发动武装叛乱,经过武装平叛后,仍然采取与民族上层"和平协商"的方式进行土地改革。四是还处于原始社会、阶级分化不明显的边疆民族地区,则不进行土地改革,而是采取"直接过渡"的方式,也就是通过试办合作社的方式,逐步把各民族群众组织起来,发展生产,改善各族人民生活,逐步废除山官和头人的特权,走上社会主义道路。

(五) 正确处理了团结民族上层和发动人民群众的关系

民族上层人士的作用是历史形成的,因而对民族上层人士的工作是长期性的。群众路线是党的生命线。相信群众,依靠群众,是共产党区别于其他政党的显著标志之一。在做民族上层人士的工作中,中共云南省委和各级党委深刻地认识到团结民族上层人士与发动群众并不矛盾,因而正确处理了团结民族上层人士与发动群众的关系。云南解放初期,只有团结了民族上层人士,才谈得上发动群众。对民族上层人士采取让步甚至较大让步的做法,既是为了团结民族上层,也是为了发动群众,把广大人民群众争取过来。因此,民族工作队和人民解放军在民族地区做了大量发动群众的艰苦工作,诸如做好事、交朋友,以贸易开路、卫生开路,发展生产、改善人民群众生活,给群众看得见的利益等,才有效地发动了群众、稳定了边疆。

(六) 党的正确路线是对民族上层顺利开展统一战线工作的前提

中国共产党的统战工作,服从并服务于党的政治路线和思想路线。党对少数民族上层人士的统战工作,是党的统战工作的一部分。新民主主义革命时期,在党的正确的政治思想指导下,中共云南省委和各级党委,妥善地处理了与民族上层的关系,使统一战线为云南民族地区的解放、边疆的稳定做出了重要贡献。新中国成立初期,做好了民族上层的统战工作,顺利完成了云南民族地区的民主改革,使统一战线为巩固云南民族地区的人民民主政权、建立社会主义制度做出了贡献。党的十一届三中全会以来,党提出了社会主义初级阶段的基本路线,对民族上层的统战工作紧紧围绕着基本路线开展,让民族上层人士紧密团结在党的周围,更好地为建设中国特色社会主义服务,为边疆民族地区的稳定服务。

第三章

中国共产党通过民族调查，摸清云南民族地区"区情"的实践与经验

新中国成立之初，云南各民族社会经济发展不平衡，民族关系复杂，历史遗留下来的民族隔阂很深，十几个民族跨境而居，对巩固国防和处理与周边国家关系影响很大。为此，党中央强调加强调查研究，并指示："在少数民族地区进行工作，必须首先了解少数民族中的具体情况，并从少数民族中的具体情况出发，来决定党的工作方针和具体工作步骤。"[①] 中共云南省委根据中央的指示，组织人员对云南少数民族进行了调查。通过民族调查，摸清了云南民族地区的"区情"，汇总出了上千万字的调查材料，为治理云南民族地区提供了第一手材料。

一、民国时期中央政府及云南地方政府对云南少数民族的认识

民国时期，民国中央政府及云南地方政府为了统治边疆地区和团结各少数民族共同抵御外来入侵，对云南少数民族进行了多次调查。其中主要有"西南苗夷民族调查"（1934年）、"西南边区民族调查"（1938年）、"边区各民族生活状况调查"（1947年）以及1929—1943年进行的4次土司调查等。但这些调查对云南少数民族的认识存在诸多不足之处，特别是政府部门的官员仍然持有汉民族优越论和汉民族中心论的思想，把各少数民族都称为"边民"，把"一点四方"（"一点"即汉民族为核心、汉文化为中心，"四方"即周边民族）的古代思想延伸到民国。另外，还不能对民族的自称和他称加以区别；以大汉族主义思想来使用与民族相关的定义，否认汉族之外还有其他民族，把其他民族统称为"宗族"；对人口的统计、民族的分布多有遗漏。当然，民国时期对云南少数民族的调查、为新中国成立后进行的云南民族调查工作奠定了一定的基础。

---

① 中央党史和文献研究院，中央档案馆. 建国以来刘少奇文稿：第2册[M]. 北京：中央文献出版社，2005：219-220.

(一) 民国时期云南少数民族及其分布

民国时期，民国中央政府及云南地方政府在对云南少数民族进行调查、初步了解的基础上，先后设置了"云南省边疆行政设计委员会""云南省苗夷民族问题研究会"等机构管理和研究边疆民族事务。1946年，杨履中编写的《云南全省边民分布册》（上下卷）公开。云南全省到底有多少少数民族，当时的省民政厅厅长张邦翰在《云南全省边民分布册》中曾说："据《云南通志》载（边民种类）达一百四十二种，据民国二十五年（1936年）本厅出版《云南民政概况》所载亦达四十八种。"① 而在《云南全省边民分布册》中却又记载有八十五种，而且对人口的统计、分布多有遗漏。

据《云南全省边民分布册》（上编）所载，云南全省少数民族及其分布情况为：②

昆明县有"边民"六种即散民、百子、倮罗、子君、民家、苗人，分布于东乡大麻苴、长坡、青龙村、小板桥乡一带。

呈贡县（今昆明市呈贡区）有"边民"一种，即散民，分布于七甸乡大小新栅村。汉化倮罗未列入，分布于北乡。

昆阳县有"边民"一种，即倮罗，分布于宝山乡、平定乡。

富民县有"边民"二种，即倮罗、苗人，分布于兴隆、永庆、玉屏等乡镇。

嵩明县有"边民"二种，即苗人、倮罗，分布于凤秀乡、啸狮乡、嵩阳镇。

寻甸县有"边民"二种，即倮罗、苗人，散居于边远各乡山地。

安宁县（今安宁市）有"边民"三种，即倮罗、百子、苗人，分布于龙宝、月明、麟泉、青龙、云龙等乡镇。

易门县有"边民"一种，即倮罗，分布于惠民镇各村中间与汉人杂居。

禄丰县（今禄丰市）有"边民"三种，即倮罗、苗人、傈僳，倮罗分布于南雄乡、东屏乡、青莲乡、永川乡、米川乡；苗人分布于南雄乡、东屏乡、青莲乡；傈僳分布于永川乡。

罗茨县有"边民"二种，即倮罗、苗人，倮罗分布于马街、金水、碧城等乡镇；苗人分布于漱玉、碧城、金水等乡镇。

宜良县有"边民"五种，即倮罗、撒尼、苗人、本人、阿细，倮罗分布于

---

① 马玉华.云南全省边民分布册（五种）西南夷考察记［M］.哈尔滨：黑龙江教育出版社，2013：178.

② 马玉华.云南全省边民分布册（五种）西南夷考察记［M］.哈尔滨：黑龙江教育出版社，2013：181-247.

拱北乡；撒尼分布于西浦乡；苗人分布于邑和乡；本人分布于邑和乡；阿细分布于凤来乡。

澄江县有"边民"二种，即倮罗、苗人，分布于清平乡。

玉溪市有"边民"一种，即倮罗，分布于新棋乡、迤丽乡。

通海县有"边民"四种，即爽人（系旱摆又称旱把）、民家、倮罗、窝泥，分布于南屏乡和南路镇。

河西县有"边民"二种，即土僚、蒙古人，分布于朝阳、宝泉、军屯等乡镇。

峨山县有边民四种，即倮罗、窝泥、爽人、山苏，分布于双江、宝兴、玉屏、太和、碧云等乡镇。

华宁县有"边民"三种，即倮罗、苗人、爽人，分布于青龙、玉泉、临江等乡镇。

泸西县有"边民"八种，即沙人、倮罗、白皮子、撒尼、苗人、爽人、四块瓦、阿马，沙人分布于五嶍、云兴、利民等乡；倮罗分布于五嶍、云兴等乡；白皮子分布于东兴、北吉等乡；撒尼分布于利民、西屏等乡；苗人分布于五嶍、天华、利民等乡；爽人分布于天华、利民等乡；四块瓦分布于云兴乡；阿马分布于北吉平乡。

弥勒县（今弥勒市）有"边民"五种，即沙人、倮罗、苗人、爽人、侬人，分住各乡镇山中及南盘江边。

开远县"边民"有土僚、苗人、扑喇、倮罗、侬人、爽人等六种，土僚分布于丰乐、东平、永康、中和、南定等乡；苗人分布于豹子洞、冷水沟、养马冲、假力底、雨铺、阿枯、阿泽、新寨、红坡头等村寨；扑喇分布于北屏、王门、远东、三民、两门、拱山、楂果树等村寨；倮罗分布于东林、永康、平乐等乡；侬人散居杂处于野马译、米朵、左美果、沙夫者大山脚等地。

路南县"边民"有撒尼、阿细、倮罗、苗人、沙人、墨槎、阿折、阿肋、扑喇等九种，撒尼、阿细、倮罗、苗人分布于圭山、兴隆、芝云、麟马、鸿图、板桥、宝山、宝洪、石林、禄丰、古城等乡镇；沙人分布于沙人寨、圭山等处，墨槎分布于东海子、舍色等地；阿折分布于圭山乡之宜政村；阿肋分布于禄丰、大村、板桥等镇；扑喇分布于普拉河附近。

马龙县"边民"有倮罗、苗人等两种，倮罗分布于盘孤、启秀、永兴、永宁等乡；苗人分布于永宁乡。

曲靖市"边民"只有倮罗一种，分布于宝泉镇。

沾益市"边民"有倮罗、苗人等两种，倮罗分布于德威、泽济、惠来、乐泽、安平、宁和等乡；苗人分布于方城、松韶等乡。

陆良县"边民"有撒尼、倮罗等两种；分布于南华、圭山、光华、凤邹、飞泉、东宁、丰华、龙凤等乡。

师宗县"边民"有沙人、苗人、倮罗、依人等四种，沙人、苗人、依人分布于七嶂乡；倮罗分布于双和、海晏、龙庆、梅山、八寨、彩云、龙庆等乡。

罗平县"边民"有沙人、仲家、倮罗等三种，沙人分布于八达乡；仲家分布于九龙乡、龙甸乡、中山乡；倮罗散居白腊沿山一带、淑基箐底下龙岗乡以土村、中山乡布克村。

平彝县"边民"有倮罗、民家、水人等三种，倮罗分布于得胜、不得、祖德、富源、兴旺、成街、久安、雨旺、吉克等乡；民家分布于吉克、龙峰两乡；水人分布于平黄镇和五乐乡。

宣威市"边民"有倮罗、苗人等两种，倮罗分布于榨城、备木、宝山、文阁、西泽、热水、务得、龙潭、得禄等乡镇；苗人分布于六甲梁子一带。

禄劝县"边民"有倮罗、苗人、傈僳、罗缅、密义等五种，倮罗、苗人分布于云龙、永山、永安、镇康、屏山、萃华等乡；傈僳分布于大棚苴、上老五村；罗缅分布于大梅兰、小梅兰两村；密义分布于上六棵树、山背后村、小六棵村。

元谋县"边民"只有倮罗一种，分布于丙南乡、士林乡。

武定县"边民"有倮罗、傈僳、山苏、夔人（摆夷之一种）、苗人等五种，倮罗分布于除近城乡外的全县各乡；傈僳分布于江北、滔谷、环江等乡；山苏散居于沿金沙江半山地带；夔人分布于各江河边；苗人散居于各乡镇乡间。

广通县"边民"只有倮罗一种，分布于云龙、连溪等乡。

楚雄县"边民"只有倮罗一种，分布于碧鸡、前安、后义、礼社等十四个乡镇。

镇南县"边民"有倮罗、民家等两种，倮罗散居于英武乡、双河乡；民家分布于玉泉乡。

双柏县"边民"有倮罗、阿车、扯苏（亦作车苏）、罗婺（当地作罗武）、窝伲、夔人，倮罗分布于龙山镇；阿车分布于仁德乡；扯苏分布于新宁乡；罗婺分布于广和乡；窝伲分布于妥上镇；夔人分布于广和乡之摆夷村。

牟定县"边民"只有倮罗一种，分布于全县各地。

盐兴县"边民"只有倮罗一种，分布于县西南边界地。

大姚县"边民"有倮罗、傈僳、夔人等三种，分布于中和、红岩、紫印、龙吟等乡。

姚安县"边民"只有倮罗一种，分布于烟萝、前场、文化、蛉源、涟水、普棚、稽肃、锁北、光禄等乡镇。

盐丰县（今大姚县石羊镇）"边民"有倮罗、苗人等两种，分布于云华、庆丰、安丰、三台、乐春等乡。

永仁县"边民"有倮罗、僰人、傈僳等三种，倮罗分布于全县各乡镇；僰人分布于龙华乡；傈僳分布于永定镇、龙华乡。

祥云县"边民"有民家、倮罗等两种，民家分布于禾秀、禾丰、米甸、乔宾等乡镇；倮罗分布于禾秀、米甸、峨溪、荞宾、天沐、龙润等乡镇。

弥渡县"边民"只有倮罗一种，分布于万佛、毗源、密社、天寅、龙华、云华等乡镇。

宾川县"边民"有民家、傈僳、倮罗等三种，民家分布于康廊、挖色、文龙、康和、云护等乡镇；傈僳分布于平川、云护等乡镇；倮罗分布于康和、平川、云护等乡镇。

凤仪县"边民"有倮罗、民家等两种，倮罗分布于珠海、天水等乡；民家分布于天水、珠海、人和等乡。

大理县"边民"只有民家一种，分布于全县各乡镇。

邓川县"边民"有民家、倮罗等两种，民家分布于德源、崇正、玉泉、元保等乡镇；倮罗分布于德源、玉泉、崇正等乡镇。

洱源县"边民"有倮罗、民家等两种，倮罗分布于玉门、城南、城百等乡；民家分布于全县各乡。

漾濞县"边民"有民家、傈僳、苗人等三种，民家分布于金脉、洱尾、化平等镇；傈僳分布于化平、金脉镇；苗人分布于化平、汉营等乡镇。

永平县"边民"有倮罗、罗婺、苗人、傈僳等四种，倮罗分布于龙街、龙马等乡；罗婺分布于灵化乡；苗人分布于博南镇；傈僳分布于银江镇。

保山县（今保山市隆阳区）"边民"有倮罗、傈僳、僰人、百子、苗人等五种，倮罗分布于练地、土江、河湾、沧莲等乡；傈僳、僰人分布于练地上、下两乡；百子分布于怒江东之汶上、甘罗两镇；苗人分布于练地下下、河湾、沧莲等乡。

云龙县"边民"有民家、倮罗等两种，民家分布于归里、永华、师里、顺里、关里、福里等乡；倮罗分布于福里、师里、归里等乡。

昭通市"边民"有倮罗、苗人等两种，倮罗分布于全县各乡；苗人分布于龙潭、盘江两乡。

永善县"边民"有倮罗、苗人等两种，倮罗分布于全县各乡镇；苗人于居莲峰镇、茂林乡、庆云乡之高山上。

绥江县"边民"只有苗人一种，分布于板栗、老林、盐井等乡镇。

盐津县"边民"只有苗人一种，分布于大同、滩头、新滩等乡镇。

彝良县"边民"有苗人、倮罗、水人等三种，苗人分布于毛坪、仓盈、岭东、林雅、裕用、毓贤、里仁、楠杆、寸田、吉乐、旧道、年街、麻柳、洛旺、聚龙、水果、怀来、迥龙等乡；倮罗分布于毛坪、岭东、仓盈、奎阳、寸田、里仁、楠杆、吉乐等乡；水人分布于钟乐、角奎、棋盘等乡。

大关县"边民"有倮罗、苗人等两种，倮罗分布杂处于妥河、术碗、豆沙河、西甘河、河东、木杵、黄葛等乡镇。

镇雄县"边民"有倮罗、苗人等两种，分布于全县各乡镇。

威信县"边民"有苗人、倮罗等两种，苗人分布于扎西、双河、和敦、致和、大河、旧城、五福等乡镇；倮罗分布于扎西、水田、莲花等乡。

鲁甸县"边民"有倮罗、苗人等两种，倮罗分布于龙树、古寨、梭山、邻巧等乡镇；苗人分布于龙树、古寨、梭山、邻巧、桃源、文屏等乡镇。

巧家县"边民"有苗人、僰人、倮罗等三种，倮罗、苗人分布于乌龙、景星等乡；僰人分布于义侠乡。

文山县（今文山市）"边民"有土僚、侬人、倮罗、僰人、扑喇、苗人、民家、傜人等八种，土僚、侬人、倮罗、僰人分布于盘龙江流域各乡镇；扑喇分布于新平、云集、马塘、太集、凌云等乡镇；苗人分布于老君山、独山以及盘龙江沿河一带地区；民家分布于秉烈乡。

砚山县"边民"有侬人、扑喇、苗人、沙人、倮罗、土僚、傜人等七种，侬人分布于晴岚、安义、阿猛、阿鸡等乡镇及者腊之大部分地区；扑喇分布于安义、阿鸡两乡；苗人分布于盘龙、晴岚、维摩、乐同等乡镇；沙人分布于乐同、天心两乡；倮罗分布于翁达、拖支、白万、龙科等地；土僚分布于舍木、那法衣、小花园、土僚寨等地；傜人分布于取鸡、阿猛两乡及莲心庆丰两地。

邱北县（今邱北市）"边民"有沙人、倮罗、苗人、民家、傜人、撒尼、土僚等七种，沙人分布于平原各乡；倮罗散居于清源、大树、永靖、盘濛等乡镇；苗人居于大树、永靖、清涌等乡镇；民家居于双龙江之马者村、龙村、布泥村、阿诺村及永靖乡之日者村；傜人居于锦屏之冲卡及桂普乡之傜人村；撒尼分布于清源乡；土僚分布于大树乡。

广南县"边民"有侬人、沙人、苗人、扑喇、倮罗、傜人等六种，侬人大部分分布于莲花、维新、绥靖、怀德等乡；沙人大部分分布于北藩、中原、八宝等乡；苗人分布于高山干燥之处；扑喇杂居于珠琳、马街等乡；倮罗散居于南屏、理达、马街等乡；徭人居于深箐密林间。

西畴县"边民"有侬人、苗人、孟武、倮罗、扑喇、徭人等六种，侬人、苗人分布于全县各乡镇；孟武分布于西洒、华胜两乡镇；倮罗分布于真武乡；扑喇分布于西洒、真武两乡镇；徭人分布于石鹅、松泉两乡。

富宁县"边民"有沙人、两粤人、苗人、客人（从贵州迁入）、黑衣人、徭人、天保人、倮罗、龙安人等九种，沙人分布于全县坝区；两粤人分布于文华、仁厚、信诚、武英等有市场之处；苗人分布于文华、平安等乡；客人分布于忠恕、义勇等乡；黑衣人分布于忠恕、孝弟、和协、平安等乡；徭人分布于文华、忠恕、爱敬、义勇、和协、平安等乡；天保人分布于文华、爱敬、信诚、武英等乡镇；倮罗分布于文华、忠恕、孝弟、仁厚、爱敬、义勇等乡；龙安人分布于爱敬乡。

马关县"边民"有苗人、侬人、扑喇、沙人、徭人、土僚、僰人、姆僟、喇鸡、倮罗、刺游等十一种，苗人散居于县内山区；侬人分布于全县各地；扑喇散居于县内各乡镇；沙人分布于安平镇；徭人聚居于永仁乡石厂河；土僚聚居在长春镇上、下林村；僰人聚居在靖西乡牛暮果板桥；姆僟聚居在德化乡马迭博扎寨；喇鸡聚居在仁华乡老街布安；倮罗散居于县内各乡镇；刺游聚居在永仁乡刺游寨。

屏边县"边民"有窝伲、扑喇、苗人、徭人、倮罗、沙人、侬人、僰人、劳乌等九种，窝伲聚居在金岭、万泉两乡；扑喇分布于玉屏、宝麟、金岭、万泉等乡镇，苗人散居于县内各乡镇；徭人聚居在玉屏、旺乐两乡；倮罗聚居在玉屏、白水两乡；沙人聚居在金岭乡；侬人聚居在白水乡东部；僰人、劳乌分布于金岭、万泉两乡。

建水县"边民"有窝伲、倮罗、僰夷等三种，窝伲分布于江外各乡镇土司地；倮罗分布于县内各乡镇；僰夷分布于红河、南岸、永乐、瑞云、六合等乡。

蒙自县（今蒙自市）"边民"有土僚、倮罗、窝伲、扑喇、苗人、姆僟、徭人、侬人、僰人、劳乌、沙人等十一种，土僚分布于草坝、鸡街、大新、倘甸、碧色、大屯、雨过、冷泉、新安等乡镇；倮罗分布于纳更、犒吾、倘甸、鸡街、大屯、雨过、克甲、玉屏等乡镇；窝伲分布于江外土司区纳更、犒吾、克甲等乡镇；扑喇分布于芷村、冷泉、纳更、犒吾、克甲等乡镇；苗人分布于冷泉、芷村、犒吾、纳更、克甲等乡镇；姆僟分布于大屯、芷村、犒吾、莫别、玉屏等乡镇；徭人、僰人、沙人分布于纳更、犒吾两镇；侬人分布于冷泉、芷村、莫别等乡镇；劳乌分布于纳更、犒吾、克甲等乡镇。

个旧县（今个旧市）"边民"有姆僟、窝伲、倮罗、苗人等四种，姆僟分布于民新乡；窝伲分布于和邻乡；倮罗分布于宝华乡；苗人分布于上方镇。

石屏县"边民"有倮罗、僰人、窝伲、苗人等四种，倮罗分布于县内各乡镇；僰人分布于克大、云龙、花明等乡；窝伲分布于江外五土司地；苗人分布于江外五土司地及赤瑞乡。

元江县"边民"有窝伲、扑喇、倮罗、僰人、民家、糯比、山苏、傜人、苦葱、阿梭、卡堕、奇地、西抹罗、罗谋等十四种，窝伲、糯比、苦葱、阿梭、卡堕、奇地、西抹罗、罗谋等哈尼人分布于因远、裕泰、大兴、骑马、天宝、迤萨、安定、雾山、崇善、羊街、观音等乡镇；扑喇、倮罗、山苏分布于仁里、洼垤、迤萨、天宝、羊街、沣江、青龙、猪街、裕泰、雾山、安定、骑马等乡镇；僰人分布于天宝、沣江、雾山、迤萨、羊街、青龙、洼垤等乡镇；民家分布于因远、安定两镇。

曲溪县"边民"只有倮罗一种，分布于新民、河北、馆驿等乡。

新平县"边民"有倮罗、僰人、卡堕、糯比、山苏、黑普、窝伲、米里、苦葱、罗婺、扑喇、车苏、劳乌等十三种，倮罗、山苏、黑普、米里、罗婺、扑喇、车苏、劳乌等彝人分布于大和、凤羲、富昌、平山、扬武、宁河、昌沅、新化、嵩安、振武等乡；卡堕、糯比、窝伲、苦葱等哈尼人分布于嵩安、富昌、平山等乡；僰人分布于汉沙、富昌两乡。

金平县"边民"有窝伲、僰人、苗人、傜人、倮罗、沙人、扑喇、苦葱、侔僟等九种，窝伲、苦葱分布于金河、崇里、四里、者米、王布等乡；倮罗、扑喇、侔僟分布于县内各乡镇；苗人分布于王布、铜厂、四丛等乡；傜人散居于县内各乡镇；沙人聚居在金河乡。

龙武（今石屏县城北）设治局"边民"有傜人、倮罗、窝伲等三种，傜人居于安乐、哨冲、兴隆等乡镇；倮罗散居于龙鹏、巴窝两镇；窝伲居于兴隆乡。

宁洱县"边民"有窝伲、麻黑或麻黑窝伲、僰人、卡堕、倮罗等五种，窝伲、麻黑或麻黑窝伲①、卡堕等哈尼人分布于凤鸣、龙寿、磨黑、猛克、普义、通陵等乡；僰人住在旧把边镇之坝子中。

思茅县（今普洱市思茅区）"边民"有僰人、乡坛、大头人、攸乐、濮曼、傜人、窝伲、倮罗、苦葱、麻黑、莫沙等十一种，僰人、莫沙分布于南屏、普文、象明等乡；倮罗、乡坛分布于象明乡和南屏乡；大头人分布于复兴镇和南屏乡；攸乐、濮曼、傜人等聚居在象明乡；窝伲、麻黑等哈尼人分布于南屏乡

---

① 麻黑或麻黑窝伲应该是哈尼族白宏人；白宏语"麻黑"意为不知道，把"不知道"作为族称或族称的修饰词带有歧视性。

和复兴镇；苦葱聚居在南屏乡。

墨江县"边民"有窝倪、卡多、倮罗、西模罗、㑩人、苦葱、阿木、奇地、那密、傜人、濮曼、阿车、那路、罗缅等十四种，窝倪、卡多、西模罗、阿木、奇地、罗缅等哈尼人分布于碧溪、白莲、涟漪、龙潭、迥龙坝、溜龙坝、雅邑、联珠、景星、坝溜、龙坝等乡；倮罗分布于白莲、迥龙、龙潭、雅邑、坝溜、碧溪等乡镇；㑩人分布于景星、白莲、迥龙、龙潭、坝溜等乡镇；苦葱分布于龙潭、坝溜、迥龙、景星、碧溪等乡镇；那密分布于龙坝、溜坝等乡；傜人分布于龙坝、溜坝等乡；濮曼聚居在景星镇；阿车聚居在龙潭乡；那路分布于白莲、碧溪二乡。

六顺县（旧治在今思茅震东乡）"边民"有㑩人、苗人、本人、大头等四种，㑩人分布于翠云、南屏、竹林等乡镇；苗人居住于震东乡之骂木；本人居住于竹林乡；大头居住于平源乡。

澜沧县"边民"有倮黑、㑩人、佧佤、阿卡、乡坛、濮曼、伉人、崩子、缅人等九种，倮黑分布于县内各乡镇；㑩人分布于孟连、上元、东朗、西盟、新雅、勐达等乡镇；佧佤分布于西盟、木戛、竹塘、孟连、上元等乡镇；阿佧（哈尼族）分布于酒井、东朗、新雅、蛮糯、猛海等乡镇；乡坛分布于新雅、大岭两乡；濮曼分布于蛮糯、东朗、大岭、猛海、邦海等乡；伉人分布于东朗、文东、新雅、西盟等乡；崩子分布于西盟、猛达、孟连等乡；缅人分布于猛海、猛达、孟连等乡。

车里县（今景洪市）"边民"有㑩人、阿佧、攸乐、濮曼、倮黑、三达、补夏、阿客等八种，㑩人分布于回龙、帕罕、猛笼、橄榄、猛养、三宋等坝子中；阿佧分布于县内山区；攸乐聚居在小猛养攸乐山；濮曼居于各乡山间；倮黑居于务本乡山头；三达居住于帕罕乡沧江北岸山头；补夏居于猛笼乡山间；阿客居于回龙、猛笼、橄榄等乡。

佛海县（今勐海县）"边民"有㑩人、阿佧、濮曼、倮黑、阿客等五种，㑩人分布于勐海、勐混、勐板、象山等乡镇的坝子中；阿佧（哈尼族）分布于勐海、勐混、勐板等乡；濮曼分布于勐混、勐板两乡；倮黑分布于勐海、勐混两乡；阿客聚居在勐混乡之阿客村。

南峤县（旧治在今勐海县勐遮）"边民"有㑩人、濮曼、倮黑、阿佧、伉人、佧佤、老品等七种，㑩人分布于勐遮、蛮燕、顶真、旧笋、勐满等乡；濮曼分布于蛮别、勐遮、旧笋、勐翁、蛮兑等乡；倮黑分布于蛮别、旧笋、勐满、勐翁、蛮兑等乡；阿佧（哈尼族）分布于蛮别、勐遮、旧笋、蛮兑等乡；伉人居住在勐翁与宁江交界处之老抗寨；佧佤分布于蛮别、勐遮、旧笋、蛮兑等乡；

老品聚居于勐翁乡老品寨。

江城县"边民"有倮罗、卡堕、窝伲、奇地、㑩人、西模罗、傜人、路后卡老、腊迷、苦葱、麻黑等十一种，卡堕、窝伲、奇地、西模罗、麻黑等哈尼人分布于县内各乡镇；倮罗散居于曲水、宝藏、猛烈等乡镇；㑩人散居于康平、宝藏、猛烈等乡镇；傜人分布于平散、宝藏等乡；路后卡老散居于猛烈镇；腊迷居于宝藏、猛烈等乡镇；苦葱散居于嘉禾、宝藏等乡。

镇越县（旧治所在今勐腊县）"边民"有㑩人、阿倮、傜人、乡坛、本人、濮曼、补角、补龙、茶蛮、阿客、沙人等十一种，㑩人分布于猛腊、猛合、猛仑、猛倮、猛户、猛合等乡；阿倮、补角等哈尼人分布于猛仑、猛腊、猛合、易武等乡镇；傜人各乡镇均有分布，乡坛聚居在易武镇；濮曼分布于猛合乡；补龙分布于猛腊乡；茶蛮、阿客分布于猛仑乡；沙人分布于猛腊乡。

景谷县"边民"有㑩人、濮曼、乡坛、倮罗、麻黑等五种，㑩人分布于县内和乡镇；濮曼居于凤山乡之高山上；倮罗散居于各乡；乡坛分布于凤山、正兴、盐宝等乡；麻黑散居于正兴乡。

镇沅县"边民"有苗人、傜人、窝伲、黄倮、卡堕、白谷等六种，苗人分布于新抚、德安等乡；傜人分布于恩乐、者东等乡；窝伲、卡堕等哈尼人聚居在安板镇；黄倮聚居在德安乡；白谷分布于德安、新抚等乡。

沧源设治局（今沧源佤族自治县）"边民"有佧佤、㑩人、倮黑等三种，佧佤分布于猛角、猛董、岩帅；㑩人分布于猛角、猛董、弄良、拱弄。

宁江设治局（旧治所今澜沧拉祜族自治县雅口）有"边民"㑩人、阿倮、倮黑、濮曼等四种。

顺宁县（今凤庆县）"边民"有㑩人、苗人、本人、崩龙等四种，㑩人聚居在锡腊镇；苗人多数住在犀牛镇和明新乡；本人多数散居于锡借镇和珺英乡；崩龙居锡腊镇。

昌宁县"边民"只有㑩人一种，分布于明益、湾甸、庐河、柯华等乡镇。

云县"边民"有倮罗、㑩人、腊迷（或迷利）、倮黑、阿昌、垦子等六种，倮罗分布于四维、天马等乡；㑩人分布于天马、栗树等乡；腊迷居住在崇德乡；倮黑散居于房乡；阿昌居住在湧宝乡；垦子居住于德化乡。

镇康县"边民"有本人、㑩人、倮罗、濮曼、苗人、乡坛、佧佤、崩龙等八种，本人分布于除镇康坝、孟定坝外的各乡镇；㑩人主要聚居在镇康坝、孟定坝；倮罗、乡坛分布于猛捧、孟定两镇；濮曼分布于兴华镇、得党镇；苗分布于亚练、猛捧等乡镇；佧佤、崩龙分布于孟定镇。

景东县"边民"有倮罗、窝伲、㑩人、本人、苗人等五种，倮罗分布于安定、文龙、保甸、安乐、无量、山脚、捺人、泰和、猛统等乡镇；窝伲分布于哀牢山边太平、忠义、崇文、明善等乡镇；僰人分布于民乐乡；本人住锦屏镇菊河一带；苗人散居于景福、五福、永秀等乡镇。

缅宁县（旧治所今临沧市凤翔镇）"边民"有僰夷、倮黑、倮罗、濮曼、乡坛等五种，僰夷分布于兴文、寿山、平村、邦东、文邦、永安、太恒、凤翔等乡镇；倮黑分布于兴文、寿山、永安、驿亭、大恒等乡镇；倮罗分布于临沧乡之邦工；濮曼居住在兴文乡之腊托；乡坛居住在平村乡之回弄。

双江县"边民"有倮罗、佧佤、倮黑、濮曼、僰人等五种，倮罗分布于猛猛、猛库两个坝子中；佧佤分布于云山、得胜、复兴等乡；倮黑分布于各镇山头；濮曼分布于云山、猛库、复兴等乡；僰人分布于永定、库猛等地。

蒙化县（县境区域包括今巍山彝族回族自治县、南涧彝族自治县）"边民"有倮罗、苗人等两种，倮罗分布于除文华镇外的县内十六个乡镇；苗人居住在无量山中。

耿马设治局，"边民"有僰人、傈僳、佧佤、崩龙、伉人、山头、倮罗等七种，僰人分布于勐撒、勐永、勐简、耿马、景信等各坝子中；傈僳分布于县内山区；佧佤居住在东坡、勐简诸地，崩龙分布于县内山区；伉人住在耿马镇属之山脚；山头住在耿马镇附近山林间；倮罗住芝乃山附近。

腾冲县（今腾冲市）"边民"有僰人、山头、傈僳、本人、阿昌、崩龙等六种，僰人分布于河西、明蛮、鹤麟等乡；山头分布于鹤麟乡；傈僳居住在缅箐、明朗、河西、古永、盏西、明光、滇滩、上那隘各地半山间；本人分布于河西、明朗、清水等乡；阿昌、崩龙分布于河西乡。

龙陵县"边民"有僰人、傈僳等两种，僰人聚居在潞江乡；傈僳分布于潞江、平安、象达等乡镇。

泸水设治局"边民"有傈僳、民家、倮罗、山头等四种，傈僳分布于老窝土司、卯照土司、六库土司、鲁掌土司等土司境内；民家分布于六库土司、老窝土司等土司境内；倮罗分布于鲁掌土司境内；山头分布于鲁掌、登梗两境及片马。

梁河设治局"边民"有僰人、山头、阿昌、傈僳等四种，僰人分布于小陇川、萝布坝盏西乡、遮岛镇；山头分布于石小婆皮、王子树、盏西等处山地；阿昌分布于大厂镇附近及东山一带；傈僳分布于东、西两山。

盈江设治局"边民"有僰人、山头、阿昌、傈僳、崩龙等五种，僰人分布于干崖土司、户撒土司境内；山头分布于干崖土司境内各山地；阿昌分布于户撒土司境内；傈僳分布于干崖土司境内各山地；崩龙分布于干崖土司境内山区。

莲山设治局（旧治所今盈江县平原镇）"边民"有㪚人、山头、傈僳等三种，㪚人主要分布于莲山、太平、蛮允三镇坝区；山头居住于自猛典至红蚌河沿野人山；傈僳居于万仞、巨石两关及太平镇山地。

陇川设治局，傈僳分布于境内山箐中。"边民"有㪚人、山头、傈僳、崩龙、阿昌等五种，㪚人分布于境内坝子中；山头分布于境内山区；傈僳分布于境内山多沟谷中；崩龙分布于境内山区；阿昌（亦称小山野人，为山头之别支。），分布于境内山区。

潞西设治局"边民"有㪚人、山头、崩龙、傈僳等四种，㪚人分布于境内各坝子中；山头分布于遮放土司境内山区；崩龙、傈僳分布于境内山区。

瑞丽设治局"边民"有㪚人、山头、阿昌、傈僳等四种，㪚人分布于境内坝子中；山头、阿昌、傈僳分布于境内山区。

丽江县（今丽江市古城区和玉龙纳西族自治县）"边民"有么些、民家、傈僳、倮罗、巴苴、苗人等六种，么些分布于丽南、鲁桥、巨甸、大东、宝山、九河等乡；民家分布于九河乡、丽南乡；傈僳分布于鲁桥、巨甸、宝山等乡；倮罗分布于仁瑞、大东等乡；巴苴分布于大东、宝山、鲁桥等乡；苗人分布于鲁桥、巨甸等乡。

中甸县（今香格里拉市）"边民"有估倧、么些、傈僳、倮罗等四种，估倧分布于全甸、宜旺两乡；么些分布于三坝、木笔、吾车、良美等乡；傈僳住在江边各乡之山上；倮罗住在江边各乡与大小中甸接界之山上。

维西县"边民"有傈僳、么些、估倧、民家、巴苴、俅人、倮罗等七种，傈僳居于城永、化变、共济、康普、叶枝、攀阁等乡的山间；么些分布于城永、化普、共济、康普、叶枝、攀阁、宗普等乡；估倧分布于奔栏、宗普、叶枝等乡；民家分布于康普、共济、化普等乡；巴苴分布于城永、化普、攀阁、宗普等乡；俅人分布于城永、共济等乡；倮罗居住在城永乡第九保。

鹤庆县"边民"有民家、倮罗、倮黑等三种，民家分布于全县各乡镇；倮罗分布于松鹤镇之东山、北邑、北山；倮黑分布于庆云、和福、普庆等乡。

剑川县"边民"有民家、倮黑等两种，民家分布于县各乡镇；倮黑分布于老君山麓桃树村及栗子坪一带。

兰坪县"边民"有民家、傈僳、百子、巴苴、怒人、倮罗、山头等七种，民家居住于金顶、上兰、通甸、拉井、营盘、免峨等乡镇；傈僳居住于沧江两岸之维登、高山、中排、石登、石宝、营盘、免峨、通甸、兴仁等乡镇；百子分布于高山、乡登、石登、石宝、中排、营盘等乡镇；巴苴分布于通甸、兴仁、石登等乡镇；怒人居于免峨镇；倮罗居于通甸、上兰、营盘、金顶等乡镇；山头分布于通甸、上兰、营盘、金顶、四乡等乡镇。

华坪县"边民"有倮罗、傈僳、獎人、苗人、么些、巴苴等六种，倮罗分布于县内西北部；傈僳散居县于内各乡镇；獎人散居于天马、膏泽、竹屏、福泉等乡镇；苗人散居于各乡镇；么些散居于七连、玉鹿两乡；巴苴散居于七连、新邦、玉鹿等乡。

永胜县"边民"有傈僳、獎人、倮罗、巴苴、摩些、苗人等六种，傈僳散居于北胜、顺洲、云山、金江、片达、仁里、德义等乡镇；獎人散居于仁里镇；倮罗散居于县境东北凉山；巴苴散居于北胜、义和等乡；摩些居住于义和乡；苗人散居于仁里镇。

德钦设治局"边民"有估倧、摩些等两种，估倧分布于云岭、佛山、燕门等乡；摩些分布于县内澜沧江沿岸。

福贡设治局"边民"有傈僳、怒人等两种，傈僳分布于境内各乡；怒人分布于章化、龙马、定边等乡。

贡山设治局"边民"有傈僳、怒人、俅人、估倧等四种，傈僳居住于茨开、菩拉等乡；怒人住在达拉乡；俅人住在俅江沿岸孟顶乡；估倧住在达拉乡。

碧江设治局（旧治所今福贡县匹乐乡知子罗）"边民"有傈僳、怒人、百子、民家等四种，傈僳分布于嘉禾、理悟、普乐等乡；怒人分布于境内沿江各乡；百子居住于金满乡；民家分布于普乐乡。

宁蒗设治局"边民"有倮罗、巴苴、么些、傈僳、仲家、估倧、苗人等七种，倮罗分布于境内高山上；巴苴、么些分布于境内半山地带；傈僳住在金沙江边；仲家住在境内江边；估倧住在境内半山地带；苗人住在高山地带。

河口对汛区"边民"有傜人、窝伲、沙人、侬人、苗人、獎人、仆喇、普儿、倮罗、苦葱、土僚、劳乌、母鸡、喇鸡、倮蔑等十五种，傜人分布于坝洒、那发、新店、老卡、南溪等地；窝伲分布于坝洒、那发等地；沙人分布于坝洒、那发、南溪等地；侬人分布于坝洒、新甸、老卡、南溪等地；苗人分布于坝洒、那发、新甸、老卡等地；獎人分布于那发、新甸，仆喇坝洒、新甸、老卡等地；普儿、劳乌、倮蔑、倮罗、苦葱、母鸡分布于那发对汛区；土僚、喇鸡分布于老卡对汛区。

麻栗坡对汛区"边民"有苗人、侬人、倮罗、土僚、傜人、沙人、獎人、喇鸡等八种，苗人分布于各汛区崇山峻岭间；侬人分布于麻栗坡街、攀枝花街之牛羊河、八布河、盘龙河、南利河两岸近水地带，倮罗分布于董干汛、攀枝花汛和田蓬汛；土僚分布于麻栗坡、猛硐、坪马等乡；傜人分布于整个汛区内各汛；沙人分布于麻栗坡镇、坪马乡、攀枝花汛和董干汛；獎人分布于天保、田莲两汛；喇鸡分布于天保、猛硐、茅坪等地。

（二）民国时期云南少数民族人口

据《云南全省边民分布册》（下编）所载，云南全省"边民"总人口数为2327351人。其中，倮罗，599684人。民家，281236人。㮌人，262087人。苗人，136653人。窝伲，138297人。沙人，127728人。傈僳，111632人。侬人，88714人。倮黑，53573人。濮喇，45518人。山头，42227人。土僚，39892人。摩些，37890人。佧佤37760人。傜人，33968人。撒尼，26860人。估宗，25682人。百子，23509人。散民，20100人。阿佧，19764人。本人，18727人。佧堕，15932人。濮曼，13973人。姆僟，11875人。怒人，10175人。阿昌，8309人。阿细7861人。巴苴，7558人。崩龙，5020人。子君，5000人。乡坛，4336人。糯比，4300人。山苏，4052人。喇鸡，3759人。白皮子，3427人。仲家，3350人。蒙古，3176人。孟武，3091人。罗婺，2427人。苦葱，2032人。俅人，1806人。伉人，1786人。两粤人，1740人。劳乌，1722人。奇地，1649人。西模罗，1601人。四块瓦，1600人。客人，1500人。麻黑，1493人。攸乐，1489人。阿车，1480人。黑衣人，1470人。扯苏，1256人。崩子，1200人。墨槎，1171人。天保人，1090人。那密，1006人。休人，900人。喇游，896人。普儿，844人。缅人，800人。黑普，700人。米里，550人。黄倮，520人。阿马，504人。阿折，468人。白壳，430人。阿梭，400人。后路卡老，348人。大头人，312人。阿木，300人。阿客，257人。阿肋，225人。罗缅，210人。三达，200人。补角，150人。垦子，150人。龙安人，129人。罗谋，100人。补夏，100人。茶蛮，100人。密义，70人。那路，70人。老品，24人。莫沙，14人。[①]

1947年，国民政府对西南少数民族人口进行调查。国民政府内政部发布指令：国民政府施政方针第一条规定，和平建国纲领是改组后国民政府之施政准则。和平建国纲领政治第六条第二项所规定的"边疆少数民族所在之省县，应以各该民族人口之比例，确定其实行选举之省县参议员名额"一节，必须切实实施。本部为了了解、掌握边省少数民族人口的具体数字，以便根据以上规定修改现行省和县的参议会组织以及选举条例，特别制定了《某某省少数民族人口数调查表》，随电检送，务必迅速查填报送本部，以便汇总、办理各项事宜。云南省民政厅根据前几次对少数民族调查统计的人口数字，规定各县人口总数

[①] 马玉华. 云南全省边民分布册（五种）西南夷考察记［M］. 哈尔滨：黑龙江教育出版社，2013：248-261.

以民国三十四年（1945年）保甲户口为准，按要求进行填报。根据此次调查，1947年云南全省少数民族人口为4092104人，全省总人口为9200606人，少数民族人口占全省总人口的44.48%。①

二、中国共产党在云南进行民族调查，摸清民族地区"区情"的实践

新中国成立初期，党中央强调在民族地区工作必须加强调查研究，根据民族地区的具体情况制定政策和工作的具体方法和步骤。1953年12月，中共云南省委发出《关于加强边疆少数民族地区调查研究工作的决定》（简称《决定》）。《决定》指出，云南边疆民族种类多，内外关系复杂，几个主要民族社会经济发展不平衡，各民族甚至同一民族内部，都各自具有不同的特点和要求。我们过去虽然做了若干工作，但对这些民族的历史和社会的基本知识（基本情况和基本关系），至今仍是一知半解甚至不摸底。随着边疆情况的日趋好转和稳定，今后必须稳步地向前推进民族工作。但是，仅仅依靠一般的政策和方法已经不能适应民族工作发展的需要。如何在民族平等、祖国统一的基础上，引导各个不同民族从其当前发展阶段经过不同的道路逐步过渡到社会主义，必须引起边疆党委的重视并着手加以研究和解决。1954年6月，中共云南省委又发出《关于进一步加强少数民族地区调查研究工作的指示》（简称《指示》）。《指示》说，去年各地对边疆几个主要民族的社会经济情况做了一些初步了解，但不够系统深入，已收集的材料亦多零碎，研究工作未系统进行。为此，要求各级党委尤其是边疆地区党委，对于民族地区的调查研究工作必须在思想上引起普遍重视，列为党的一项经常性的任务。根据中央和中共云南省委的指示，云南省有关部门、全国人大民族委员会组织有关同志和专家开展了云南民族调查。经过调查，摸清了云南民族地区的"区情"，为云南民族地区的社会改革（民主改革和社会主义改造）、民族区域自治区划和各项建设提供了科学依据。

（一）民族识别

新中国成立初期，中共云南省委、省政府根本不了解云南全省究竟有多少民族、各民族有多少人口。1951年7月，云南省民族事务委员会成立不久，就设立了民族调查研究室，把调查各民族人口及其分布区域和识别省内少数民族成分作为首要的任务。在省人民政府副主席兼省民委主任周保中的具体领导下，民族调查研究室根据各专区、县上报的材料以及有关历史资料，于1951年7月

---

① 马玉华. 国民政府对西南少数民族调查之研究：1929—1948 [M]. 昆明：云南人民出版社，2006：34.

汇集整理出《云南省兄弟民族人口分布初步统计》，并印制成册，提供给各级领导和有关部门参考。当时统计，全省少数民族人口总数为483.35万人，占全省总人口数的33.82%。全省各地上报的民族名称多达数百个，经初步归并后仍然还有132个，其中彝族支系就达60多个，哈尼族和壮族支系各10多个。① 这就需要深入调查研究，进行民族识别，为推行民族区域自治提供科学依据。

1. 1954年的云南民族识别工作

1954年的民族识别工作分为两个阶段。第一阶段，确定了21个少数民族；第二阶段，共识别了39个民族单位。

1954年3月，根据全国统战会议精神和云南省委指示，省委统战部和省委边疆工作委员会组织了在昆的中国科学院语言研究所、中央民族学院研究部、云南大学、云南民族学院、昆华医院、省委统战部和省民委语文研究组等7个单位的专家、学者、教学和科研工作人员共46人，组成云南民族识别研究组（分为7个工作小组），由林耀华、傅懋勣、侯方岳、马曜等人负责，开展民族识别工作。②

民族识别研究组根据形成的民族特征，结合云南实际，在调查了解民族情况的基础上，对民族自称和他称、历史源流、语言、风俗习惯等进行民族属的识别研究。当时研究组初步识别了29个民族单位，其中识别出20个单一民族，即民家族（后来改为白族）、彝族、哈尼族、傣族、僮族（后改为壮族）、苗族、傈僳族、佧佤族（后改为佤族）、回族、拉祜族、纳西族、景颇族、藏族、瑶族、西番族（后改为普米族）、阿昌族、布朗族、怒族、蒙古族、都龙族（后改为独龙族）等。后来研究组又进一步研究，确定了彝族、白族、哈尼族、傣族、壮族、苗族、傈僳族、佤族、回族、拉祜族、纳西族、景颇族、藏族、瑶族、普米族、阿昌族、布朗族、怒族、蒙古族、独龙族、崩龙族（后改为德昂族）等21个少数民族，并经中共云南省委、省人民政府同意，由国家民委正式列入全国少数民族族别。③

1954年8月，中央民族学院研究部、中国科学院语言研究所、云南省委统战部、云南大学、云南省民族事务委员会等单位的28名同志分成昆明组、大理丽江组、文山蒙自个旧组、新平组等4个小组，继续进行第二阶段的民族识别研究工作。4个田野调查组于9月底10月初先后返回昆明后，分别整理材料，

---

① 马曜. 云南民族工作40年：上卷 [M]. 昆明：云南民族出版社，1994：276.
② 马曜. 云南民族工作40年：上卷 [M]. 昆明：云南民族出版社，1994：276.
③ 马曜. 云南民族工作40年：下卷 [M]. 昆明：云南民族出版社，1994：51.

比较调查结果，10月下旬进行了工作总结及识别研究总结。

第二阶段共计识别了39个民族单位：昆明组识别了"子君"、河西蒙古族、兰坪"菟莪"，并复查了上阶段工作中的"阿西""撒尼""本人"语言，新收集了"佧佤""载瓦"、永善彝族、碧江怒族语汇。大理丽江组识别了祥云、漾濞、凤仪、永平的"土家"，永胜的"倮""水田""支里""子彝""黎明""莨莪""他谷""六得""纳渣""他鲁"，华坪的"水彝"，洱源、邓川、永胜的"土家"，永胜、丽江的西番，并调查了傈僳族、纳西族、永胜凉山彝族的情况。文山蒙自个旧组识别研究了"普拉"族的"阿札""图拉帕""泼拉培""泼哇""母几""昨柯"和"颇罗"，并收集了个旧"罗"族、路南"撒尼"和弥勒"阿哲"的语言材料及社会调查材料。新平组识别研究了"拉乌""罗武""阿车""腊鲁""咪哩""密岔""蒙化""糯比""梭比""卡都""黑浦""苦聪""山苏""车苏"等单位，并附带搜集了有关支系识别研究的新平彝族、哈尼族、傣族语文社会情况等材料及新平县少数民族史料。①

1954年民族识别工作中确认的各少数民族的支系情况②：

彝族支系包括：诺苏濮（自称诺苏濮，他称黑彝、彝族）、纳苏（自称纳苏濮，他称彝族）、倮倮（自称倮倮濮，他称倮倮）、迷撒拔（自称迷撒拔、蒙化，他称土家、土族）、朴（自称泼哇、颇罗、昨柯、普拉丕、图拉拔，他称朴拉）、腊罗拔（自称腊罗拔、沐花子，他称乡谈、蒙化）、撒苏（自称撒苏，他称山苏）、黎扒［自称黎扒，他称黎（倮）族、黎明］、阿西（自称阿西濮，他称阿西、阿细）、撒尼（自称尼、撒尼濮，他称撒尼、撒梅）、格濮（自称格濮，他称阿多濮、白彝、甘彝）、聂苏（自称聂苏，他称罗武）、土俚（自称聂苏，他称土俚、土族）、腊罗濮（自称腊罗濮，他称腊倮、水田、腊鲁）、唎咪、咪里（自称倮倮濮，他称花倮里）、他鲁（自称他鲁苏，他称他鲁）、阿罗濮（自称阿罗濮，他称红彝）、腊米（自称罗米）、乃苏（自称乃苏濮，他称彝、倮倮）、阿鲁（自称阿鲁濮，他称腊鲁）、纽苏（自称纽苏濮）、车苏（自称阿粗扒，他称车苏、阿车）、腊罗（自称腊罗）、阿武（自称阿武，他称孟武）、拉武苏（自称拉武苏，他称莨莪）、塔谷鲁（自称塔谷鲁，他称他谷）、梭尼濮（自称梭尼濮，他称明朗）、古、纳渣（自称纳渣苏，他称纳渣）、纳若（自称纳若，他称支里）、密期（自称密期，他称区族）、子彝、六得（自称六得薄，他称六得）、二彝、新黑彝、路鲁（自称腊鲁，他称罗称）、倪郎（他称倪郎）、子君（自称

---

① 申旭，肖依群. 云南民族调查史料钩沉［M］. 昆明：云南人民出版社，2016：126.
② 申旭，肖依群. 云南民族调查史料钩沉［M］. 昆明：云南人民出版社，2016：129-132.

撒摩都，他称子君）、托罗拔（他称土人）、阿乌（自称拉乌扒）、母几（自称母几，他称母几）、阿哲（自称阿哲濮，他称阿哲）。

哈尼族支系包括：哈尼（自称哈尼，他称哈尼、僾尼）、卡多（自称耶尼，他称卡多）、碧约（自称碧然、碧约，他称碧约）、布都（自称豪尼，他称布都）、布孔（自称合尼、白宏，他称布孔、补角）、哥搓（自称哥搓，他称苦聪、黑苦聪）、西摩洛（自称阿西鲁玛，他称西摩洛）、其弟（自称哈尼，他称其弟、奇弟、切弟）、拉乌（他称拉乌）、阿木（自称阿木）、堕尼（自称多尼，他称阿多）、合尼（自称合尼濮）、糯比（自称哈尼，他称糯比）、腊米（自称合尼，他称腊缅）、罗勉（自称合尼，他称罗勉）、卡别（自称哈尼，他称卡别、卡比）、白宏（自称和尼、白宏，他称白壳）、梭尼（自称梭尼，他称阿梭）、三达（自称哈尼，他称三达）、梭比（自称梭比，他称梭比）、堕塔（自称黑尼、哈尼，他称堕塔）、海尼（自称海尼）、花姑（自称哈尼，他称花姑）、阿卡（自称哈尼）。

壮族支系包括：侬（自称布侬，他称侬青、天保）、沙（自称布雅依，他称沙人）、土（自称布傣，他称土族）、布依（自称布依，他称土佬、仲家）、傣门（自称傣门，他称土佬）、布雄（自称布雄，他称黑衣）、德傣（自称德傣，他称土佬）、龙安（自称侬安，他称隆安、龙安、甲洲、隆降、傲）。

傣族支系包括：傣仂（自称傣仂，他称傣族、掸人）、傣哪（自称傣哪，他称傣族）、傣绷（自称傣绷，他称傣族）、傣雅（自称傣雅，他称暹人）、傣楞（自称傣楞）、傣赛（自称傣赛）、傣卡（自称傣卡、卡朗，他称黑蒲）。

白族支系包括：白伙和白子（自称白伙或白子，他称民家）、那马（自称白人，他称那马、来白）、勒墨（自称白人，他称勒墨）。

纳西族支系包括：纳西（自称纳西，他称纳西）、马丽马沙（自称马沙，他称马丽马沙）、班西（自称纳西，他称班西、巴西）、吕西（自称纳西，他称吕西、速西）。

景颇族支系包括：景颇（自称景颇，他称景颇）、载瓦（自称载瓦，他称再瓦、小山）、浪莪（自称浪莪，他称浪速）、喇期（自称喇期、期，他称茶山）、高日（自称高日）、颇罗（自称颇罗）。

佤族支系包括：瓦和布饶（自称瓦、布饶，他称卡瓦）、布喇（自称本人、腊家）。

1954年民族识别工作中尚留下未能明确族属的民族单位有70余个[1]，包

---

[1] 申旭，肖依群. 云南民族调查史料钩沉 [M]. 昆明：云南人民出版社，2016：133.

括：崩龙（分布于镇康、龙陵、盈江），本人（分布于保山、梁河），攸乐（分布于西双版纳），都匀（分布于马关、河口），水户（分布于富源、罗平），洋或秧（分布于富宁、广南），阿克（分布于西双版纳），插满（分布于金平），老乜（分布于澜沧），满族（分布于凤庆、保山），黑蒲（分布于墨江），阮可（分布于丽江），空格（分布于西双版纳），达头（分布于普洱、景谷），阿哩（分布于西双版纳），亢（分布于澜沧），腊（分布于保山），阿里（分布于蒙自），坡克（分布于普洱），则恒（分布于昆明），龙希（分布于普洱），吾尔吾斯（分布于昆明），红哑（分布于景东），孟（分布于个旧），纳华（分布于个旧），仆罗（分布于个旧），维（分布于景东），仆戛（分布于西双版纳），百家（分布于保山），青（分布于鹤庆），兔羰（分布于泸水、兰坪），土司（分布于砚山），曼掌（分布于金平），莫苏（分布于西双版纳），阿茨夏（分布于澜沧），过拉（分布于宾川），拉西（分布于河口），阿利（分布于普洱），普标（分布于麻栗坡），拐棍（分布于镇沅），教化（分布于景谷），骂他（分布于永仁），品（分布于西双版纳），摩凤（分布于景东），戛（分布于云县），义山（分布于昆明），手头（分布于泸西），象（分布于昆明），阿版（分布于镇沅），黎仕（分布于昆明），唐（分布于普洱），阿罗（分布于普洱），阿英（分布于普洱），伏多（分布于昆明），革佬（分布于砚山、麻栗坡），等（分布于西双版纳），呢呢（分布于普洱），补蚌（分布于西双版纳），棕（分布于东矿），南尼（分布于西双版纳），三教（分布于普洱），蒙痛（分布于江城、西双版纳），辣子（分布于昆明），克板（分布于云县），仆尼（分布于云县），蓝扒（分布于镇沅），高山（分布于南华），洪（分布于昆明），龙仁（分布于弥勒），善（分布于昆明），乌（分布于镇雄），腊（分布于蒙自），贵（分布于巧家），仆（分布于昆明），濮囡（分布于西双版纳），夷施（分布于昆明），花红（分布于保山），他郎（分布于普洱），仅（分布于东川），拉扒（分布于昆明）。

2. 1958 年和 1960 年的云南民族识别工作

经过 1954 年两个阶段的民族识别工作，云南省大多数少数民族的识别结果得到确认，但其中一些少数民族的族称还未确定，一些少数民族的族系需要复查，还有一些族称单位未进行识别。为了处理遗留问题，云南省民族事务委员会决定成立"云南民族识别综合小组"，对没有确认的少数民族进行识别调查研究，并得出初步结论。

1958 年，由省民族事务委员会、省民族历史研究所、云南民族调查组、省语文指导工作委员会指定民族语文工作队进行了民族识别调查，共计 10 个单位。1960 年，云南省民族事务委员会、省民族历史研究所、省语文指导工作委员会组织"云南省民族识别综合调查组",依地区、依族别分期派出金平县、丽江专区、文山州、西双版纳思茅专区等4个田野调查组,继续完成全省民族识别未完成的调查研究工作,对46个族称单位,给出族别初步意见,为确定族系做参考。

1954年两度民族识别后遗留的和新发现而未曾识别的族称单位共计104个。经1958年和1960年继续调查研究后已经给出初步族别意见的,共计56个单位,综合成以下民族族系:①

西番族族系,单一民族1个,即普米族。德昂族族系,单一民族1个。彝族族系,族称单位16个。僮族族系,族称单位15个。哈尼族族系,族称单位4个。布朗族族系,族称单位4个。拉祜族族系,族称单位3个。佤族族系,族称单位1个。景颇族族系,族称单位1个。傈僳族族系,族称单位1个。傣族族系,族称单位3个。苗族族系,族称单位1个。汉族族系,族称单位2个。仡佬族族系,族称单位1个。满族族系,族称单位1个。单一民族,族称单位2个,即高棉族、芒族。

1958年和1960年的民族识别调查工作中,未做族系识别意见的族称单位有48个。经实地调查,族称单位已不存在,或追寻居住地区无着落,因而无法给出族别初步意见的族称单位有15个。地区分散,人口在20人以上百人以下,调查发生实际困难,进而不能识别的族称单位有5个。地区分散,人口在20人以下,不能构成单一民族特征,因而未进行调查的族称单位有28个。

(二) 少数民族语言文字调查

为民族识别提供科学依据,为贯彻党的民族语言文字平等政策,为民族文字的创制和改进做准备,中共云南省委、省政府,组织有关同志和专家,开始调查研究云南少数民族语言文字。

1951年,中国科学院语言研究所设立第四研究组,负责研究中国少数民族的语言和文字。在中央访问团第二分团中,曾有中国科学院语言研究所派出的人员参加,对云南部分少数民族的语言进行了调查。1952年2月,应云南省人民政府的要求,中国科学院派出工作组,由傅懋勣带领,到云南帮助调查以及创制和改进少数民族语言文字工作。中科院派出的工作组到达云南后,与云南省民委语文组联合办公,全体语文工作干部20多人。傅懋勣同语文工作组一起,按照云南省委提出的"先边疆后内地,先聚居后分散,先大后小"的要求,

---

① 云南民族识别综合调查组. 云南民族识别综合调查报告:1960年[M]. 昆明:云南民族学院民族研究所印,1979:8-9.

重点调查了傣、哈尼、景颇、拉祜、阿昌、傈僳、怒等民族的语言文字，同时对彝族语言以及方言和文字进行了研究。对傣、哈尼、景颇、纳西、拉祜、傈僳、佤、苗、彝、白等10多个民族的语言和方言进行了比较系统的调查研究，积累了极为丰富的语言资料。①

云南少数民族社会历史调查和云南少数民族语言文字调查同步进行。由全国人大民委直接领导并组建的云南少数民族历史调查组，于1956年7月开始进行云南少数民族社会历史调查工作。与此同时，中国科学院和中央民族事务委员会组织语言研究所、中央民族学院、各地语文工作机关的成员700多人组成7个少数民族语言调查工作队，分赴云南、贵州、四川、广西、新疆等省区进行少数民族语言调查。到云南的是第三工作队，有队员100多人，云南省又抽调干部，与第三工作队在内共200多人到全省各地全面开展少数民族语言调查工作。②

1. 云南少数民族语言的基本情况

云南民族语言调查的成果有：《傣语简志》《拉祜语简志》《景颇族语言简志（载瓦语）》《景颇族语言简志（景颇语）》《阿昌语简志》《傈僳语简志》《哈尼语简志》《怒族语言简志（怒苏语）》《彝语简志》《白语简志》《纳西语简志》《佤语简志》《独龙语简志》《普米语简志》《德昂语简志》《布朗语简志》《基诺语简志》《苗语简志》《瑶族语言简志》等已编入国家民委民族问题五种丛书之一的"中国少数民族语言简志丛书"。除了上述语言简志外，云南民族语言调查报告有：《景颇族文字改进方案》《载瓦文字方案》《景颇族亲戚称谓与怒语比较》《傣纳文字改革及实验教学的经验》《云南阿昌族的语言情况和文字问题》《哈尼族文字方案》《白傈（高裤脚傈）的历史语言调查资料》《云南省师宗县九龙人民公社以江洪大队"水"族民族识别语言调查报告》《纳西语简况》《关于选择纳西语基础方言的初步方案》《纳西语法资料》《关于纳西语言、文字问题的汇报》《纳西文字方案》《"青"族语言概况》《云南昌宁"永白"语调查报告》《楚雄禄劝傈僳族词汇》《楚雄禄劝彝语调查人和记音人数》《保山施甸"本"族语言配音表》《佤族"马撒"语学习资料》《佤族文字方案》《马关"摆"族语言调查》《邱北县"爽"语言调查》《西双版纳景洪"攸乐"的语言调查材料》《德宏州崩龙语词汇》《镇康卡瓦、崩龙、卜满三种

---

① 云南民族事务委员会. 云南民族工作大事记（1949—2007）[M]. 昆明：云南民族出版社，2008：17.
② 申旭，肖依群. 云南民族调查史料钩沉[M]. 昆明：云南人民出版社，2016：177.

语言对照表》《陇川县崩龙语词汇记录册》《蒲满语语法概况》《泸水县兔莪语调查报告》《宁蒗县永宁区西番语词汇》《宁蒗县新营盘区西番语词汇》《兰平县大洋乡西番语词汇》《白族语法》《白族词汇》《中甸藏语语法材料》等。

云南主要的少数民族语言可分属于汉藏语系和南亚语系。属汉藏语系的又可分为藏缅语族、侗傣语族（或壮侗语族）、苗瑶语族；属南亚语系的只有孟高棉语族。藏缅语族可分为藏语支、彝语支、景颇语支、缅语支；侗傣语族（或壮侗语族）云南仅有壮傣语支；苗瑶语族可分为苗语支和瑶语支；孟高棉语族，云南仅有佤绷龙语支（佤德昂语支）。如果以人口和分布的情况来排列次序，第一是藏缅语族的彝语支，第二是侗傣语族的壮傣语支，第三是苗瑶语族的苗语支，第四是孟高棉语族的佤绷龙语支（佤德昂语支）。彝语支包括彝、白、哈尼、傈僳、拉祜、纳西等语言，其中彝语分布最广，几乎全省各县都有。傣语主要分布在滇西和滇南。苗语主要分布在昭通、文山、蒙自、楚雄4个专区。佤语主要分布在缅宁（今临沧市）专区的沧源、双江、耿马和思茅专区的澜沧一带。①

汉藏语系藏缅语族各民族的语言。藏语属藏缅语族藏语支，滇西北藏语属藏语的康方言，康方言内部又有德钦、中甸、维西、东旺等方言。普米语属藏缅语族羌语支，分南北两种方言。彝语属藏缅语族彝语支，有六大方言，西部方言主要分布在临沧市、大理州；东部方言主要分布在云南昆明、曲靖、昭通和贵州安顺、毕节；南部方言主要分布在云南普洱市、红河州、玉溪市；北部方言主要分布在云南小凉山和四川的大凉山；中部方言主要分布在普洱市和楚雄州；东南部方言主要分布在文山及昆明市、红河州、曲靖市的部分地区。哈尼语属藏缅语族彝语支，与彝语、拉祜语、傈僳语、基诺语、纳西语等相近。哈尼语可分为哈雅、碧卡、豪白三大方言，其下又可分为白宏次方言、雅尼次方言、哈尼次方言、碧约次方言和豪尼次方言。傈僳语属藏缅语族彝语支，与彝语、拉祜语、哈尼语、纳西语相近，内部分为怒江和禄劝两种方言，怒江方言内部又有两种土语。拉祜语属藏缅语族彝语支，云南拉祜族内部分为拉祜纳和拉祜西两种方言。纳西语属藏缅语族彝语支，分为以丽江坝区为代表的西部方言和以宁蒗为代表的东部方言。基诺语属藏缅语族（1954年民族识别时未将其识别为单一民族），语法结构与藏缅语族各语支基本一致，但语音和词汇与彝语支和缅语支有对应关系，更多的与彝语支接近。怒语属藏缅语族，语支未定。独龙语属藏缅语族景颇语支，与景颇语比较接近，贡山怒语与独龙语基本相通。

---

① 傅懋勣. 傅懋勣民族语文论集[M]. 北京：民族出版社，2011：119-120.

景颇语属藏缅语族景颇语支，内部有景颇、载瓦两大方言。阿昌语属藏缅语族缅语支，内部分为陇川、梁河、潞西三个方言；方言间在语法上差异不大，但语音、词汇的差异较大。白语属藏缅语族，语支未定；内部分为南部方言、中部方言和北部方言。

汉藏语系壮侗语族各民族的语言。傣语属壮侗语族壮傣语支，内部有西双版纳方言和德宏方言。壮语属壮侗语族壮傣语支，内部分为北部方言和南部方言。布依语属壮侗语族壮傣语支，无方言差异。水语属壮侗语族侗水语支，由于云南水族远离祖居地，汉语已成为水族通用语言。

汉藏语系苗瑶语族各民族的语言。苗语属苗瑶语族苗语支，云南苗语为苗语的川黔滇方言的滇东北次方言。瑶语属苗瑶语族，内部分为勉语、布努语、拉珈语等三种语言，勉语属瑶语支，布努语属苗语支，拉珈语属壮侗语族侗水语支。

南亚语系孟高棉语族各民族的语言。佤语属孟高棉语族佤德语支，内部又分为布饶克方言、阿佤方言、佤方言。布朗语属孟高棉语族布朗语支，内部分为布朗方言和乌方言。德昂语属孟高棉语族佤德语支，内部又有"别列""梁""汝"等三种方言。

2. 云南少数民族文字情况

在云南各少数民族中有文字的民族有傣、景颇、傈僳、拉祜、佤、纳西、彝、藏、苗等9个民族。傣族和傈僳族各有3种文字，纳西族、彝族、景颇族各有2种文字，加上拉祜文、佤文、藏文、苗文，共有17种文字。所有这些文字，按照文字结构的原则，可分为三大类：表意文字（主要是象形，纳西族的东巴文）、音缀文字（每一个字代表一个音缀，不能分析为字母。纳西族的哥巴文、彝族原有的文字和维西第四区使用的傈僳文）、字母文字（傣文、藏文、景颇文、佤文、拉祜文、傈僳文、苗文、禄劝彝文）。[1]

在民族语言文字调查中，调查组选取了边疆地区的傣、景颇、傈僳、拉祜、卡佤（佤族）、哈尼6种民族语言和人口最多、分布最广、支系最繁的彝族的语言作为研究的主要对象。这7个民族的语文情况为：[2]

傣族语文。傣族有傣仂、傣哪、傣绷3种文字。傣仂文有56个字母，主要在西双版纳使用。在西双版纳，70%的男子会认傣文，30%的男子会认会写，女子中会文字的很少。傣哪文有20个字母，在保山专区德宏地区使用（后来的德宏州），

---

[1] 傅懋勣. 傅懋勣民族语文论集 [M]. 北京：民族出版社，2011：120.
[2] 傅懋勣. 傅懋勣民族语文论集 [M]. 北京：民族出版社，2011：121-125.

由于文字本身不能正确地代表语言，所以会读会写的人很少。傣绷文有18个字母，主要在缅甸掸邦使用，居住在边境地区的小部分傣族人也使用这种文字。

景颇族语文。景颇有拉丁字母拼音文字，有40个字母。信基督教的大多数人会这种文字，不信基督教的人会的较少。自称"载佤"的景颇族支系也有一种文字，由31个大写拉丁字母及其反倒形式的字母组成。景颇语里有6个声调的分别，但文字上没表示，因而在语言里很多不同的词在文字上混同起来。

傈僳族语文。傈僳族有3种文字，第一种是丽江、保山、缅宁（临沧）等地傈僳人使用的，有40个字母，是用拉丁大写字母和这些字母的反倒形式凑成的，用类似标点符号的"点""撇"来表示声调，但写起来，这些符号常常省略。第二种是楚雄专区禄劝县傈僳族使用的，这种文字用苗文字母来拼写自己的语言，大都用在基督教的经典上。第三种不是字母文字，形似汉字而与之不同。

拉祜族语文。拉祜族有一种拉丁字母的拼音文字。有表示声调的符号，但在印刷的基督教经书和传说故事中，很少使用这些符号。信基督教的多半会这种文字，不信基督教的，只有极少数的人会。

卡佤族（佤族）语文。卡佤族有一种拉丁字母的拼音文字。信基督教的多半会读会写，但各地写法不大统一，文字本身也有些地方不能正确地代表语言。

哈尼族语言。哈尼族有自己的语言，但没有文字，本族知识分子很希望有一种能够代表自己民族语言的文字。

彝族语文。彝文有两种：一种是彝族原有的音缀文字，在蒙自、玉溪、昭通、楚雄、思茅、丽江、大理等专区的巫师还用这种文字写经书；一种是禄劝一部分信基督教的彝族所用的苗文字母式的文字，这种文字的印刷品只有基督教经书。

调查组对以上7种语言，各选出重点方言进行了研究，对于傣、景颇、傈僳3种语言和文字及哈尼语都做了比较深入的研究。在所收集的词汇、语句和口头故事或文字记载中，归纳了音位系统。初步得到了一些语法的规律，对于文字的结构，也做了科学的分析。

在艰辛的调查和深入研究云南少数民族语言文字的基础上，中国科学院民族语言调查第三工作队和云南省少数民族语文指导工作委员会，根据"自愿自择"的基本原则，先后帮助纳西、傈僳、拉祜、哈尼（2种）、苗（3种）、壮、景颇（载瓦支系）、佤、布依等民族创制了14种文字，帮助改进了西双版纳傣文、德宏傣文以及景颇文和拉祜文4种文字。① 与此同时，配合少数民族社会历史调查，进一步完成民族识别的任务。

（三）少数民族社会历史调查

中共中央指示，对全国少数民族社会历史进行调查。根据党中央指示，1956年4月19日，全国人民代表大会民族委员会提出了《关于在少数民族地区进行各民族社会历史情况的调查研究工作的初步规划》（以下简称《民族社会历史调查初步规划》）。同年6月，中央民委和全国人大民委共同召开了全国少数民族社会历史调查工作会议，这是全面展开全国范围内少数民族社会历史调查的起点。《民族社会历史调查初步规划》提出了调查工作的要求：集中力量先调查各民族的生产力、社会所有制和阶级情况，尽可能收集历史发展和特殊风俗习惯的资料，进而对各民族做系统的研究。对云南各少数民族，先调查景颇族、佧佤族（佤族）、傈僳族、独龙族、崩龙族（后改为德昂族）、怒族、苦聪人（后归入拉祜族）等原始公社制度残余较浓厚的民族，再对傣族、彝族、拉祜族、哈尼族、纳西族、民家族（后改为白族）等民族情况进行调查。由费孝通（中央民族学院副院长）、刘冠英（全国人大民族委员会办公室副主任）负责云南调查组，方国瑜参加。

中共云南省委根据中央指示精神，并结合云南的具体情况，于1956年7月26日以（56）175号文件，将省委边委"为配合中央民族调查组即将来我省进行民族社会调查工作的意见"的报告，转批各地、市委及省委、省人委各个部门党组。9月初费孝通率领中央派出的干部11人到昆明，9月15日，省委所抽调干部会同中央派来干部正式组成"云南省少数民族社会历史调查组"（简称"云南民族调查组"）。云南民族调查组，由费孝通任组长，刘冠英、方国瑜、侯方岳任副组长，并组成组务会议，处理组内重大问题，除组长、副组长外，宋蜀华、宋恩常、谭碧波、马曜、张敏、郭学文等参加组务会议。调查组下设3个分组：第一分组干部共15人，赴思茅专区西盟佤族（佤族）区工作；第二分组干部24人，赴德宏自治州景颇族地区工作；第三分组干部11人，赴丽江专区怒江傈僳族自治州工作。各分组分赴思茅、德宏、丽江地委后，每一地委派3至5人参加工作，其中1人参加各分组领导。翻译干部就地请党委抽调。②

1958年7月，中国科学院民族研究所成立，全国人大民委将少数民族社会

---

① 云南民族事务委员会. 云南民族工作大事记（1949—2007）[M]. 昆明：云南民族出版社，2008：17.
② 申旭，肖依群. 云南民族调查史料钩沉[M]. 昆明：云南人民出版社，2016：283-284.

历史调查工作移交中科院民族研究所领导。根据当时各项工作"大跃进"的形势，中国科学院再组织8个民族调查组，共16个调查大组，分布到全国少数民族地区展开全国民族调查，写出《民族简史》《民族简志》《自治地方概况》，共三套民族丛书。北京各高等院校及文教机关共抽干部、师、生（高年级学生）100多人到云南，云南省高等院校文教机关抽出干部师生120余人，各地、州、县市派出干部、翻译百人，共330人，组成调查组，由侯方岳任组长，方国瑜、林耀华任副组长，扩大了云南少数民族社会历史调查的规模和深度。

"云南民族调查组"在社会调查中着重对各少数民族现实的社会生产力、生产关系、所有制（包括残余的形态）、阶级关系等方面做细致的调查研究。在对社会经济基础基本调查清楚后，再对政治、家族制度和上层建筑的文化、歌舞、音乐、艺术、宗教、风俗习惯等进行调查，并对各少数民族的历史、传说、神话故事尽可能做详细记录，力求全面查清各少数民族的社会历史问题。

云南少数民族社会历史调查的成果编入国家民委民族问题五种丛书之一的"中国少数民族社会历史调查资料丛刊"的有：《云南少数民族社会历史调查资料汇编（一）》《云南少数民族社会历史调查资料汇编（二）》《云南少数民族社会历史调查资料汇编（三）》《云南少数民族社会历史调查资料汇编（四）》《云南少数民族社会历史调查资料汇编（五）》《云南彝族社会历史调查》《四川广西云南彝族社会历史调查》《大理州彝族社会历史调查》《云南小凉山彝族社会历史调查》《云南巍山彝族社会历史调查》《白族社会历史调查（一）》《白族社会历史调查（二）》《白族社会历史调查（三）》《白族社会历史调查（四）》《哈尼族社会历史调查》《傣族社会历史调查（西双版纳之一）》《傣族社会历史调查（西双版纳之二）》《傣族社会历史调查（西双版纳之三）》《傣族社会历史调查（西双版纳之四）》《傣族社会历史调查（西双版纳之五）》《傣族社会历史调查（西双版纳之六）》《傣族社会历史调查（西双版纳之七）》《傣族社会历史调查（西双版纳之八）》《傣族社会历史调查（西双版纳之九）》《傣族社会历史调查（西双版纳之十）》《德宏傣族社会历史调查（一）》《德宏傣族社会历史调查（二）》《德宏傣族社会历史调查（三）》《西双版纳傣族社会综合调查（一）》《西双版纳傣族社会综合调查（二）》《思茅玉溪红河傣族社会历史调查》《临沧地区傣族社会历史调查》《景颇族社会历史调查（一）》《景颇族社会历史调查（二）》《景颇族社会历史调查（三）》《景颇族社会历史调查（四）》《纳西族社会历史调查（一）》《纳西族社会历史调查（二）》《纳西族社会历史调查（三）》《永宁纳西族社会及母系制调查（一）》《永宁纳西族社会及母系制调查（二）》《永宁纳西族社会及

母系制调查（三）》《佤族社会历史调查（一）》《佤族社会历史调查（二）》《佤族社会历史调查（三）》《佤族社会历史调查（四）》《德昂族社会历史调查》《阿昌族社会历史调查》《布朗族社会历史调查（一）》《布朗族社会历史调查（二）》《布朗族社会历史调查（三）》《独龙族社会历史调查（一）》《独龙族社会历史调查（二）》《拉祜族社会历史调查（一）》《拉祜族社会历史调查（二）》《傈僳族社会历史调查》《傈僳族怒族勒墨人（白族支系）社会历史调查》《基诺族普米族社会历史综合调查》《怒族社会历史调查》《云南回族社会历史调查（一）》《云南回族社会历史调查（二）》《云南回族社会历史调查（三）》《云南回族社会历史调查（四）》《回族社会历史调查资料》《昆明民族民俗和宗教调查》《云南方志民族民俗资料琐编》《云南民族民俗和宗教调查》《中央访问团第二分团云南民族情况汇集（上）》《中央访问团第二分团云南民族情况汇集（下）》《云南民族文物调查》等。

"云南民族调查组"在过去调查研究的基础上，对云南少数民族的社会经济情况进行系统的调查，历时两年多，形成上千万字的第一手材料，基本弄清了云南各少数民族的社会经济结构。云南各少数民族社会经济形态差异极大，大体上可分为这样四种类型：一是国境边沿山区的布朗族、卡佤（佤族）、傈僳族、景颇族、独龙族、崩龙族（德昂族）、怒族、基诺人（基诺族）等民族以及拉祜族、哈尼族、瑶族、苗族等民族的全部或一部分，其社会经济形态还处于原始公社末期或原始公社向阶级社会过渡阶段。二是分布在小凉山以及永胜县、华坪县山区的彝族，其社会经济形态是奴隶制。三是分布在边疆地区（包括执行边疆政策的地区）的傣、藏、哈尼、拉祜、普米、阿昌等民族以及彝、纳西、白等民族中的一部分，占当时全省少数民族人口的29%，其社会经济形态为封建领主制或领主经济正向地主经济过渡，或领主经济基本解体但仍保留有某些痕迹。四是分布于内地区的白、彝、壮、纳西、回、苗、蒙古、布依等民族，约占当时全省少数民族人口的60%。这些民族的社会经济形态是封建地主制。[①]

总之，对云南少数民族的社会历史调查，为民族地区的社会主义改造和社会主义建设提供了有益的材料；为科学研究收集了丰富的资料；推动了云南民族科学研究和科学工作的开展；加强了民族团结，提高了各族群众的爱国主义和社会主义热情。

---

① 《云南民族工作四十年》编写组. 云南民族工作40年：上卷 [M]. 昆明：云南民族出版社，1994：270-471.

三、中国共产党通过民族调查，摸清云南民族地区"区情"的基本经验

通过开展云南民族调查，形成上千万字的调查材料，为云南省委、省政府制定政策提供了第一手材料，为民族识别，民族区域自治区划，民族文字的创制、改进和改革提供了科学依据。在调查工作中，通过调查各种不同民族、不同地区、不同社会发展阶段，积累了民族研究工作的宝贵经验。

（一）在民族调查工作中，必须树立正确的观点，应当有正确的工作方法

在民族调查工作中，必须用历史唯物主义的观点来观察社会、研究社会。做好调查工作，首先应当坚持老老实实、实事求是的科学态度，客观地冷静地去了解事实本身，然后从所掌握的错综复杂的材料中，经过分析研究，引申出必要的结论。绝对不能采取先有定论然后再寻找材料的本末倒置的做法，不能得出歪曲事实的错误结论。做好调查工作，除了必须树立正确的观念外，还应当贯彻群众路线的工作方法，实现领导、专家与群众三结合。进行民族调查，吸收民族干部参加调查工作很重要，他们与群众语言相通，了解本民族的习俗和群众的心理，常常可以得到汉族干部所得不到的材料。在调查中，要明确主要应该依靠群众，要预先了解调查对象的社会经历和当前的表现，要善于与调查对象合作，要善于启发，要耐心等待，要善于引导他们通过亲身经历的重大事件来正确地追述过去，从而辨别材料的真伪。调查者、调查对象、翻译人员三方面如能密切合作，可收事半功倍之效。调查还必须与研究结合。要做好调查，就要及时整理、及时补遗。经过一段时间调查后，要认真进行集体研究分析，在调查材料的基础上提出新的问题、新的认识，再以此为指导做深入一步的调查，如此反复多次，不断提高调查质量。

（二）云南民族识别工作是马克思主义民族理论中国化的实践

云南民族识别工作，从云南少数民族的实际出发，密切结合了云南待识别民族共同体的具体情况，灵活运用了马克思主义理论，是马克思主义民族理论中国化在云南的具体实践。开展民族识别，必须有民族划分的标准。斯大林的民族定义即"民族是人们在历史上形成的有共同语言、共同地域、共同经济生活以及表现于共同的民族文化特点上的共同心理素质这四个基本特征的稳定共同体"[1]，这成为中国民族识别的依据。但在具体的民族识别的过程中，考虑到

---

[1] 中共中央马克思恩格斯列宁斯大林著作编译局. 斯大林全集：第11卷 [M]. 北京：人民出版社，1955：286.

云南少数民族的实际和中国的国情,即各民族社会经济发展极不平衡,云南绝大多数少数民族还处在前资本主义发展阶段,没有简单地照搬斯大林民族定义,而是灵活运用斯大林的民族定义,坚持把科学理论与云南各民族的现实基础相结合的原则,在实践中探索出了符合云南民族问题实际的民族识别标准。

云南民族识别的标准共有四条。第一条是民族特征。在民族识别的过程中,对自报的人们共同体,按照他们的族称、历史来源、分布地域、语言、经济生活以及物质文化、精神文化和心理素质等族体的基本特征进行广泛调查,充分参照相关学科已有的资料,并且灵活运用斯大林民族定义的四个基本特征做综合的考量和判断,来认定有待识别族体的族属。第二条是"名从主人"即民族意愿。所谓"名从主人","就是说,族称要由各族人民自己来定,这是他们的权利。在保持族称的科学性与本民族意愿发生矛盾时,应进行耐心说服,帮助群众认识本民族的特点和历史,以便他们对自己的族别问题做出正确判断与决定。这样既尊重了民族意愿又符合科学的客观依据"[①]。第三条是历史依据。在漫长的社会和历史发展进程中,云南各民族由于王朝的更替及其分分合合、各民族的交往和迁徙以及民族同化和融合等社会历史因素,使得一些民族共同体之间,无论是在神话传说、语言和习俗还是经济生活等方面都有许多相似或相同之处。因此,在民族识别的过程中,对有待识别族体的现实生活进行实地调查,同时充分利用少数民族文字或汉文历史文献资料,参考考古学、语言学、民俗学、民族学、人类学、动物学和经济学等学科有关该族体的资料和研究成果,对有待识别族体的社会历史发展,各该民族地区的历史和社会政治制度,各该族体的来源以及同周围民族的关系进行综合的科学分析。[②] 第四条是就近认同。在民族识别中,本着有利于民族团结和民族自身的发展的原则,对于相互近似的待识别族体,即语言基本相同、民族特点相近、地域相连,而且已经形成密切的经济联系,并且有相互认同意识和意愿的,尽可能地合在一体,认定为同一民族。

(三)民族调查,为民族区域自治区划提供了客观依据

《中国人民政治协商会议共同纲领》规定:"各少数民族聚居的地区,应实行民族的区域自治,按照民族聚居的人口的多少和区域大小,分别建立各种民

[①] 云南省编辑组. 云南少数民族社会历史调查资料汇编:三 [M]. 昆明:云南人民出版社,1987:3.

[②] 尤伟琼. 云南民族识别研究 [M]. 昆明:民族出版社,2013:383.

族自治机关。"① 但是，新中国成立初期，根本不了解全省究竟有多少民族，更不知道各民族有多少人口、分布区域如何。如果要实行民族区域自治，区划民族区域自治的范围，就必须首先进行民族人口调查和民族识别工作。根据中央和中共云南省委的指示，云南省有关部门、全国人大民族委员会组织有关同志和专家开展了云南民族调查。通过民族调查，进行民族识别工作，认定了各少数民族，搞清了少数民族人口在全省总人口中的所占比例，搞清了各少数民族分布的区域，这就为推行民族区域自治提供了科学依据。在民族调查、研究的基础上，在各少数民族聚居的地区建立民族自治地方，设立自治机关，让各少数民族当家做主、行使自治权；全省先后建立了8个民族自治州、29个自治县；25个世居少数民族中，有18个民族实行了区域自治。全省民族自治地方共78个县（市、区），占全省129个县（市、区）的60.5%。民族自治地方面积达27.66万平方千米，占全省总面积的70.2%。民族区域自治，保障了各少数民族自主地管理本民族地方事务的权利，充分保障了各少数民族当家做主和行使自治权，落实了少数民族应享受的政治权利和民族平等权利，在法律上和制度上保证了云南各少数民族的共同进步和共同繁荣。

（四）开展少数民族语言文字调查，为民族文字的创制、改进和改革做好了准备

语言有其产生发展的客观规律，是一种社会现象。民族语言是随着民族的产生而产生的，是一个民族历代智慧的积累，它包含了一个民族长期创造性活动的一切成果，是一个民族文化的结晶体。文字是记录思想、交流思想的符号，民族文字的产生，晚于民族语言很久。语言平等是民族平等的一个重要内容和标志，它关系到民族之间的团结和一个民族的政治权利。不坚持语言平等，就谈不上民族平等；没有民族平等，就不会有民族团结。因此，中国共产党坚持各民族语言文字平等，制定了民族语言文字平等政策。为了贯彻党的民族语言文字平等政策，为了帮助少数民族创制、改进和改革文字，中共云南省委、省政府和中国科学院，组织有关同志和专家，开展了云南少数民族语言文字调查。通过民族语言文字调查，大体上弄清了云南民族语言文字使用的基本情况，包括云南各少数民族使用的语言大致有哪些，这些语言有何特点，分布和使用情况如何，有无方言的区分，方言差异情况怎样，哪些民族有本民族自己的文字，文字使用情况如何、有何特点，本民族对使用自己语言文字的意愿怎样，等等。

---

① 中共中央统战部. 民族问题文献汇编：一九二一·七—一九四九·九［M］. 北京：中共中央党校出版社，1991：1290.

这就为云南少数民族文字的创制、改进和改革以及民族识别提供了依据。

(五) 民族调查，为云南民族工作和民族研究提供了重要参考资料

在云南民族调查的实践中，民族研究工作者撰写了大量有关民族识别、民族语言文字和民族社会历史的调查报告和论著，为民族学科打下了坚实的基础，为党和政府的民族政策提供了翔实、可靠的资料，培养了一批专业人才，尤其是云南少数民族科研专业人才。培养了一定数量的少数民族干部、少数民族精英和少数民族骨干，壮大了云南民族学研究队伍，促进了云南民族学科的发展。

经过民族识别、少数民族语言文字调查、少数民族社会历史调查，民族研究工作者历时几十年，整理出版了民族问题五种丛书——《中国少数民族》《中国少数民族简史丛书》《中国少数民族语言简志丛书》《中国少数民族自治地方概况丛书》和《中国少数民族社会历史调查资料丛刊》。这些大型丛书共有84种145本，约5000万字。其中，有关云南和云南少数民族的记录占了丛书的一大半内容。这些记录荟萃了大量原始的、鲜活的、极其珍贵的资料。这些资料集中记录了云南少数民族社会历史的基本情况，涵盖了云南25个少数民族的政治、经济、文化、社会等方方面面，为研究云南少数民族和云南民族工作提供了重要参考资料。

第四章

中国共产党通过民主改革，使云南民族地区走上社会主义道路的实践与经验

新中国成立后，为了彻底消灭几千年来的农村封建剥削制度，摧毁农村封建势力，变封建剥削的土地所有制为农民土地所有制，解放和发展农村生产力，为新中国的现代化建设开辟道路，在党和政府的领导下，在全国新解放区开展了土地改革运动。云南和平解放后，经过边疆对敌斗争，建立民族民主联合政权，疏通民族关系，初步实现了社会稳定，民族团结；但存在着多种社会形态，阶级关系与民族关系复杂交错。云南民族地区的土地改革从实际出发，分别制定政策，从1951年8月开始，历时7年，采用不同的方式和方法，最终在民族地区完成了民主改革。党和政府通过土地改革为中心的民主改革，使云南少数民族由前资本主义的不同社会形态走上了社会主义道路，当家做了主人。

一、新中国成立初期，云南民族地区的社会形态

人类社会随着生产力的发展，逐步由低级形态向高级形态演进，一般是原始社会依次向奴隶社会、封建社会、资本主义社会和社会主义社会演进。新中国成立前，云南少数民族社会形态发展极不平衡，处于前资本主义诸社会形态。

（一）独龙、基诺、傈僳等民族的原始公有制及其过渡形态

20世纪50年代民主改革前，分布于边境沿线山区的独龙、基诺、景颇、傈僳、佤、怒、德昂、布朗等民族以及拉祜、苗、瑶等民族的全部或一部分，人口近50万人，其社会经济形态还处于原始公社末期或原始公社向阶级社会过渡阶段。但因民族和居住地区的不同，不同的民族有不同的情况，而且反映出明显的阶段性和层次性，大致可分为四种类型[1]。

首先，处于原始社会末期父系家族公社制的独龙族、克木人和芒人。贡山独龙族是保存原始社会末期父系家族公社特点较多的民族，1950年约有2000

---

[1] 王连芳. 云南民族工作的实践与理论探讨 [M]. 昆明：云南人民出版社，1995：100-110.

人，分为15个父系氏族和54个父系家族公社，每个家族都有领导生产和主持祭祀的家族长。每一个家族公社构成一个自然村，实行生产资料公有和分配上的平均主义。每个大家庭通常住在一所大而长的公共房屋之内，分隔成若干个小火塘。在一个大家庭内，一个火塘就是一对夫妇的小家庭。由一位年长者担任每一个大家庭的家长，所有家庭成员在公共土地上共同劳动，收获物存入大家庭的公共仓库，由主妇（祖母）管理。在大家庭的土地旁边，每一个小家庭也可以开垦一些自营地，收获物存入各自小家庭的小仓库。各个小家庭的主妇轮流准备大家庭的伙食。用完大家庭公共仓库的粮食后，再取用每个小仓库的粮食。饭食平均分配给每个家庭成员。土地正由父系家族公社所有向着农村公社的个体家庭占有过渡。金平的芒人和勐腊的克木人，生产方式极其原始，还保持着较多的原始经济成分。

其次，保持着农村公社制的基诺、景颇、布朗等民族。基诺族聚居在景洪市的基诺山，已经从父系家族公社步入农村公社，土地"集体所有、个体家庭占有"。以村寨为单位划分刀耕火种的面积即划分耕作的土地，或土地由村寨划给村寨内各家族占有后，家族集体砍树烧山，然后分给各家各户种植。每一个个体家庭只占有住宅地、少量的园地、茶地以及公有地旁边的小块自营地。牲畜、生产工具私有，尚无牛耕，不会制陶。聚居在德宏的景颇族，受傣族土司和本族山官的统治，社会中存在着官种、百姓、奴隶三个等级。在每个山官辖区的村社中，除住宅附近的小块园地为个体家庭长期占有外，其余土地包括耕地、森林、牧场、荒地等仍为村社公有。但由于生产力的发展，受周围民族的影响，私有制因素正在形成和发展，农村公社走向解体。土地的村社所有制开始向山官所有制或富裕户私有制发展，开始出现了类似封建性质的经济关系。聚居在勐海县的布朗族，虽然处于傣族土司的统治下，但内部仍保持着农村公社制度，土地"村社集体所有，家族占有，个体分种"。在一个村寨就是一个家庭的少数村寨中，土地属于家庭所有。在居住着几个家族的大多数村寨中，原来家族公有的土地所有权已经转归村寨集体所有，但土地仍然由父系家庭所占有，由家族长主持，大家每年分配一次耕地，集体砍树、烧山，然后分给各家各户种植，秋收后把分种的土地交还家族。各户均可在距离较远的村社公地上自由开垦，收入归各户所有。生产工具有播种的竹木尖棒、小铁铲、小铁锄、砍刀、斧头等。

再次，保持着家长奴役制关系的佤、傈僳、怒等民族。居住在阿佤山的佤族，1950年时仍保持着初生的家长奴役制形态，生产上刀耕火种和人拉犁撒播并行，广种薄收；但土地私有制已经确立，出现了贫富分化和债务奴隶。奴隶多是儿童或少年,他们与自由人之间没有严格的区别,不存在终身的奴隶和世代为奴。聚居在怒江、德宏、维西的傈僳族,分别处于藏族、纳西族、白族、傣族土司的统治下,家长奴役制已比较成熟,土地私有制已经确立。20世纪40年代末,家族共有土地占25%,个体农民私有土地占70%,① 其余为村寨和家族公有土地。奴隶称为"养子"或"养女",被当作家庭的一个成员;奴隶以女奴、童奴为多,日常生活与主人差别不大,在取得主人信任后可以出嫁或娶妻,甚至可以继承主人的部分财产。蓄奴户的男女主人也不脱离田间劳动,社会上还未形成奴隶主阶层。杂居于怒江北部的怒族,20世纪40年代末,生产资料私有制已经确立,部分耕地已经固定。大多数奴隶被称为养女,作为家庭成员看待。蓄奴主不脱离生产劳动,虽可打骂或转卖奴隶,但对奴隶没有生杀予夺之权。民国时期地方政府殖边行政委员会采取"开笼放雀"政策,基本上摧毁了傈僳族、怒族的家长奴役制。但家长奴役制的残余仍然存在,加之受到纳西族、藏族封建领主经济和白族、汉族地主经济的影响,使怒族社会既有原始公有制残余,又有封建领主制和地主经济的因素。

最后,以游耕农业为生的金平、绿春的苦聪人。苦聪人,在20世纪80年代中期,经过民族识别,并征得本民族同意后,归入拉祜族。20世纪50年代,金平、绿春的苦聪人在原始森林里,从事周期性的原始迁徙游耕,生产、生活方式相当原始。他们靠摩擦竹片取火,用竹筒做炊具,长期缺乏食盐,不会纺织,也不会制陶。刀耕火种,种植旱谷,由于缺乏铁制工具,无法大量种植,用尖木棍在灰烬上戳穴点种玉米。每年缺粮几个月,靠采集野生食物补充,为了每个成员的生存,血缘公社内部实行原始共产制的共食制度。

(二) 小凉山彝族的奴隶制

民主改革前,云南境内的彝族大都已进入封建社会(其中武定、永仁、永胜、华坪等县以及红河南岸的彝族,仍处于封建领主经济阶段,或正在向地主经济过渡)。但是,当时居住在宁蒗县小凉山地区的彝族仍处于奴隶制社会。当然小凉山彝族奴隶社会,并不完全是古代典型的奴隶社会,而是奴隶制与封建制、原始公有制的某些特征共存。小凉山彝族社会,处于孤立和封闭的状态;刀耕火种的生产方式,使自然资源得不到合理的开发利用;手工业和商业很不发达;文化教育几乎是空白,医疗卫生条件很差。

小凉山奴隶社会,按传统划分,彝族有四个等级:一是"诺",即黑彝或奴隶主;二是"曲诺",即依附民,俗称百姓;三是"阿加",即守门奴隶;四是

---

① 陈国新. 云南少数民族的社会主义道路 [M]. 昆明: 云南大学出版社, 1999: 10.

"呷西",即家内奴隶。在这四个等级中,"诺"是以天生贵族自命的黑彝,是"上天"安排的尊贵血统——"黑骨头",是专以压迫剥削为生的等级,而且是永世不变的。"曲诺"是奴隶社会的隶属民,属于被统治阶级中的最上层。"阿加"作为主子门内奴隶,大都源于"阿加"子女的自行婚配或"呷西"的配婚,由奴隶主拨给少量耕地,以维持生计。他们很少有人身自由,要为主子负担田间劳动和家务劳役。"呷西"作为住在主子家内的单身奴隶,是被俘、买卖或从"阿加"抽来的单身成年男女。他们终年无休止地在主子的直接监督下,从事家内和田间劳动,毫无人身自由。在小凉山彝族奴隶社会里,四个等级之间存在着严格的界线,等级地位与经济地位、等级与阶级划分大体上是一致的。由黑彝和极少数富裕的曲诺所组成的奴隶主阶级,占有绝大部分耕地和其他生产资料。在奴隶制度下,广大奴隶不仅从事各种非人的劳动、过着非人的生活,而且稍有不慎,触怒奴隶主,还要被施以各种惨无人道的酷刑。

与小凉山彝族社会血缘等级相应,这里普遍存在着"家支"制度。"家支",彝语为"茨委",意为"同祖先的弟兄"。小凉山彝族的家支制度,实际上起着政权组织的作用。它的内容涉及政治、经济、日常生活等各个方面。在小凉山居于统治地位的黑彝家支就是庇护奴隶制度的一种政治组织。它的对内职能是：维护自身的团结,限制内部纠纷的扩大,强化本等级的统治力量,保护黑彝贵族对被统治等级的剥削,镇压奴隶的反抗。它的对外职能是：组织家支力量,征调其他等级向外掠夺奴隶、土地及其他财物,或者防御他方掠夺,组织以争夺奴隶、土地等财富为主要目的的家支之间的冤家械斗。

（三）傣、藏、哈尼等民族的封建领主制或封建领主制向封建地主制过渡

在民主改革前,处于封建领主制或封建领主制向封建地主制过渡的民族有哈尼、傣、拉祜、藏、普米、阿昌和部分彝、纳西（摩梭）、白等民族,人口约150万人。

封建领主制保存较为完整的西双版纳傣族,其社会的基本特征是以村社为基础的封建领主社会。"召片领"（意为广大土地之主。自元朝以来,历代封建中央王朝封为"宣慰使"。）是西双版纳36个"召勐"（意为一方之主）的共主和最高土地所有者,封建大土地所有制是西双版纳傣族土地制度的基本形式。在这里,一切山林、土地、河流、沟渠均为召片领所有,土地不得买卖转让,农民种田要为领主承担劳役。从土地占有的形式来看大体分为四种：一是领主直接占有的土地,占总耕地面积的14%,征派农民自带工具,轮流代耕,其产品全部归领主所有；二是村社占有的土地,占总耕地面积的58%,村社把这类

土地作为"份地",定期地均分给村社成员耕种;三是家族占有的土地,存在于保有家庭组织的村社,约占总耕地面积的19%,仅在家族内部分配使用;四是私人占有土地,约占总耕地面积的9%,主要是村社成员开垦的荒地,按习惯"熟荒三年,生荒五年"后又重归村社集体占有。① 封建负担,根据各个村社不同的等级来分配。在傣族村社里,由于封建化的过程未能改变村社集体占有生产资料的形式,因而在农民中,村社公有制的观念仍未改变。村社既是一个比较完整的社会组织系统,又是一个相对独立的生产消费系统,从而使村社成为一个具有极强的封闭性和自给自足性的实体。

迪庆藏族地区属于政教合一的封建农奴制度,即僧侣贵族和土司联合专政。全区域内的24个主要寺院及几百个经堂和公堂,具有宗教和政权的双重性质。中甸归化寺,是中甸地区最高的执法机关。不到总人口1%的土司和僧侣贵族,把持着政治经济大权,通过"份地"制把广大农奴世世代代束缚在领地之上。约占总人口6%的"伙头""老民",把持着基层实权,大量霸占绝户地,役使农奴和奴隶,把一切封建劳役和苛派转嫁到农奴身上。约占总人口87%的农奴,分为"拉德"(神民户)、"吹德"(教民户)和"本德"(官民户)三种,每户分得一份"份地"或"寺田"。② 广大农奴,政治上毫无地位,经济上遭受残酷的剥削,靠着从农奴主处得到的少量贫瘠的"份地"和简陋的生产工具,从事耕作,但要交纳粮食作为实物地租,每年还自带耕畜、农具去农奴主的自营地上服劳役和各种杂役。寺院和土司除了向农奴征收劳役、实物和货币等地租外,还兼放高利贷。此外,迪庆藏区残存着较普遍的家庭奴隶制,家庭奴隶约占总人口的5%,他们被农奴主占有,毫无人身自由,地位比农奴更低,遭遇比农奴更惨。封建农奴制,严重阻碍着藏区社会的发展。

红河南岸的哈尼族地区,即红河、元阳、绿春、金平、元江、墨江、宁洱、江城等县的哈尼族,处于封建领主制向封建地主制过渡的阶段。这里是唐大理时期"三十七部"的一部分,后来元明时期在这里封了几十家大大小小的土司。清末改土归流涉及元江、墨江、宁洱等县,墨江和宁洱的封建领主制基本上被摧毁,元江县的上六村、下六村(今属绿春县)依旧保存着土司制度。民国时期曾对红河、元阳等县进行改土归流,但土司统治依旧如故,土司还是政治上的最高统治者,除直接占有大量官田外,还有"兵田"、"长子田"、"看坟田"、"姑娘田"、"号令田"、"马革田"、"挑水田"、经济劳役的"门户田",等等。

---

① 陈国新. 云南少数民族的社会主义道路 [M]. 昆明:云南大学出版社,1999:14.
② 王连芳. 云南民族工作的实践与理论探讨 [M]. 昆明:云南人民出版社,1995:117.

在土司制度已被废除的地区，出现了新兴的地主阶级。红河南岸的哈尼人，使用自制的犁、耙、锄头、砍刀、镰刀、斧头、锯镰等铁质农具进行生产，经营梯田稻作农业，兼营陆稻、荞子（甜荞和苦荞）、玉米、红小米等旱地农作物的生产。梯田稻作农业，三犁三耙，精耕细作，普遍施用农家肥；注重引渠灌溉，在崇山峻岭中构筑了成千上万座大大小小的小型"都江堰"水利枢纽；注重改良选种，水稻品种有二三十种、陆稻品种有一百多种，水稻产量一般比较高。村社里，家家户户种棉、纺线织布、制衣。乡村中有手工业工匠，但手工业还没有从农业中分离出来。商品经济有了一定的发展，"草皮街"（定期集市，以十二生肖命名，如马街、猪街）星星点点分布在红河南岸的崇山峻岭中，但商业也还没有从农业中分离。村社土地具有公私二重性，出现了土地买卖、典当、租佃，典当可按旧价赎回。在社会生活方面，依靠自然宗教、传统和习惯法来维系社会秩序、家庭关系、人际关系、社会风尚，并使之保持了它的传统和稳定。

（四）彝、白、壮、纳西、回等民族的封建地主制

民主改革前，分布于丽江以南、澜沧江以东、元江及其下游红河北岸的壮、彝、纳西、白、蒙古、布依、回、满、水、苗、瑶等民族，人口约 300 万人，已进入与汉族大体相当的封建地主制。但就生产力发展水平而言，坝区和山区差别很大。在内地坝区，各少数民族农业生产技术水平与汉族相近，能精耕细作，单产较高，手工业已经比较发达，农村中有手工业工匠，城镇中有各种手工业作坊，有的民族中也出现了少数工商业资本家；但在内地山区，特别是居住在高寒山区的苗族、彝族、白族的后进部分，农业生产还很落后，手工业很少，人民生活跟边疆地区的民族一样贫困。居住在洱海周围的白族，生产水平较其他少数民族高，与汉族基本相同。在大理、鹤庆、剑川等坝区，封建地主经济已确立，而在公路交通沿线的大理、下关、喜洲等少数城镇，资本主义经济已有了一定程度的发展。

二、中国共产党通过民主改革，使云南民族地区走上社会主义道路的实践

鉴于上述云南各少数民族处于前资本主义诸社会形态，在云南民族地区的土地改革中，坚持从各民族处于不同社会历史发展阶段和地处边疆的实际出发，采取了不同于汉族地区的政策和措施，稳妥地进行。中共云南省委将全省分为四类地区即平坝地区、内地山区、缓冲地区和边疆地区，在不同的地区采用不同的方式方法进行改革。在经济相对比较发达的平坝地区，用发动群众、进行

阶级斗争的方式进行土地改革。在多民族杂居的内地山区，谨慎地进行土地改革，特别注重民族团结。在内地与边疆之间的缓冲区，以更利于得到社会同情的方式和比较温和的政策进行土地改革。在边疆已处于奴隶制和封建领主制的民族地区，实行"和平协商土地改革"。另外，对处于原始公社末期和从原始公社向阶级社会过渡阶段的民族，通过"直接过渡"的形式进行了民主改革。从1951年到1956年年底，云南大部分地区已经完成了土地改革，小凉山彝族地区和云南藏区也于1958年完成了民主改革。

（一）内地民族地区的土地改革

1951年8月下旬至9月初，中共云南省委为了总结减租退押的经验，举行了干部扩大会议，开始讨论并部署全省的土改。会议提出，云南的土改必须从自身的具体实际出发，区别不同地区不同情况，进行分类指导，稳健逐步推进，工作进程宁可慢些，也不能产生偏差和混乱。此次会议决定，云南的土地改革首先在内地坝区和山区进行。已进入封建地主经济的内地民族地区，初步进行了民族团结工作之后，于1951年和汉族一起开始了土地改革。

1. 内地坝区的土地改革

内地坝区的主要居民是汉族，还有白、纳西、壮、回、蒙古和部分彝族。内地坝区包括14个整县和22个县的一部分，涉及约4000多个乡700多万人口。其中少数民族150万人，约占坝区人口的20%，[1] 大部分与汉族杂居，白、纳西、壮等族大片聚居中也有汉族交错杂居。绝大部分分布于红河、文山、大理等州以及昭通、曲靖、玉溪、丽江、保山等地区和昆明、个旧两市的平坝地区。封建地主经济比较发达，坝区少数民族的土地占有和阶级关系也与汉族地区基本相似。这类地区土地改革的政策步骤和全国大部分地区一样，采用大规模群众斗争的方式进行。

内地坝区土地改革分两批进行，第一批是对呈贡、昆明、澄江、晋宁、宜良、曲靖等县进行试点，人口100万人，居民主要是汉族，包括部分彝、白、回等族。在试点之前，先做好干部准备，在1951年8月就抽调了昆明、呈贡、晋宁、宜良、曲靖、澄江等6个县参加减租退押运动的工作队和一部分农民干部进行集中整训。第一批培训干部539人，男426人，女113人，其中包括各工作队392人，农民干部113人，省级机关34人。[2] 通过整训，统一了思想，掌握了政策，明确了土地改革的目的。即打倒地主阶级，成立农村农民民主政权；

---

[1] 马曜. 云南民族工作四十年（上）[M]. 昆明：云南民族出版社，1994：138.
[2] 中共云南省委党史研究室. 云南土地改革[M]. 昆明：云南大学出版社，2011：9.

分配土地，发展农业生产，变封建地主土地所有制为农民土地所有制；团结和组织大多数农民，提高农民的阶级觉悟，引导他们跟共产党走、接受共产党的领导。整训之后，省委将工作组直派到各县，帮助进行土改工作。通过先行试点，积累改革经验。为了执行《中华人民共和国土地改革法》，保证土地改革的顺利推进，根据云南实际，在总结先行试点经验的基础之上，中共云南省委颁布了适用于内地具体情况的《云南省土地改革实施办法》，并制定了《云南实施土地改革补充办法》，对相关政策进行了详细规定。土地改革试验结束后，于1951年12月，云南省委成立了省土地改革委员会，负责处理和指导全省有关土地改革的各项事宜，内地坝区土地改革在各地全面铺开。内地坝区第二批土地改革包括38个整县和28个县的一部分，共3314个乡600多万人口，其中少数民族有白、回、纳西、壮、蒙古等族和部分彝族，于1952年开始，同年7月结束。

  内地坝区的土地改革大体经历发动群众、划分阶级、没收分配和组织建设等四个阶段。土地改革中自始至终坚持《中华人民共和国土地改革法》规定的放手发动群众、团结中农、依靠贫雇农以及有步骤有分别地消灭封建剥削制度、发展农业生产的新解放区土地改革的总路线。保护民族工商业，注意保存富农经济。改革是以大规模地运用工作队的形式进行的，一开始就注意选拔、培养和造就干部，先后从各地选调1.3万名积极分子作为土改工作队员，集中培训后放到县乡第一线，一边参加土地改革，一边经受锻炼，并在土改中提拔了2.2万名乡干部。[1] 这些干部经过革命和建设实践中的锻炼，逐渐成长为全省革命和建设的重要骨干。针对土改阶段或多或少存在的问题，各地土改结束后又用两三个月时间进行复查，从查阶级、查地富反坏的破坏活动入手，转入解决土改中的各种遗留问题，整顿和建设农会、民兵等各种基层组织，从而从政治上和经济上彻底打倒封建地主阶级，废除封建土地制度，在农村建立人民民主政权，农民在减租退押阶段取得了胜利果实，尔后又分到了农具、房屋、耕畜以及年产几百斤粮食的土地等生产资料，基本上满足了日常生产和生活的需求。农民协会和人民武装等基层组织也随之建立。

  内地平坝地区的土地改革，由于土改之前深入进行了减租退押和清匪反霸，土改中又加强了领导和指导，而且广泛而深入地发动人民群众，较好地贯彻了土地改革的总路线和各项政策，因此整个平坝区的土改进行得比较顺利和彻底。

---

[1]　当代云南编辑委员会. 当代云南简史［M］. 北京：当代中国出版社，2004：125.

2. 内地多民族杂居山区的土地改革

内地多民族杂居山区包括25个整县和25个县的一部分，涉及500多万人口、3800个乡。其中少数民族人口约200万，主要有彝族、苗、哈尼、傈僳、瑶及部分纳西、白等民族。与内地坝区相比，多民族杂居的内地山区的政治和经济情况更加复杂，虽然内地民族杂居山区基本上进入封建地主经济，但山区的生产力水平不高，经济非常落后，人民群众极端贫困、生活极苦。山区居住分散，土地贫瘠，山高路远，交通不便，社会经济发展滞后，存在着奴隶制和封建领主经济残余；有些地区虽说早已改土归流，但改而不流、土司制度残余的控制力还存在；有些地方即使土司制度"名实俱亡"，但依然有不同程度的影响。工作上，绝大部分乡没有进行过减租退押，或进行过减租退押，但也只是形式，有些乡在征粮时干部只去过一次，农民没有受到过党的直接教育，因此顾虑很多、觉悟较低，地主阶级有了破坏土地改革、抵抗的充分准备。同时，内地山区的民族关系极为复杂，汉族与各少数民族之间的矛盾非常深，各少数民族之间也存在着不同程度的矛盾。政治上，原有的乡村组织完全被反革命分子、地主间接或直接地掌握着，这类地区过去匪患不断，而且很多地方发生过匪乱，群众基础较差，政治很不稳定，相当一部分山区的基层政权虽然已经开展过群众运动，但仍然不在人民群众手里。这种种情况，决定了内地民族杂居山区的土改必须采取有别于坝区的政策和特殊方法，既要通过土改来加强山区的政权建设，又要通过土改来解决山区的复杂问题，加强各民族的团结。

在内地坝区的土地改革全面铺开后，中共云南省委着手进行内地民族杂居山区土改的准备工作。一是为内地民族杂居山区土改做好政策上的准备。1951年8月，云南省人民政府制定并颁布了适用于内地山区的《关于民族杂居区实行土地改革的若干规定（草案）》，经中共中央批准后执行。此草案针对内地民族杂居山区的特殊情况，规定了民族杂居山区实行土地改革必须具备的五个条件：土匪已经彻底肃清，联合政府或民族区域自治政府成立，农民组织建立，少数民族中已经有能够联系群众的干部，该地区民族代表会议和人民代表会议通过实行土改的决议等；草案的基本精神就是要各民族内部和绝大多数人民群众自觉、自愿和自动地起来实行土地改革。在具体政策上，从民族团结和有利于生产出发，做出了更为细致的规定：鉴于在大多数地区，汉族地主恶霸居于统治地位，在实施土地改革时，除发动各族农民共同参加斗争，依法没收汉族地主的土地财产外，在分配时应特别照顾少数民族的困难，适当满足他们的要求。对于少数民族内部的地主，可稍宽一些对待，在斗争方式上多采取协商、调处、法院起诉等方式；对于两个少数民族之间的土地关系，更应采取协议方法解决。对于各民族与宗教信仰相关之公田、寺田、学田等应加以照顾，可采取保留一部分的办法处理；在本民族人民不同意没收的情况下，应全部保留。即使没收时，也要全部给本民族农民耕种。对于少数民族中之少量出租或集体出租土地者，应予以额外照顾，对这些土地以基本不动为宜。对少数民族中的富农，不论自耕、雇人经营或出租部分，全部保留。不翻历史账，从目前情况出发处理问题。① 1952年5月18—19日，中共云南省委召开了地委书记联席会议，深入研究内地山区、缓冲区的土地改革和整训土改工作队等重要问题。会议在深入研究的基础上，形成了《关于内地山区土地改革若干问题的决议》《关于边疆地区土地改革问题的决议》《关于整训土地改革工作队的决议》。中共中央于8月10日批示，同意以上三个决议。计划用5个月时间（从7月到11月），在人口600万，包括28个整县、28至29个县的一部分地区进行土地改革。二是为内地民族杂居山区土地改革做好干部准备。1952年6月，中共云南省委用整整一个月的时间从上而下地总结内地坝区二期土地改革经验，整训土地改革工作队。对全省土地改革工作队13000人进行检查，通过检查将土改干部大体分为好干部、基本上合格、不合格、坏分子等四类。针对存在的问题进行整顿、提高，土地改革工作队经过整训，阶级观点、群众观点、政策思想都比较明确，为内地杂居民族山区土地改革做了思想和队伍的准备。

在中共云南省委的正确领导下，内地民族杂居山区的土改比内地坝区的土改更顺利。1952年，7月初内地民族杂居山区的土改开始试点，9月下旬试点结束，然后全面铺开。在内地民族杂居山区的土改过程中，着重做了三个方面的工作：一是针对尚未被触动的封建政治统治，土地改革从镇压反革命、清匪反霸做起，先解决政权问题。在指导思想上特别强调先政治后经济，先从镇压反革命反霸做起，全面地、大张旗鼓地镇压一批反革命分子，以鼓起群众劲头，造成浩大的声势，然后在这一基础上更进一步地发动群众。在发动群众的步骤方法的问题上，是坚持先轰开后深入，从轰开之后坚持系统地、切实地补课，深入雇农、贫农，访贫问苦，耐心找好根子、坚决扎正根子，然后再由根子去个别串联、扩大串联，召开贫雇农座谈会、小组会、贫雇代表会，成立选举贫雇农主席团，制定决议，再召开农代会，贯彻贫雇农代表会决议，组织整顿乡农协委员会，并在以后代表会上继续发扬民主、开展批评领导和干部来进一步地整顿组织，这样逐步地把群众发动起来投入土地改革中去。在工作中严格分

---

① 当代云南编辑部.当代云南大事纪要（1949—1995）［M］.北京：当代中国出版社，1996：40.

清群众称之为"扛过枪、做过事的人"和土匪恶霸的界限，在群众中普遍开展"枪换肩"活动，即变土匪恶霸武装为人民武装，帮助被裹胁、被欺骗的群众"洗脸、摘帽子"，将其分化瓦解，把大部分人争取过来。山区反恶霸的面也小于坝区，并严格区分被胁迫为恶霸做事的人、恶霸代理人和恶霸。镇压反革命只镇压首恶，严格控制打击的面。二是把土改与山区的生产紧密地结合起来。在山区土改中，为了保护生产力，分配土地尽量照顾原耕基础，哪个村寨没收哪个村寨分配，不轻易向别的村寨调整，不提倡下山分地分田。重视分配山林，除大森林归国有外，一般尽量做到私有，为发展山区生产打下基础。通过发放农业贷款和救济以及调节平坝地区的部分现金、粮食和衣服等胜利果实的办法，帮助山区发展各项生产。组织和建设供销合作社，开展社会互济工作；组织群众兴修农田水利。三是自始至终都注重民族团结。基于历史上民族压迫所造成的各民族间很深刻的隔阂，要消除这种民族之间的隔阂，就必须重视民族问题、加强民族团结。在土地改革的过程中，但凡遇到重大的问题，必须尽量通过各民族的广大人民群众来解决，有计划、有意识培养少数民族干部，对少数民族的地主、富民执行相对宽松的政策。土司头人一般都养起来，给以生活出路。镇反要通过召开民族代表会议，征得本民族群众的真正同意。对民族间的租佃关系必须慎重对待；在分配胜利果实时，要特别照顾少数民族农民的困难；民族之间不进行硬性的土地调整；少数民族地主、富民的财产，一般归本民族群众分配。这些保证了内地民族杂居山区土地改革的顺利进行，既废除了封建土地所有制和剥削制度，又发展了山区的生产，促进了民族团结。

在内地民族杂居山区的土改后期，还认真进行了组织建设，巩固了土改的果实。1952年年底，内地民族杂居山区的土改基本完成。紧接着，全省在46个县和14个县的部分地区，共5961个乡约862万人口已经完成土地改革的地区，开始进行土地改革复查。土地改革复查结束后，全省除缓冲区和边疆地区之外的广大地区都完成了土地改革。

（二）"缓冲区"的土地改革

所谓缓冲区是指边疆暂不实行民主改革的民族地区与内地土地改革地区之间的地带。1952年5月，在全省地委书记会议上通过了《关于边疆缓冲区土地改革问题的决议（草案）》，草案中规定的缓冲区为：蒙自地区元江、屏边、河口全部，建水县南部8个乡，石屏县第4区，共3个县及2个县的1个区8个乡；文山地区麻栗坡市（今麻栗坡县）全部，马关县1个区；思茅区墨江县坝溜、龙潭、龙坝3个区，景谷永平、碧安2个区中24个乡之沿澜沧江的大部乡，六顺县竹林、振糯2个区，宁洱县黎明、普义2个区，共4个县之9个区；保山地区镇康、龙陵、腾冲3个整县及保山市第6、第10两个区；大理地区云龙县2个区及临翔区之3个区；丽江地区维西全县及丽江市北部地区；共涉及19个县市。同年6月26日，中共云南省委在向中共西南局和中共中央做《关于山区及缓冲区土改问题的报告》中，对"缓冲区"的范围做了小幅调整；这次调整除了增加怒江的兰坪县外，由于考虑到大小凉山的影响，将处于内地的禄劝县、武定县北部沿金沙江的地区及巧家、永善县靠近大小凉山的地区也采取缓冲区的办法。1953年3月13日，再一次对缓冲区的范围做了调整。将原来划为缓冲地区的河口、镇康和维西等3个县改为暂不进行土改的边疆少数民族地区。1954年下半年，保山地委把与边疆少数民族上层联系比较少的汉族聚居的潞西县9个乡、梁河县14个乡划为缓冲区，12月得到云南省委批准。经过3次调整，全省实际实行缓冲区土改的为23个县134万人口。[①] 缓冲地区少数民族较多，主要为苗、壮、哈尼、傈僳、傣、白、彝等民族，民族人口占缓冲区总人口的一半以上。缓冲区的特点：一是邻近国防前线，少数民族众多，不仅一举一动都引起境内民族上层的顾虑，而且容易受到境外敌人的威胁；二是阶级关系和民族关系交织在一起，敌人往往利用民族关系淡化阶级关系、转移阶级斗争的目标；三是农民害怕地主阶级反攻倒算，虽然有土地要求，但疑虑非常大，发动群众非常困难。

中共云南省委根据缓冲区的特点，在《关于边疆缓冲地区土地改革问题的决议（草案）》中，规定了缓冲区土地改革的指导思想和方针政策。缓冲地区土改的指导思想是：一是肯定土改工作有利于对敌斗争，而不得妨害对敌斗争；二是土地改革本身，必须着重考虑如何可以减少阻力，以便达到更加顺利地发动群众和打倒敌人的目的；三是在彻底完成土改的前提下，力求减少对边疆民族地区和对国外的震动。为此，在缓冲地区实行土改的基本方针是：严格执行《中华人民共和国土地改革法》，采取更加有利于取得广泛社会支持的说理说法的斗争方式，即执行一套比较温和的政策。为了正确贯彻执行缓冲区土地改革的指导思想和方针，《关于边疆缓冲地区土地改革问题的决议（草案）》明确提出了缓冲区土改八项政策：一是在缓冲区实行土改时，只没收地主的土地、农具、耕畜、房屋以及多余的粮食，既不分浮财，也不追底财。二是在剿匪中追赃只追现存赃物，反霸只按实际霸占和敲诈赔偿，合理酌情赔偿，不许节外生枝，不搞算细账。三是镇压反革命中，对现行破坏分子严惩，对自动坦白的

---

① 中共云南省委党史研究室. 云南土地改革［M］. 昆明：云南大学出版社，2011：38-39.

有历史罪恶分子从宽处理,并不允许牵连家属。四是对于回家认真悔过的逃亡地主,只要遵守政府的法令,可分得与农民同样的一份土地以及其他生产资料,并对过去的违法行为不予追究。五是对于不明真相、被胁迫逃亡在外的各阶层劳动人民和其他人士,欢迎其回家分田和从事生产。六是对少数民族地主和华侨地主从宽待遇,坚决不动小土地出租者的土地和少数民族富民出租的土地。七是在土地改革中,对国民党残余军队之流散人员自动来归者加以照顾,给予生活出路,对自动立功者予以嘉奖。八是必须严格执行说理说法的斗争,不许变相肉刑或非刑。① 缓冲区各地在执行八项政策的基础上,还从自己的实际出发,采取了一些补充性政策措施。如保山地委在领导梁河、潞西县汉族聚居区进行土改时,于1954年8月14日发出《关于"缓冲土改"的指示》,规定了土改的步骤及方法:交代政策,安定人心,扩大整顿组织,开展政治攻势;加强阶级教育,划清阶级界限,处理事务纠纷,彻底改变落后村寨;继续抓紧思想工作,搞好没收、征收和分配工作;全力领导互助合作,领发土地证,重点建立团支部。采取自上而下的"和平协商"的方式进行土改。在丽江等地的土地改革中,对少数民族上层人士一般不予斗争;对于一般地主不进行当面斗争,而只进行缺席斗争;土司所有荒地通过与土司协商后分配给农民开荒,有些民族地主的土地采取先留后分的办法;对于靠近大小凉山的彝族上层,不动其财产、不划分阶级;在外匪首或匪众同样可以分得一份土地。党采取的举措和制定的政策符合缓冲区的实际情况,因而得到了民族上层人士和广大人民群众的支持,使缓冲区的土改顺利进行。

缓冲区的土地改革,从1952年12月文山地委率先在苗、瑶、壮等民族聚居的麻栗坡市天保等5个乡进行试点开始,直到1954年下半年结束,前后持续两年之久。各级党委和政府在缓冲区土改中普遍采取了四个阶段进行:②

第一阶段,宣传政策。土改工作队根据不同的工作对象,召开乡村干部会、贫雇农会、民族上层会等各种形式的会议,大张旗鼓地宣传省委关于缓冲区土改的八大政策,作抗美援朝形势报告,说明进行土改的重大意义。同时,根据省委"分头扎、互相串联、朋家诉苦、共同提高"的指示,工作队深入村寨访贫问苦,坚持进行思想发动工作。这样,便能将依靠对象发动起来,把团结对象争取过来,扩大了群众队伍。在群众觉悟提高后,再发动群众诉地主、领主

---

① 当代云南编辑部. 当代云南大事纪要(1949—1995)[M]. 北京:当代中国出版社,1996:55.
② 中共云南省委党史研究室. 云南土地改革[M]. 昆明:云南大学出版社,2011:41-42.

阶级压迫剥削的苦，教育群众把受剥削压迫的苦根追到地主阶级身上，而不集中于个别人。待群众要求斗争时，再进行反霸斗争。

第二阶段，划分阶级。土改局面打开后，将土地占有、剥削分量、是否劳动作为划分地主、富农、贫下中农的"三把尺子"交给群众进行衡量对比，对地主阶级有理有据地进行说理说法的斗争。划贫、雇农要宽，划中农不能扩大，地主、富农不能漏划。先划地主、富农成分，再划中农、贫农和雇农。划少数民族内部的阶级成分时就低不就高。通过划分阶级，巩固了贫下中农队伍，团结了争取对象。如元江县，1952年土改中划分的各阶级的户数分别为：地主1050户，富农595户，中农4437户，贫农8883户，雇农5608户，小土地出租者237户，其他（城市贫民、小手工业者、小商小贩等）626户。①

第三阶段，没收土地、财物。为了既消灭地主阶级和封建剥削制度，又减少对外震荡，土改中严格执行"不挖底财，不分浮财"和"政治上严，经济上宽"的政策。在接近边疆的地区不搞征收，只没收地主的房屋、耕畜、家具、土地及其多余的粮食等生产生活资料。没收过程中无论对大地主还是对小地主，基本做到"先留后分"的原则，即留够一年的粮食。无底财、浮财的中小地主可留下一头耕畜。对富民不征收，对少数民族地主以本民族为主，其他民族协助没收。有的地方对少数民族中的富农采取中立政策，不没收也不征收他们多余的土地和生产资料。如元江县，土地改革中没收、征收的生产生活资料：土地16576.5亩（年产量472.25085万千克），房屋308所（3000间），耕畜6829头，大小农具5124件，多余粮食40.26695万千克，内部调拨救济粮4.35万千克，布匹104匹。②

第四阶段，分配与建政。各地以乡为单位成立分配委员会，将没收、征收来的房屋、耕畜、土地、农具和多余粮食等生产生活资料，在原耕地数量的基础上，按人口多少、土地质量和远近，采取"抽多补少""抽肥补瘦"和自报公议、小组评定、大组通过的方法实行公平分配。在少数民族聚居区分配前召开民族代表会，定出民族团结公约，再进行分配。没收的少数民族地主的生产生活资料，都由本民族群众自己分配。分配中，地主按劳力同样分到一份土地和住房，促使其成为自食其力的劳动者。对没收果实少的乡村，果实多的村寨以自愿团结送礼的方式，抽出多余的粮食、耕畜等相送。在没收分配的同时，

---

① 云南省元江县志编纂委员会. 元江哈尼族彝族傣族自治县志［M］. 北京：中华书局，1993：124.
② 云南省元江县志编纂委员会. 元江哈尼族彝族傣族自治县志［M］. 北京：中华书局，1993：126.

划定乡界、村界。召开人民代表大会，建立乡村政权，成立民族自治乡，选举土改积极分子担任乡村干部。注意吸收经过土改考验的骨干积极分子加入党团组织，建立农村党团支部，使党的工作在缓冲区扎根。

缓冲区通过土地改革，各族劳动人民一起斗地主、反恶霸，团结战斗，增强了民族团结；从政治上经济上彻底打垮了地主阶级，废除了封建土地剥削制度，解放了生产力，贫雇农分到了梦寐以求的土地，激发了他们的生产积极性，使生产得到了发展。培养了一批少数民族干部，建立和巩固了农村基层政权，使祖国边防有了牢固可靠的后方。缓冲区土地改革结束，内地400余万人口的少数民族地区，分三种方式完成了土地改革，取得了重大胜利。

（三）"和平协商改革区"的土地改革

云南边疆大部分地区，经济上属封建领主经济和地主经济，政治上属土司制度、奴隶制度、僧侣贵族专政。具体而言，从边疆大部分地区和主要民族来看，进入封建社会的哈尼、傣、拉祜、藏、阿昌、普米等民族聚居区及部分傈僳族、彝族聚居区，人口约160余万。各民族所处的政治、经济发展水平各有特点：红河哈尼族自治区及江城等县的哈尼族、澜沧及临沧的拉祜族，政治上有的虽然还保留着土司制度，但经济上已逐渐形成地主经济，土司、头人出租土地，参与地租剥削。德宏、西双版纳等地的傣族，基本上保持着封建领主经济和政治上的土司制度，德宏部分地区已向地主经济发展，西双版纳仍保留份地制，土地买卖尚未发生。德钦、中甸、维西等藏区系政治上的僧侣贵族专政和封建领主制。藏区和小凉山彝族地区还存在相当数量的奴隶。上述地区，土地相当集中，阶级分化明显，阻碍生产力发展的主要是官租、地租和高利贷的剥削。边疆地区各民族的发展必须经过改革道路，即以农民土地所有制代替土司、地主土地所有制，以人民民主制度代替封建土司统治制度，否则便无法使这些民族跻身于先发展民族的行列。

1952年10月，中共云南省委在给中央的报告即《关于边疆民族地区今后工作方针与步骤的意见》（12月中共中央批准）中，提出了边疆少数民族地区社会改革的基本先决条件，即边疆少数民族地区社会秩序基本稳定，各民族之间的关系基本团结，各民族群众基本靠拢共产党；有了相当数量和质量的有共产主义觉悟的民族干部，有了民族区域自治政权；民族上层人士基本靠拢共产党，并赞成在民族地区进行民主改革。[①] 从1950年5月开始，人民解放军驻云南部

[①] 当代云南编辑部. 当代云南大事纪要（1949—1995）[M]. 北京：当代中国出版社，1996：65.

队与敌作战，歼灭了境内的敌人，同时又击溃了进犯临沧、思茅边境的敌人。至1952年年底，盘踞境内的国民党残余势力全部肃清，基本稳定了边疆民族地区的社会秩序，安定了国防。继后，进一步争取团结民族上层；艰苦细致地发动群众、组织群众；大力推行民族区域自治政策；通过"带徒弟"的方式，在群众工作中培养少数民族干部，边疆民族地区的改革条件日益成熟，各族群众开始提出了废除封建剥削制度的要求，边疆社会改革的条件逐步成熟。

1954年10月下旬，云南省委召开了边疆工作会议，由民族自治区工委书记和边疆地委参加，研究边疆少数民族地区的社会改革问题。根据此次会议精神，云南省委于1954年11月6日正式拟订了《目前边疆改革问题向中央的报告》，并报请中央批准。报告认为，边疆与内地相比较有着许多显著的不同情况，其最基本的不同之处是，一是它是少数民族的而且是在少数民族统治下的，它有自己的一套政治、经济制度，有自己民族的文化传统和宗教，但社会经济的发展较汉族落后。二是直接与外国接壤，境内民族与境外民族相连。这里既有蒋匪残余的武装扰乱，又有帝国主义直接的分离活动。从整个国家的建设需要来说，云南边疆地区的改革只是一个局部的问题，改革和平一些甚至不彻底一点，对整个国家建设并不会有多大的影响。但如果边疆地区改革出现了漏洞，将会直接影响到国外的对敌斗争。因此，基于时间、地点、条件的不同，边疆改革坚决抛弃从下而上发动群众、斗争地主的改革方法，而是采取和平协商、自上而下解决土地问题的改革办法。为了使边疆改革在指导思想上根本区别于内地改革，明确提出边疆改革叫作"和平协商改革"。边疆改革的地区叫作"和平协商改革区"。[1]

1. 和平协商土地改革的区域

中共云南省委在《目前边疆改革问题向中央的报告》（得到了中共中央批准）中，曾将"和平协商改革区"明确为："16个整县、12个版纳、3个直属区、4个县内的89个乡，共150余万人。"后来在几年的实施过程中，对和改区域做了适当调整。实际"和平协商改革"区域为：德宏州包括瑞丽、陇川、潞西、盈江、梁河县及畹町市（于1999撤销）的132个乡270000人。主要民族为傣族、阿昌族、德昂族、汉族。保山地区包括保山市潞江坝4个傣族乡5009人。怒江州包括泸水市上江、水库、鲁掌的8个乡16790人。主要民族为白族、彝族、汉族。红河州包括红河县、河口县，金平、元阳县及绿春办事处的部分地

---

[1] 中共云南省委党史研究室. 中国共产党民族工作的伟大实践（云南卷）：中卷 [M]. 北京：中共党史出版社，2014：738.

区，石屏县牛街区，共421096人。主要民族为哈尼族、彝族、苗族、瑶族。临沧市包括双江、镇康、耿马部分地区，大雪山，共158个乡227584人。主要民族为傣族、汉族。思茅区包括西盟、澜沧、江城、孟连县的263个乡211358人。主要民族为傣族、哈尼族、佤族。迪庆州包括维西县四区、五区，德钦、香格里拉县（今香格里拉市）9个区1个镇、1个办事处，共129000人。主要民族为藏族、纳西族、彝族、回族。丽江地区包括宁蒗县80个乡110000人。主要民族为彝族。也就是说，全省和平协商土地改革的区域实际包括九个地、州中的3个整县、2个整县级镇、11个版纳、1个办事处，21个县、1个办事处的部分地区，总共154.4927万人。① 涉及哈尼、傣、彝、藏、阿昌、佤、德昂、苗、纳西、瑶、回、白、汉等13个民族。

2. 和平协商土地改革的政策和方式

中共云南省委在《目前边疆改革问题向中央的报告》中规定了若干政策：一是对少数民族地主，除了高利贷和土地外，其他的都不动，并且允许原有土地"先留后分"；对富农及寺院教会之土地、债务都坚决不动；涉及民族之间的土地问题（包括后发展的民族对坝区民族索取保头税等）须按民族问题逐步予以正确处理，避免民族纠纷；对境内外民族之间的租佃关系，应根据历史习惯予以维持；对逃亡人员的土地问题，在有利于对敌人分化瓦解的原则下，从宽处理。二是关于发动群众问题。边疆的改革，虽采取和平协商的方式，但提高群众阶级觉悟，并给予适当的组织和发动，则是边疆改革的基本依靠。为了适应边疆少数民族地区的特点，避免造成过分紧张的阶级关系，在发动人民群众时主要强调正面教育，不再采取内地土改中大规模阶级斗争的办法，划分阶级也将采取政府仲裁、多方协商的方式。三是团结与改造民族上层问题。为使和平协商成为可能，基于边疆民族上层与内地地主阶级在政治上的不同，长期团结与改造民族上层的政策就成为党的重要策略步骤，成为边疆和平协商改革中极为重要的方面。各级党委必须老老实实地对各种不同的上层人物做艰苦的工作，不仅使其赞成改革，而且尽力争取更多的积极靠我分子拥护甚至参加改革。这就需要进行十分耐心的教育工作，并在经济上、政治上、生活上加以正确安排。对土司和头人除决心养活起来，重要的还是从多方面给予他们生活出路。应吸收他们参加政府和企业部门的工作等，对个别重要的土司、头人，甚至要提到省级安排，以此作为与民族上层和平协商改革和对其团结改造的物质基础。1955年2月22日，中共云南省委批准并发布了《省委边委、省委农村工作部关

---

① 中共云南省委党史研究室. 云南土地改革 [M]. 昆明：云南大学出版社，2011：231.

于和平协商土改若干问题的意见》，该意见在《目前边疆改革问题向中央的报告》的基础上，又进一步规定了改革的具体政策。另外，云南省委又制定了相应的保护宗教信仰自由政策和涉外特殊政策。

后来，中共云南省委边疆工作委员会（省委边委）根据上述相关文件，整理出和平协商土地改革的一系列方针、政策等，供各地学习和执行：一是和平协商土地改革的指导思想，即在中国共产党的领导下，团结教育与群众有联系的领袖人物，团结各民族劳动人民及其他各阶层人民，采取自上而下的和平协商方式进行。二是和平协商土地改革的目的和任务，即废除各级领主的各种特权剥削以及农民所欠领主的债务；摧毁封建领主的基层政权，建立以贫雇农为领导力量的基层政权；集中、有区别、有步骤地解决土地问题，废除封建土地所有制，实行农民土地所有制。使无地和少地农民的土地要求得到适当的满足，以解放农村生产力，发展生产。三是和平协商土地改革的内容。废除土司官租、杂派、劳役、贡赋、高利贷等剥削；推行公粮的合理负担；取消等级制度，实现农民在人格地位上的平等自由。先集中解决土地问题，再解决债务、武装、政权等问题。四是和平协商土地改革的组织形式。成立由县到乡的土地调整协商委员会，成立由县到乡的农民代表会。前者是协商机关，任务是协商拿出土地，凡有改革事项涉及民族上层利益的，都得通过该组织进行协商，取得协议，方可执行。后者是权力机关，任务是组织农民和执行土地分配，凡农民内部问题，都由农代会处理。五是和平协商土地改革的方式即和平协商。改革中既不搞斗争，也不诉苦。但积极进行改革的正义性、合理性和必要性的教育，造成广泛的群众舆论，主要采取自上而下的协商或仲裁的办法实现改革。在分地后，有控制地启发群众进行回忆对比教育，进行小组缺席诉苦补课，以提高群众觉悟，巩固改革成果。六是划分阶级。划分阶级与内地不同，不公开细致地划分，基本上只划分地主、富农与农民两大阶级。地主、富农通过土地调整协商委员会，然后交农民代表会通过。地主、富农的名称，为了与内地有区别而不叫地主、富农，只研究协商谁该抽田，谁该分田。被抽田者叫抽田户，分得田者叫分田户。抽田户与分田户都需经过批准和本人同意定案。七是和平协商土改中的政权建设。在和平协商土改中，对新中国成立后在部分地区已建立的农村基层政权和民兵武装，如果由当权头人或富农掌握，就必须坚决彻底清掉洗。对农民出身的旧村干部，应本着教育提高方针，好的继续留用，对其中思想作风不纯的分子，只要不是反革命，一般都应团结改造，不为敌人所利用，并鼓励其个人进步。在整顿基层组织时，应防止忽视团结提高旧村干部，特别是不认真培养提拔雇、贫农新生力量的两种偏向。

在和平协商土地改革的过程中，各地在执行省委政策的同时，结合本地实际制定了一些相应的政策。例如，德宏州出台了《德宏傣族景颇族自治区（州）关于傣族地区和平协商土地改革办法的规定》《德宏傣族景颇族自治区（州）傣族地区和平协商土地改革的步骤和做法》；宁蒗彝族自治县人民委员会出台了《云南省宁蒗彝族自治县和平协商民主改革实施办法（第一件）》《云南省宁蒗彝族自治县和平协商民主改革实施办法（第二件）》；迪庆州出台了《（中甸县）金江区和平协商土地改革条件》《中甸县藏族彝族地区和平协商土地改革实施办法》《迪庆藏族自治州藏族地区和平协商土地改革实施办法（草稿）》；1955年12月中共思茅地委出台了《关于西双版傣族自治州傣族地区采取和平协商方式进行土地改革的意见》；红河哈尼族自治区于1956年2月首届各族各界人民代表会议第三次会议通过了《云南省红河哈尼族自治区（州）采取和平协商方式进行土地改革条例》，中共耿马县委出台了《关于耿马傣族佤族自治县采取和平协商方式进行土地改革的方案》《耿马县第二批采取和平协商进行土地改革的方案》。各地出台的政策，切合当地实际，加快了和平协商土地改革的进程。

3. 和平协商土改的步骤和进度

1955年1月11日，中共中央批复了《目前边疆改革问题向中央的报告》。中共云南省委根据中共中央关于在基础较好的"江城、河口、镇康、双江、大雪山（今永德县）各点及澜沧拉祜族自治区的内4区，可即着手进行"的指示，确定这边疆6县区（约35万人）作为第一批"和平协商改革"地区先行试点。

为了稳妥起见，中共云南省委于1955年1月21日到2月1日在昆明召开有6个县区负责人及可能受影响的耿马、沧源、西盟等地领导参加的会议，专门研究部署"和平协商改革"工作。会议学习了经中央批准的省委关于边疆地区的改革方案，研究和明确了"和平协商改革"中必须掌握的方针、政策。会议结束后，思茅地委于2月初先在江城县3个乡、澜沧县9个乡进行试点工作，从而揭开了"和平协商改革"工作的序幕。继后，"和平协商改革"工作在其他试点地方展开。

中共云南省委及时总结第一批"和平协商改革"工作情况，于1955年9月26日作出《中共云南省委关于边疆六个县区第一批采取和平协商方式进行土地改革初步总结》，上报中共中央、印发各边疆地委掌握学习。中共中央于12月10日批复了《中共云南省委关于边疆六个县区第一批采取和平协商方式进行土地改革初步总结》，认为云南省根据第一批"和改区"的特点，采取和平协商的方式进行土地改革，其效果是很好的，所取得的经验和教训也是值得重视的，并转发给有关省、自治区参考。

《中共云南省委关于边疆六个县区第一批采取和平协商方式进行土地改革初步总结》中指出，完成一个乡的土地改革大体经过五个阶段：第一阶段是广泛地宣传党的政策、交代政策，初步地教育群众、发动群众，组成农民队伍。召开乡各族代表会、农代会和各阶层座谈会，大张旗鼓地宣传土改的必要性、正义性及土改的各项具体政策。第二阶段是划分阶级。要求在初步发动群众的基础上，通过协商方式，有领导有控制地向地主阶级进行面对面的说理说法斗争，全面揭发地主们的罪恶，进一步划清劳动与剥削的界限，提高群众阶级觉悟，树立以贫雇农为主的领导力量和农民优势，打垮地主阶级的政治威风。第三阶段是没收、征收土地。在划分阶级的基础上，进行没收征收，结合查田评产，进一步发动群众，从经济上消灭地主阶级。第四阶段是分配土地。在向各族农民进行团结教育和社会主义前途教育的基础上，交代分配政策，结合处理农民内部及民族间关系问题，通过土地分配，满足贫雇农民的土地要求，进一步提高群众觉悟，增强各族农民内部的团结。第五阶段是组织建设、巩固胜利。用10~15天左右，改造和建立政权，整顿和扩大民兵武装，建立党和团的基层组织，确立党的领导和巩固农村人民民主专政。这就为全省其他地区进行"和平协商改革"提供了经验。

在试点工作的基础上，全省和平协商土地改革工作全面铺开。1956年，边疆6个县区和德宏州傣族地区7个县（镇）、总人口43万的地区，继续进行和平协商土地改革的扫尾工作。元阳、红河、金平、耿马、孟连等县以及西双版纳傣族地区，也先后开始和平协商土改，并在同年全部结束。同年年底，云南全省边疆民族地区和平协商土改工作基本完成。

对于宁蒗县小凉山彝族地区和与川藏相接的迪庆藏区，中共云南省委曾决定仍采取"和平协商改革"政策，但推迟与西藏、四川的藏族、彝族地区的改革同步进行。但是，迪庆的少数藏族农奴主和小凉山的少数彝族奴隶主，为了维护他们的统治地位，先后发动了武装叛乱，这些地区的和平协商土地改革在平叛的基础上相继开展。

1956年4月6日，小凉山部分奴隶主发动武装叛乱。面对叛乱，中共云南省委和丽江地委根据中共中央"以政治瓦解为主，军事打击为辅""坚决改革"的平叛原则和方针，采取了宽容和忍让的策略。在党和政府强大的政治攻势和军事压力下，在短短几个月内争取了大部分参加叛乱人员的回归。6月29日，云南省委批准了宁蒗彝族自治县"和平协商改革"实施方案。9月17日，在宁蒗彝族自治县成立的当天，县第一届人民代表大会第一次会议通过了《宁蒗彝族自治县和平协商民主改革实施办法》。经过艰苦的工作，10月，在小凉山进行和平协商土地改革，到1958年2月结束，至此彻底废除了奴隶制。

1953年3月始，德钦少数反动上层发动武装叛乱。在迪庆藏区的改革中，为了保障绝大多数人民群众的利益，党和政府采取了"边平息叛乱，边进行民主改革"的方式进行和平协商土改。1957年7月18日，中共迪庆工委对平息叛乱准备改革的意见得到云南省委的批复，云南省委指出要坚决平息叛乱、坚决发动群众，对于参加叛乱的骨干和首恶分子，坚决执行和平协商土改政策，坚决没收他们的财产和土地，分给穷苦农奴。参加过叛乱后又向政府交枪悔过的，不斗、不关、不杀，既往不咎，从宽处理。迪庆藏区的"和平协商改革"，从1957年8月始至1958年11月结束，彻底废除了封建农奴制。

（四）少数边疆民族地区的"直接过渡"

"直接过渡"就是在民主改革中，对仍处于原始社会末期或已进入封建领主制社会或已进入封建社会，但生产力发展水平很低、土地还没有私人集中占有和阶级分化不明显的德昂、独龙、景颇、傈僳、怒、佤、布朗、基诺等民族以及部分拉祜族、瑶族、哈尼族等居住的边疆民族地区，不进行土改，而是以"团结、生产、进步"作为长期工作的基本方针，采取特殊的帮扶政策，使其直接地、逐步地过渡到社会主义。采用直接过渡的方法进行社会改革的，涉及8个州（市）、25个县（市）的边疆民族地区，约60万人口，简称"直过区"。

1. "直接过渡"政策的提出和制定

云南边疆民族地区的"直接过渡"政策是在党对少数民族民主改革进行通盘考虑中提出和制定的。1952年，中共云南省委根据边疆阶级分化不明显地区的特殊情况，提出了"团结、生产、进步"的方针。1953年7月上旬，中共中央把中央统战部拟制的《关于过去几年内党在少数民族中进行工作的主要经验总结（初稿）》[以下简称《经验总结（初稿）》]印发有关省、区征求意见。《经验总结（初稿）》中对还没有进行民主改革的少数民族地区提出两种改革方式，其中第二种为：对于还没有进入阶级社会、仍处于原始末期的民族地区，各民族也将逐渐地、直接地过渡到社会主义。云南省委接到《经验总结（初稿）》后，就组织省委边疆工作委员会、省委统战部、省民委等有关部门进行学习，并派出3个工作组分头到边疆民族地区开展调查研究。

1953年6月，云南省委派省边委马曜带领一个工作组到潞西县遮放区西山景颇族聚居地区进行调查研究。根据调查、了解到的实际情况，结合1952年省委民族工作队第二大队在陇川、瑞丽景颇族地区做群众工作的具体实践，给保山地委写了《从遮放西山区的情况看景颇、德昂等族地区的生产问题》的调查报告以及《关于遮放西山景颇族地区团结生产的初步意见》，正式提出景颇族地区民主改革的内容并不多，针对土地占有不集中和阶级分化不明显的实际情况，可以不必重分土地、划分阶级。而是通过开展互助合作以及大力发展经济和文化，消灭原始因素和落后因素，并完成部分环节的社会改革任务，直接向社会主义过渡。

在以上调查研究的基础上，中共云南省委经过反复讨论和研究，结合边疆地区的民族情况，于1953年11月6日专门向中共中央和中共西南局做了《学习〈关于过去几年内党在少数民族中进行工作的主要经验总结（初稿）〉的汇报》。在汇报中专门就云南边疆少数民族地区如何进行改革提出了具体意见，其中提出：对阶级分化不明显，土地占有不集中，原始的土地村有制仍占相当比重的景颇、傈僳等民族地区，考虑不经过一般的土地改革，而是通过政府给予长期有效的帮助以及大力发展生产，逐步解决农民的耕地问题，通过加强社会主义经济力量，不断地增加社会主义经济的成分，并通过政治上改造山官、头人的工作和停止民族纠纷，逐步消除落后因素，以便直接地、逐步地过渡到社会主义。

中共云南省委根据中共中央及西南局民委的指示和通过对边疆各地党委的调查报告情况的分析研究，认为制订边疆民族地区的民主改革方案已基本成熟。于是，云南省委指示省边疆工作委员会起草关于边疆民族地区的民主改革方案。省委边疆工作委员会起草了《关于边疆民族工作情况和今后工作意见（草稿）》[以下简称《工作意见（草稿）》]，于1954年5月报中共西南局，中共西南局于8月9日批复并同意了云南提出的"直接过渡"方案。

《工作意见（草稿）》指出，云南边疆未进行土地改革的民族地区，将近200万人（内含汉族30余万人），其社会发展大体可分为两大类型：第一类，主要有哈尼、傣、拉祜等族，占边疆人口的50%左右。从各民族内部的土地所有制来看，都已经基本进入封建社会。但各民族间，甚至包括一个民族的不同地区，都有程度上的差别和各自的特点。第二类，主要有景颇、傈僳及其他人口较少的民族，约占边疆人口的20%左右。他们都已进入私有社会，但还保持着不同程度的原始经济残余。大部分地区土地占有不集中，阶级分化不明显。傈僳族内部地主阶级尚未形成富农也极少。景颇族山官虽占有较多的土地及其他生产资料，并对本族有着劳役剥削和收受献纳，但他们一般都参加劳动。他们都保留着不同程度的原始部落民主残余，存在着与落后生产方式相适应的杀牲祭鬼。第二类地区与第一类地区的情况有着很大的不同，在第二类地区，由于民族内部阶级分化不明显,将基本上不搞内部的土地改革。"为此考虑:这种地区以'团结、生产、进步'作为他们长期的斗争方针,必须在党和工人阶级的领导下,团结广大劳动人民,教育和团结群众有联系的民族的与宗教的领袖人物,通过人民政府和先进民族长期有效的帮助,大力发展农业、副业和手工业(包括不同形式的互助合作组织),发展国有经济和交通运输,有重点地发展民族的文化卫生事业,认真培养民族干部,以积极稳步地增加社会主义因素,从而创造条件,逐步消除民族的落后因素,停止民族纠纷,加强部落间的团结,以逐步导向其民族内部的民主统一,并从长期教育中逐步减少宗教习惯对生产对人力物力的破坏性,以便同样通过农业、手工业的合作化道路,保证他们直接地但却逐步地过渡到社会主义。"①

1954年6月,《云南省关于在边疆少数民族地区有区别、有计划地开展过渡时期总路线宣传的指示》中,指出在阶级分化不明显的民族中,不搞内部的土改,而是以"团结、生产、进步"作为他们长期斗争的方针,通过人民政府和先进民族的长期帮助,逐渐地过渡到社会主义。1956年6月,云南省委边疆工作委员会书记孙雨亭在中共云南省第一次代表大会上所作的《关于民族工作的报告》中也指出,在边疆阶级分化不明显的地区,可以不再经过土地改革阶段,在做好前期工作的基础和前提下,采取团结所有劳动人民、依靠贫苦农民、改造和团结民族公众领袖人物等的措施,在党和国家的大力帮助和扶持下,通过互助合作和发展生产,逐步提高少数民族群众的政治觉悟和生活水平,逐渐克服不利于民族发展和不利于生产的落后因素,逐步过渡到社会主义。上述这些可以说是对西南局批复的《工作意见(草稿)》中"直接过渡"方针、政策的再认识。

1954年,中共云南省委指派省委边疆工作委员会副主任王连芳到北京向党中央汇报云南部分民族地区实行和平协商土地改革和"直接过渡"的方案,得到党中央领导的认可,认为云南的同志提出的这些设想,只要合乎边疆实际,有利于当地各民族经济文化的发展,有利于边疆的稳定,就可以这样做。

2. "直接过渡"地区的范围

"直接过渡"政策确定后,中共云南省委根据边疆少数民族地区生产力发展水平,又划定了"直过区"范围。在具体的划分过程中,以该地区生产力水平低下的程度来划分。最初以德宏景颇族、德昂族聚居区为依据,而后扩大到其他民族地区。

---

① 中共云南省委党史研究室. 云南土地改革 [M]. 昆明:云南大学出版社,2011:361.

全省"直过区"范围：德宏州包括瑞丽县（今瑞丽市）的勐休、户育2个区。潞西市（今芒市）的三台山、东山、西山、中山4个区。盈江县的普关、崩董、苏典、邦瓦、普伦、铜壁关、卡场7个区。共12万人。保山地区（今保山市）包括腾冲市的联族、自治、猴桥、胆扎、轮马乡。共2万人。怒江州包括福贡、贡山、碧江3个整县以及泸水市北部的大兴地乡、称嘎乡、古登乡、洛奔卓乡。共11.3143万人。丽江地区（今丽江市）包括宁蒗县的宁利区龙通7个自然村。共1700人。临沧地区（今临沧市）包括沧源整个县。耿马县的孟定区福音山、芒美、芒撒乡、四排山区芒关、翁弄、芒翁、弄巴、芒弄山乡，耿宣区邦卖乡。双江县的三区勐峨乡、南协乡。共8.1818万人。西双版纳州包括勐海县的布朗山区、西定区、勐阿的山区。勐腊县易武自治区、勐养和勐腊的部分山区。景洪县（今景洪市）的基诺山、景洪和勐龙的部分山区。共9.55万人。思茅区（今普洱市）包括西盟整个县。澜沧县的木嘎、新营盘、糯福3个区，竹塘、拉巴、文东、上允区的部分乡。孟连县除傣族居住的坝区外的10个乡。江城县的瑶家山。共17.7891万人。红河州包括元阳县的采山坪乡。绿春县的三楞区玛玉乡、卧马乡、三楞乡、老柏寨乡、土堆乡、东沙乡、模洛乡，三猛区东沙乡。金平县的茨竹坝乡、大坛子乡、卡房乡、新安里乡、老乌寨乡、普龙寨乡、老集寨乡、白乐寨乡、中寨乡、六合里乡、平河乡、高成寨乡、平安寨乡、锣锅坛乡、广东寨乡、太阳寨乡、灰竹坪乡、东批乡、崇甘乡、新寨乡、茨通坝乡、普角乡、翁当乡。屏边县瑶山区（今属河口县）。共5.3908万人。"直过区"涉及的民族有景颇、阿昌、德昂、傈僳、独龙、怒、佤、布朗、拉祜、哈尼、基诺、藏、纳西、瑶、彝、白、傣、苗、汉等族以及克木人（现已归入布朗族）。

3."直接过渡"的实行

在"直接过渡"开始前，"直过区"也与和平协商土地改革地区一样，先疏通民族关系，加强民族团结，从发展生产和开展贸易、医疗卫生、文教工作入手，谨慎、稳妥、深入细致地做好民族工作，为"直接过渡"创造主客观条件。"直过区"各地都妥善安排民族上层，吸收土司、山官、头人参加各级人民政府工作，并在经济上包养他们。都以发展生产为中心任务；在发展生产中，一切政策措施的制定和实行，都以有利于整个社会财富的增加为目的。一切从各少数民族的实际水平和现有条件出发，逐步提高，就地发展。都在基础较好的地区建立乡级自治政权或成立乡人民委员会，或成立生产文化站；在条件暂时还不具备的地方，成立"爱国团结生产委员会"或"爱国团结生产小组"，由爱国民族上层人士和群众积极分子组成，领导人民群众发展生产。对政权已建立，群众领导力量薄弱的地方，则选派群众骨干去充实。村村寨寨都开展互助合作运动，把互助合作作为"直过区"向社会主义直接过渡的主要步骤来抓。都在发展生产和互助合作的过程中，采取渐变和平协商的方式，采用和平"赎买"的政策，附带解决封建剥削和原始落后因素。都采取特殊的财政、金融扶持政策，发展医疗卫生和文化教育事业。通过采取上述政策和措施，为"直接过渡"奠定了基础。

1954年，德宏州率先在景颇族地区建立了4个农业生产合作社，即潞西县西山区营盘赵老三合作社、盈江县普仑曼撒合作社、陇川县邦瓦勒勤合作社、盈江县旧城区小新寨合作社，开始试点办合作社。后来进一步扩大范围，在较大范围内选择人口比较集中、交通比较方便的中心地点建立"生产文化站"，使中心地点逐步发展成为该地区的经济、政治和文化中心。"生产文化站"下设财政所、粮管所、卫生所、邮电所和国营商店等，大力发展生产文化事业。中共云南省委肯定了德宏的做法，决定在全省其他地区普遍推广。之后，怒江、思茅、临沧、红河等地州的"直过区"，都大量发展互助组和合作社。到1957年，"直过区"的合作社已达433个。直接过渡的实践证明，在党的领导下，采取比较特殊的政策措施和方法，帮助"直接过渡"地区开展互助合作、集中力量发展生产，对旧制度和原始落后的因素进行必要的改革，是"直过区"少数民族群众摆脱贫困、迈向社会主义的最佳途径。

三、中国共产党通过民主改革，使云南民族地区走上社会主义道路的基本经验

新中国成立初期，党用汉族地区的改革办法完成了云南内地民族地区的土地改革；用"和平协商"的方式，废除了云南边疆民族地区还残存的土司制度；用"直接过渡"的办法帮助云南一些已步入阶级社会或尚处于原始社会末期、但阶级分化不明显的民族跨越一个甚至几个社会发展阶段，逐步地、直接地向社会主义过渡，成功地完成了边疆落后民族地区的社会改革任务，其中有许多经验值得总结。

（一）从民族地区的实际出发，因地制宜地进行民主改革

民族地区实行以土地改革为主的民主改革，推翻封建剥削制度，废除一切压迫剥削，这既是民革命应完成的任务，又是各少数民族走上社会主义大道的必然趋势。但是，由于民族地区的特殊性和对敌斗争的复杂性，在民族地区什么时候改革，改革什么和怎样改革，必须着眼于民族的特殊性，坚持从实际

出发，慎重对待。必须正确处理好共性与特殊性的辩证关系，不能照抄照搬汉族地区土地改革的经验。必须谨慎地制定改革政策，突出土地改革形式的多样性。中共云南省委在云南民族地区采取了有别于汉族地区的、比较和缓的方式解决民族内部的阶级剥削等问题，从而找到了正确解决民族问题和阶级矛盾的途径和方法。在土地改革条件暂时还不成熟时，为了边疆民族地区的稳定，对于民族工作，云南省委提出"讲团结不讲斗争"和"反左不反右"，甚至提出缓冲区"暂缓土改"，"暂时保留土司制度"，已进入阶级社会的边疆少数民族地区"暂不土改"。当土地改革的条件已具备时，云南省委也没有照搬云南老解放区和内地农村土改的办法，而是根据边疆少数民族地区生产力和生产关系、经济结构和阶级结构的特殊情况以及各种社会矛盾，坚持民族上层、民族干部、民族群众"三点头"，只有三方同意才进行改革，否则暂缓改革。所有这些，是把社会改革的原则性和共同性与从实际出发的灵活性和特殊性正确、有效地结合起来，从而顺利完成了云南民族地区的民主改革。

（二）正确处理民族问题与阶级问题的关系

民族问题和阶级问题都属于社会历史范畴，但剥削阶级被消灭后，民族还将继续存在，因此民族问题比阶级问题存在的时间更长，内容更广泛、更复杂；而且由于各民族的具体历史条件不同，尤其是民族内部的阶级压迫和外部民族压迫的存在，民族间的阶级矛盾经常表现为民族矛盾。在解决民族内部的阶级问题时，必须根据民族的具体情况，并掌握从民族团结出发达到民族团结的原则；不能只看到阶级问题，而忽视民族特点和民族关系。鉴此，党在云南的民主改革中，按照内地与边疆的不同情况，采取了不同的工作步骤和措施。由于内地各民族在新中国成立之初都已基本上进入封建地主经济，多数地区主要受汉族地主统治，当时少数民族的民族解放与消灭封建阶级的要求结合在一起。因此，在土地改革中，通过发动人民群众，紧紧依靠贫雇农，紧密团结中农，消灭封建剥削制度，解决阶级问题，改变民族关系，进而解决民族问题。而边疆各少数民族则处于另外的情况，傣、哈尼等民族都保持着完整或比较完整的土司制度，历史上造成的民族之间的隔阂比较深，民族矛盾突显，阶级矛盾在民族矛盾的掩盖之下，民族上层在当地人民群众中有着很深的传统影响。因此，在边疆民族地区的土地改革中，采取了自上而下发动群众、与民族上层和平协商改革的方式，并通过"联合封建反封建"，从而解决民族内部的阶级问题，进而消除民族隔阂。

（三）依靠民族干部和少数民族自己，完成民族地区社会改革的任务

没有少数民族自己的行动，再大的外力帮助，也不能使少数民族过渡到

社会主义。这就必须最大限度地激发少数民族的积极性，用他们的人，通过采用他们自己的形式去进行社会主义改造。即用他们自己的脚走社会主义道路。各少数民族用自己的脚走社会主义道路，必须由民族干部带领。无论内地，还是边疆，要解决民族内部的阶级问题，保证土地改革的完成，必须由自己的干部带领本民族群众去进行。在内地土地改革前，各级政权机关中吸收民族的代表人物和劳动人民出身的民族干部；在土改中，坚持由民族干部领导，以本民族群众为主体的原则。在边疆的土地改革中，首先通过推行民族区域自治政策，团结民族、宗教上层人士，取得少数民族对党的信任。培养和使用大批少数民族干部，逐步削弱并最终取代土司的统治，最后通过民族内部新成长起来的革命力量，运用政权武器进行土地改革。在解决民族内部的阶级问题上，凡是认真执行通过民族自己起来行动的原则，就能达到发动群众和进一步加强民族团结的目的。如果忽视这一原则，各项工作很难开展。消灭阶级压迫和剥削虽然在解决民族问题上前进了一步，但并不等于解决了民族问题，如何帮助少数民族发展成为社会主义的先进民族，是摆在党和政府面前的艰巨任务。

（四）"和平协商改革"，创新和发展马克思主义赎买政策思想

马克思主义经典作家在谈赎买政策时，主要是指对资本家占有的生产资料的赎买，而云南边疆少数民族地区在民主改革中实行的和平赎买，在含义、内容以及方法和步骤上与其有很大的不同。云南边疆少数民族地区的土司、农奴主和奴隶主虽然有剥削、压迫本民族劳动群众的一面，但他们与本民族劳动人民一样，既深受帝国主义侵略之害，又遭受历代中原中央王朝反动统治者的民族压迫，因而在争取民族解放和反对帝国主义侵略的斗争中，往往站在本民族劳动群众一边，有的甚至成为斗争的组织者和领导者，加之他们密切联系本民族群众，对本民族群众有着广泛的影响，甚至本民族群众把他们视为自己民族的天然领袖，因而在土地改革中，党和政府必须正确处理好与他们的关系，必须照顾好他们，绝对不能采用内地的办法进行土地改革，而必须采用其他适合于边疆民族地区的办法。"和平协商改革"首先就是针对云南边疆民族地区的实际情况提出来，并且在社会改革的实践中加以贯彻实施的。在"和平协商改革"的过程中，云南省委根据边疆少数民族地区的特殊情况，对少数民族上层在政治上加以安排，让他们参加各级人民政权的工作；不仅民族上层人士本人在政治上有地位，而且还送他们的子女到学校读书学习，没有降低生活水平甚至有所提高；虽然改变土地所有制，但对土地

实行先留后分，而且不分浮财、底财等。①同时，在"和平协商改革"中，废除了云南民族地区残存的奴隶制度和土司制度，改变了上层建筑和阶级关系，发展了生产，巩固了边防，保持了边疆地区的稳定，建立了平等、团结的新型民族关系。因此，在云南实行的和平赎买政策，是根据边疆民族地区的具体实际提出来并加以实施的，是对马克思主义和平赎买政策思想的创新和发展。

（五）后进民族地区的"直接过渡"，丰富和发展马克思主义民族理论

落后国家和民族在一定条件下可以向社会主义过渡，这是马克思主义创始人曾经提出的设想。列宁在《民族和殖民地问题委员会的报告》中也曾提出："在先进国家无产阶级的帮助下，落后国家可以不经过资本主义发展阶段而过渡到苏维埃制度，然后经过一定的发展阶段过渡到共产主义社会。"②马克思主义经典作家们指的国家和民族，都是指处于资本主义以前阶段的国家和民族。而云南边疆少数民族地区的"直接过渡"，是指对还处于原始社会末期、社会生产力发展水平较低的一些后进民族，在社会改革中，"不分土地，不划阶级"，也就是不进行土地改革、不把土改当作一个运动，而是通过互助合作和发展生产，对头人、王子和山官实行赎买的办法，在国家和先进民族的帮助下，使他们跨越几种社会生产方式，直接向更高级的社会形态飞跃。③中国共产党和人民政府之所以提出"直接过渡"的政策，就是着眼于民族团结和边疆的稳定，着眼于发展生产力，改变边疆少数民族原始、落后的面貌。云南边疆后进民族，通过"直接过渡"，废除了部落酋长、山官、头人对土地的控制权力，实现了土地的集体所有；废除了建立在土地所有制基础上的官工、官谷、官烟、兽腿、年礼、保头税等特权剥削，以及地租、高利贷等封建剥削；彻底瓦解了山官、寨头、董沙、拉事头（军事头）所组成的政治制度，实现了从原始社会末期到社会主义社会的大跨越。因此，对处于原始社会末期或已步入阶级社会但还没有明显的阶级分化的后进民族，用"直接过渡"的办法进行民主改革，既让他们跨越不同的社会发展阶段以及几个不同的社会形态，又避免了社会改革中激烈的群众运动，是一种和平的、渐变的、特殊形式的飞跃，是中国共产党领导人民完成民主革命任务的一个更为特殊的形式。这既是对马克思主义理论的继承，又是对马克思主义"直接过渡"思想的创新和发展。

---

① 王连芳. 云南民族工作的实践与理论探讨 [M]. 昆明：云南人民出版社，1995：234.
② 中共中央马克思恩格斯列宁斯大林著作编译局. 列宁选集：第4卷 [M]. 北京：人民出版社，1972：336.
③ 王连芳. 云南民族工作的实践与理论探讨 [M]. 昆明：云南人民出版社，1995：236.

（六）坚持民主改革的中国化与多样化价值取向，实现目标与过程的统一、实践与结果的一致

社会变革是一项复杂而系统的工程。一方面，变革的现实社会不仅结构复杂、多层叠加、动态变化，而且革此联彼、触东及西，往往牵一发而动全身；另一方面，组成一个社会的各个部分往往存在发展的极不平衡性，不可能总是寄希望于用单一的模式推动进行。即便是"相同的经济基础——按主要条件来说相同——可以由无数不同的经验的情况，自然条件，种族关系，各种从外部发生作用的历史影响等，而在现象上显示出无穷无尽的变异和色彩差异"[1]。列宁也曾经在社会变革的问题上指出过："一切民族都将走向社会主义，这是不可避免的，但是一切民族的走法却不会完全一样，在民主的这种或那种形式上，在无产阶级专政的这种或那种形态上，在社会生活各方面的社会主义改造的速度上，每个民族都会有自己的特点。"[2] 云南边疆民族地区情况复杂，差异极大，这是不争的事实。对它进行走向社会主义的民主改革，既要坚持中国化的价值取向，体现中国社会历史变革的要求，又要坚持通过多样化的途径和方法，把民主改革的目标与具有创造性的过程统一起来，不能因为目标的远大与美好就采取简单粗暴的方式推进过程，也不能因过程的漫长、艰辛和复杂而遗失最初的目标方向，始终确保民主改革的实践和推动边疆民族地区走上社会主义道路的结果相一致。

---

[1] 中共中央马克思恩格斯列宁斯大林著作编译局.马克思恩格斯文集：第7卷［M］.北京：人民出版社，2009：894.
[2] 中共中央马克思恩格斯列宁斯大林著作编译局.列宁选集：第2卷［M］.北京：人民出版社，1995：777.

第五章

中国共产党在云南培养选拔和使用民族干部，为治理民族地区提供组织保证的实践与经验

毛泽东同志曾说过，政治路线确定之后，干部就是决定性的因素。"要彻底解决民族问题，完全孤立民族反动派，没有大批从少数民族出身的共产主义干部，是不可能的。"① 民族干部不仅熟悉党的路线、方针、政策，而且熟悉当地情况，懂得本民族的语言、风俗习惯等，了解本民族群众的各种诉求，密切联系着本民族群众，是党和政府联系少数民族群众的桥梁和纽带。大力培养选拔和使用少数民族干部，对于维护国家统一和各民族的团结，全面贯彻执行党和国家的民族政策，推进民族地区的社会主义现代化建设，确保国内各民族共同团结奋斗、共同繁荣发展，确保少数民族当家做主、管理本民族内部事务具有极其重要的意义。民族干部队伍的状况，既是衡量一个民族发展水平的重要标志，又是检验党和国家民族政策和民族区域自治成功与否的重要标准，也是实现各民族共同繁荣进步、维护民族团结和国家统一的关键。因此，新中国成立以来，党和政府、中共云南省委省政府始终把大力培养选拔少数民族干部和各类人才作为管根本、管长远的大事，采取一系列特殊措施，加大培养选拔力度，为治理云南民族地区提供组织保证。

一、新中国成立前云南少数民族干部状况

中国共产党从建立初期开始，就十分重视民族干部的培养。早在"五四运动"以及第一、二次国内革命战争时期，就有一批云南籍的少数民族优秀儿女接受了马列主义和中国共产党的政治纲领，加入了中国共产党。他们中间有：张伯简（白族，剑川县人），1921年在德国加入中国共产党，是党的早期活动家之一；1926年在广州病逝。王有德（彝族，砚山县人），1922年经罗章龙介绍加入中国共产党；1926年进黄埔军校高级班学习，参加过北伐战争；1932年

---

① 中共中央文献研究室，国家民族事务委员会. 毛泽东民族工作文选 [M]. 北京：中央文献出版社，民族出版社，2014：50.

参加淞沪抗战，同年病逝于福建漳州。施滉（白族，洱源县人），1927年加入美国共产党，任美共中央中国局书记；1933年任河北省委书记；同年，因叛徒出卖而被捕遇害。赵琴仙（女，白族，祖籍大理），1926年加入中国共产党；1927年担任共青团昆明市委书记；1928年被捕遇害。周保中（白族，大理市人），云南陆军讲武堂毕业；1927年加入中国共产党；1931年"九·一八"事变后，中共中央派其到东北，历任中共满洲省委委员、军委书记、东北抗日联军第五军军长和第二路总指挥；1949年以后任云南省人民政府副主席、国防委员会委员等职；中共八大当选为候补中央委员；1964年在北京病逝。马登云（回族，昆明人），1927年加入中国共产党；1929年被反动派杀害。施介（白族，洱源县人），1928年在大理省立第二师范学校读书期间加入中国共产党；1935年到阿迷（开远）中学任教，领导学生开展抗日救亡运动；1938年2月到延安抗大学习，先后任中共中央组织部总务处长、陕北公学教育处副处长、延安大学党总支书记等职；1945年10月，随军开辟革命根据地，历任阜新地委组织部部长、通辽中心县委书记；1947年9月病逝。这些共产党员是云南早期献身于共产主义事业的忠诚战士，为中华民族的解放事业做出了重大贡献。

在红军长征时期，中国工农红军的长征队伍经过云南民族地区，播撒革命的种子。当时参加红军的就有2000多人，其中就有少数民族子弟。经过长期艰苦的革命战争锻炼，培养造就了一批优秀的少数民族干部。

在抗日战争时期，中共云南党组织培养了很多民族干部，为党在少数民族地区开展革命斗争打下了坚实的基础。在抗日战争初期，一批优秀的少数民族青年在党的抗日救亡运动中涌现出来，并且在党组织的培养下成长为工人阶级的坚强战士。如纳西族子弟杨尚志和李群杰（1937年被中共南方工作委员会派回云南，1938年至1939年先后任中共云南特委书记、中共云南省工委书记），白族子弟欧根、张子斋和王以中，回族子弟李长猛等。党在领导工人运动、农民运动和青年运动中，也注意对少数民族中的先进分子进行培养。在党的启发和帮助下，一批少数民族青年开始学习并接受了马克思主义，而且先后都加入了党组织。如昆明纱厂女工白菊英（纳西族），在滇军中工作的杨永新（白族），到延安抗日军政大学学习归来的何现龙（彝族）等。这些少数民族干部成为党组织在民族地区开展革命工作的有力保障。抗日战争的中后期，云南党组织在贯彻执行党中央关于"隐蔽精干、长期埋伏，积蓄力量，以待时机"的方针中，执行中共南方局关于职业化、社会化、群众化以及勤业、勤学、勤交友政策的工作中，注意培养少数民族干部。在城市，通过在机关、学校和企业，组织"夜莺社""五·九"读书会等秘密读书会，成立"民主青年同盟""民主工人同盟""新民主主义者联盟"等党的秘密外围组织，吸收先进、优秀的少数民族青年参加，从而培养了一批民族干部。在农村，以中小学为据点，党组织有意识地将一些少数民族学生安排为革命活动的骨干，并先后将经过党组织培养、在实践中锻炼和考验过的一些少数民族先进分子吸收为党员。如被疏散到丽江的刘云中发展了几名白族党员；被疏散到大理的李之楠等人发展了一些白族党员；罗平党组织发展了几名布依族、回族党员等。

在解放战争时期，中共云南省工委认真贯彻执行党中央关于在国统区放手发动群众、开展游击战争的指示，把中心工作放在农村开展武装斗争，分批从城市转移不少共产党员到农村以发动武装斗争。1947年以后，响应中共中央"打倒蒋介石，解放全中国"的号召，云南燃起了武装斗争的烈火。武装斗争的游击根据地和活动地域，大多在少数民族聚居或杂居区，锻炼和造就了一批少数民族干部。1949年7月，根据中共中央华南分局指示，建立了滇桂黔边区党委和中国人民解放军滇桂黔边纵队，下辖12个地委、1个市委和12个支队、两个独立团，5万余人。地、专一级和纵队、支队少数民族领导干部有纵队政治部主任张子斋（白族）、二支队司令员何现龙（彝族）等，县团级及其以下少数民族干部就更多。1946年，滇军中彝族著名将领张冲，从南京秘密前往延安，受到中央领导人的亲切接见，并于1947年加入中国共产党，从旧营垒中冲杀出来转变为共产主义先锋战士。党除了在武装斗争的实践中锻炼少数民族干部外，还在各地举办了各类短期或长期的训练班和军政干校，如滇南军政干校、小柏木军政干部训练班、车佛南军政干校、宁洱干训班、滇西北军政干校、鹿窝干训班等，为党组织培训了一大批少数民族军政干部。从1947年至1950年年初，罗盘地委和罗平县委开办了8期训练班，每期都有少数民族干部党员和青年积极分子参加。其中1949年专门举办的"少数民族干部训练班"（只有一期），参训的70名民族干部后来大多数都成为革命骨干。云南省工委于1948年2月派干部到元江县小柏木，举办军政干部训练班，参训人员90余人，其中就有少数民族青年先进分子。[①] 1949年秋，中共砚山县委在者腊也举办了一期训练班，培训了200余人，参训人员绝大多数是少数民族，来自基层。他们通过学习，提高了政治觉悟，提高了对党的认识，有的积极申请并加入了党组织。1949年9月，滇南地委组织"红河工作团"，到红河地区（今红河、元阳、绿春3县大部地区）组织发动群众，培养干部，争取、团结和教育民族上层人士。通过党组

---

① 中共云南省委党史研究室. 新民主主义时期党在云南的少数民族工作[M]. 昆明：云南民族出版社，1994：23.

织采取多种形式培养少数民族干部，使一批优秀民族干部走上了党的各级领导岗位。在解放战争时期，据不完全统计，云南先后担任过县团级以上职务的少数民族干部共123人，其中佤族、布依族、侗族各1人，哈尼族、傈僳族各2人，回族、壮族各5人，彝族18人，纳西族28人，白族60人。1949年9月中共滇西工委在滇西北革命根据地内建立人民民主政权时，就有18名少数民族干部担任县（区）级正副职干部，占县（区）级正副职干部总数的60%。在基层干部中，少数民族干部就更多。如1949年12月"边纵"第六支队成立威宁游击团时，全团有排以上民族干部66人，占全团排以上干部总数的91.7%，其中彝族干部62人、苗族干部4人。① 这些少数民族干部，在各自的工作岗位上和云南各条战线上，发挥了桥梁和骨干作用，为云南的解放事业做出了重要贡献。

至1949年9月，云南全省少数民族干部共有1392人，② 但这批民族干部主要来自内地的白、彝、回、纳西等经济文化相对发达的民族，而且大多是少数民族中的知识分子。当时边疆和经济文化比较落后的地区，几乎没有少数民族干部。民主革命时期培养的这批少数民族干部，新中国成立后都成了各条战线的骨干力量。

二、中国共产党在云南培养选拔和使用民族干部，为治理云南民族地区提供组织保证的实践

民族干部（包括专业技术干部）是坚持民族平等和团结，实行民族区域自治，实现各民族共同进步和发展繁荣，彻底解决国内民族问题的关键。新中国成立后，中共云南省委、省政府按照党和国家的方针政策，把培养选拔和使用民族干部工作列入重要的议事日程。几十年来，尽管在工作中有过曲折，但少数民族干部队伍却从少到多，逐步壮大，成为党治理云南民族地区不可缺少的一支重要依靠力量。

（一）新中国成立至改革开放前云南少数民族干部队伍建设

1949年中华人民共和国成立到1978年，是党的第一代中央领导集体时期。在这一时期，以毛泽东同志为核心的第一代中央领导集体在新中国成立不久即开始重视培养选拔和使用民族干部。这一时期，云南少数民族干部队伍建设可

---

① 王连芳. 云南民族工作的实践和理论探讨[M]. 昆明：云南人民出版社，1995：171-172.
② 中共云南省委党史研究室. 新民主主义时期党在云南的少数民族工作[M]. 昆明：云南民族出版社，1994：23.

分为三个时期，即民主改革和社会主义改造时期（1950—1956年）、从"整风反右"到"国民经济调整"时期（1957—1965年）和"文化大革命"时期（1966—1976年），经历了一个曲折的发展过程。

首先，在民主改革及社会主义改造时期，积极稳步地推进民族干部队伍建设。新中国成立之初，为了开辟少数民族和民族地区的工作，推行民族区域自治，发展各少数民族和民族地区的各项建设事业，实现《中国人民政治协商会议共同纲领》规定的有关民族政策，迫切需要大批民族政治干部。但由于历史以及其他种种原因，当时民族干部极其缺少，远不能满足形势发展的需要。为此，中央人民政府政务院于1950年11月颁布了《培养少数民族干部试行方案》。方案提出了当时培养少数民族干部的任务和方针为"以开办政治学校与政治训练班，培养普通政治干部为主，迫切需要的专业技术干部为辅。应尽量吸收知识分子，提高旧的、培养新的，必须培养适当数量志愿做少数民族工作的汉族干部，以便帮助各少数民族的解放事业与建设工作"。提出了建立以民族学院为主的培养民族干部体制，提出了通过举办培训班等加快民族干部的培养，以满足民族工作的需要。明确规定了民族院校的经费来源及主要课程设置，确定了培养少数干部过程中双语教学的原则，规定了民族院校必须设立研究机构对民族问题进行深入研究。不仅规定了少数民族学生进入高等学校的优惠政策，而且也规定了少数民族学生进入中小学的相应政策，有助于提升少数民族的整体素质，进而拓宽少数民族干部的选拔途径。方案对民族干部的培养，是一个巨大的推动和有力的保证。在方案的指导下，培养少数民族干部工作逐渐走上正轨。

1952年，颁布了《中华人民共和国民族区域自治法实施纲要》。实施纲要也明确规定了少数民族干部的培养和使用。第十二条规定："各民族自治区的人民政府机关，应以实行区域自治的民族人员为主要成分组织之；同时应包括自治区内适当数量的其他少数民族和汉族的人员。"第三十二条规定："上级人民政府应帮助各民族自治区自治机关有计划地培养当地的民族干部；并根据需要派遣适当干部参加自治区的工作。"

1953年6月，国家民族事务委员会第三次扩大会议上提出少数民族干部队伍建设是"自治机关民族化"的重要一环。民族自治地方自治机关的民族化包括三个主要问题——民族干部、民族语言文字和民族形式。关于民族自治地方自治机关的民族干部，以实行区域自治的民族的人员为主组成自治机关的人员，包括自治区内适当数量的汉族人员和其他民族的人员。至于自治机关的具体形式，依照实行区域自治的民族的大多数人民的意愿和民族领袖人物的志愿决定。

关于自治机关使用的语言文字，自治机关采用一种在自治区内通用的民族文字，作为行使自治权和其他职权的主要工具；不会使用这种文字的民族，在行使自治机关的职权时，同时采用这个民族的文字。关于民族自治机关的民族形式，自治机关在其工作中注意和注重运用民族形式。1953年9月，中共中央针对西南民族地区的实际情况，明确指示西南民族事务委员会党组。指示引用斯大林的话即"必须使边疆的苏维埃机关——法庭、行政机关、经济机关、直接的权力机关以及党的机关，应当尽可能地应用熟悉当地居民生活、习惯、道德、语言的当地人，必须吸引土著民众当中一切优秀的分子参加这些机关"。"只有用这种方法才可以在群众与政权之间建立一种牢不可破的精神联系，才可使政权成为边疆劳苦大众所了解所亲近的政权。"提出积极地大量地培养、大胆地使用与当地人民群众有密切联系的民族干部，在民族地区尤有其特殊意义。①

  云南省委、省政府为了认真贯彻执行党和国家的民族干部政策，先后采取了一系列的政策和措施，培养选拔和使用民族干部。这些政策和措施主要包括：一是外地干部帮助当地少数民族干部和积极分子、汉族干部带少数民族干部等形式，通过"传、帮、带"，直接从基层培养、选拔和使用民族干部。二是从民族地方的社会上大量招收少数民族干部，增加民族干部的数量。三是创办云南民族学院和边疆各地委举办定期或不定期的民族干部学校，有计划地培养少数民族干部。四是中国人民解放军驻云南部队，通过组建少数民族基干连（队），培养少数民族干部。五是吸收少数民族上层及其子女为民族干部。六是组织民族干部到内地参观学习，进一步加紧培养少数民族干部。这些政策措施的具体实施，极大地推动了云南民族干部队伍的建设。1955年，随着边疆民族地区的民主改革和社会建设的深入开展，中共云南省委更加强调做好民族干部工作，要求全省各地党委和政府认真总结和检查几年来培养民族干部的工作，提出今后切实可行的计划。为此，《云南日报》于1955年6月13日发表了《大力培养提拔少数民族干部》的社论，社论指出：几年来，全省培养少数民族干部工作取得了很大的成绩，已培养民族干部1.5万余名，在少数民族中发展了一批党员、团员，民族地区基层逐步建立起党、团组织，一批少数民族干部走上了领导岗位。至1956年，全省民族干部总数已达2.7万余人，是1950年的15.8倍，占全省干部总数的15.3%。同年上半年统计，全省共有少数民族党员46823人，

---

① 中共中央组织部调配局. 培养选拔少数民族干部［M］. 北京：中华工商联合出版社，1994：327.

占云南少数民族人口总数的 0.83%，边疆已土改地区共建立了 533 个党支部。①大批少数民族干部的成长，为推行民族区域自治准备了干部，为民族地区社会主义建设准备了人才。

其次，从"整风反右"到"国民经济调整"时期，在曲折中推进民族干部队伍建设。1956 年，民族地区的社会改革和社会主义改造在大多数地区完成后，与全国一道开始进入了全面建设社会主义的十年时期。根据全国少数民族地区建设和发展的需要，培养各少数民族各方面的人才已经提到少数民族干部工作的重要日程。鉴此，1956 年，毛泽东主席就提出，少数民族不仅要出行政干部，而且还要出党的书记；不仅要有文化干部和军事干部，而且还要有民族艺术家、科学家、工程师以及各方面的人才。同年 9 月，刘少奇同志在中共第八次全国代表大会上所做的政治报告中也提出，凡是在少数民族地区的工业，无论是中央国营工业或者地方工业，都必须注意帮助少数民族形成自己的工人阶级队伍，培养自己的企业管理干部和科学技术干部。第十一次全国统战工作会议于 1958 年 12 月召开，会上也提出，今后在民族干部工作方面的主要任务，是进一步实现民族干部的共产主义化，并且根据生产建设和发展的需要，继续培养一批又红又专的少数民族政治干部和文化、科学、技术干部。但是，开始于 1957 年下半年的"整风反右"和开始于 1958 年的"大跃进"中，由于"左"倾错误思想的影响，在民族地区出现了反地方民族主义和"反右"扩大化，混淆了两类不同性质的矛盾。1958 年后的几年，在"民族融合风"的影响下，错误地认为各民族之间已经没有多大差别了，忽视了少数民族干部的特殊作用，民族干部的培养选拔和使用受到了很大冲击。这段时间，云南省由于忽视了地方特点和民族特点，放松了培养和选拔民族干部的工作，导致全省民族干部大幅减员。

1962 年 6 月，中共中央召开了全国民族工作会议。中共云南省委认真贯彻民族会议精神，于 1962 年 10 月 8 日下发了《中共云南省委关于加强边疆工作和民族工作的报告》。培养和提高民族干部是报告的重要内容之一。报告提出了培养和提高民族干部的方法是：大胆信任他们，放手让他们工作，遇事同他们反复商量，具体帮助，切实尊重他们的职权，使他们在党的教育和实践锻炼中不断地提高马列主义和毛泽东思想的水平，提高工作能力和业务知识。在培养干部中，农村基层组织是重要的基地之一，应当恢复过去一些行之有效的教育提高的方法，帮助基层干部快速成长。对乡以上的少数民族干部，可以实行分级分期分批离职轮训制度，对边疆的民族干部，应适当延长训练时间，对他们

---

① 云南省民族事务委员会. 云南民委工作 60 年 [M]. 昆明：云南民族出版社，2011：11.

进行社会历史知识和最基本的科学常识的教育，提高他们的文化水平。各地在精简中，一般不要精简少数民族干部。① 对本质好、有培养前途的已经回家的民族干部，应当动员他们回来，分情况安排工作；对工作时间较久、影响较大的民族干部，即使他们有些缺点，也要尽量教育他们回来继续工作。1963 年 12 月，云南省委批转了省人事局党组、省委边委《关于吸收补充少数民族干部的报告》。报告提出了补充少数民族干部的两点措施：一是扩大民族干部的来源，每年可由各地选送一批少数民族积极分子到云南民族学院学习；二是个别地区和部门如编制已满，如工作需要补充本地民族干部时，可将外来干部进行适当调整。由于云南省委采取了一些特殊的措施，培养、选拔和使用民族干部的工作取得了一定的成效。至 1965 年年底，全省少数民族干部数量有所增加，总共有 28893 人，占云南全省干部总数的 15.4%。但是，边疆民族地区的少数民族干部仍然是数量少、质量低。在当时执行边疆政策的 29 个县（镇）中，只有当地少数民族的县委书记 1 人，副书记 11 人；在 265 名县委常委中，少数民族干部也只有 51 人，有 150 个区的区委书记和 96 个区的区长，不是当地少数民族干部。县级机关部、委、办、局正副职的当地少数民族干部就更少，只有 181 人。② 至于少数民族专业技术干部几乎没有。

1965 年 12 月下旬至 1966 年 1 月中旬，中共云南省委和昆明军区党委共同召开了云南边疆工作会议，会议的重要议题之一就是培养民族干部。会后云南省委下发了《关于培养少数民族干部的意见》，规定了培养少数民族干部的政策和措施，即在内地民族聚居县和边疆县，县长一律由当地少数民族干部担任；在县委书记、副书记以及副县长等几个职务中，要配备一至二名当地少数民族干部；县委其他常委和县委工作部门、县级科局的领导干部中，当地民族干部也应占一定比例，力争在一至两年内，区长、区委书记都由当地干部担任，各级都要配备妇女干部。云南省委党校增设少数民族干部轮训班，进行文化、政治教育，在三年以内将省管以上的少数民族干部轮训一遍，云南民族学院轮训公社（乡）、区两级少数民族干部和在民族地区工作的同级汉族干部。在 5 年内，文化培训 5000 人，政治轮训 3000 人。各地应当加强对民族工作队的领导，认真物色、审查适合条件的少数民族青年参加工作队，并通过这一形式向各方面输送干部。通过部队征召少数民族青年入伍，培养少数民族干部等。

---

① 当代云南编辑部. 当代云南大事纪要（1949—1995）[M]. 北京：当代中国出版社，1996：286.
② 《云南民族工作四十年》编写组. 云南民族工作 40 年：上卷[M]. 昆明：云南民族出版社，1994：338.

(二) 党的十一届三中全会到 20 世纪 80 年代末云南民族干部队伍建设

1978 年，随着十一届三中全会的召开，重新确立了党解放思想、实事求是的思想路线。这一时期，在中共中央的正确领导下，中共云南省委和省政府认真总结民族工作的经验和教训，采取了一系列正确且行之有效的政策措施，使在云南培养选拔和使用少数民族干部工作重新走上了正常健康的轨道。

第一，认真贯彻落实党的民族干部政策，纠正冤假错案，平反昭雪。"文化大革命"结束后，在中共云南省委的领导下，全省各级党委本着实事求是的精神，为"文化大革命"期间和历次政治运动中受到错误处理的少数民族干部和少数民族上层人士进行了彻底地平反昭雪，恢复了名誉，安排了职务，恢复了生活待遇。至 1981 年，平反昭雪工作基本上结束。

第二，加强调查研究，制定培养选拔和使用民族干部的政策和措施。改革开放后，为了适应社会和政治、经济的发展，云南民族干部的培养选拔和使用政策做了较大的调整，采取了一系列的特殊政策措施，在提高民族干部队伍数量的同时，开始注重提高民族干部队伍的整体素质。

1980 年，云南颁布实施了《中共云南省委加强边疆民族地区工作的几项规定》，其中对民族干部队伍建设提出了一些具体的规定：一是选拔一大批优秀的少数民族中青年干部充实到边疆民族地区和自治州、自治县的各级领导班子中，逐步使这些地方做到以民族干部和本地干部为主。二是自治州、自治县和边疆民族地区的党政机关职能部门的领导干部，也要逐步做到以民族干部和本地干部为主。三是企事业单位要注意培养选拔民族干部和本地干部担任领导职务。四是省级部、委、办、厅、局领导干部中也要积极创造条件，增配一定数量的民族干部和本地干部。五是要采取大学兴办民族预科班、民族干部轮训班，扩大民族干部学校和党校招生名额，提高各类专业学校招收少数民族学生的比例等措施，大力培养民族干部和各类专业人才。六是调往自治州、自治县和边疆民族地区的干部，除少量必要的领导骨干外，主要分配大中专毕业生以及其他专业人才。七是对少数不称职少数民族干部的调整，要充分尊重和听取民族干部、群众的意见等。从上述规定来看，除了依然强调干部队伍的年轻化、民族化和不断壮大民族干部队伍外，还强调了少数民族各类专业技术人员的培养和民族干部素质的要求，这应该是云南省民族干部队伍建设调整的一个重要标志。

1981 年 4 月，中央书记处批准了《云南民族工作汇报会纪要》，对云南少数民族干部队伍建设做出了规划。纪要提出要"大力培养一支坚持四项基本原则，忠实执行党的方针政策,密切联系民族群众,有现代科学文化知识和各种业务工作能力的民族干部队伍,使每个民族自治地方逐步做到,民族干部的构成与当地各民族人口比例大体相当。这是坚持党的民族区域自治政策,使少数民族'用自己的腿走路'的关键所在"。"要把其中德才兼备、为群众拥护的优秀中青年干部,有计划地提拔到各级领导岗位上来,较快地做到各民族自治机关都以实行自治的民族干部为主组成;各民族自治地方的党委常委和委员中,也要增加民族干部,在三五年内做到由民族同志担任主要领导职务。县级以上,包括省级党政领导机关和它的职能部门,以及各企业事业单位,都要分别不同情况,积极增加民族干部,安排民族同志参加领导。"[1] 纪要的上述提法,对云南少数民族干部队伍建设而言,既具有指导作用,也具有可操作性,尤其是"民族自治地方逐步做到,民族干部的构成与当地各民族人口比例大体相当"的提法,由于纪要是由党中央办公厅转发的,所以对云南少数民族干部队伍建设起到了非常巨大的推动作用。

中共云南省委认真贯彻落实《云南民族工作汇报会纪要》精神,于1989年12月18日,批转了省委组织部《关于选拔培养少数民族干部工作的意见》,调整了关于少数民族干部比例的规定,提出了全面提高民族干部素质的措施。调整后,云南关于少数民族干部比例的规定大体上:一是按照民族区域自治法和宪法的规定配备民族自治地方的领导班子。二是在少数民族人口占70%以上比例的民族地区,为便于开展工作,汉族干部比例可略高于汉族人口占总人口的比例。三是在少数民族人口占50%左右的地方,领导班子中少数民族干部的比例与其人口所占比例要大体相当。四是在少数民族人口占30%及以下的地方,领导班子中少数民族干部比例可高于其人口所占比例。五是在众多民族杂居的地方,在领导班子中适量配备少数民族干部。在《关于选拔培养少数民族干部工作的意见》中的规定与《云南民族工作汇报会纪要》的规定相比,更加具体、具有可操作性。对于全面提高民族干部素质,《关于选拔培养少数民族干部工作的意见》提出了四条措施:一是在实际工作中提高;二是加强培训工作;三是轮换岗位锻炼;四是上下交流,见习考察。这些措施,对于提高云南民族干部素质起到了一定的积极作用。

第三,加大培训力度,提高少数民族干部的政治业务素质。1979年以后,中共云南省委、省政府根据中央关于加强干部培养工作的指示,结合云南的具

---

[1] 中共云南省委党史研究室. 中国共产党民族工作的伟大实践(云南卷):中[M]. 北京:中共党史出版社,2014:754-755.

体实际，开展了对少数民族干部的培训工作。省级有关部门制定了少数民族干部培训的对象、目标以及培训的内容、方法和措施，建立了民族干部培训基地。除云南民族大学一直承担着培训民族干部的任务外，全省先后恢复和新建了13所省、地（州）民族干部学校，专门培训民族干部。同时依靠其他干部学校和各级党校培训民族干部。云南省委党校从1978年至1981年，共举办了8期理论班、轮训班、读书班，共1329名民族干部参加培训。此外，在有关民族工作部门的建议下，1980年至1981年，省委党校还专门为民族干部办了8个班，共有261名干部、22个民族参加学习。[①] 从1988年开始，包括云南大学在内的11所大专院校举办了少数民族干部专科班，专门招收少数民族学生，并在成人招生时，对民族干部也给予适当照顾。在培训内容上，除提高文化水平外，还加强了政治业务培训，组织少数民族干部学习邓小平理论，学习履行岗位职责所必备的专业知识和管理知识，加强马克思主义民族观和党的民族政策的学习教育，对各族干部要求克服和防止两种民族主义。方法上除坚持课堂学习外，还要结合实际进行实地学习考察。1990年，省委组织部、省委民族工作部、省民委等部门采取到广州、深圳等发达地区考察，到江苏有关市县跟班学习，到省级厅局机关学习等方法，培训了15个民族的79名县处级领导干部。从1990年开始，省委组织部、统战部和省民委每年都组织县处级少数民族干部到省级机关挂职锻炼，开展外出考察学习或短期培训，以开阔民族干部的视野、增长民族干部的才干、更新民族干部的观念、提高民族干部的宏观管理和科学决策能力。

第四，坚持干部"四化"方针和德才兼备原则，大胆提拔少数民族干部。中共云南省委、省政府坚持从实际出发，因地制宜，因族举措，把少数民族干部的培养选拔作为管根本、管长远的大事来抓，对少数民族干部"充分信任，大胆提拔，放心使用"，确保各级党政领导班子及部门都有一定数量的少数民族干部。中共云南省委于1980年8月作出了《中共云南省委加强边疆民族地区工作的几项规定》。规定中提出要大胆选拔一大批优秀的少数民族中青年干部，充实到自治州、自治县和边疆民族地区的各级领导班子中，逐步做到以少数民族干部和本地干部为主。边疆民族地区和自治州、自治县的党政机关职能部门的领导干部，也要逐步做到以民族干部和本地干部为主；企事业单位要注意选拔民族干部和本地干部担任领导职务。省级部、委、办、厅、局等的领导干部中，也要增配一定数量的少数民族干部和本地干部。根据以上精神，全省各地、州、市选拔了一批少数民族优秀中青年干部，进入各级党政领导班子。在1983年的

---

① 云南省民族事务委员会. 云南民委工作60年[M]. 昆明：云南民族出版社，2011：49.

机构改革中，领导班子中少数民族干部的数量有所增加，所占的百分比有所提高。1984年，六届全国人大第二次会议修订通过了《中华人民共和国民族区域自治法》，从法律和制度上保障了民族干部的配备和启用。新修订的民族区域自治法规定，民族自治地方的人大常委会中应当有实行区域自治的民族的公民。自治州州长、自治县县长由实行区域自治的民族的公民担任，自治州、自治县的人民政府的其他组成人员，配备实行区域自治的民族和其他少数民族的人员。民族自治地方的自治机关所属工作部门的干部中，应当合理配备实行区域自治的民族和其他少数民族的人员。民族自治地方的自治机关根据社会主义建设的需要，采取各种措施从当地民族中大量培养各级干部、各种经营管理、科学技术等专业人才和技术工人，充分发挥他们的作用；同时注意在少数民族妇女中培养各级干部和各种专业技术人才。根据以上规定，云南民族自治地方的人大常委会，都由实行区域自治的民族的公民担任主任或副主任；各自治州、各自治县的行政首长，都由实行民族区域自治的民族的公民担任。自治机关所属工作部门的其他成员，也尽量配备了实行区域自治的民族和其他少数民族的人员。在提拔民族干部的过程中，既坚持党的干部标准，又坚持适当照顾的原则。对"德"的要求不搞"特殊"和照顾，全面考察干部的思想品质、政治立场。对"才"的要求，防止和纠正片面强调文凭的偏向。在入学、录用、提拔等方面，都从各个民族的实际出发。只要基本符合德才兼备、为人民群众所拥护、有一定文化水平和工作能力的干部就大胆选拔使用。

第五，拓宽民族干部的来源，增加民族干部的数量。根据党和国家的民族干部政策和措施，逐步解决民族干部与各民族人口比例不相适应的问题。一是大力发展民族教育，增加大中专少数民族学生的数量，巩固扩大少数民族干部"源头工程"。为此，云南省不断加大民族教育的投入，在省内各大中专院校招生时，实行同等条件下优先录取少数民族考生，对经济不发达地区、一些人口少的民族的考生还分情况放宽1~3个分数段进行录取，对高寒山区和边远地区的少数民族考生实行定向招生和定向分配的办法，使在大中专院校里的少数民族学生人数逐年增加。二是招录干部时，对少数民族给予不同照顾。干部自然减员优先补充少数民族干部，将招生与招干结合起来，由省人事厅下达专项增干指标，定向招收边疆民族贫困地区农村户口的少数民族初、高中毕业生，开办少数民族班，以保证各民族干部能有计划、按比例地协调增长。三是分期分批通过考核、考试将边疆民族山区的民办教师转为公办教师。四是根据部队复转专业和民族地方的实际需要，安排一定数量的民族转业军人充实到民族地方的干部队伍当中。五是直接从农村招收民族干部。由于云南许多少数民族居住在山区，没有城镇人口或者城镇人口很少，如果只从城镇招收，基层干部就很难得到补充。而且边疆民族地区和内地民族山区，条件都比较艰苦，从城镇招收的干部大都不愿下农村，勉强下去，既不安心，又不愿学习当地少数民族语言，很难在农村扎下根子，搞好工作。因此，采取了从农村直接招收少数中青年群众，补充基层干部。

总之，党的十一届三中全会以来，云南少数民族干部队伍迅速成长壮大，素质亦逐步提高。到1989年年底，全省少数民族干部占全省干部总数的21.74%，达到172500人。比1978年增长89.1%。以1989年与1961年相比，具有大专以上文化程度的少数民族干部从占2.8%，上升到13.95%；高中（含中专）从占12.7%上升到51.56%；初中以下的从84.2%下降到34.49%，文化结构变化很大。据1989年统计，少数民族干部在17个州、市的地级领导干部中占41.46%，在127个县（市、区）的县级领导干部中占40.87%，在乡（科）级干部中占25.7%，在8个民族自治州的州级领导班子中占59.89%，在28个民族自治县县级领导班子中占59%。①

（三）20世纪90年代云南民族干部队伍建设

20世纪90年代，我国进入了以江泽民同志为核心的第三代中央领导集体时期。这一时期，在以江泽民同志为核心的党中央领导下，为了适应市场经济建设尤其是少数民族和民族地区各项事业发展的需要，不断完善民族干部政策，民族干部的培养主要注重少数民族管理人才、经济贸易和各种专业技术人才的培养。

1992年1月，首次以"中央民族工作会议"的形式召开了全国民族工作会议。江总书记在会上强调，"完善民族区域自治制度，全面贯彻落实民族区域自治法，关键在于大力培养少数民族干部，加强民族地区的干部队伍建设"。"少数民族干部同本民族有着广泛而密切的联系，是我们党做好民族工作的骨干力量。民族干部的状况又是衡量一个民族发展水平的重要标志。""为了适应社会主义现代化建设和改革开放的需要，各级党委要以更大的力量，进一步加强对少数民族干部特别是中高级干部和各种科技、管理人才的培养。"② 为这一时期少数民族干部队伍建设提供了新的理论依据。

1992年2月，中央组织部、中央统战部和国家民委发出《关于选送少数民

---

① 《云南民族工作四十年》编写组. 云南民族工作40年：上卷［M］. 昆明：云南民族出版社，1994：349.
② 江泽民. 江泽民文选：第1卷［M］. 北京：人民出版社，2006：188.

族优秀干部到中央国家机关和北京市挂职锻炼的通知》，对选送的挂职少数民族干部的名额、条件以及挂职锻炼时间、挂职锻炼期间的待遇等作出了具体规定。翌年9月，国家民委发布并施行已经由国务院批准的《民族乡行政工作条例》和《城市民族工作条例》。民族乡行政工作条例规定：民族乡乡长必须由建乡民族的公民担任；在配备乡政府其他工作人员时，应保证建乡民族的公民占有一定的比例。而城市民族工作条例则规定：少数民族聚居街道的办事处、少数民族人口较多的城市人民政府，以及直接为少数民族生产生活服务的单位或部门，应当配备适当数量的民族干部。12月，中央组织部、中央统战部和国家民委制定了《关于进一步做好培养选拔少数民族干部工作的意见》，提出了这一时期少数民族干部工作的任务，即紧密围绕经济建设，按照干部"四化"的方针，培养造就一支密切联系群众、廉洁勤政、德才兼备以及门类齐全、专业配套、结构合理、能够适应改革开放和发展市场经济需要的少数民族干部队伍。同时，还提出了培养和使用少数民族干部的具体要求和规划，即加强培养教育，全面提高干部队伍素质，努力搞好基层干部队伍建设；加强专业技术干部队伍建设，重视领导干部的选配，积极培养和选拔后备干部。2000年8月20日，中共中央办公厅印发了已经中央批准的《深化干部人事制度改革纲要》，提出各民族地区根据各类干部的不同特点，建立和完善了培养选拔民族干部、妇女干部和非党干部的相关制度。以上政策法规，为民族干部队伍建设提供了党和国家层面的政策、法规依据。

为了认真贯彻执行党的总书记在中央民族工作会议上的讲话精神以及党和国家的民族干部政策，中共云南省委、省政府制定并实施了符合云南具体实际的诸多少数民族干部政策，以加强民族干部队伍建设。1994年，云南省委办公厅转发省委组织部、省民委《关于进一步做好培养选拔少数民族干部工作的意见》中规定：对于民族干部数量占本民族人口的比例没有达到"全省水平"的少数民族，要在改善结构、提高素质的同时，以增加数量为重点，采取切实可行的措施，加快民族干部队伍的发展步伐。对于选拔干部非常困难的少数民族，继续采取拓宽干部来源渠道的方式，以解决民族干部数量少和选拔难的问题。对于民族干部数量占本民族人口比例已经达到或接近达到"全省水平"的少数民族，则采取根据社会发展和经济建设的需要，在继续壮大民族干部队伍的同时，把工作重点放到提高民族干部队伍素质方面来。对于少数民族后备干部问题，要求全省各民族地区按照1：2或1：3的比例调整，充实民族后备干部，将少数民族后备干部的培养、选拔工作纳入整个后备干部建设的总体规划之中，切实有效、分层次、分类型地对其进行培训，分民族建立一支门类齐全、专业结构相对合理、文化素质较高和规模适当的后备干部队伍。1999年12月，云南省委、省政府出台了《关于进一步做好新形势下民族工作的决定》。决定提出各级党委和政府要高度重视培养选拔使用民族干部工作，要注重增加数量、提高质量和优化结构。要大力培养选拔适应民族地区建设需要的管理人才、科技人才，尤其是企业经营管理人才。要进一步加大培养选拔目前人口比较少的和干部与人口比例差距比较大的14个少数民族的干部力度。注意培养和选拔少数民族妇女干部和非党民族干部。采取切实可行的措施，增加民族干部在省、地、州、市级国家机关中的比例。在"十五"期间，省级各部委办厅局至少都要选配1名以上的少数民族干部担任厅级领导职务，并使5000人以上的25个世居少数民族都有1名以上干部担任厅级领导职务。决定还提出继续采取多途径、多形式和分层次等方法，对少数民族干部进行培训轮训。地厅级少数民族干部的培训轮训工作，以省委组织部为主，省民委协助；县处级少数民族干部的培训轮训工作，以省民委为主，省人事厅协助。在各级党校和省民族中等专业学校建立民族干部培训中心，省财政安排培训专项经费。云南省委、省政府出台的上述民族干部政策和措施，坚持以"增加数量、提高素质、改善结构"为目标，坚持干部队伍"四化"方针和德才兼备原则，一方面为了使每个民族都能参政议政，关心照顾成长比较慢的少数民族，另一方面也不受限制、不分民族地大力培养、平等对待，采取在同等条件下优先录用民族干部，在省内外大专院校举办少数民族干部班以及在省内各级党校和行政学院举办进修班和培训班等形式，加大上派下挂、跟班见习、考察培训力度。尤其是对人口比较少的民族和干部成长比较缓慢的民族采取放宽学历资格、先进后出、破格提拔等特殊措施，着力解决薄弱环节。

这一时期，通过上述政策的实施，云南民族干部的培养选拔和使用工作成绩突出。一是少数民族干部队伍不断发展壮大。截至2000年年底，民族干部已占全省干部总数的25.2%，达到26.5万人，比1995年增加了3.9万人，平均每年增加近8000人。二是少数民族专业技术队伍发展迅速，结构有所改善，全省已培养了一批中高级各少数民族专业技术人才。据2000年统计，少数民族专业技术人员占全省专业技术人员的24.4%，达到175613人，比1995年增加了1.9个百分点。有高级专业技术人员3382人，比1995年增加了1641人，中级专业技术人员39458人，比1995年增加了18046人。三是少数民族干部队伍的年轻化程度得到进一步提高，年轻干部已成为少数民族干部队伍的主体，全省民族干部中年龄在35岁以下的占民族干部总数的54%。四是大批民族干部走上了各级领导岗位，成为民族地区经济社会发展的中坚和骨干。2000年年底，全省乡科级以上民族干部有34707人、县处级以上民族干部有3941人，分别占全省同类职务干部的28.9%和29.3%；在地级领导班子中民族干部所占的比例为41.6%，在县级领导班子中民族干部所占的比例为37.1%，在民族自治地方的领导班子中基本上形成了以民族干部为主体的结构。①

（四）21世纪初云南民族干部队伍建设

21世纪初，中共十六大在北京召开，标志着我国进入了以胡锦涛同志为核心的第四代中央领导集体时期。这一时期，党和政府虽然没有出台专门针对少数民族干部队伍建设的政策法规，但党和政府的政策法规里包含着培养选拔和使用民族干部的内容，紧紧围绕着"各民族共同团结奋斗、共同繁荣发展"这一主题，抓好民族干部队伍建设。

2005年5月下旬，中央民族工作会议在北京召开，这是21世纪召开的第一次民族工作会议。胡锦涛同志在会上强调："少数民族干部，是党和政府联系少数民族群众的重要桥梁和纽带，是做好民族工作的重要骨干力量。做好培养、选拔、使用少数民族干部的工作，建设一支政治坚定、业务精通、善于领导改革开放和社会主义现代化建设、深受各族群众拥护的高素质的少数民族干部队伍，对于加快少数民族和民族地区经济社会发展、推进我国民族团结进步事业、维护祖国统一和社会稳定具有决定性意义。要把这项工作作为管根本、管长远的大事，制定周密规划，明确目标任务，完善政策机制，认真组织实施，持之以恒地抓下去"②。这是这一时期少数民族干部队伍建设的指针。

2003年12月，中共中央和国务院颁布了《关于进一步加强人才工作的决定》，强调要加强对西部和民族地区人才工作的支持，要完善西部地区和民族地区与中央国家机关、东中部地区干部交流机制，加大县处级以上党政领导干部的交流力度。要重视少数民族人才的开发，加大培养和培训力度，壮大少数民族人才队伍。2005年5月中旬，国务院颁布了《国务院实施〈中华人民共和国民族区域自治法〉若干规定》，全文共三十五条，其中第二十八条和第二十九条规定了少数民族干部配备、使用和少数民族人才开发问题。第二十八和二十九条规定："上级人民政府及其工作部门领导人员中应当合理配备少数民族干部；民族自治地方人民政府及其工作部门应当依法配备实行区域自治的民族和其他民族领导干部，在公开选拔、竞争上岗领导干部时，可以划出相应的名额和岗

---

① 云南省民族事务委员会. 云南民族自治地方"九五"经济社会发展文献 [M]. 昆明：云南民族出版社，2002：51.
② 胡锦涛. 胡锦涛文选：第2卷 [M]. 北京：人民出版社，2016：319-320.

位定向选拔少数民族干部。民族自治地方录用、聘用国家工作人员时，对实行区域自治的民族和其他少数民族予以照顾，具体办法由录用、聘用主管部门规定。"上级人民政府指导民族自治地方制订人才开发规划，采取各种有效措施，积极培养使用实行区域自治的民族和其他民族的各级各类人才。国家积极采取措施，加大对少数民族和民族自治地方干部的培训力度，扩大干部培训机构和高等院校为民族自治地方培训干部与人才的规模，建立和完善民族自治地方与中央国家机关和经济相对发达地区干部交流制度。"[1] 同年5月下旬，中共中央、国务院出台了《关于进一步加强民族工作加快少数民族和民族地区经济社会发展的决定》，从培养、选拔和使用等各个环节上对少数民族干部队伍建设做出了全面布置。强调要制定实施少数民族干部培养规划，进一步完善少数民族干部选拔制度，注重在改革、发展和稳定的实践中考察和识别干部，把更多优秀的少数民族干部特别是年轻干部选拔到各级领导岗位上来，放手使用、充分信任。同年6月10日，教育部等五部委印发《培养少数民族高层次骨干人才计划的实施方案》，对指导思想和目标要求、培养任务、主要措施和计划管理、招生范围、招生计划和经费、报考条件、考试和录取、毕业生就业、教学、培养工作的要求、职责和管理等都做了具体规定，对民族地区的人才开发和民族干部建设起了重要的推动作用。2007年2月，国务院办公厅印发《少数民族事业"十一五"规划》。规划把少数民族人才队伍培养工程作为"十一五"期间重点建设工程。此工程的主要内容为："加强少数民族干部培训基础配套设施建设，编写干部培训教材，建立干部培训课程体系，培养一支长期稳定、高素质的教师队伍。对地、县级少数民族干部进行轮训，对民族工作系统的干部进行现代管理知识和综合能力培训。实施少数民族高层次骨干人才培养计划，选拔县（市、区、旗）、乡镇少数民族优秀中青年干部接受各种形式的大专以上学历教育。选派少数民族优秀中青年专业技术人员到国内外著名高等院校、科研院所及医疗、卫生、环保等系统进行培训，培养造就一批少数民族专家学者、经营管理人才、科技骨干。大力培养少数民族农村实用人才和高技能人才。"[2] 这一时期的上述政策法规里包含着党和政府建设民族干部队伍的内容。

中共云南省委、省政府认真贯彻胡锦涛同志在中央民族工作会议上的讲话

---

[1] 国家民族事务委员会，中共中央文献研究室.民族工作文献选编：二〇〇三—二〇〇九年[M].北京：中央文献出版社，2010：63-64.
[2] 国家民族事务委员会，中共中央文献研究室.民族工作文献选编：二〇〇三—二〇〇九年[M].北京：中央文献出版社，2010：233-234.

精神以及党和政府的政策法规，出台相应的政策、采取相应的措施，把少数民族干部的培养选拔和使用作为管根本、管长远的大事来抓。2001年，云南省委出台了《关于进一步做好培养选拔少数民族干部工作的实施意见》，提出了一段时间内培养少数民族干部的目标和任务，将少数民族干部的录用、培训、选拔、使用、配备和后备干部队伍的建设等进一步规范化。2005年，中央和云南省召开民族工作会议后，云南省委、省政府制定了《关于进一步加强民族工作，加快少数民族和民族地区经济社会发展的决定》，明确了培养和选拔少数民族干部的目标任务和指导思想。同年4月，云南省委办公厅和省政府办公厅下发了《关于做好"十一五"期间培养选拔少数民族干部工作的意见》，提出了"十一五"期间培养选拔少数民族干部和少数民族人才队伍的目标、任务和具体措施：一是在少数民族人才总量上，力争实现少数民族人才占全省人才总量的30%，少数民族企业经营管理和专业技术人才以及党政人才有较大幅度增加；实现省级机关、事业单位和群团组织的领导班子中至少配备1名少数民族干部；在省属国有企业领导班子中积极配备少数民族干部，努力建设一支数量充足、结构合理，坚决维护民族团结和祖国统一，与中共中央保持高度一致，善于领导社会主义现代化建设和改革开放，深受各族群众拥护的高素质的民族人才队伍。二是在考试录用及聘用方面。民族自治地方录用、聘用国家工作人员时，对少数民族人员要采取适当放宽报考和录用条件的办法，划出相应的名额定向招收。非民族自治地方也应采取划出一定名额和岗位、放宽报考和录用条件的办法，适当招收少数民族干部。省级机关和省属垂直管理部门在录用、聘用公务员时，招录5人以上的按不低于1/3、招录10人以上的按不低于15%的比例招录少数民族人员；事业单位在公开招聘工作人员时，同等条件下要优先聘用少数民族人员；省属国有企业也要积极聘用少数民族经营管理和专业技术人员。法院、检察院招录工作人员时，对符合报考条件且通过国家司法资格考试的少数民族报考人员，可以免笔试直接进入面试。三是在培训和锻炼方面。计划用5年时间将全省县处级以上民族干部和民族乡党委书记、乡长轮训一遍。省委组织部、省民委等部门每年选派民族地区的50名干部到省级机关、省属企事业单位、群团和省内发达地区挂职锻炼，其中少数民族干部所占比例不低于60%；每年委托大专院校举办学历培训班，培训100名民族干部；每年选派30名省管少数民族后备干部到国内外考察学习。四是在选拔和任用方面。根据少数民族干部的不同情况，做到"优先提拔使用""优先配备""优先选配""优先安排""优先放到正职岗位"。

2009年8月，云南省委办公厅印发了《关于进一步加强少数民族干部队伍建设的意见》，提出到2010年，全省少数民族干部占全省干部总数的比例要达到30%。要按照"六个优先"原则选用少数民族干部：德才兼备、政绩突出的，优先提拔使用；具备任职条件的，优先放到正职岗位上；与少数民族工作密切相关的部门，优先配备少数民族干部；本地区本单位急需配备少数民族一时又缺乏合适人选的，要打破地区、行业、部门界限，统筹安排，在更大范围内优先配备少数民族干部；少数民族人口相对比较集中的地方，优先配备少数民族干部；同等条件下，优先安排少数民族妇女干部和少数民族党外干部。要采取倾斜政策录用少数民族工作人员：省级机关和省属垂直管理部门招录公务员时，招录5人以上的按不低于1/3、招录10人以上的按不低于15%的比例招录少数民族人员。要通过抓好基础教育，不断加强民族干部队伍的源头建设和基础建设。意见还指出，要认真落实《云南省政法机关2009—2010年少数民族政法干部培养培训工作的实施意见》，与普通高考、成人高考同步招录1000名左右通晓少数民族语言和风俗习惯的学生进行培养，毕业后充实到急需少数民族干部的政法等机关，力争用4年至5年时间，使县以下政法部门及政法基层单位都有通晓当地主体民族语言的法官、检察官、警官和司法调解员。同年9月，云南省委、省政府制定并发布了《关于进一步加强民族工作促进民族团结加快少数民族和民族地区科学发展的决定》，对加大民族干部的培养和选拔力度做了规定：把培养和选拔少数民族干部作为管根本、管长远的大事，努力建设一支政治坚定、业务精通、作风过硬、群众拥护的高素质民族干部队伍。按照数量充足、结构合理、素质优良的总体目标，进一步加大民族干部的培养和选拔力度，采取有力措施，优先选用民族干部，不断提高民族干部在全省各级党政领导班子中的比例。民族自治地方一定要按照有关法律法规选配少数民族干部。少数民族人口较多的市、县、乡党政领导班子和各部门要配备一定数量的少数民族干部。民族工作部门必须发挥自身优势，定期、不定期向组织人事部门推荐优秀民族干部。组织部门在配备民族干部和调整民族自治地方领导班子时，必须充分听取民族工作部门的意见。必须进一步拓宽民族干部队伍来源，在事业单位招聘工作人员、全省招录公务员时，对民族干部考生实行划定比例、单设岗位和定向招录等措施。必须加强少数民族后备干部队伍建设，把更多优秀少数民族干部特别是青年干部选拔到各级领导岗位上来。

总之，21世纪初，通过贯彻落实以上政策，云南民族干部迅速成长。在全国率先提出各少数民族应在省直部门都有1名厅级领导干部，并在全国最先实现，其中阿昌、德昂、布朗、独龙等民族是新中国成立以来第一次有了本民族干部在省直部门担任厅级领导职务。截至2010年年底，全省各级党政机关民族干部已占全省干部总数的 32.31%，民族干部已达到 9.75 万人，比 2005 年增加了 2.16 万人，所占比例由 2005 年的 31.45% 增加到 32.31%；全省事业单位少数民族专业技术人才总数占全省专业技术人才总数的 28.3%，达到 19.37 万人；国有企业单位少数民族专业技术人才占全省专业技术人才总数的 13.2%，达到 9995 人；全省国有企业少数民族经营管理人才占全省总数的 14.62%，达到 0.75 万人。① 全省 16 个州市党委班子中都配备了民族干部。

（五）新时代云南民族干部队伍建设

2012 年 11 月，中共十八大在北京召开。党的十八大以来确立了以习近平同志为核心的中央领导集体。2017 年 10 月，党的十九大召开，宣布中国特色社会主义进入了新时代。这一时期，紧紧围绕协调推进"四个全面"战略布局和统筹推进"五位一体"总体布局，以好干部标准，抓好云南民族干部的培养选拔和使用工作。

党的十八大以来，习近平总书记从不同侧面，多次提及好干部的标准，赋予了好干部新的时代内涵，是新时代"关键少数"的实践准则和奋斗方向。习近平总书记提出，各级党委及组织部门要坚持党管干部原则，坚持正确用人导向，坚持德才兼备、以德为先，努力做到选贤任能、用当其时，知人善任、人尽其才，把好干部及时发现出来、合理使用起来。对于各级干部来说，好干部的基本标准是以德立身、德才兼备。习近平总书记提出好干部要做到"信念坚定、为民服务、勤政务实、敢于担当、清正廉洁"。所谓信念坚定，就是"党的干部必须坚定共产主义远大理想，真诚信仰马克思主义，矢志不渝为中国特色社会主义而奋斗，坚持党的基本理论、基本路线、基本纲领、基本经验、基本要求不动摇"②。所谓为民服务，就是党的干部必须做人民公仆，忠诚于人民，以人民忧乐为忧乐，以人民甘苦为甘苦，全心全意为人民服务。所谓勤政务实，就是党的干部必须勤勉敬业、求真务实、真抓实干、精益求精，创造出经得起实践和人民以及历史检验的实绩。敢于担当，就是"党的干部必须坚持原则、认真负责，面对大是大非敢于亮剑，面对矛盾敢于迎难而上，面对危机敢于挺身而出，面对失误敢于承担责任，面对歪风邪气敢于坚决斗争。清正廉洁，党的干部必须敬畏权力、管好权力、慎用权力，守住自己的政治生命，保持拒腐

---

① 云南省民族事务委员会. 云南民族地区"十一五"经济社会发展文献［M］. 昆明：云南民族出版社，2012：110.

② 习近平. 习近平谈治国理政［M］. 北京：外文出版社，2014：413.

蚀、永不沾的政治本色"①。好干部必须做到的"二十字"，为选人用人树起了时代的标杆，是新时代好干部的"通用标准"，为培养选拔少数民族干部提供了新时代的标准。

2014年修订的《党政领导干部选拔任用工作条例》第七条规定了党政领导干部应当具备的基本条件，第八条规定了提拔担任党政领导职务应当具备的基本资格。2017年10月党的十九大修改通过的《中国共产党章程》第三十五条规定：党的干部是党的事业的骨干，是人民的公仆，要做到忠诚、干净、担当。"党按照德才兼备、以德为先的原则选拔干部，坚持五湖四海、任人唯贤，坚持事业为上、公道、正派，反对任人唯亲，努力实现干部队伍的革命化、年轻化、知识化、专业化。"②党重视培养、选拔女干部和少数民族干部。第三十六条规定：党的各级领导干部"必须信念坚定、为人民服务、勤政务实、敢于担当、清正廉洁"，除了模范地履行党员的各项义务外，还必须具备一些基本条件。2014年12月，中共中央和国务院印发了《关于加强和改进新形势下民族工作的意见》，提出要完善民族工作领导体制和工作机制；要加强干部队伍建设，加大培养民族干部的力度，要大胆选拔、充分信任和放手使用民族干部，培养长期在民族地区工作的汉族干部，保持干部队伍合理结构。2012年，国务院办公厅印发了《少数民族事业"十二五"规划》。规划对少数民族干部的培养选拔做了规定：积极推进少数民族干部培养选拔工作，完善少数民族干部选拔制度，在不断扩大规模的同时，不断提高质量、改善结构。推进干部支援民族地区的工作，继续做好经济发达地区和中央国家机关与民族地区干部的双向交流。重视培养和选拔少数民族女干部。加强对民族地区和少数民族干部的教育培训。2016年国务院印发了《"十三五"促进民族地区和人口较少民族发展规划》，对少数民族干部的培养选拔也做了规定：大力培养、大胆选拔、充分信任、放手使用民族干部，注重培养长期在民族地区的汉族干部，培养优秀中高级少数民族领导干部，保持干部队伍合理结构。加大民族地区少数民族干部与中央国家机关、东部地区干部双向交流力度。加强培养少数民族专业技术人员、学科带头人，推出一批拔尖人才。支持民族地区实施院士后备人选培养、人才小高地建设，促进高端科技人才聚集发展。继续支持民族地区专业技术人才特殊培养项目，培养涵盖农林水牧、科教文卫、环境保护等多行业、多领域的专业技术骨干人才。加强民族地区村干部、农村能人培训工作。这就从国家政策层面，

---

① 习近平. 习近平谈治国理政 [M]. 北京：外文出版社，2014：413.
② 中国共产党章程 [M]. 北京：人民出版社，2017：48.

保障了少数民族干部队伍的建设。

中共云南省委、省政府按照党和国家的民族干部政策，出台相应的政策和措施，按照好干部标准，培养选拔和使用少数民族干部。2015年，云南省委、省政府为全面贯彻落实中央民族工作会议精神和习近平总书记在云南考察工作时的重要讲话，认真贯彻《中共中央、国务院关于加强和改进新形势下民族工作的意见》（中发〔2014〕9号）要求，出台了《关于加强和改进新形势下民族工作的实施意见》（云发〔2015〕6号），提出要按照德才兼备的原则和"好干部标准"，大力培养"忠诚、干净、担当"，能够在维护民族团结、促进民族地区繁荣发展中发挥骨干带头作用的少数民族干部队伍。建立和完善省、州（市）、县（市、区）三级培养体系，确保少数民族干部培养不断层。加强少数民族干部储备，形成年龄、专业、来源结构合理的梯队。努力做到省级机关、事业单位和群团组织的领导班子中至少配备1名少数民族干部，不断巩固"人口5000人以上的25个世居少数民族都有1名以上干部担任省级机关厅级领导干部"成果。各级党政机关在招录公务员、事业单位招聘工作人员时，继续采取单设岗位、适当放宽招考和录用条件、合理确定开考比例等措施。加大基层民族干部、村干部培训和挂职锻炼工作力度。完善少数民族干部交流机制，选派优秀民族干部和民族地区干部到中央国家机关、省外经济发达地区挂职锻炼，加大从省级机关选拔民族干部到州（市）、县（市、区）党政班子挂职和任职以及从州（市）、县（市、区）选拔民族干部到省级机关和省属国家骨干企业挂职和任职的力度。支持民族地区开发人力资源，编制实施少数民族人才发展规划，以人才提升少数民族和民族地区的科技研发力、创新力和转化力。

2015年8月，中共云南省委、省政府出台了《关于建设民族团结进步示范区的实施意见》（云发〔2015〕20号），提出要加强民族干部队伍建设，加大民族干部培养使用力度；严格执行民族自治州、县自治条例中有关干部任职的规定，民族自治州、县党委领导班子及少数民族人口较多的市、县（市、区）、乡（镇、街道）等的党政领导班子中要各配备1名民族干部；实现省级机关、事业单位和群团组织的领导班子中至少配备1名少数民族干部；配备各级领导干部既要充分考虑人口比例和民族成分等因素，也要保证各民族优秀干部培养使用不受比例限制。2016年制定的《云南省国民经济和社会发展第十三个五年规划纲要》，对少数民族人才的培养也做了规划。规划提出，重点要加强少数民族企业经营管理人才、专业技术人才、高技能人才和领军人才的培养。在招聘和招录方面，规划提出边疆民族贫困地区事业单位在招聘工作人员、招录公务员时，可专设岗位招录少数民族公务员和工作人员，艰苦边远地区还可采取合理确定开考比例、单独划定笔试最低合格分数线等方式招录和招聘。人民法院和人民检察院等部门可采取定向培养的方式，招录掌握民族语言的工作人员。在培训和交流方面，规划提出要加大基层民族干部和村干部的培训，加强省、州（市）、县之间优秀干部的交流任职挂职锻炼工作力度。2017年2月，云南省委、省政府印发了《云南省建设我国民族团结进步示范区规划（2016—2020年）》（云发〔2017〕8号）。示范区规划提出，"十三五"末努力实现省级机关、事业单位和群团组织的领导班子中至少配备1名少数民族干部，保持25个世居少数民族都有1名以上干部担任省级机关厅级领导干部。依托云南民族干部学院、普洱民族团结进步干部教育学院等培训机构，实施党政干部民族宗教政策、法律法规轮训计划，培养一大批熟悉民族宗教工作的领导干部，建设一支作风扎实、政治坚定的高素质民族宗教工作队伍。

以上政策和规划的实施，使得云南培养选拔和使用民族干部工作成绩较为突出。截至2015年，少数民族干部占全省干部总数的33.45%，比2010年增加1.14个百分点。其中：乡科级干部中，民族干部占34.17%；县处级干部中，民族干部占30.11%；厅局级干部中，民族干部占33.222%。全省省级机关（含党委工作部门、人大、政府工作部门、政协、法院、检察院）60个领导班子中，配备少数民族干部的班子50个，占83.33%，其中少数民族干部任"一把手"的有19个，占31.67%。全省16个州（市）党政班子中，党委班子和政府班子均全部配备了少数民族干部。129个县（市、区）党、政班子中，有115个党委班子配备了少数民族干部，115个政府领导班子中都配备了民族干部。[1]

三、中国共产党在云南培养选拔和使用民族干部，为治理民族地区提供组织保证的基本经验

治理云南民族地区关键在党，关键在人，关键在少数民族干部。60多年来，特别是党的十一届三中全会以来，党和政府通过培养选拔和使用少数民族干部，在云南成功实行了民族区域自治、成功地解决了民族问题。在少数民族干部队伍建设的实践中，积累了不少宝贵的经验。

（一）坚持党管干部原则，切实加强组织领导

云南是多民族的边疆省份，民族地区要实现经济社会的快速发展，关键是要有干部和人才作为支撑。新中国成立以来，中共云南省委、省政府的每次重

---

[1] 云南省民族宗教事务委员会. 云南民族地区"十二五"经济社会发展文献［M］. 昆明：云南民族出版社，2017：164.

大决策，都强调要培养选拔少数民族干部。特别是进入21世纪以来，云南省委、省政府在认真分析省情和少数民族干部队伍现状的基础上，从推进云南改革开放和现代化建设的高度，制订规划，采取切实有效的政策措施，积极引导各级党委、政府及组织、人事、民族工作部门，进一步强化少数民族干部培养选拔既要坚持标准又要体现特殊的思想观念。全省形成了党委统一领导，各级组织部门牵头抓，有关部门密切配合、各司其职的局面，有力地推进了少数民族干部队伍的持续、健康、快速成长，为民族地区和各少数民族经济社会发展提供了智力支持和组织保障。云南的具体实践证明，坚持党管干部原则是搞好民族干部队伍建设的根本保证。①

（二）高度重视民族干部工作，制定民族干部培养选拔和使用政策并坚决贯彻落实

早在新中国成立初期，毛泽东同志在《对西北民族工作的指示》中就明确指出："要彻底解决民族问题，完全孤立反动派，没有大批少数民族出身的共产主义干部是不可能的。"② 毛泽东主席的这一论断，成为党少数民族干部工作的极其重要的指导思想。为此，党和国家以及云南省委、省政府制定了一系列培养选拔和使用少数民族干部的方针政策，这一工作到21世纪得到了进一步加强。例如，1999年，云南省委、省政府做出了《关于进一步做好新形势下民族工作的决定》，对少数民族干部的培养选拔和使用提出了要求。2001年，云南省委办公厅转发了《关于进一步做好培养选拔少数民族干部工作的实施意见》，提出了一段时间内培养民族干部的目标、任务，提出了将少数民族干部的选拔、配备、使用和培训以及后备干部队伍建设等进一步规范化的问题。2015年，云南省委、省政府又出台了《关于加强和改进新形势下民族工作的实施意见》，对民族干部的培养选拔和使用也做了规定。为了贯彻落实云南省委、省政府的有关民族干部的文件精神，各州（市）又紧密结合自己的实际制定了一些特殊政策。而关于少数民族干部的政策和措施在云南各地的贯彻落实，云南民族干部队伍得到了迅速发展壮大。

（三）坚持党的好干部标准和干部"四化"方针，大胆使用民族干部

中共云南省委、省政府坚持从实际出发，因地制宜、因族举措，把少数民族干部工作作为管根本、管长远的大事来抓，对少数民族干部"充分信任，大

---

① 云南省民族事务委员会. 云南民族团结进步光辉历程（1949—2009）[M]. 昆明：云南民族出版社，2009：149.
② 中共中央组织部调配局. 培养选拔少数民族干部[M]. 北京：中华工商联合出版社，1994：258.

胆提拔，放心使用"，确保各级党政领导班子及部门一定数量的少数民族干部。在培养、选拔和使用少数民族干部的过程中，既坚持干部"四化"（即干部队伍的革命化、年轻化、知识化、专业化）方针，坚持好干部的标准（好干部的标准，从大的方面说，就是德才兼备。同时好干部要做到信念坚定、为民服务、勤政务实、敢于担当、清正廉洁），又充分考虑少数民族地区的民族构成、干部队伍结构等方面的实际，坚持在条件大体相同的情况下，优先选拔使用少数民族干部，使一大批少数民族干部走上领导岗位，在各级领导班子中的比重逐步增长。全省8个民族自治州州长、29个自治县县长均由实行区域自治的民族的公民担任，民族乡的乡长都由建立民族乡的民族的公民担任。同时，在民族自治地方的自治机关里，尽量配备各少数民族人员；在非自治机关的司法机关和检察机关里也都配备有少数民族人员。

（四）把握民族干部成长规律，实行分类指导

少数民族干部的成长，既有干部成长的共同规律，又有其自身的特殊性。因此，既要坚持干部"四化"方针和德才兼备原则，又要充分考虑少数民族的历史、自然和现实基础等客观实际，坚持强调一定比例，确保一定数量；按照少数民族干部的成长规律和民族地区的实际，既坚持标准，但不求全责备，既体现特殊性，但不降低标准，因地制宜、因族制宜，实行分类指导。如规定州（市）、县、乡党政领导班子中少数民族干部的比例，依法配备民族自治地方民族的干部；对大多数人民群众认可的少数民族干部，大胆提拔使用，并制定了破格提拔使用少数民族干部的具体措施；在公开选拔县处级领导干部时，把竞争机制与民族政策有机结合起来，同等条件下优先录用少数民族干部；对人口少、干部成长相对缓慢的少数民族，采取"先进后出""小步快跑"及交流提拔等特殊的措施，使优秀少数民族干部在较短时间内尽快成长起来。实践证明，只有把握民族干部的成长规律，实行分类指导，才能解决云南少数民族干部队伍数量不足、来源不足、结构不合理等问题，才能实现党和政府培养选拔和使用少数民族干部的目标任务。

（五）拓宽民族干部培养的渠道，夯实民族干部培养的基础

民族干部队伍建设，培养是基础，锻炼是途径，使用是关键，根本在教育。新中国成立后，特别是党的十一届三中全会以来，云南省除了在全省统一的正常渠道培养少数民族干部外，还采取了一系列特殊措施，加强少数民族干部队伍建设。一是采取"低门槛进，高门槛出"，对少数民族学生降低录取分数线，制定招生优惠办法；对人口较少和干部成长慢的少数民族，采取定向招生、定

向培养、定向分配、保送、委托培养等措施，使少数民族学生在大中专院校人数逐年增加。二是按照"缺什么，补什么"的办法，依托省内各大中专院校、各级党校和民族干校，抓好少数民族干部的学历教育，培养适应现代化建设的中高级干部队伍。三是采用上派下挂、跨地区、跨部门交流干部等方式，让少数民族干部和民族地区领导干部开阔视野，拓宽思路，增长才干。四是采取倾斜政策录用少数民族工作人员。按照公务员法规定，从云南少数民族和民族地区的实际出发，对录用少数民族干部采取特殊政策。五是开展"省院、省校合作，对口支援协作"。云南与全国著名高校和科研机构建立了合作关系，与上海、浙江等发达省市开展对口支援，重点支持民族地区建立培训基地，培养较高层次的少数民族政治干部以及少数民族专业技术人才和企业经营管理人才。通过上述措施，既增加了干部数量，又提高了干部队伍素质，拓宽了干部来源，为少数民族干部的培养选拔和使用奠定了基础。

（六）明确工作责任，建立培养选拔和使用民族干部的长效机制

少数民族干部队伍建设是一项系统工程，涉及方方面面；只有上下联动，部门配合，各方支持，整合力量，才能把党和政府关于少数民族干部队伍建设的方针政策和措施落到实处。新中国成立以来，在中共云南省、省政府的领导和高度重视下，按照党管干部的原则，各级组织认真做好少数民族干部队伍建设的综合、协调和指导工作。统战和民族事务等部门发挥密切联系党内外少数民族干部的优势，积极参与少数民族干部的培养工作。各级人事、教育、发展与改革、财政等部门通力协作，加强民族地区人才资源开发，发展民族教育事业，加大相关经费的投入，共同做好少数民族干部队伍建设工作。各级财政安排少数民族干部培养专项经费，纳入财政年度预算。培养选拔和使用民族干部工作，得到了全社会的共同关心、支持，为少数民族干部营造了人尽其才、才尽其用的良好发展环境，使云南少数民族干部队伍建设做到思路清晰、重点突出、目标明确、统筹规划、协调动作，构筑了培养选拔和使用少数民族干部的长效机制。

（七）强化马克思主义教育，用科学的思想理论武装民族干部

要带领人民群众改造世界，首先就要求我们必须科学地来认识世界。社会主义事业是人类历史发展上的一项全新实践课题，没有作为先导的科学思想理论进行武装，便没有革命和建设事业的繁荣发展。马克思曾经说过："批判的武器当然不能代替武器的批判，物质力量只能用物质力量来摧毁；但是理论一经

群众掌握，也会变成物质力量。"① 民族干部承担着带领边疆民族地区各族群众走向社会主义和推动社会主义事业繁荣发展的历史重任，然而历史上的边疆民族地区又相对封闭和滞后，现代教育与科学思想理论的传播比较缺乏或薄弱，在这种情况下成长起来的民族干部，急需科学思想理论的武装，必须持续不断地强化对他们进行马克思主义教育，掌握马克思主义的世界观和方法论，增强执政为民的本领，学会在解决具体实践问题中来研究和运用马克思主义。

（八）民族干部的成长，必须正确执行党的民族政策，必须加强民族团结

云南省各级党委和党组织以及各级人民政府，在有计划有步骤地培养选拔和使用少数民族干部的同时，在各个时期都注意培养从事民族工作的汉族干部，同时还调派了一定数量的优秀汉族干部去参加和帮助各少数民族地区的工作。因此，在民族地区，既有少数民族干部和专业人才，又有汉族干部和专业人才（包括教师），他们在民族地区的社会主义现代化建设中各有不可替代的地位和作用。在相当长的历史时期内，汉族干部和专业人才的水平，对少数民族干部和专业人才有很大的影响，特别是汉族领导干部的民族理论水平和民族政策水平，对少数民族干部和专业人才的成长有着更直接的影响。反过来，少数民族干部和专业人才也对汉族干部和专业人才有重要的作用和影响。在民族地区工作的汉族干部和少数民族干部，都要长期树立"三个离不开"即汉族离不开少数民族、少数民族离不开汉族、各少数民族之间也互相离不开的观点，相互尊重、相互信赖、相互学习、共同提高，这是搞好民族地区各项事业的重要保证。

（九）加强实践锻炼，提高民族干部的能力和水平

在实践中锻炼，是少数民族干部健康成长的一条便捷途径。为了使少数民族干部尽快成长起来，中共云南省委、省政府采取切实可行的组织措施，不断强化民族干部的实践锻炼环节。一是压工作担子，把优秀的少数民族干部提拔到领导岗位上来，让他们在实际工作中分管或协助管理一方面的工作，参与领导决策。二是对优秀的少数民族年轻干部，让他们在省级机关以及全省州（市）、县的不同部门之间、系统内部的不同岗位之间或不同地区之间轮换任职，积累实际工作经验，提高他们科学决策的能力和水平。三是选拔优秀的少数民族年轻干部到中央国家机关、省级机关以及省内外经济发达地区挂职锻炼或跟班见习，让他们拓阔视野、增长知识和才干，增强宏观决策能力。四是有关部门有计

---

① 中共中央马克思恩格斯列宁斯大林著作编译局. 马克思恩格斯选集：第1卷［M］. 北京：人民出版社，1995：9.

划地组织少数民族干部到省外发达地区考察或短期培训。经过实践锻炼，大批少数民族干部的能力和水平都有了明显的提高，有的被提拔到更高一级的领导岗位。

总而言之，在充分肯定云南民族干部培养选拔和使用取得的成绩及其所积累的宝贵经验的同时，也应该清醒地看到云南民族干部的培养选拔和使用还面临着一些不容忽视的问题：一是少数民族干部总量不足，与人口比例还有较大差距。全省除蒙古、满、白、纳西、回、怒、基诺、普米、水、阿昌等民族的干部比例基本达到或超过人口所占比例外，哈尼、壮、苗、傣、彝、拉祜、傈僳、佤、瑶、布依、布朗、德昂、景颇、藏等民族的干部所占比例与人口所占比例差距较大。二是结构不合理。政工干部多，经济管理类干部少，担任经济管理领导干部的更少；具有高级专业技术职务的干部少。三是各少数民族之间干部发展不平衡。白、纳西、回等几个民族的教育发展程度较高，因而这几个民族的干部发展较快，而哈尼、独龙、拉祜、佤、布朗、德昂、傈僳、阿昌、苗、景颇、瑶等民族的教育发展程度相对较低，因而这些民族的干部发展速度比较缓慢。四是少数民族干部文化程度仍然偏低，民族干部的整体素质还须进一步提高。

第六章

中国共产党实行民族区域自治，治理云南民族地区政权问题的实践与经验

在我国实行民族区域自治，是党把马克思主义民族理论与中国具体实际密切结合的一个伟大创举，为治理民族地区找到了一条正确的道路。新中国成立之初，云南各民族社会经济形态差异大、政治社会组织多种多样，党正是通过实行民族区域自治成功地解决了云南民族地区的政权问题，结束了国民党对云南的统治，终结了延续几百年的地方土司政权。云南在实行民族区域自治之前，党和政府开展了民族识别和民族人口调查，开展了民族平等和团结以及民族区域自治政策的宣传教育，制定了民族地区各级政权机构组织暂行条例，建立了民族民主联合政府，为推行民族区域自治做好了准备。从1951年5月第一个县级民族自治区建立至今，民族区域自治在云南已经走过了60多个春秋。这半个多世纪的民族区域自治实践，经历了一个曲折发展的过程，既有成功的经验，也有失败的教训。实践证明，实行民族区域自治，既充分体现了党和国家坚持民族平等和团结以及共同进步和繁荣的愿望，又充分体现了党和国家尊重和保障各少数民族自主管理本民族内部事务。同时，实行民族区域自治，对于维护云南民族地区的稳定、治理民族地区的政权问题、巩固国家的统一是极其重要的。

一、中国共产党解决民族问题正确道路的探索

中国共产党成立后，面对极端复杂的中国民族问题，党在马克思主义民族理论指导下，结合自己的国情，对解决民族问题的正确道路进行了艰辛的探索。中国共产党围绕着革命、建设和改革开放等不同历史时期的中心任务，把马克思主义民族理论与中国的实际国情、族情结合起来，推行民族区域自治政策，创制民族区域自治制度，找到了解决中国民族问题的正确道路。

（一）马克思主义民族理论与中国国情和族情的实际结合

中国共产党在探索解决国内民族问题的历史进程中，在六届六中全会以前，

由于受苏联的影响以及在理论上的不成熟,曾经提出过用民族自决或者用联邦制来解决国内民族问题。之后,随着中国共产党对国内民族及民族问题认识的不断深化和在理论上的日趋成熟,把马克思主义民族理论与中国的国情、族情结合起来,实行民族区域自治,创制民族区域自治制度。

中共在其早期曾赞成过民族自决原则。1923年6月中共第三次全国代表大会通过的《中国共产党第三次全国代表大会宣言》中提出:要集合自己的势力,做强大的国民自决运动。同时党的"三大"将马克思主义经典作家所提的民族自决权作为党解决国内民族问题的原则,在会上通过的《中国共产党党纲草案》中规定:"西藏、蒙古、新疆、青海等地和中国本部的关系由各该民族自决。"① 1931年11月,中华工农兵苏维埃第一次全国代表大会在江西瑞金召开,会上通过的《中华苏维埃共和国宪法大纲》也规定:中华苏维埃政权承认中国境内少数民族的自决权,一直承认到各弱小民族有同中国脱离,自己成立独立的国家的权利。而1934年1月召开的第二次全国苏维埃代表大会上再次重申了1931年宪法大纲中关于民族问题的纲领。在这次代表大会上,毛泽东在《中华苏维埃共和国中央执行委员会与人民委员会对第二次全国苏维埃代表大会报告》中也重申:"中华苏维埃政权,承认中国境内的少数民族的自决权,直到各民族脱离中国建立自己的独立自由国家。蒙古、回、藏、苗、黎、高丽人等,凡属居住在中国境内者,他们加入中国苏维埃联邦,或者脱离苏维埃联邦,或者建立自己的自治区域,均由各民族照自己的意志去决定。"② 1935年8月,中央政治局在毛儿盖会议上通过的《关于一、四方面军会合后的政治形势与任务的决议》中规定了党对少数民族的基本方针,即"中国共产党和中国苏维埃政府对少数民族的基本方针,是在无条件地承认他们有民族自决权,即在政治上有随意脱离压迫民族即汉族而独立的自由权,中国共产党与中国苏维埃政府应该实际上帮助他们的民族独立与解放运动"③。至于当前的任务,一、四方面军"目前在少数民族中的基本方针,应首先帮助他们的独立运动,成立他们的独立国家。中华苏维埃共和国政府应公开号召蒙古、回、藏等族起来为成立他们自己的独立国家而斗争,并给这种斗争以具体的实际的帮助"④。1935年12月,《中华苏维埃共和国中央政府对内蒙古人民宣言》宣布,"内蒙古人民自己才有权利解决自己内部的一切问题。同时,内蒙古人民可以从心所欲的组织起来,它有权按

---

① 中共中央统战部. 民族问题文献汇编[M]. 北京:中共中央党校出版社,1991:22.
② 中共中央统战部. 民族问题文献汇编[M]. 北京:中共中央党校出版社,1991:211.
③ 中共中央统战部. 民族问题文献汇编[M]. 北京:中共中央党校出版社,1991:306.
④ 中共中央统战部. 民族问题文献汇编[M]. 北京:中共中央党校出版社,1991:306-307.

自主的原则，组织自己的生活，建立自己的政府，有权与其他的民族结成联邦的关系，也有权完全分立起来"①。1936年5月，以中央政府主席毛泽东的名义发布了《中华苏维埃中央政府对回族人民的宣言》，提出了解决民族问题的7条主张，其中第一条规定："我们根据民族自决的原则，主张回民自己的事情，完全由回民自己解决，凡属回族的区域，由回民建立独立自主的政权。"② 从以上不难看出，这一时期党的民族政策是民族自决。但是，随着国内外形势的发展，国共两党建立了抗日民族统一战线，中国共产党不再提民族自决，而是倡导团结抗日。后来，中国共产党在实践中不断探索，在理论上逐步成熟，最终抛弃了脱离中国实际的"民族自决权"理论。

20世纪初，联邦制思潮在中国兴起，中国共产党在其早期也曾赞成过联邦制。1922年7月，中共第二次全国代表大会上通过的《中国共产党第二次全国代表大会宣言》中把"推翻国际帝国主义的压迫，达到中华民族的完全独立"作为党当时的主要奋斗目标之一。同时针对国内民族问题提出："……（三）统一中国本部（东三省在内）为真正民主共和国；（四）蒙古、西藏、回疆三部实行自治，成为民主自治邦；（五）用自由联邦制，统一中国本部、蒙古、西藏、回疆，建立中华联邦共和国；"③ 这里提出了用联邦制来解决国家的统一问题和民族问题。后来，随着党在革命实践中的不断成长，认识到联邦制解决不了国内民族问题。本来，联邦制作为马列主义解决民族问题的方式之一，是有条件的。正如前面所述，马列主义在根本上是反对联邦制的，只有在迫不得已的情况下，马列主义才主张用联邦制，并且始终强调，联邦制不是工人阶级夺取政权后国家结构的永久形式，而是过渡到中央集权制国家的一种形式。然而中国的国情不需要这样一种过渡形式。而且从总体上来看，中国的民族问题主要不是分离分裂的问题，而是如何进一步巩固和发展民族团结，实现民族平等的问题，然而联邦制解决不了这个问题。因此，中国共产党最终也抛弃了联邦制。

中国共产党在抛弃民族自决和联邦制的过程中，对民族区域自治从理论上和实践中进行了长期深入的探索，把马列主义民族理论与中国的国情、族情结合起来，最终选择用民族区域自治来解决中国的民族问题。

1931年11月，《中华苏维埃共和国宪法大纲》提出了少数民族可以"建立

---

① 中共中央统战部. 民族问题文献汇编 [M]. 北京：中共中央党校出版社，1991：323.
② 中共中央统战部. 民族问题文献汇编 [M]. 北京：中共中央党校出版社，1991：367.
③ 中共中央统战部. 民族问题文献汇编 [M]. 北京：中共中央党校出版社，1991：18.

自己的自治区域"。同时，中华工农兵苏维埃第一次全国代表大会专门通过的《关于中国境内少数民族问题的决议案》郑重声明，"中华苏维埃共和国绝对地无条件地承认这些少数民族自决权。这就是说：蒙古、西藏、新疆、云南、贵州等一定区域内，居住的人民有某种非汉族而人口占大多数的民族，都由当地这种民族的劳苦群众自己去决定：他们是否愿意和中华苏维埃共和国分离而另外单独成立自己的国家，还是愿意加入苏维埃联邦或者在中华苏维埃共和国之内成立自治区"[1]。1936年5月，中国共产党在《中华苏维埃中央政府对回族人民的宣言》中，主张"在民族平等的原则上，回民自己管理自己的事情，建立回民自治政府"[2]。以上关于民族区域自治的提法，应该说是党关于民族区域自治思想的萌芽。

1938年，毛泽东在中共六届六中全会上的报告中正式把民族区域自治作为解决国内民族问题的政治方式提了出来。报告指出，各少数民族与汉族"有平等的权利"；各少数民族在执行国家总政策的前提下"有自己管理自己事务之权"；各少数民族与汉族"联合建立统一的国家"；在民族杂居的地方，省、县政府"须设置由当地少数民族的人员组成的委员会"，"管理和他们有关的事务，调节各民族间的关系"；"尊重各少数民族的文化、宗教、习惯"，"赞助他们发展用各族自己语言文字的文化教育"；"纠正存在着的大汉族主义，提倡汉人用平等态度和各族接触"；禁止任何对少数民族"带侮辱性与轻视性的言语、文字与行动"。[3] 1940年4月和7月，先后由中共中央西北工作委员会拟定并原则上经中共中央书记处批准的《关于回回民族问题的提纲》《关于抗战中蒙古民族问题提纲》中提出，"在共同抗日原则下，允许回族有管理自己事务之权"，"蒙古民族有管理自己事务之权"。1941年，由中共陕甘宁边区中央局提出并经中共中央政治局批准颁布的《陕甘宁边区施政纲领》规定：依据民族平等原则，实行蒙、回民族与汉族在政治经济文化的平等权利，"建立蒙、回民族自治区"。1945年10月23日，《中共中央关于内蒙工作方针给晋察冀中央局的指示》中提出，"对内蒙的基本方针，在目前是实行区域自治"，要求"首先从各旗开始，争取时间，放手发动与组织蒙人的地方自治运动，建立自治政府"，"准备建立内蒙古自治筹委员会的组织，统一各盟旗自治运动的领导，党内亦应有统一领

---

[1] 中共中央统战部. 民族问题文献汇编 [M]. 北京：中共中央党校出版社，1991：169-170.
[2] 中共中央统战部. 民族问题文献汇编 [M]. 北京：中共中央党校出版社，1991：367.
[3] 史筠. 民族法制研究 [M]. 北京：北京大学出版社，1986：50.

导与政策"①。1946年1月,中国共产党代表团在《和平建国纲领草案》中提出,"在少数民族地区,应承认各民族的平等地位及其自治权"②。1947年10月10日,毛泽东在他起草的《中国人民解放军宣言》提出,"承认中国境内各少数民族有平等自治的权利"③。这就进一步丰富了中国共产党民族区域自治的思想。

1949年9月,《中国人民政治协商会议共同纲领》（以下简称《共同纲领》）确定了新中国的国家结构形式是单一制,在各少数民族聚居的地方实行区域自治、设立自治机关,并把民族区域自治作为解决国内民族问题的基本方式。1954年,第一届全国人民代表大会通过了新中国第一部宪法。这部宪法第三条规定:"中华人民共和国是统一的多民族的国家。……各少数民族聚居的地方实行区域自治。各民族自治地方都是中华人民共和国不可分离的部分。"第67条至第72条还专门规定了民族自治地方的自治机关的各项职权及相关事项。这样,民族区域自治载入了新中国的根本大法,成为党的根本政策,成为国家的一项基本的政治制度。

（二）民族区域自治在中国大地上的初步实践

新中国诞生之前,中国共产党对于民族区域自治已经进行了几十年的探索。在民主革命时期,一些少数民族地区建立过具有民族形式的民主政权。在红军长征时期,在藏族地区曾建立过博巴政府;1936年在陕甘宁边区也曾建立过豫海县回民自治政府。1941年,陕甘宁边区政府颁布了《陕甘宁边区施政纲领》,按照纲领建立民族自治地方的规定,分别建立了蒙古、回民族的自治地方。1946年,陕甘宁边区政府领导蒙古族和回族人民,分别在关中地区的定边县和正宁县建立过回族自治乡,在城川建立过内蒙古自治区。1949年2月,根据中共中央的指示,中共海南琼崖区委领导黎、苗人民成立了琼崖少数民族自治区行政委员会（新中国成立后改为海南黎族苗族自治州）。在山东、晋察冀解放区,也曾建立过少数民族自治政权。

1945年10月,中央书记处发出《对内蒙工作的意见》,其中提出了解决内蒙古问题的基本方针是实行区域自治。中央书记处于1945年11月10日再次电示,要求先成立自治运动联合会,准备将来在内蒙古成立自治政府。在中央指示发出前后,中共中央从延安派出乌兰夫等一大批蒙汉干部进入内蒙古地区,

---

① 中共中央统战部.民族问题文献汇编[M].北京:中共中央党校出版社,1991:964.
② 中共中央统战部.民族问题文献汇编[M].北京:中共中央党校出版社,1991:991.
③ 毛泽东.毛泽东选集:第4卷[M].北京:人民出版社,1960:1134.

开始了实行民族区域自治的准备工作。① 1945年11月25日，中国共产党领导的"内蒙古自治运动联合会"在张家口成立，联合会是内蒙古自治政府成立之前开展自治运动的领导机构，具有一定的临时政权的性质。但它代表的主要是内蒙古西部的旗盟，没有东部的代表。后经内蒙古自治运动联合会对东部"东蒙自治政府"和"内蒙古人民革命党"的工作，在统一东、西内蒙古自治运动的基础上，为实现全内蒙古的民族自治创造了条件。1947年4月23日，内蒙古自治运动联合会选出的代表在乌兰浩特（王爷庙）举行会议，代表们讨论了《内蒙古自治政府施政纲领》《内蒙古自治政府暂行组织大纲》，纲领规定了内蒙古自治政府的性质即"内蒙古各民族各阶层联合会蒙古区域内各民族的区域性的民主政府"②。1947年5月1日，内蒙古自治政府成立，它是新中国成立前在如此大的范围内建立的民族区域自治单位。它的建立，是中国共产党向着民族区域自治方向迈出的具有重大意义的一步。

1949年9月，中国人民政治协商会议通过了《共同纲领》。《共同纲领》明确规定了新中国的民族政策："中华人民共和国境内各民族一律平等，实行团结互助，……，使中华人民共和国成为各民族友爱合作的大家庭。反对大民族主义和狭隘民族主义，禁止民族间的歧视、压迫和分裂各民族团结的行为。""各少数民族聚居的地区，应实行民族的区域自治，按照民族聚居的人口多少和区域大小，分别建立各种民族自治机关。凡各民族杂居的地方及民族自治区内，各民族在当地政权机关中均应有相当名额的代表。""中华人民共和国境内各少数民族，均有按照统一的国家军事制度，参加人民解放军及组织地方人民公安部队的权利。""各少数民族均有发展其语言文字、保持或改革其风俗习惯及宗教信仰的自由。人民政府应帮助各少数民族的人民大众发展其政治、经济、文化、教育的建设事业。"③《共同纲领》关于民族区域自治的规定，标志着中国共产党、国家政权、全国各族人民和所有的进步及民主势力对这一国家根本政策和制度的确认。

中华人民共和国成立后，根据《共同纲领》的规定，党和政府从1950年开始在全国各少数民族聚居区逐步推行民族区域自治。

---

① 张尔驹. 中国民族区域自治的理论和实践［M］. 北京：中国社会科学出版社，1988：84.

② 张尔驹. 中国民族区域自治的理论和实践［M］. 北京：中国社会科学出版社，1988：89.

③ 中共中央统战部. 民族问题文献汇编［M］. 北京：中共中央党校出版社，1991：1290.

二、中国共产党实行民族区域自治，治理云南民族地区政权问题的实践

云南和平解放后，根据《共同纲领》第五十一条规定即"各少数民族聚居的地区，应实行民族的区域自治，按照民族聚居的人口多少和区域大小，分别建立各种民族自治机关"和1952年《中华人民共和国民族区域自治实施纲要》关于在少数民族聚居区逐步推行民族区域自治的规定，在少数民族聚居的地方施行民族区域自治，成功地解决了民族地区的政权问题。从1952年5月12日成立第一个民族自治地方——峨山彝族自治州（县级）始，到1990年全省建立了8个民族自治州、29个民族自治县。同时，全省还先后设立了众多的民族乡，作为民族区域自治的补充。在云南推行民族区域自治，虽然经历了一个曲折的过程，但是，民族区域自治在云南的具体实践证明，民族区域自治是云南少数民族地区社会历史发展的最好选择，是云南各族人民共同发展、共同进步和共同繁荣的根本保证。

（一）在云南实行民族区域自治的准备工作

云南和平解放后，中共云南省委、省政府在对各族干部和群众宣传民族平等团结政策、宣传民族区域自治的基础上，开展了民族识别，争取和团结了民族上层人士，制定了民族地区各级政权机构组织暂行条例，建立了民族民主联合政府，为在云南民族地区推行民族区域自治做好了准备工作。

第一，进行民族识别。新中国成立前，云南民族众多，社会发展进程参差不齐，国民党政府实行民族压迫政策，不承认少数民族的存在，因此不甚了解全省究竟有多少民族。新中国成立后，中共云南省委于1950年年初成立了省委民族工作党组（1952年在民族工作党组的基础上成立云南省委边委）。省委边疆工作委员会在省委的直接领导下负责指导全省的边疆、民族工作。1950年7月，根据中共中央和中共西南局的指示，云南省民族事务委员会成立。云南省民委刚成立，于1951年成立了调查研究室，根据中共云南省委和省政府的要求，把搞清全省有多少少数民族、民族人口占多大比例以及各民族分布区域作为首要任务。1951年7月，云南省民委调查研究室根据各专区、县上报的材料，并参考有关历史资料，汇集整理出《云南省兄弟民族人口分布初步统计》，并印制装订成册，提供各级领导和有关部门参考。当时统计结果显示，云南全省少数民族人口共有483.35万人，占全省总人口的33.82%。各地上报的民族名称多达几百个，经初步识别合并后仍有132个。[①] 这就需要深入到全省各地调查研

---

① 马曜. 云南民族工作40年：上 [M]. 昆明：云南民族出版社，1994：276.

究，进行民族识别。

至 1953 年，经过中央民族访问团在访问过程中初步调查云南少数民族情况，云南省民委和各地区对民族称谓和人口的调查研究和归并支系，并同各民族代表人物充分协商，全省已确定彝、白、回、藏、傣、苗、瑶、哈尼、纳西、拉祜、佤、傈僳、景颇等 13 个民族为单一民族。1954 年 3 月，根据中共云南省委的指示和全国统战工作会议精神，云南省委边疆工作委员会和省委统战部组织专家、学者、教学和科研人员组成云南民族识别研究组，继续开展民族识别工作。在调查和民族识别研究的基础上，1954 年年底，经云南省委讨论并报上级，国家民族事务委员会正式认定云南共有 21 个少数民族，还有部分有待进一步识别的少数民族人口，暂称为人。（至 1982 年，正式被确认的云南世居少数民族共 25 个。）这就为党推行民族区域自治提供了科学依据。

第二，争取团结民族上层人士。新中国成立初期，云南全省共有少数民族上层人士和宗教界上层人士 1.31 万人，其中分布在边疆地区的有 1.28 万人。如果按照他们当时的管辖范围大小划分，这些上层人士中有相当于县级以上的土司 115 人；区级以上的土司、山官、王子、活佛、牧师等 900 多人；乡级土司属官、山官、王子、头人 1800 多人；村寨头人约 1 万人。[①] 这些民族上层人士对少数民族群众有极大的影响力，争取团结少数民族上层人士，并通过他们团结各族人民，才能稳定和巩固边疆、孤立和打击敌人，才能顺利地推行民族区域自治。在争取团结民族上层人士的过程中，中共云南省委、省政府向他们反复耐心地宣传党的政策，以消除他们在思想上的种种顾虑；动员组织上层人士在内的少数民族代表到内地参观学习；采取个别交谈、召开座谈会以及举办短训班等方式，向民族上层人士宣传形势政策，耐心地对他们进行教育，并帮助他们消除种种顾虑和解决上层人士之间的团结等问题；省委、省政府领导带头，党政首长主动与各民族上层人物交朋友，坦诚相待，认真听取他们的意见和建议，了解他们以及他们所代表的民族的实际情况和困难，帮助他们解决在生产生活和家庭中的困难，积极争取团结他们。

第三，制定民族地区政权机构组织条例。1951 年年初，云南民族地区逐步展开了政权建设的工作。为了适应民族地区建立人民民主政权的需要，云南省政府责成省民委，根据中央人民政府政务院颁发的省、市、县、区、乡各级各界人民代表大会及人民政府的组织通则，西南民族事务委员会《关于西南少数民族地区实行民族区域自治及建立民族民主联合政权的意见》，以及中央人民政

[①] 当代云南编辑委员会. 当代云南简史 [M]. 北京：当代中国出版社，2004：109.

府和西南军政委员会有关民族地区建立人民民主政权的指示，结合云南少数民族地区的实际情况，拟定了《云南省少数民族地区各级政权机构组织暂行条例（草案）》。暂行条例包括三个部分：一是关于民族杂居区联合政权，包括专区、县、区、乡人民政府和各族各界人民代表会议组织暂行条例；二是关于民族区域自治，包括民族自治县、区、乡人民政府和人民代表大会暂行条例；三是专区、县各族各界人民代表大会协商委员会组织暂行条例，以及县民族代表会议常务委员会组织暂行条例。在这些条例中，强调对于有关某一民族的重大问题的处理，必须同该民族的政府委员和人民代表充分协商，才能做出决定。注意调整民族关系，加强民族团结。规定在民族民主联合政权之下，少数民族聚居的地方可以建立民族自治机关，实行区域自治；在少数民族自治地方，也还可以建立下一级的民族民主联合政府。① 1951年6月10日，省政府把《云南省少数民族地区各级政权机构组织暂行条例》呈报中央人民政府和西南军政委员会审核，并下发给全省各地参照执行。这个暂行条例的制定，为云南民族地区的政权建设提供了法律依据。

第四，召开各民族代表会议，建立各级民族民主联合政府。云南刚和平解放时，一些民族内部和各民族之间的隔阂很深，民族关系很复杂，建立民族区域自治的内外条件还没有完全具备。因此，云南省委、省政府在建政的过程中，首先召开各族各界代表会议，在民族地区普遍建立民族民主联合政府。1950年12月25日至1951年1月2日，云南省第一届各族各界代表会议在昆明召开，各民主党派、各兄弟民族、各革命阶层代表其899人出席，列席代表113人。② 1951年元旦普洱专区召开了各族各界代表会议，举行了隆重的剽牛盟誓仪式，48位各民族的代表和当地党政军领导，分别用傣、拉祜、汉文在誓词上签名，立下了永垂千秋的《民族团结碑》。同时全省其他地方也都召开了各族各界代表会议，协商建政等问题。1951年2月，在昆明县（今昆明市官渡区、西山区）第二届各族代表会议上选举产生了全省第一个民族民主联合政府。接着边疆民族地区普洱、蒙自等专区也相继建立了民族民主联合政府。至1954年8月初，全省共建立了477个乡级、23个区级、22个县（市）级、6个专区级民族民主联合政府。③ 这些联合政府委员会的组成人员，大部分都是各族各界的代表人物，许多少数民族上层人士被选为副主席。同时，在民族民主联合政府的各部

---

① 马曜. 云南民族工作40年：上［M］. 昆明：云南民族出版社，1994：278.
② 云南省民族事务委员会. 云南民委工作60年［M］. 昆明：云南民族出版社，2011：12.
③ 云南省民族事务委员会. 云南民委工作60年［M］. 昆明：云南民族出版社，2011：13.

门中,也增加了若干少数民族上层人士和民族干部。民族民主联合政府的建立,加强了民族团结,改善了民族关系,稳定和巩固了边疆,实现了各民族人民群众当家做主的愿望,激发了各族人民支持新政权、热爱祖国和拥护共产党的热情。同时,民族民主联合政府的建立,既保证了各民族参加地方各级人民政府的权利,也为民族区域自治在云南的顺利推行做好了组织上的准备。

第五,宣传民族平等团结和民族区域自治政策。云南和平解放后,云南省委、省政府非常重视民族工作,并在各民族群众和干部中,进行民族区域自治政策和民族平等、团结的宣传教育。1950年7月,中共云南省委第一次党代表会议确定了民族工作的方针,即"民族和睦、加强民族团结、消除历史上造成的民族隔阂、工作稳步前进"。1950年11月下旬,中共云南省委召开了全省民族工作会议。会议研究了当前民族工作的方针任务,同时强调要对干部进行民族政策和克服民族主义思想的教育,指出:目前大汉族主义思想倾向是主要的,必须坚决纠正;但在工作中碰到的狭隘民族主义思想的表现,也应耐心教育改正。1952年11月17日,云南省委根据中共中央和中共西南局的指示,发出《关于检查民族政策执行情况的指示》,要求各级党委必须全面检查民族政策执行情况。通过这次检查,在全省范围内广泛深入地宣传教育民族平等和民族团结政策。同年11月26日,云南省人民政府根据政务院《关于学习民族政策的通知》,发出了《关于学习民族政策的通知》,要求各地区、各机关、各部门、各民族认真学习政务院颁布的《中华人民共和国民族区域自治实施纲要》《中央人民政府政务院关于地方民族民主联合政府实施办法的规定》《中央人民政府政务院关于保障一切散居的少数民族成分享有民族平等权利的决定》等重要文件,贯彻落实《共同纲领》规定的民族政策。通过学习,提高了全省广大干部对党和国家民族平等、团结和民族区域自治政策的认识,为在云南稳步推行民族区域自治奠定了思想基础。

(二)新中国成立初期,民族区域自治在云南的稳步推行

1950年到1957年上半年,在摸清民族地区的"区情"、加强民族团结、召开各民族代表会议、建立民族民主联合政府以及开展民主改革的基础上,中共云南省委和省政府积极稳步地推行民族区域自治,以保障各少数民族参与国家管理以及管理本民族事务的平等权利。但是,由于民族区域自治制度是党创制的一种崭新的制度,而且推行这种制度的工作也是一项崭新的工作,实行时间还不长,经验也不丰富,一些认识问题还有待解决,各项制度也还不健全,尚需进一步充实和完善。

1951年4月，中共云南省委发出《关于目前少数民族工作问题的指示》，要求在民族杂居地区尽快成立民族民主联合政府，在少数民族聚居地区实行民族区域自治。同年5月，中共云南省委又发出《关于成立民族区域自治的指示》，对建立民族民主联合政府和实行民族区域自治做出了具体部署。按照《共同纲领》和西南民族事务委员会《关于西南少数民族地区实行民族区域自治及建立民族民主联合政权的意见》，1951年5月12日云南建立了第一个民族自治地方即峨山彝族自治州区（县级），施致宽（彝族）被选为自治区第一任主席。峨山彝族自治州的建立，体现了党和国家的民族政策，为全省普遍推行民族区域自治提供了宝贵的经验。

云南内地民族地区于1952年基本上完成了民主改革，各族劳动人民开始获得了当家做主的权利，然而边疆地区还保留着土司制度。为了在边疆民族地区推行民族区域自治，中共云南省委、省政府于1951年委托中央访问团协助思茅地委筹建西双版纳自治区。当时，思茅地委和专员公署根据省委指示，召开了民族工作会议，成立了西双版纳傣族自治州筹备委员会，拟订了建立自治区的初步方案。在筹备和建立自治区的过程中，对于自治地方的称谓、行政区划、政府组成、自治权等问题，各民族干部、群众和上层人士，都有不同的意见和要求，因而引起了相当激烈的争论。经过半年多的筹备，报经政务院批准，于1953年1月24日西双版纳傣族自治州（自治州）成立，召存信（傣族）当选为自治区人民政府主席。西双版纳自治区的建立，为在云南边疆民族地区普遍推行民族区域自治提供了具体经验。此后，又相继建立了一些民族自治地方：1953年7月24日，德宏傣族景颇族自治州建立，选举刀京版（傣族）为自治区人民政府主席（州长），雷春国（景颇族）当选为自治区副主席（副州长）。至1954年，全省先后建立了427个民族自治区，其中：乡级403个，区级12个，县级9个（峨山彝族自治州、碧江傈僳族自治州、贡山独龙族自治区、福贡傈僳族自治州、弥勒彝族自治区、德钦藏族自治州、江城哈尼族彝族自治州、澜沧拉祜族自治州、孟连傣族拉祜族佤族自治区），专区级4个（西双版纳傣族自治州、德宏傣族景颇族自治州、怒江傈僳族自治州、红河哈尼族自治区）。[1]

1954年《中华人民共和国宪法》颁布后，根据国家根本大法的有关规定，国务院先后发出《关于改变地方民族民主联合政府的指示》《关于更改相当于区的民族自治区的指示》《关于更改相当于区和相当于乡的民族自治区的补充指

---

[1] 云南省民族事务委员会. 云南民族团结进步事业光辉历程（1949—2009）[M]. 昆明：云南民族出版社，2009：77.

示》和《关于建立民族乡若干问题的指示》。根据国务院的指示，云南省将自治区相应改为自治州、自治县，改乡为民族乡或建立民族乡作为民族区域自治的重要补充。此后又建立了一些民族自治地方：1955年10月16日，建立耿马傣族佤族自治县；1956年9月20日，建立宁蒗彝族自治县；1956年10月1日，撤销贡山独龙族自治区，建立贡山独龙族自治县；1956年11月，建立巍山彝族自治县、永建回族自治县（后来两县合并为巍山彝族回族自治县）；1956年12月31日，撤销圭山彝族自治州，建立路南彝族自治县；1956年11月22日，建立了大理白族自治州，选举张子斋（白族）为州长；1957年1月，建立怒江傈僳族自治州，裴阿衣（傈僳族）当选为州长；1957年9月13日，建立迪庆藏族自治州，选举松谋（活佛，藏族）为州长；1957年11月18日，建立红河哈尼族彝族自治州，选举李和才（哈尼族）为州长，选举普照（彝族）为副州长。经过裁撤并调整，至1957年，云南全省共建立了403个民族乡、12个民族区、9个自治县、6个自治州。①

在建立上述民族自治地方的过程中，同时解决了民族上层人物在民族自治机关中的作用和地位问题。云南解放之初，民族上层人物在民族内部仍然居于统治地位，并在很大程度上左右着他所代表的民族的人心向背。中共云南省委在充分调查研究的基础上，进行试点工作，大胆地提出"联合封建反封建"的策略，做出"通过上层联系群众，依靠群众团结上层"的决策，并根据民族上层的历史地位和现实作用，在政治上做出妥善安排。全省共安排约1.3万民族上层人士参加各级人民政府的工作，其中任乡（区）级职务的有2700多人，担任县级以上自治机关和民族民主联合政府领导职务的有115人。② 在边疆民族地区，原来的土司、山官、里长等民族上层人士几乎占了基层民族干部的半数。由于正确处理了对待民族上层这一民族关系中最复杂、最敏感的问题，很快就打开了工作的新局面，使云南的民族区域自治工作稳步向前推进。

在全面建设社会主义时期，云南的民族区域自治工作在曲折中有一定的进展，但由于"左"的错误指导思想未得到完全纠正，民族自治地方依然未能依法行使自治权。1960年下半年，中共中央对国民经济进行整顿，提出"调整、巩固、充实、提高"的方针。11月3日，中共中央发出《关于农村人民公社当前政策问题的紧急指示信》，接着又发出《关于贯彻执行"紧急指示信"的指

---

① 云南省民族事务委员会.云南民族团结进步事业光辉历程（1949—2009）[M].昆明：云南民族出版社，2009：78.

② 王连芳.云南民族工作的实践和理论探讨[M].昆明：云南人民出版社，1995：273.

示》。中共云南省委根据党中央的方针和指示，于 1960 年 11 月 29 日发出了《关于内地高山分散地区贯彻"紧急指示信"的补充规定》；1960 年 12 月 8 日和 1961 年 1 月 12 日先后发出《关于边疆地区贯彻执行中央"紧急指示信"的指示》和补充指示，初步调整了民族地区的民族关系和生产关系；1962 年 6 月 20 日，党中央发出《关于检查一次民族政策执行情况的指示》。云南省委根据中央的指示，召开了一系列会议，检查民族政策的执行情况，提出了改进意见。由此，云南民族自治地方出现了一段时间的相对稳定，各族人民的生活有所改善，民族关系趋于好转。

（三）在极其艰难时期，云南的民族区域自治在曲折中前进

1966 年至 1976 年，在极其艰难的形势下，根据中共中央的指示，在云南也落实了一些民族政策。1971 年 5 月 12 日，中央政治局听取云南关于准备召开中共云南省第二次代表大会成立新的省委的情况汇报，周总理在讲话中强调，云南民族众多，傣、壮、苗等民族对东南亚地区影响较大。一定要认真贯彻执行党的民族政策，坚决反对大汉族主义，帮助他们培养民族干部。严肃批评云南省革命委员会撤销迪庆、怒江、德宏、西双版纳 4 个自治州的做法。指出"撤销 4 个自治州分别并入相邻的思茅区、保山地区和丽江地区的做法是不对的，是大国沙文主义的思想"，"云南不是 13 个地州市，而是 17 个地州市"。之后，按照周总理的指示，云南省革命委员会决定 4 个自治州行政直属省革命委员会，党内仍由省委委托地区党委（思茅地委、保山地委和丽江地委）领导。1973 年 8 月，经党中央、国务院、中央军委批准，迪庆、怒江、德宏、西双版纳 4 个自治州改由省委、省革命委员会直接领导州委、州革命委员会。

1972 年 2 月叶剑英等中央领导对云南工作作出指示，3 月 22 日中央办公厅通知云南对民族问题做些调查研究后，云南省委于当年 4 月 18 日批转了省革命委员会边疆组《关于边疆地区提出的一些政策问题》的报告，5 月 8 日向中央做了《关于云南民族工作情况和意见的报告》，对一些有关少数民族的政策问题提出了具体的意见。以后这些政策经有关部门研究，如税收减免，对边境群众看病看电影费用实行减免，保障民族特需用品的生产和供应，照顾民族生活习俗，恢复云南民族学院等都逐步得到落实。

1973 年 1 月，毛泽东关于要进行民族政策再教育的指示传达后，云南进行了贯彻落实。9 月 1 日，经云南省委批准，省委民族边疆工作委员会下发了《关于民族政策再教育的意见》，提出必须通过教育，使广大干部和人民群众认识到，在云南执行任何政策都离不开民族这个特点；要尊重少数民族的风俗习惯，

认真贯彻党的民族政策。1975年4月27日，国务院、中央军委发出了《关于加强边防工作的指示》。指示强调，要"落实民族政策，增强民族团结，要认真做好民族工作，实行各民族一律平等，克服大汉族主义；要把优秀的民族干部提拔到各级领导岗位上来，在少数民族聚居区逐步做到民族干部在各级领导班子中占大多数；要正确执行党的民族区域自治政策和宗教政策，尊重少数民族的语言文字和风俗习惯，搞好民族特需用品生产和供应"①。但是，由于"文化大革命"的错误还没有得到纠正，党的实事求是的思想路线还没有得到恢复，民族区域自治政策在云南没有得到认真贯彻落实。

（四）改革开放以来，民族区域自治在云南的恢复和发展

1977年至2000年间，粉碎"四人帮"后，党的十一届三中全会结束了"以阶级斗争为纲"的指导思想，重新确立了党解放思想、实事求是的思想路线，全党的工作重心转移到以经济建设为中心的轨道上，全面实行改革开放，各族人民聚精会神地进行现代化建设。在党中央的正确领导下，云南各级党委和政府高举中国特色社会主义旗帜，以马克思主义、毛泽东思想、邓小平理论和"三个代表"重要思想为指导，全面贯彻落实党和国家的民族政策，扎实推进民族工作，使民族区域自治在云南稳步健康向前发展。

第一，拨乱反正，落实党的各项政策，维护民族地区的安宁与稳定。一是平反民族地区的冤假错案，落实政策。二是落实民族上层爱国人士政策。

第二，推进和完善民族区域自治。改革开放以来，云南根据我国《宪法》和《民族区域自治法》的规定，结合云南各少数民族分布的情况，进一步推进民族区域自治。云南省政府报经国务院批准，云南又先后建立了14个自治县。1979年11月28日，墨江哈尼族自治县建立；1979年12月20日，寻甸回族彝族自治县建立；1980年11月22日，元江哈尼族彝族傣族自治县建立；1980年11月25日，新平彝族傣族自治县建立；1985年10月13日，建立维西傈僳族自治县；1985年11月1日，建立漾濞彝族自治县；1985年11月25日，禄劝彝族苗族自治县建立；1985年12月7日，金平苗族瑶族傣族自治县建立；1985年12月15日，建立普洱哈尼族彝族自治县；1985年12月20日，建立景东彝族自治县；1985年12月25日，景谷傣族彝族自治县建立；1985年12月30日，双江拉祜族佤族布朗族傣族自治县建立；1988年5月25日，兰坪白族普米族自治

---

① 云南省民族事务委员会. 云南民委工作60年 [M]. 昆明：云南民族出版社，2011：30-31.

县建立；1990年5月15日，建立镇沅彝族哈尼族拉祜族自治县。① 同时，云南省委、省政府按照1983年国务院《关于建立民族乡问题的通知》的规定，决定撤区建乡（镇），从云南民族地区的实际出发，建立了197个民族乡（后因建镇并乡，减少或合并一些民族乡，现为147个），补充民族区域自治，保障杂居和散居少数民族的平等权利。至1990年，云南全省共建立了8个自治州、29个自治县；全省25个世居少数民族在聚居的地方实行了区域自治。

第三，大力培养选拔和使用少数民族干部，为民族区域自治提供组织保证。"完善民族区域自治制度、全面贯彻落实民族区域自治法，关键在于大力培养少数民族干部，加强民族干部队伍建设。……少数民族干部同本民族有着广泛而密切的联系，是我们党做好民族工作的骨干力量。"② 改革开放以来，中共云南省委、省政府对培养选拔民族干部工作十分重视。1981年7月，经中央书记处批准的《云南民族工作汇报会纪要》提出"大力培养坚持四项基本原则，忠实执行党的方针政策，密切联系民族群众，有现代科学文化知识和各种业务能力的民族干部队伍，使每个民族自治地区逐步做到民族干部的构成与当地民族人口比例大体相当"③ 的要求。1989年12月，中共云南省委批转省委组织部《关于选拔培养少数民族干部工作的意见》，对少数民族干部与其人口所占比例不相适应、结构不尽合理、素质与形势要求不相适应做了分析，提出了做好少数民族干部选拔培养的意见和措施。1994年10月，经云南省委同意，省委办公厅转发省委组织部、省民委党组《关于进一步做好培养选拔少数民族领导干部工作的意见（试行）》，提出"着眼于未来，面向21世纪，重视和加强跨世纪少数民族领导人才的培养选拔工作"的方针目标。1999年，云南省委、省政府制定了《关于进一步做好新形势下民族工作的决定》，对民族干部的培养提出了明确要求。以上政策措施的施行，使云南民族干部队伍不断发展壮大。截至2000年年底，全省少数民族干部占全省干部总数的25.2%，达26.5万人。在地级领导班子中民族干部占41.6%，在县级领导班子中民族干部占37.1%④，在民族自治地方的领导班子中基本上形成了以少数民族干部为主体的结构。

第四，加强民族法制建设，确保民族区域自治政策的落实。1984年5月下

---

① 云南省民族事务委员会.云南民委工作60年［M］.昆明：云南民族出版社，2011：97.
② 江泽民.江泽民文选：第1卷［M］.北京：人民出版社，2006：188.
③ 云南省民族事务委员会.云南民委工作60年［M］.昆明：云南民族出版社，2011：472.
④ 云南省民族事务委员会，云南省统计局.云南民族自治地方"九五"经济社会发展文献［M］.云南民族出版社，2002：51.

句,六届全国人大二次会议通过《中华人民共和国民族区域自治法》后,云南加快了民族法制建设的步伐,制定了《云南省贯彻〈中华人民共和国民族区域自治法〉的若干规定》(1988年);制定了关于禁毒、森林资源保护、澜沧江和洱海管理等方面的5个单行条例;制定了7个民族自治地方关于执行《中华人民共和国婚姻法》的变通规定或补充规定;制定了《云南省民族乡工作条例》《云南省促进民族自治地方科学技术进步条例》《云南省城市民族工作条例》等。另外,全省37个民族自治地方都制定了自治条例。这些条例和规定的施行,使民族自治地方的工作从只靠政策逐步转到既靠政策指导又靠法律保障的轨道上来,为进一步充实和完善民族区域自治制度提供了法制保障。

第五,坚持以经济建设为中心,加快少数民族和民族地区经济发展,为民族区域自治提供物质保障。党的十一届三中全会以后,为了落实党和国家的民族政策,云南重新恢复并制定了一系列加快少数民族和民族地区经济社会发展的政策,采取了特殊的措施帮助民族地区恢复和发展民族经济,取得了很大的成效。1990年,全省民族自治地区工农业总产值比1985年增长42.5%,达到107.6亿元,其中农业总产值52.6亿元,比1985年增长26.1%,工业总产值55亿元,比1985年增长61.8%;财政收入比1985年增长1.53倍,达到19.8亿元;农民人均纯收入比1985年增加167元,达到470元。[①] 至2000年,云南省民族自治地方国内生产总值,按可比口径计算,比1995年增长52.9%,达687.58亿元(当年价),年平均增长8.9%。其中,第三产业增加值240.94亿元,增长76.3%,年平均增长12%;第二产业增加值216.32亿元,增长66.5%,年平均增长10.7%;第一产业增加值230.32亿元,增长31.2%,年平均增长5.6%。[②] 这就为民族区域自治提供了相对雄厚的物质基础。

(五)21世纪民族区域自治在云南的深化和发展

进入21世纪,党和国家从全局和战略上研究部署民族工作,坚定不移地坚持和完善民族区域自治。云南省各级党委和政府高度重视民族工作,坚决贯彻执行党和国家的民族区域自治政策。

首先,党和国家坚定不移地坚持和完善民族区域自治制度。20世纪90年代以后,党中央、国务院紧紧围绕着建立市场经济体制、科学发展和全面建设小

[①] 云南省民族事务委员会. 云南民委工作60年 [M]. 昆明: 云南民族出版社, 2011: 298.

[②] 云南省民族事务委员会, 云南省统计局. 云南民族自治地方"九五"经济社会发展文献 [M]. 昆明: 云南民族出版社, 2002: 47.

康社会以及关注民生等重大战略，不失时机地对民族工作做出部署。1999年9月，第二次中央民族工作会议在北京召开，江泽民总书记在会上的重要讲话中指出："民族区域自治，是我国的一项基本政治制度，它把国家的集中统一领导与少数民族聚居区的区域自治紧密结合越来，具有强大的政治生命力，我们要始终不渝地坚持并不断加以完善。"① 党的十六大，强调坚持和完善民族区域自治制度，是发展社会主义民主政治的重要内容，并把坚持和完善民族区域自治制度纳入建设政治文明的总体要求中。2005年5月的中央民族工作会议是21世纪党中央召开的第一次民族工作会议，胡锦涛同志的重要讲话中提出民族区域自治的"三个不容"，即"民族区域自治制度，是我国的一项基本政治制度，是发展社会主义民主、建设社会主义政治文明的重要内容，是党团结带领各族人民建设中国特色社会主义、实现中华民族伟大复兴的重要保证。……民族区域自治，作为党解决我国民族问题的一条基本经验不容置疑，作为我国的一项基本政治制度不容动摇，作为我国社会主义的一大政治优势不容削弱"②。2014年9月召开的中央民族工作会议上，习近平总书记的重要讲话则特别强调："中国特色解决民族问题的正确道路，就是坚持在中国共产党的领导下，坚持中国特色社会主义道路，坚持维护祖国统一，坚持各民族一律平等，坚持和完善民族区域自治制度，坚持各民族共同团结奋斗、共同繁荣发展。坚持和完善民族区域自治制度，要做到'两个结合'。一是坚持统一和自治相结合。……二是坚持民族因素和区域因素相结合。"③ 提出了民族区域自治的"两个结合"。上述表明，党和国家高度重视民族区域自治，坚持和完善我国的这一项基本政治制度。

其次，健全与《民族区域自治法》配套的法规体系，保障民族区域自治的完善和发展。2001年2月，全国人大常委会审议通过了修改后的《中华人民共和国民族区域自治法》。党和政府还先后出台了《国务院实施〈中华人民共和国民族区域自治法〉若干规定》《扶持人口较少民族发展规划（2005—2010）》《扶持人口较少民族发展规划（2011—2015）》《少数民族事业"十一五"规划》《少数民族事业"十二五"规划》《"十三五"促进民族地区和人口较少民族发展规划》，颁布了《中共中央、国务院关于进一步加强民族工作，加快少数民族和民族地区经济社会发展的决定》。云南切实贯彻党和政府的民族政策，中

---

① 江泽民.江泽民在中央民族工作会议暨国务院第三次全国民族团结进步表彰大会上的讲话［EB/OL］.国家民委网，2005-07-23.
② 胡锦涛.胡锦涛文选：第2卷［M］.北京：人民出版社，2016：322-323.
③ 习近平.习近平谈治国理政：第2卷［M］.北京：外文出版社，2017：300.

共云南省委、省人大常委会、省政府制定了《云南省实施〈中华人民共和国民族区域自治法〉办法》，修订了29个自治县、8个民族自治州的自治条例，制定88件单行条例。云南省委、省政府还出台了《关于进一步加强民族工作加快少数民族和民族地区经济社会发展的决定》（2005年）、《关于做好"十一五"期间培养选拔少数民族干部工作的意见》（2006年）、《关于实施"富民兴边工程"的决定》（2005年）、《云南省扶持人口较少民族发展规划（2006—2010年）》（2006年）、《云南省扶持人口较少民族发展规划（2011—2015年）》、《云南省人民政府关于进一步加快人口较少民族发展的决定》（2011年）、《云南省加快少数民族和民族地区经济社会发展"十二五"规划》等规范性文件。上述与民族区域自治法相配套的规范性文件和法律法规、政策，为在云南进一步完善和发展民族区域自治提供了法律保障。

再次，大力发展少数民族和民族地区经济，为民族区域自治的深化和发展提供物质基础。云南省通过扶持人口较少民族发展工作，兴边富民行动重点县的建设，民族团结示范村的创建，民族贸易和民族用品生产优惠政策的落实，加快了民族地区经济的发展，取得了令人瞩目的成绩。2005年，云南民族自治地方实现GDP1299.98亿元，较2000年年均增长10.1%；实现工业总产值969.01亿元，较2000年年均增长14.0%；实现农林牧渔业总产值544.37亿元，较2000年年均增长4.54%。① 2010，云南民族自治地方实现生产总值是2005年的2.15倍，达到2803.84亿元；地方财政收入是2005年的2.7倍，达到226.66亿元；农民人均纯收入是2005年的1.9倍，达到3510元。② 至2015年年底，全省民族地区生产总值比上年增长9.8%，已达到5539.3亿元。③ 这就为新世纪民族区域自治在云南的深化和发展夯实了物质基础。

最后，培养选拔和使用少数民族干部，确保民族区域自治制度的运行。少数民族干部不仅熟悉党的路线、方针、政策，而且熟悉当地情况，懂得本民族的语言、风俗习惯等，了解少数民族群众的诉求，与少数民族群众有着天然的联系，是党和政府联系少数民族群众的桥梁和纽带。培养选拔和使用民族干部，对于切实贯彻落实党的路线、方针、政策，维护国家统一和民族团结，推进少

---

① 云南省民族事务委员会，云南省统计局. 云南民族地区"十五"经济社会发展文献［M］. 昆明：云南民族出版社，2007：99.
② 云南省民族事务委员会，云南省统计局. 云南民族地区"十一五"经济社会发展文献［M］. 昆明：云南民族出版社，2012：106.
③ 云南省民族宗教事务委员会，云南省统计局. 云南民族地区"十二五"经济社会发展文献［M］. 昆明：云南民族出版社，2017：163.

数民族和民族地区的"五位一体"建设，确保民族区域自治制度的平稳运行具有十分重要的意义。因此，云南省委、省政府把培养选拔和使用民族干部作为管根本、管长远的大事来抓。2001年，云南省委组织部下发了《关于进一步做好2001—2005年培养选拔优秀年轻干部少数民族干部妇女干部和党外干部的贯彻意见》、省委办公厅转发了《关于进一步做好培养少数民族干部工作的实施意见》。2006年4月，中共云南省委办公厅、省政府办公厅出台了《关于做好"十一五"期间培养选拔少数民族干部工作的意见》。2009年8月，云南省委办公厅印发了《关于进一步加强少数民族干部队伍建设的意见》。因上述政策措施的施行，至2010年年底，全省各级党政机关少数民族干部已占全省干部总数的32.31%，达9.75万人，16个州市党委班子全部配备了民族干部。[①] 至2015年年底，民族干部已占全省干部总数的33.45%。这样，少数民族干部队伍得到进一步壮大，确保了民族区域自治在云南的平稳运行。

三、中国共产党实行民族区域自治，治理云南民族地区政权问题的基本经验

民族区域自治在云南的实践中，云南各民族实现了两次历史性大飞跃：一是新中国成立初期，通过民主改革、社会主义改造、贯彻民族区域自治，使云南各民族跨入了社会主义社会，实现了社会变革和人民当家做主；二是坚持解放思想和改革开放，民族区域自治在云南得到了进一步落实，各民族坚持自力更生，积极争取国家支持，经济社会得到了快速发展。总结回顾中国共产党用民族区域自治治理云南民族地区政权问题的实践，使人们深刻认识到，推行、完善和发展民族区域自治，必须坚持中国共产党的领导，必须搞好民族经济建设，必须加强民族法制建设，必须大力培养选拔和使用民族干部，必须从各民族分布的具体实际出发设立民族自治地方，必须把国家的统一与民族区域自治紧密结合起来。

（一）通过实行民族区域自治，正确处理民族政治关系

民族政治关系问题即民族政治问题，是民族问题的重要组成部分，是指各民族共同体在维护自身利益的过程中围绕政治权力所发生的各种矛盾和冲突的总和，涵盖了民族共同体在进入、掌握和参与行使政治权力过程中所形成的各种利益冲突关系。维护和强化与民族共同体特征相关的民族利益是民族政治问

---

① 云南省民族事务委员会，云南省统计局.云南民族地区"十一五"经济社会发展文献[M].昆明：云南民族出版社，2012：110.

题的实质,而掌握、参与和行使国家政治权力是维护和实现民族自身利益较直接而有效的途径。中国共产党实行民族区域自治,处理云南这个多民族地区的民族政治关系,保障了云南各民族自主地参与国家事务和本民族内部事务管理的权利。实行民族区域自治,既保证了国家的领土和主权完整,也保证了云南各少数民族充分享受自治权利,将民族因素与地域因素充分结合起来,遵循宪法和法律,实现了云南各民族自主发展本民族的政治、经济、文化和社会事务。另外,自元以降,云南民族地区普遍实行了土司制度,虽然明清之际大规模开展了改土归流,但边疆地区乃至内地部分地区依旧长期保留着土司制度,并逐渐向"土流并治"的方向发展。新中国成立初期,云南的中维(中甸、维西)沿边、怒江流域、腾龙(腾冲、龙陵)沿边、河麻(红河、文山)沿边、思普(思茅、普洱、西双版纳)沿边一线仍然有上百余家土司存在;在内地,武定县有慕莲乡土同知、环洲乡土舍、勒品乡土巡捕,有禄劝县土司、巧家县户侯司、玉溪市土府判等等。同时,云南民族地区拥有多种多样、异彩纷呈的社会组织、政治格局和社会制度。因此,党和政府面对着云南如此众多的土司,及时妥善地解决土司问题,成为民族工作的一项重要任务。党和政府根据中国共产党解决国内民族问题的基本政策——民族区域自治,成功地在云南各土司地区建立了人民政权,终结了云南残存的土司制度。

(二)从云南少数民族分布的实际出发,分别设立民族自治地方

民族区域自治是统一与自治的结合,是民族自治与区域自治的结合,是民族因素与区域因素的结合,是具有中国特色的解决我国国内民族问题的一个好政策、好制度。因地、因民族制宜地实行这一制度,不仅要考虑到各少数民族的人口数量,也需要考虑到各少数民族的分布状况。据1990年全国第四次人口普查统计,云南25个少数民族人口占全省总人口的33.38%,其中人口在一百万以上的有彝、白、哈尼、傣、壮等5个民族;人口在一百万以下、十万以上的有苗、傈僳、回、拉祜、佤、纳西、瑶、景颇、藏等9个民族;人口在十万以下的有阿昌、怒、普米、布朗、布依、基诺、德昂、水、满、蒙古、独龙等11个民族。彝族人口最多,约占全省少数民族人口的1/3。云南各民族在长期的历史发展中形成了大分散、小聚居、交错杂居的格局,而在各民族杂居中又存在着有规律的立体分布。总的来看,傣、壮两族主要居住在河谷地区;纳西、白、满、蒙古、回、阿昌、水、布依等8个民族和部分彝族,主要聚居在坝区;哈尼、景颇、瑶、佤、拉祜、基诺、布朗、德昂等8个民族和部分彝族,居住在半山区;苗、傈僳、藏、普米、怒、独龙等6个民族和部分彝族,主要聚居

在高山区。具体到一个地区和一个民族，这种立体分布会有一些特殊情况，但也有其相应的体现。比如文山州就有这样的说法：苗族住山头、瑶族住箐头、壮族住水头、汉族住街头。而在德宏州则是：傣族住热带河谷，景颇族、德昂族住亚热带半山区，阿昌族住温凉半山半坝区，汉族住山区，傈僳族住高寒山区。云南民族自治地方，就是根据民族众多、立体分布的特点，以及各少数民族大杂居中相对聚居为基础，分别建立的。全省37个民族自治地方中，由单一民族建立的有18个，两个以上民族联合建立的有19个。一个民族不仅在一个地方实行自治，而且在若干个地方实行自治。这样，比较切合云南少数民族人口分布状况。

（三）党的正确领导是实行民族区域自治的根本保证

中国共产党是中国社会主义事业的领导核心，是维护国家统一、边疆稳定、各民族平等团结和共同进步繁荣的基本保证。同时，党也是做好国内民族工作，坚持、完善和发展民族区域自治的根本保证。

中国共产党既坚持马克思主义民族理论，同时又与中国的国情、族情相结合，把马克思主义民族理论中国化，在总结中国历史上各朝代处理民族关系和解决民族问题的历史经验以及世界上多民族国家处理民族问题的经验教训的基础上，选择了用民族区域自治来解决国内民族问题。党既是民族区域自治制度的创制者，又是践行民族区域自治的组织者、实施者。云南贯彻执行民族区域自治的实践证明，只有坚持中国共产党的正确领导，认真贯彻执行党的实事求是的思想路线，才能牢牢掌好民族区域自治的正确方向，才能促进民族地区经济社会又好又快地发展，才能保障各民族的物质利益和政治权益，才能巩固和发展平等、团结、互助、和谐的民族关系，才能保障边疆民族地区的长治久安。而离开了党的正确领导、离开了党实事求是的思想路线，就会引起边疆民族地区的社会动乱，民族关系紧张，经济停滞不前，甚至引起边民大量外流。

云南在民族区域自治的实践中，建立健全党对民族工作的组织领导机构，全省各级党委、政府把民族工作列入重要议事日程。首先，建立和健全民族工作领导机构。1950年7月，根据中央和西南局的指示，成立了云南省民族事务委员会。1950年年初，云南省委成立省委民族工作党组，在省委的直接领导下负责边疆民族工作。同年9月，经西南局批准，成立滇西工委和滇南工委，加强对两片区边疆民族工作的统一领导。1952年10月，云南省又决定在民族工作党组的基础上成立中共云南省委边疆工作委员会。省边委由党政军有关部门负责人组成，省委主要负责人兼任书记，并建立经常性工作机构，作为省委边疆工作的决策机关。同时要求边疆地区县以上也要建立党的边疆工作委员会。省委赋予省边委很大的权力，省级各部门所涉及的边疆工作均要服从省边委指导，这就从组织、领导和行政管理上避免了各行其是，保证了省委关于边疆民族工作方针政策的贯彻落实。省边委撤销后，成立了省委、各级党委民族工作领导小组。省委民族工作领导小组由省委分管民族工作的领导任组长、省政府分管领导和省民委主任为副组长及相关职能部门的领导为成员，通过强有力的组织领导，确保云南民族工作正常有序地开展。其次，各级党委、政府把民族工作列入重要议事日程。历届云南省委和省政府都高度重视民族问题和民族工作，20世纪50年代省委领导提出"团结第一，工作第二""慎重稳进"等指导思想；到了20世纪80年代，云南省领导又提出了"在云南工作，不重视民族工作，不研究民族问题，就是不称职的领导干部"等系列观点。全省各级党委和政府按照省委、省政府的要求，把民族工作列入重要日程，置于全局工作的突出位置，构建了党委领导、人大和政府、政协分工协作，职能部门具体负责的民族工作机制。

（四）民族干部是全面贯彻执行民族区域自治制度和政策的关键

培养选拔和使用民族干部是中国共产党民族政策的一项重要内容，是从根本上解决我国民族问题的关键。1949年11月，毛泽东同志就明确指出："要彻底解决民族问题，完全孤立民族反动派，没有大批从少数民族中出身的共产主义干部，是不可能的。"[1] 1992年1月，江泽民同志在中央民族工作会议上也指出："完善民族区域自治制度、全面贯彻落实民族区域自治法，关键在于大力培养少数民族干部，加强民族干部队伍建设。"[2] 根据党中央领导同志的一贯指示，云南省各级党委和政府把培养选拔和使用少数民族干部工作列入重要议事日程。云南少数民族干部从少到多，逐步壮大，成为实行民族区域自治制度和社会主义现代化建设不可缺少的一支重要依靠力量。

在培养选拔和使用少数民族干部的过程中，云南省各级党委、政府采取了许多特殊政策和措施，积累了丰富的经验。一是处理好汉族干部和少数民族干部的共事关系。民族干部和专业人才的成长，与汉族干部（包括教师）能否正确执行党的民族政策，能否认真团结、无私帮助少数民族干部，都有着密切的关系。在民族地区，既有少数民族干部和专业人才，又有汉族干部和专业人才，在民族地区的社会主义现代化建设中，他们各自的地位和作用是不可替代的。

---

[1] 毛泽东. 毛泽东文集：第6卷［M］. 北京：人民出版社，1999：20.
[2] 江泽民. 江泽民文选：第1卷［M］. 北京：人民出版社，2006：188.

在相当长的历史时期内，汉族干部和专业人才的水平对少数民族干部和专业人才的水平有很大影响，特别是汉族领导干部的民族理论和民族政策水平，对少数民族干部和专业人才的成长有着更直接的影响。反过来，少数民族干部和专业人才也对汉族干部和专业人才有重要的作用和影响。要搞好民族地区的工作，民族干部和汉族干部必须互相尊重、互相信任、互相学习，团结合作，树立谁也离不开谁的正确观点。① 二是拓宽少数民族干部的来源。大力发展民族教育，建立民族教育体系，从学生抓起，为培养选拔各类少数民族干部打牢基础。从办好民族小学和中学开始，加大特有民族大中专班、民族预科班的办学力度，对少数民族学生的招生采取加分或降分等优惠政策，使少数民族学生在大中专院校的人数逐年增加，从而在大中专院校的少数民族毕业生中补充民族干部。三是提拔使用民族干部，既坚持干部标准，又适当照顾。在公职人员的招录、专业技术职务的评聘、领导干部的提拔使用方面，采取区别对待政策。对人才较多、干部比例较高的民族，基本上采取与汉族大体相当的政策；对人才数量少、干部比例低的民族，则采取适当放宽条件、设置专项民族岗位、破格提拔等倾斜政策以逐步缩小各民族间的差距，保证后进民族干部的人数不断增加。四是加大培训力度，提高民族干部的政治素质。正确的政治路线要靠组织路线来保证。党的基本路线能否坚持，国家能否长治久安，民族关系能否保持团结和谐，经济能否快一点发展起来，从一定意义上说，关键在人。从民族地区来说，就在于能否挑选和培养一大批全心全意为人民服务、具有共产主义觉悟、忠诚于马克思主义的民族干部。因此，云南省各级党委和政府，从少数民族干部的现状出发，采取多种形式对少数民族干部进行岗位职务、业务和学历培训，全面提高民族干部的政治业务水平。五是注重在具体实践中锻炼民族干部。在实践中锻炼民族干部作为加强民族干部队伍建设的一条途径，让他们在实践中不断增长本领和才干。

（五）加强民族经济建设，为坚持和完善民族区域自治提供物质保障

邓小平同志指出："不把经济搞好，民族区域自治就是空的。"② 实行民族区域自治，坚持和完善民族区域自治制度，要始终把发展经济摆在第一位，把民族区域自治制度建立在坚实的物质基础之上。民族区域自治制度之所以能够

---

① 王连芳. 云南民族工作的实践和理论探讨 [M]. 昆明：云南人民出版社，1995：395-396.

② 国家民族事务委员会政策研究室. 中国共产党主要领导人论民族问题 [M]. 北京：民族出版社，1994：251.

在云南不断巩固、发展和完善，深受各族人民的拥护，其根本的原因就在于全省民族自治地方经济社会得到了持续健康发展，各族人民群众的生活不断得到改善，在改革发展稳定中得到了实实在在的实惠。

新中国成立前夕，云南不同民族和不同地区间的社会经济形态差异极大，民族间的经济发展极不平衡。新中国成立后，按照民族平等团结和共同进步繁荣的原则，实行民族区域自治，各少数民族经济从原始社会、奴隶社会、封建社会的经济步入了社会主义经济。在党和国家的大力扶持下，因地制宜地开发当地资源，发展社会生产力，使民族地区的社会经济面貌发生了深刻的变化。特别是党的十一届三中全会以来，以经济建设为中心、加快民族经济发展成为各族人民的共识。在中共云南省委、省政府的领导下，全省各级、各部门，在不断深化对省、州、县情认识的基础上，创新工作思路，不断出台新政策，采取新措施，加快各地经济发展。通过民族地区干部群众的艰苦奋斗，民族自治地方的经济得到了跨越式发展，自我发展能力不断增强。"九五"期间，全省民族自治地方国内生产总值年平均增长8.9%，增长速度高于全省0.5个百分点；农业总产值年平均增长6.1%；工业总产值年平均增长8.4%；地方财政收入年平均增长10.4%；农民人均纯收入年平均增长12.7%。①"十一五"期间，是云南民族地区综合经济实力大幅提升的五年。2010年，全省民族自治地方的生产总值是2005年的2.15倍，达2803.84亿元，连续五年实现两位数的增长。②"十二五"期间，云南民族地区主要经济指标增幅高于全省平均水平。2015年，全省民族自治地方生产总值5539.3亿元，与2011年的3396.3亿元相比，年均增长11.46%，农村常住居民人均可支配收入达到8175元，与2011年的4224元相比，年均增长14.84%。③ 经济的持续快速发展，为民族地区各族群众生活水平的逐步提高、各项事业的发展、民族团结的巩固奠定了坚实的物质基础，为坚持和完善民族区域自治制度提供了物质保障。

（六）加强民族法制建设，为民族区域自治提供法制保障

实行民族区域自治，坚持和完善民族自治区域自治制度，必须有一套与时俱进、不断完善的法律法规体系，必须加强民族法制建设。加强民族区域自治

---

① 云南省民族事务委员会，云南省统计局. 云南民族自治地方"九五"经济社会发展文献[M]. 昆明：云南民族出版社，2002：43.
② 云南省民族事务委员会，云南省统计局. 云南民族地区"十一五"经济社会发展文献[M]. 昆明：云南民族出版社，2012：98.
③ 云南省民族宗教事务委员会，云南省统计局. 云南民族地区"十二五"经济社会发展文献[M]. 昆明：云南民族出版社，2017：150.

法制建设，就是要用法律确认民族区域自治的政策要求，并依靠国家机关的强制力来保证其贯彻实施；就是要强化民族区域自治的立法、执法、宣传和监督等工作，不断充实和完善民族区域自治制度。

云南民族区域自治法制建设起步较早。1951年6月，中共云南省委发布试行了《云南省民族自治区代表会议组织暂行条例》《云南省民族自治区人民政府组织暂行条例》《云南省民族自治乡人民政府组织暂行条例》等8个法规草案，及时地宣传了中国共产党尊重民族平等权利，为各民族服务的宗旨。以后在民主改革的过程中，一些民族自治地方的自治机关，根据我国宪法和法律的规定，密切结合自治地方的政治、经济和文化特点制定了一些单行条例和法规。红河、迪庆、西双版纳、德宏等州，于1956年根据国家的土地改革法，结合本地方、本地民族特点，分别制定了《傣族地区和平协商土地改革办法》《傣族地区债务和土地典当处理办法》《傣族地区划分农村阶级成分的补充办法》《红河哈尼族自治区和平协商土改条例》《藏族地区和平协商土地改革的实施办法》《藏彝地区划分阶级的办法》等，这些规定对完成民族地区的和平土地改革起到了积极的作用。党的十一届三中全会以后，特别是贯彻实施民族区域自治法后，民族立法工作在"文化大革命"期间受影响后又重新走上了正轨。云南省民族自治地方的自治机关，根据《民族区域自治法》赋予的立法权，全省37个自治地方都制定并修订了自治条例，还根据本地实际与社会经济文化发展需要，至2011年年底共制定了114件单行条例和7件变通规定。[①] 各级政府根据中央和云南省委的部署，结合实际制定了关于做好民族工作、加快民族地区发展的各类规范性文件。目前，云南省已初步形成了以宪法为基础，以贯彻落实民族区域自治法为核心，由自治条例、单行条例、补充或变通规定、地方性法规、行政规章组成的具有鲜明地方特点和民族特色的民族法律法规构架。不断加强民族法制建设，为在云南推行、完善和发展民族区域自治提供了法制保障。

（七）正确认识和处理统一与自治的关系

坚持、完善和发展民族区域自治，必须"坚持统一和自治相结合。团结统一是国家最高利益，是各族人民共同利益，是实行民族区域自治的前提和基础。没有国家的统一，就谈不上民族区域自治。同时，要在确保国家法律和政令实施的基础上，依法保障自治地方行使自治权，给予自治地方特殊支持，解决好

---

① 云南省人民代表大会民族委员会.民族区域自治在云南的成功实践［M］.北京：民族出版社，2012：264.

自治地方特殊问题。……坚持民族因素和区域因素相结合。……"① 也就是说，民族区域自治是统一与自治的结合、民族因素与区域因素的结合，国家的统一是民族区域自治的前提和基础；民族自治地方与国家的关系是部分与整体的关系，国家代表各民族的整体利益和根本利益，行使国家主权，维护国家统一和领土完整；民族自治地方的自治机关是地方国家机关，自治机关应积极完成中央和上级国家机关下达的各项任务，实现国家的集中统一。同时，民族自治地方又是少数民族在其聚居区实行区域自治的地方，它不同于一般地方，民族自治机关有权依法行使自治权。在云南，民族区域自治逐步建立和顺利发展的时期，这个关系处理得比较好，反之，在受到干扰时，则处理得不好。在新的历史时期，上级国家机关依照宪法和民族区域自治法的规定，应依法保障民族自治地方的自治权，领导和帮助民族自治地方进行政治、经济、文化、社会和生态文明建设，让各民族共同富裕，让各民族同享改革和发展成果，显得极其重要。

---

① 习近平. 习近平谈治国理政：第2卷［M］. 北京：外文出版社，2017：300.

第七章

中国共产党治理云南民族地区经济发展问题的实践与经验

在旧中国漫长的社会历史发展中,由于历代反动统治者的民族压迫和帝国主义的侵略和掠夺,加上地处边远、山高谷深、交通闭塞、文化科技落后、社会发展处于不同阶段,致使云南大部分民族地区长期处于封闭半封闭的自然经济状态。新中国的诞生和社会主义制度的建立,为云南民族地区的经济发展开辟了前所未有的广阔前景。在国家的大力帮助下,云南民族地区因地制宜地开发当地资源,发展社会生产力,使该地区的经济面貌发生了深刻的变化。但是,由于"左"倾思想的影响,云南民族地区的经济建设曾经历了一个曲折的发展过程。党的十一届三中全会以后,云南民族地区认真贯彻执行党的基本路线,以经济建设为中心,坚持四项基本原则,坚持改革开放,大大促进了民族经济的发展。

一、云南民族地区经济建设的自然环境和经济基础

新中国成立以前,由于历史源流、社会条件和地理环境的差异,云南各少数民族的经济社会发展极不平衡,分别处于原始社会末期、奴隶制社会、封建领主经济社会、封建地主经济社会等发展阶段。同时,云南民族地区拥有得天独厚的自然资源,为民族地区经济社会的发展提供了良好的自然环境。

(一) 云南民族地区经济建设的自然环境

因历史的原因,云南少数民族大多居住在崇山峻岭和高山峡谷之中,大自然不仅给了云南民族地区难以和外界沟通的重峦叠嶂和众多的理论上不适于人类生存的无尽的陡峭山崖。同时,由于复杂的地形地貌,独特的气候类型,大自然还赋予了云南民族地区得天独厚的丰富自然资源。但在旧中国,由于缺乏系统的调查和科学的勘探,云南民族地区丰富的地表资源和地下宝藏很少为人所知。在一些汉文史书上,还往往把这些地区称为"不毛之地"和"蛮烟瘴雨之乡"。新中国成立后,经过反复的调查和科学的勘探,冲破了历史的迷雾,拂去了历史的尘埃,云南民族地区的自然资源才逐步显露出本来面目。

首先,生物资源。由于地理气候复杂多样,云南生物资源极为丰富。据不完全统计,云南有12个植物类型,34个植被亚类,169个植物群系,209个群丛。热带、亚热带、温带、寒温带、寒带植物类型都有分布,植物种类丰富,植被类型复杂多样。全省有高等植物426科,2592属,近1.7万种,其科、属、种的数量分别占全国的88.4%、68.7%和62.9%。低等植物种类繁多。几乎世界上发现的任何野生植物类型和群系,都可以在云南找到踪迹。列入《国家重点保护野生植物名录》的有64科158种。其中,国家Ⅰ级重点保护植物44种,Ⅱ级重点保护植物114种。种子植物,特有属108个,占全国的52.9%;特有种1000个以上,占全国的10%。[1] 1984—1988年,云南组织了新中国成立以来规模最大的一次全省中药资源普查,查明共有天然药用资源6559种,占全国种数的51%。其中药用植物315科,1814属,6157种。[2] 全省野生花卉约有2500多种,[3] 这些野生花卉在国内外最具优势的有八大名花,即山茶花、杜鹃花、报春花、木兰花、百合花、兰花、龙胆花和绿绒花。在动物资源中,云南野生动物种类为全国之冠。21世纪初,全省有记录的兽类共309种、鸟类849种、两栖类121种和爬行类163种。脊椎动物各类群约占全国总数的39%~64%。在《国家重点保护野生动物名录》中,云南有58科228种。其中,国家Ⅰ级重点保护物种兽类29种、鸟类24种、爬行类5种、鱼类2种,计60种;Ⅱ级重点保护兽类26种、鸟类128种、爬行类4种、两栖类4种、昆虫类3种,共计168种。[4] 云南素有"植物王国""动物王国""药材宝库"之美称,而绝大多数物种主要分布在民族地区。

云南民族地区,农作物种类繁多。在粮食作物中,有水稻、陆稻、荞子、苞谷、豆类、薯类、小麦、青稞等;云南作为稻的原产地之一,红河、元阳、绿春、江城、墨江、宁洱等县哈尼族地区原生水稻、陆稻品种就有100多种。在经济作物和热区作物中,有茶叶、橡胶、三七、甘蔗、烟草、八角、胡椒、油茶、油桐、核桃、板栗、柑橘、咖啡、芒果、砂仁等。云南民族地区,根据其地形、海拔和气候的多样性,形成立体农业格局是大有可为的。

云南的森林主要分为针叶林、阔叶林、竹林、灌木林等4个植被型,17个

---

[1] 《云南省情》编委会. 云南省情(2008年版)[M]. 昆明:云南人民出版社,2009:27.
[2] 云南省药物研究所. 云南天然药物图鉴:第1卷前言[M]. 昆明:云南科技出版社,2004.
[3] 王声跃. 云南地理[M]. 昆明:云南民族出版社,2002:196.
[4] 《云南省情》编委会. 云南省情(2008年版)[M]. 昆明:云南人民出版社,2009:28.

亚植被型，105个森林类型。全省森林种类繁多，木材蓄积量大。但是，云南的林业资源，无论是从林区的分布、林木种类和木材来看，或从经济林和林产品的数量和价值来看，民族地区都是全省的大头。全省有4个主要森林类型区，即亚热带阔叶林区、思茅松林区、云南松林区和滇西北高山针叶林区，大部分布在民族地区。到2007年年底，云南省共建立了自然保护区176个，其中县级自然保护35个、州市级自然保护区80个、省级自然保护区45个、国家级自然保护区16个，总面积28832.49平方千米，占全省面积的7.32%。[①] 这些保护区各有特色，绝大多数也分布在民族地区。从长远来看，只要坚持以法治林、杜绝毁林开荒，严防森林火灾，切实保护好森林资源，并且大力封山育林、植树造林，因地制宜地发展用材林，特别重视发展经济林和果木林，则民族地区的林业是大有发展前途的。

在草地（场）资源方面，云南草地（场）分布面积辽阔、类型种类丰富，大体可以分为三大类草场：高山、亚高山草甸草场，中山灌丛、禾草草场，干热河谷稀树灌木草场，这些草地为云南民族地区畜牧业的发展提供了坚实的基础。在滇南和滇西南民族地区，因霜期很短，水草丰茂，特别适于大量饲养水牛和黄牛。在滇西北的迪庆州，高原牧场上，适于饲养耐寒的牦牛和犏牛。在滇西的大理州，有养奶牛、发展乳制品的历史。民族地方的禽畜资源，优良品种很多。今后加强草场建设，推广科学养畜，搞活流通渠道，发展肉食、奶品和皮毛等相关产业，努力提高大小牲畜和畜产品的商品率，民族地区的畜牧业也是大有可为的。

在微生物方面，虽然还没有搞清楚，但国内外已经记录到的微生物种类都可以在云南民族地区找到它们的踪迹。可以说，民族地区丰富的植物和动物资源，伴生出了丰富的微生物资源。

总之，云南民族地区生物资源的经济价值大，生物资源的开发利用可增强民族地区的经济实力。

其次，矿产资源。云南素有"有色金属王国"的美称，矿产资源种类多，储量大，相对资源配套组合较好。全省有色、黑色、化工、建材、煤炭等矿产资源不但本省自给、独立形成矿产原料供给体系，而且可以出口省外和国外，全省仅金刚石、天然气等少数矿种尚未探明储量。这些矿产资源大部分分布在民族地区，是民族地区的宝贵财富。

[①]《云南省情》编委会. 云南省情（2008年版）[M]. 昆明：云南人民出版社，2009：491.

云南省能源矿产为煤炭和较少量油页岩。截至 2007 年年底，全省上表矿区 375 处，保有资源储量 271.07 亿吨，居全国第 7 位，具有成煤期多、煤类齐全、煤质好的特点。云南已查明的矿产，黑色金属矿产有铁、锰、铬等 5 种，其中铁矿保有资源储量 35.69 亿吨，居全国首位；锰矿保有资源储量 9215.71 万吨，居全国第 3 位。有色金属矿产有铜、铅、锌、锡、钨、镍、钴、铋、锑、钼、铝等 13 种，其中铜矿资源保有量 1043.13 万吨，居全国第 3 位；铅锌矿保有资源储量 708.53 万吨，锡矿保有资源储量 104.86 万吨，都居全国第 1 位；铝土矿资源储量 9735.10 万吨，居全国第 5 位；贵金属矿产有金、银和铂族的铂、钯、锇、铱等 8 种，其中金矿保有资源储量 363.40 吨，居全国第 4 位；银矿保有资源储量 14056 吨，居全国第 3 位；稀有、稀土、分散元素矿产有铌、钽、独居石、锆、锶、锗、镓、铟、铊、镉等 13 种，铟、铊、镉储量居全国第 1 位，锶、锗储量居全国第 3 位，锆储量居全国第 4 位；冶金辅助原料非金属矿产有普通萤石、熔剂用灰岩、冶金用白云岩、冶金用石英岩、耐火黏土 5 种，化工原料非金属矿产有磷、硫铁、芒硝、重晶石、电石用灰岩、化肥用蛇纹岩、盐、钾盐、砷 9 种，磷矿保有资源储量 40.28 亿吨，居全国第 1 位；盐矿保有资源储量 14333 亿吨，居全国第 3 位；钾盐矿保有资源储量 1649.20 万吨，居全国第 4 位；硫铁矿保有资源储量 47619.16 万吨，居全国第 5 位；建筑材料非金属矿产，已查明资源储量的矿种有 31 种，有 20 种矿产居全国前十位，有 5 种矿产居全国前三位。[1] 云南民族地区如此丰富的矿产资源，只要坚持把国家开发资源与振兴民族地区的经济很好地结合起来，合理开发利用这些资源，对于促进民族地区的经济建设和各民族的共同繁荣都有着很重要的意义。

再次，水能资源。云南省位于青藏高原的东南部，临近热带海洋，处于西南暖湿气流和东南暖湿气流的共同作用之下，由于地形和气候的影响，水汽充足，雨量丰沛。全省年均降水量为 1278.8 毫米，折合水量 4.9 千亿立方米。全省金沙江水系、怒江水系、澜沧江水系、伊洛瓦底江水系、南盘江水系、红河水系等六大水系大都流经民族地区，水能资源极其丰富。

金沙江在云南省境内河长 1600 千米，天然落差 2000 米。多年平均来水 458 亿立方米，又从四川、西藏输入云南省的水量为 947.8 亿立方米，水量丰沛，水能蕴藏量约每年 3529 亿度。澜沧江在云南省境内河长 1127 千米，天然落差 1780 米。省内多年平均来水量为 683 亿立方米，折合多年平均流量为 2166 秒立

---

[1] 《云南省情》编委会. 云南省情（2008 年版）[M]. 昆明：云南人民出版社，2009：25-27.

方米。水能蕴藏量约每年2234亿度。怒江在云南省境内河长621千米，天然落差1123米。省内多年平均来水量为656.7亿立方米，折合多年平均流量为2082秒立方米。水能蕴藏量约为每年1729亿度。红河在云南省境内河长677千米，天然落差2510米。省内多年平均来水量为405亿立方米，水能蕴藏量约为每年8585亿度。珠江水系南盘江流域部分，从河源至三江口河道长651千米，天然落差1414米。省内多年平均来水量为164.2亿立方米，水能蕴藏量为每年372亿度。伊洛瓦底江支流大盈江河道长186.1千米，天然落差1885米，多年平均流量为178秒立方米。支流龙江河道长332千米，天然落差1920米，多年平均流量255秒立方米。大盈江和龙江的水能蕴藏量为每年393.3亿度。[①] 云南江河落差大，干流开发价值大，支流开发价值也不可小看。既有利于建设大型和特大型水电站，也有利于中小型水电站的建设，而且开发工程量相对较小，水库淹没损失比较小，技术经济指标比较优越。

金沙江、澜沧江、怒江3大水系蕴藏着云南水能资源的82.5%，其中金沙江水系水能蕴藏量最大，占全省水能资源总量的38.9%。"水能资源理论蕴藏量为10437万千瓦，占全国总蕴藏量的15.3%，仅次于西藏、四川，居全国第3位。全省经济可开发装机容量为9795万千瓦，年发电量为3944.5亿度，占全国可开发装机容量的20.5%，居全国第2位。"[②] 目前，云南民族地区已建成了一大批小水电站和一些装机容量上万千瓦的骨干水电站。进一步开发民族地区丰富的水能资源，将给民族地区经济建设提供越来越多的清洁能源。

最后，旅游资源。云南民族地区有丰富的旅游资源。从自然景观来说，既有高山峡谷和终年积雪的巍峨雪峰，又有高原湖泊的波光水色，还有四季常绿的热带雨林和千姿百态的珍稀动、植物群体。从人文景观来说，既有久远的历史文物古迹，又有绚丽多彩的民族文化和民族风情，还有不同社会发展阶段的人类社会形态的遗存。自然风光和民族文化完美融合、交相辉映，体现了人与自然"天人合一"的和谐之美。全省12个国家级风景名胜区中，分布在民族自治地方的就有10个，即西双版纳风景名胜区、石林风景名胜区、丽江玉龙雪山风景名胜区、大理风景名胜区、三江并流风景名胜区、瑞丽江—大盈江风景名胜区、宜良九乡风景名胜区、丘北普者黑风景名胜区、阿庐风景名胜区、建水风景名胜区。50多个省级风景名胜区，大部分分部在民族地区。10个国家级文

---

① 李荣梦. 云南水资源及其开发利用[M]. 昆明：云南人民出版社，1983：111.
② 《云南省情》编委会. 云南省情（2008年版）[M]. 昆明：云南人民出版社，2009：29-30.

化名城、名镇、名村，分布在民族自治地方的就有大理历史文化名城、丽江历史文化名城、建水历史文化名城、巍山历史文化名城、剑川县沙溪镇历史文化名镇、云龙县诺邓镇诺邓村历史文化名村等。40多个省级文化名城、名镇、名村和街区，一半以上分布在民族自治地方。还有国家命名的云南省第一批少数民族特色村寨共41个。另外云南有6处世界遗产（3处自然遗产，3处文化遗产），即三江并流世界自然遗产、石林世界自然遗产、澄江化石地世界自然遗产、丽江古城世界文化遗产以及全球重要农业文化遗产——红河哈尼梯田系统、普洱古茶园与茶文化系统，其中5处世界遗产都在民族自治地方。这些旅游资源被开发利用，民族地区的旅游业将成为一大支柱产业。

（二）云南民族地区经济建设的经济基础

新中国成立前，云南大部分民族地区的社会生产力低下，社会分工很不发达，内部交往也有很多局限，导致经济发展严重滞后和极不平衡。

首先，民族地区经济发展滞后和不平衡。周恩来总理曾指出："我们认为，所有的民族都是优秀的、勤劳的、有智慧的，只要给他们发展的机会；所有的民族都是勇敢的、有力量的，只要给他们锻炼的机会。世界上所以有些民族比较落后，这是环境造成的，是因为没有给他们发展和锻炼的机会。……以往的历史使有的民族削弱了，人口减少了，有的很落后，生活水平很低，这是反动统治留下来的后果。"[①] 这就是说，民族地区经济发展滞后，既有历史的原因，又有自然环境因素。在云南几千年的社会历史发展进程中，由于历代反动统治者推行民族压迫、民族剥削、民族歧视政策，致使许多少数民族被迫向边疆和山区迁徙，形成了云南大部分少数民族人口分布在边疆和山区的格局。虽然云南的边疆和山区有丰富的自然资源，但历史上缺乏大规模开发利用的条件，又加之地处边远、山川阻隔、交通困难而又长期处于封闭的自然经济状态，制约了社会经济的发育，阻碍了先进文化和技术的传播，极大地束缚了社会生产力的发展。

云南民族地区，除了总体上的贫困落后以外，在不同的民族和不同的地区之间，历史上遗留下来的社会经济形态差异极大，经济发展水平极不平衡。分布在内地的白、回、纳西、壮、彝、蒙古、布依、苗等民族，其社会经济形态是封建地主制。分布在边疆地区（包括新中国成立后执行边疆政策的地区）的哈尼、傣、拉祜、藏、阿昌、普米等民族和彝、白、纳西等民族的一部分，其社会经济形态为封建领主制或领主经济向地主经济过渡阶段。分布在宁蒗小凉

---

① 周恩来. 周恩来选集：下卷 [M]. 北京：人民出版社，1984：263.

山及其邻近的永胜、华坪山区的彝族，社会经济形态是奴隶制。分布在国境边远山区的佤、布朗、景颇、德昂、基诺、傈僳、独龙、怒等民族，以及拉祜、哈尼、瑶、苗等民族的一部分，其社会经济形态还处于原始公社末期或原始公社向阶级社会过渡阶段。与此同时，云南各民族交错杂居、立体分布，云南立体的气候和立体的地形形成了立体的农业。由立体农业所反映出来的生产力状况，与立体分布的各民族的社会经济发展水平大体上相对应。白、壮、纳西、回、布依、水等处于交通沿线或内地坝区的民族，其经济发展水平已经同内地的汉族接近或大体相当，已经进入传统农业相对比较发达的自然经济阶段，农业生产已经具备较高水平，家庭手工业也比较发达，商品经济有了一定程度的发展，已有了初期的资本主义经济因素。居住于坝区的壮族、生活在坝区和河谷地带的傣族，稻作农业很发达。生活于半山区的哈尼族，主要从事水稻、陆稻的生产，三犁三耙，精耕细作，梯田稻作农耕已经达到传统稻作农耕在山区的最高水平。定期集市点（按十二生肖命名，如马街、牛街、鸡街等；因在山坡草地上赶集，俗称草皮街）如星星点点分布在哈尼族居住的崇山峻岭中，哈尼人进行着简单的商品交换。而聚居于山区、高寒山区的景颇、佤、独龙、傈僳、基诺、拉祜等民族尚处于原始社会末期，社会发育程度低，从事刀耕火种（有利于植被恢复）的原始农业，还没有进入到传统的犁耕农业阶段，铁制工具很少，生产工具主要是竹、木、石器等。手工业还没有从农业中分离出来，还有一部分狩猎和采集经济。简单的商品交换要翻山越岭到坝区集市上进行，群众生活十分贫困。另外，在彝、白、壮、哈尼、傣、苗、瑶等民族中有众多的方言区，由于不同的方言区生产力发展水平不一，形成了在一个民族内部存在着多种社会经济形态的状况，并存在着社会发展程度的差异。

其次，民族地区经济总量小，经济结构极不合理。新中国成立前，云南省经济结构主要以农业为主，是典型的农业社会，工商业很不发达；而民族地区，部分地区以传统农业为主，部分地区以刀耕火种的原始农业为主，许多民族地区还没有工商业。1949年，全省工农业总产值11.11亿元（按1952年不变价计算），其中农业产值占83.3%，人均工农业总产值69.7元。1952年，民族自治地方的工农业总产值只有130671万元，其中农业总产值115239万元，工业总产值15432万元，人均150.9元。[①] 无论是整个云南省，还是民族地区，经济总量都非常小。

1952年，全省工农业总产值为134127万元，其中农业总产值为96000万

[①] 云南省统计局. 云南四十年 [M]. 北京：中国统计出版社，1989：6-44.

元,工业总产值为38127万元,农业总产值与工业总产值分别占生产总值的比重为71.6%和28.4%。同年,民族自治地方的农业总产值与工业总产值分别占生产总值的比重是88.2%和11.8%,工业比重比全省平均水平低16.6个百分点。以上数据说明,云南的经济结构是典型的以农业经济为主的结构,农业在国民经济中是最大的产业,工业发展非常落后,经济发展水平非常低,而民族自治地方的工业远远落后于非自治地方,民族自治地方的经济更为落后。从第一、二、三产业来看,1949年,全省是70.1∶10.9∶19.0;1952年,是61.7∶15.4∶22.8,呈现一、三、二排序。整个国民经济发展水平很低,产业结构低级化;然而民族地区农业在产业结构中所占的比重越高,生产力发展水平就越低。如德宏州产业结构比是87.1∶0.2∶12.7,工业基本上没有发展。[①] 民族地区的工商业十分落后,大理州、红河州是当时工商业较发达的民族自治地方,1952年大理州有工业企业上百家,红河州有工业企业近500家,但红河州的工业企业都集中在个旧、开远、蒙自等地。德宏州、文山州、西双版纳州还没有任何工业企业,只有传统的小手工业。

最后,民族地区基础设施极其薄弱。新中国成立前,云南基础设施和公共设施都非常薄弱,除昆明和滇越铁路沿线的城镇外,大部分地区无公共设施,民族地区更是如此,可以说大部分民族地区是一穷二白。

在农田水利设施方面,水沟、水渠等主要集中在部分白族、纳西族、傣族、壮族、回族、蒙古族、部分彝族等民族居住的坝区和哈尼族居住的半山区,绝大部分少数民族生活在山区和高寒山区,总体上处于靠天吃饭的状态。

在交通基础设施方面,全省大部分地区的运输主要靠人背马驮。全省8个民族自治州、29个民族自治县,除红河州有铁路外,其余自治州均无铁路。大理州有祥云机场,但这个机场是军用的,整个民族自治地方无民用机场。1952年,民族自治地方的铁路通车里程为545千米,公路通车里程为2328千米,大部分公路等级很低,断头路多,晴通雨阻。[②] 交通分布很不均匀,铁路主要在红河州境内,公路主要集中在滇西和滇中地区。在西双版纳州、迪庆州、文山州无一寸公路。民族自治地方的绝大部分县城不通公路,水运只在金沙江、澜沧江、怒江、红河下游、洱海等有一部分,运力非常有限。

在邮电通信设施方面,主要集中在城镇,在广大农村,特别是边远山区根

[①] 云南省民族事务委员会. 民族区域自治在云南的成功实践 [M]. 昆明:民族出版社,2012:134.

[②] 云南省统计局. 云南四十年 [M]. 北京:中国统计出版社,1989:45.

本没有邮电通信设施。在8个民族自治州中条件较好的红河州，1949年时，13个县（市）仅有邮电局所76处（其中自办局所16处），邮路总长1691千米，长途电话10路，电报11路；① 楚雄州只有39个邮电局（所），邮路总长度1643千米；西双版纳州只有三个邮政代办所和一个委办局，年发函件6000件；德宏州只有一个邮电局和11个代办所。邮件全靠马帮驮运和人力徒步传递，传递速度非常缓慢。到1952年，全省民族自治地方有邮电局（所）464个，邮路总长度2.6万千米，② 但只能覆盖主要县城和重要的区乡所在地，无法满足群众和社会经济发展的需要。

在电力设施方面，除昆明外，绝大部分民族地方尚未通电。

二、中国共产党治理云南民族地区经济发展问题的实践

新中国成立以来，云南民族地区的经济建设经历了一个曲折的发展过程。从1950年至1957年，中共云南省委、省政府区别内地与边疆、山区与坝区、民族与民族之间的不同情况，采取不同的政策措施和工作步骤，实行分类指导；民族地区社会日趋稳定，少数民族群众生产积极性空前高涨，经济发展较快。从1958年至1965年上半年，经历了三年困难和五年的调整恢复时期，民族地区的经济在曲折中发展。从1966年至1976年，民族地区的经济建设遭到巨大损失。从1978年党的十一届三中全会以来，随着党的工作重心的转移，云南民族地区的各项工作都转向了以经济建设为中心。云南各族人民自力更生、艰苦奋斗，在党和国家的大力扶持和帮助下，民族地区的农业、工业、服务业、交通和通信事业得到了迅速发展。

（一）云南民族地区的农业建设

新中国成立前的云南各民族，绝大多数以农（牧）业为主，分别处在原始农业、传统农业发展阶段。边疆地区的一些民族还是以刀耕火种的原始农业为主，兼以采集和狩猎，农业和手工业还没有分离，生产力水平十分低下。新中国成立后，党和政府为了从根本上改变云南民族地区的农业落后状态，大力加强农业基础设施建设，修水库、造良田，不断改善农业生产条件和耕作技术，使许多处于原始社会末期从事原始农业的民族步入了传统农业，并由传统农业逐步走向现代农业。当然，云南民族地区的农业建设，是在变革农业生产关系

---

① 红河哈尼族彝族自治州志编纂委员会. 红河州志：第3卷 [M]. 北京：生活·读书·新知三联书店，1997：393.
② 云南省统计局. 云南四十年 [M]. 北京：中国统计出版社，1989：45.

中进行的。由于忽视了民族地区农业生产力的发展，民族地区建立现代农业的步伐极其缓慢。

第一，农业的社会主义改造。民主改革基本完成后，对农业生产资料私有制进行社会主义改造，促进生产力的发展；把个体、分散的小农经济通过互助合作组织起来，引导各族群众走上社会主义道路，并共同建设社会主义，是当时摆在云南省委、省政府面前的重要任务之一。根据中共中央1952年提出的过渡时期的总路线和1953年通过的《关于发展农业生产合作社的决议》精神，云南省委、省政府结合民族地区的实际情况，有计划、有步骤地采取先试点、再铺开的方法，引导运动，各族人民走上互助合作的道路。

1952年4月，中共云南省委、省政府着手宣传并贯彻执行中共中央《关于农业生产互助合作的决议（草案）》和《云南省关于发展农业生产的十项具体政策》，决定在内地先期完成土地改革的地区，从解决农村小农经济很难克服的困难入手，引导群众"组织起来，爱国增产"，组织互助组和换工组，实行劳动互助，发展农业生产，积极支援国家的工业化。由此，揭开了云南农业生产合作化运动的序幕。1955年7月，毛泽东同志在全国省、自治区、直接市党委书记会议上做了《关于农业合作化问题》的报告。中共云南省委、省政府，根据会议精神，加快了发展合作社的步伐。1957年12月14—20日，云南省委召开了边疆工作会议，讨论了边疆地区的合作化和边疆各族人民过渡到社会主义的问题。会议做出了"第一年试点办社后，第二年发展到15%左右，第三年发展到30%~40%"①的计划，在此基础上通过跃进的方式实现合作化的基本步骤，并且确定了跃进的具体办法，加快边疆地区合作化的发展速度，完成边疆地区农业的社会主义改造。根据这次会议，中共云南省委于1958年1月6日发出《关于边疆和平协商土改区农业合作化的指示》，云南内地民族地区与内地其他地区同步完成合作化，边疆民族地区于1958年加速完成了合作化。

在德宏州，至1956年年初，包括缓冲区、和改区和"直过区"，已有大量临时、季节和常年互助组；有300多个初级社会和少数高级社，入社农户占总农户的10%左右。至1957年年底，全州互助组增加到1800个，入组农户占总农户的17%；合作社增加到972个（其中少数是高级社），入社农户占总农户的20.5%。参加互助合作的农户，共占总农户的37.5%。以汉族为主的缓冲区参加互助合作的最多，占该区总农户的31.7%；傣族、阿昌族"和改区"次之，

---

① 当代云南编辑部.当代云南大事纪要（1949—1995）[M].北京：当代中国出版社，1996：177：

占其总农户的17.8%;"直过区"最少,占其总农户的12.2%。① 1958年春天,全州一跃而实现"基本合作化",共创办农业合作社1819个,入社农户占总农户的71.3%。1958年秋,在大办人民公社运动的推动下,合作社增加到2209个,入社农户增加到87.2%。至20世纪60年代初,全州共有农业社3121个,入社农户69296户,占总农户的96.6%。②

在红河州,1952年,在内地完成第一批土改的蒙自、开远、建水、石屏等8个县,引导农民进行建立互助组的试点,从简单的劳动互助、季节性、临时性的互助组发展到常年互助组,共建立了5673个互助组,其中常年互助组414个。1953年,蒙自专区互助组发展到11800个,参加互助组农户占内地县总农户的60%。1956年年底,在边疆河口、元阳、红河、金平县和六村办事处(今绿春县)试办互助组3500个,入组农户占5县总农户的40%。1954年,秋后分期分批在内地8市、县试办初级社,入社农户占总农户的5.34%。1955年,初级社发展到2530个,入社农户占总农户的33.3%。边疆的元阳、红河、金平、河口等县和六村办事处,1956年试办了34个初级社。1957年,办起了650多个初级社,入社农户占边疆县总农户的15%。③ 1956年2月,中共蒙自地委在蒙自、建水、石屏等县试办高级社。9月,小社并大社。10月,进入转社高潮,初级社转高级社,原来未入社的互助组和农户,也直接建立或加入高级社。

在楚雄州,1952年冬,楚雄地委首先在结束土改复查的重点乡发展建立互助组,同年底共建立互助组8742个,入组农户占总农户的8%。1953年年底,互助组已发展到30311个(其中常年性、季节性互助组14282个),入组农户占总农户的80%。1954年年初,在发展互助组的同时,楚雄地区在15个县19个区的23个乡试办了29个以"以土地入股,统一经营"为特征的初级合作社,入社551户。至1955年11月,全区初级社猛增到4713个,入社108161户,占总农户的34.26%。1955年冬,试办高级农业生产合作社。1956年年底,高级社达到1665个。到1957年年底,全区共有高级社1509个(含富民、禄劝两县),入社农户占总农户的99.55%。④

---

① 德宏傣族景颇族自治州概况编写组,《德宏傣族景颇族自治州概况》修订本编写组. 德宏傣族景颇族自治州概况[M]. 北京:民族出版社,2008:89—91.
② 德宏州史志办. 德宏州志:政治卷[M]. 芒市:德宏民族出版社,2011:190.
③ 红河哈尼族彝族彼治州志编纂委员会. 红河州志:第2卷[M]. 上海:生活·读书·新知三联书店,1994:26.
④ 楚雄彝族自治州地方志编纂委员会. 楚雄彝族自治州志:第2卷[M]. 北京:人民出版社,1993:123—124.

在西双版纳州，和平协商土改地区按照云南省委提出的"大量发展互助组，重点试办合作社，取得经验，推动全盘"这一工作方针，在开办互助合作训练班的基础上，1956年较稳妥地试办了少量农业生产合作社。同时，在直接过渡地区开展爱国生产运动，发展互助组，重点试办农业生产合作社。至1957年春，全州办社60个（含试点社），入社1700多户，占土地改革区农户的5.18%。"直过区"也开展了爱国生产运动，办起了2个农业社、98个互助组。①

在文山州，中共文山地委在开办互助合作训练班的基础上，试办合作社。至1954年年底，全区建初级社168个，入社农户4036户。1955年全区初级社发展到2666个。1956年4月全区初级社发展到3362个，入社农户205139户，占总农户的77.2%。到1956年年底，全区建高级社2372个，入社农户255175户，占总农户的93.11%。

在大理州，1953年11月，中共大理地委召开了祥云县、宾川县、弥渡县、凤仪县、大理县的互助组长会议，总结经验和成绩，向全区通报推广，发展农村互助组。1954年，全州春耕生产后，农业互助组发展到28854个，参加农户达237625户，占总农户的71.8%。到1955年年底，全区有初级农业生产合作社3917个，入社农户92614户，占总农户的28.0%，同时还有常年性互助组14660个。1956年年底，全区所有初级社全部转入高级社，全区共建1320个高级农业生产合作社，入社农户达99.8%。1957年3月，全州98%的农户加入高级农业生产合作社，农业社会主义改造基本完成。②

在怒江州的兰坪县，到1956年年底，初级农业生产合作社还未完全巩固的情况下，全县初级农业合作社并为158个高级农业生产合作社，入社农户19906户，占农业户总数的98.3%，③在全县范围内实现了高级合作化。碧江县（1986年撤县，属地分别划归福贡、泸水二县）、福贡县、贡山县、泸水市北部地区等"直过区"，1954年6月至1958年，通过互助合作直接过渡到社会主义。

第二，边疆民族地区国营农场的建立。1951年9月，云南省农林厅林垦处成立，下设3个林垦工作站，进行产胶植物的调查引种。1953年1月21日，林

---

① 西双版纳傣族自治州地方志编纂委员会. 西双版纳傣族自治州志：上册[M]. 北京：新华出版社，2002：441.
② 《大理白族自治州概况》编写组. 大理白族自治州概况[M]. 北京：民族出版社，2007：119-121.
③ 怒江傈僳族自治州地方志编纂委员会. 怒江傈僳族自治州志：上[M]. 北京：民族出版社，2006：409.

业部云南垦殖局在昆明成立，下属单位有蒙自分局、保山分局、普洱分局筹备处、垦殖局干部学校、重庆驻昆办事处、勘察队。同年10月30日，云南垦殖局及所属机构撤销。1957年3月25日，云南省农垦局正式成立。1958年至1960年，农垦局接收转业复员官兵、下放干部、省内移民、过渡农民、湖南支边青壮年等6万余人。1970年3月1日，中国人民解放军云南生产建设兵团成立。兵团下设4个师、25个团、116个营、1038个连、4个直属企事业单位。同期接收10万知识青年。1974年6月26日，撤销云南生产建设兵团和师、独立团建制，团改为农场。兵团、师撤销后，成立农垦总局，在有关地（州）成立农垦分局。

农垦分局包括红河州农垦分局、普洱市农垦分局、西双版纳州农垦分局、临沧市农垦分局、德宏州农垦分局、文山州农垦分局等。西双版纳州农垦分局，下辖10个国营农场，即景洪农场、东风农场、勐养农场、橄榄坝农场、黎明农工商联合公司、勐腊农场、勐捧农场、勐满农场、勐醒农场、大渡岗茶场。德宏农垦分局，下辖5个国有农场，即盈江农场、陇川农场、遮放农场、瑞丽农场和畹町农场。红河州农垦分局，下辖6个国营农场，即河口农场、坝洒农场、蚂蝗堡农场、南溪农场、金平农场、弥勒东风农场。普洱市农垦分局，下辖5个国营农场，即思茅农场、曼昔茶场、江城农场、澜沧茶场、孟连农场。临沧市农垦分局，下辖的国营农场包括双江拉祜族佤族布朗族傣族自治县的双江农场和勐库华侨农场、耿马傣族佤族自治县的孟定农场、勐撒农场和耿马华侨农场以及沧源佤族自治县的勐省农场等。文山州农垦分局，下辖文山市的回龙农场、广南县的堂上农场和石山农场、麻栗坡县的八布农场和天保农场以及马关县的健康农场等。这些在边疆民族地区开办的国营农场，主要种植橡胶、茶叶、咖啡、热带水果、甘蔗等经济作物和粮食作物。

上述在边疆民族地区建立的国营农场，初期可以说纯粹是"外嵌入"农场，从业人员基本上都是"移民"工人，与当地少数民族没有多少关联，对当地少数民族的发展进步没有起到应有的作用。但是，随着知青大返城和改革开放的不断深入，各农场严重缺乏劳动力，从当地少数民族中招收工人，农场里的少数民族工人逐步增多（如1996年西双版纳10个国营农场的少数民族职工已达16378人），使少数民族工人学到了先进的种植技术。同时，各农场在周边村寨群众中培训种植橡胶、咖啡等方面的技术，少数民族群众教会农场工人在植茶等方面的技术，从而促进了边疆各族人民在生产技术上的变革。农场与当地群众互帮互学、互促互带，以场带社、以场帮社，场群交融，共同发展生产，携手建设边疆，使橡胶、茶叶、咖啡、甘蔗、热带亚热带水果等产业发展成为边疆民族地区的支柱产业。

1983年4月，云南省农垦总局改为经济实体，在保留原"云南省农垦总局"名称的同时，称为"云南省农垦农工商联合企业总公司"。1996年2月，成立云南农垦集团有限责任公司，与云南省农垦总局实行"两块牌子、一个班子"的管理体制，在6个州（市）设有6个分公司。2004年，省政府授权省国资委对农垦集团履行出资人职责，农垦集团成为省属国有重要骨干企业。2014年8月，云南省农垦总局与云南农垦集团有限责任公司实行政企分开，云南农垦集团有限责任公司正式成为市场经营主体。在对省农垦总局进行改制的过程中，对各个农场也进行了改革。但是，在边疆民族地区的国营农场进行改制的过程中，如同一些农场在建立之初，即使把橡胶树种到当地少数民族群众家的门口，也与当地群众没有任何利益关系一样，在一些农场的改制过程中，没有充分考虑到当地少数民族群众的经济利益，为日后农场与当地民众的经济利益纠纷埋下了一定的隐患。

第三，建立农业生产责任制（家庭联产承包责任制）。党的十一届三中全会后，全国农村贯彻《中央关于加快农业发展若干问题的决定（草案）》《农村人民公社工作条例（试行草案）》等两个文件。云南民族地区根据生产力发展水平，创造出不同的组织规模、劳动形式、经营方式、分配形式。通过建立各种形式的农业生产责任制，由单一的集中经营变为统一经营和分散经营相结合的联产承包责任制，土地归集体所有的性质不变，把经营权承包给农民家庭，给劳动者以自主权，其产品在交纳国家税收和集体提留之后的剩余部分归自己。云南民族地区实行家庭联产承包责任制，经历了从自发的探索和实践到逐步推行家庭联产承包责任制、全面推行家庭联产承包责任制、稳定和完善家庭联产承包责任制的过程。

以家庭承包为主要形式的农村生产经营方式，早在20世纪60年代初期，就在云南民族地区曾以不同的形式存在着。红河州紧靠边境的5个县，1957年试办农业生产合作社之后，少数民族群众从个体单干的形式一步跨入人民公社集体所有制的生产方式。由于脱离实际情况引起群众不满，1961年前后，大都退回到原来的"单干"模式。文山州毗邻越南的边境地区，从20世纪60年代初期，就有包产到户的方式，后来时断时续。后来，当地少数民族群众为解决口粮问题自发搞起包产到户。1977年7月4日，中共云南省委曾发出《关于文山州分田到户情况的通报》，指出：文山全州约有20%的生产队集体经济解体，分田到户；有的生产队集体种公粮，社员个人种口粮；有的生产队已经单干了；有的生产队集体种大春作物，小春作物谁种谁收；有的生产队分若干小组，以小组为核算单位；大牲畜下放到户的现象和包产到户的现象更为普遍了。1976年，楚雄州元谋县大塘子生产队实行"四定一奖"（即定面积、定产量、定成本、定报酬，超产部分30%奖给作业组，组里再评定到人）的管理方式，并且把承包到组的管理方式细化为"六落实"（劳动组织落实、家具使用落实、工分报酬落实、产品产量落实、成本核算落实、实行奖励落实），结果1977年全队粮食大增产、48户村民粮食大增收。上述改革和探索都是在当地党委默许的情况下进行的，使群众得到了实惠。

1978年12月，在党的十一届三中全会上，原则通过了《中共中央关于加快农业发展若干问题的决定（草案）》和《农村人民公社工作条例（试行草案）》。中央这两个文件，强调了放宽农村政策，建立生产责任制，允许"包工到作业组，联系产量计算报酬，实行超产奖励"等。12月30日，中共云南省委发出《贯彻中共中央关于发展农业两个文件的通知》，要求各级党委和有关部门认真组织学习，广泛征求意见，先行组织试点，逐步总结经验。省革命委员会根据中央两个文件精神通知各地，为了方便群众生活，促进生产发展，决定开放粮、油市场，规定以县为单位，在完成国家粮油征购任务以后，允许社员将少量的粮油上市，进行品种、余缺调剂。对于联产承包的问题，省委采取了先行先试的默许态度，没有公开的批评指责。1979年3月3—5日，中共云南省委召开地委书记会议，决定在农村推行多种形式的生产责任制，提倡元谋县大塘子生产队建立的"四定一奖"管理责任制。3月13日，云南省委就农村建立生产责任制问题发出通知，要求建立同产量相联系的生产责任制，态度要积极，步子要稳妥。

1979年11月底，中共云南省委召开了全省山区经济建设和少数民族工作座谈会，专题研究山区建设和民族发展问题。会议认为，在云南山区问题、民族问题和穷队问题是"三位一体"的。云南山区面积占94%，60%的少数民族人口居住在山区，80%的穷队分布在山区。在1000万的穷队人口中，居住在高寒山区、边远民族地区和一些结合部地区的约占300万人，生活更为贫困。因此，加强民族工作和山区经济建设，无论对边防建设、进一步发展安定团结的局面，还是对云南国民经济和帮助少数民族发展，都是非常重要的。省委书记安平生在会议讲话中讲道："全省还有一部分地区，大概100万人口，原来的经济形态是原始社会、奴隶社会，一下子跳到人民公社，一步登天。但是，经济文化落后，文盲会计、刻木记事、结绳记事。""对这种情况，干脆退回去，不搞什么人民公社。干脆搞包产到户这种形式，或者搞群众创造的别的什么新形式。"

"山区、民族地区经济政策要宽一点,经营管理要灵活一点。"① 会后,民族地区认真贯彻执行了省委的会议精神,各自治州和自治县内众多的生产队建立了包产到户到组责任制。

1980年9月27日,中共中央印发《关于进一步加强和完善农业生产责任制的几个问题》的通知,肯定了包产到户、包干到户的生产责任制形式。中共云南省委发出《关于认真贯彻中共中央关于〈进一步加强和完善农业生产责任制的几个问题〉的通知》。通知指出,对于当前各地已经实行的各种生产责任制,应在实践中组织干部群众认真总结经验,按照中央的文件精神,从实际情况出发,使之进一步完善起来。边远山区和贫困落后地区要求包产到户的,应当支持各族人民群众的要求,可以包产到户、包干到户,并且在一个比较长的时间内保持稳定。据1980年年底统计,全省推行了不同形式联产责任制的生产队达52%,实行包产到户责任制的生产队已占生产队总数的21.7%,推行包产到户的队已占总队数的5.2%,即边疆民族地区和内地高寒分散的山区的大部分生产队已经实行"两包"到户责任制。②

1982年1月,中共中央批转《全国农村工作会议纪要》,充分肯定了农业生产责任制。7月10—22日,中共云南省委召开完善农业生产责任制座谈会,贯彻落实中央《全国农村工作会议纪要》精神。会议认为:家庭联产承包责任制不是权宜之计,而是要长期实行的一项政策。会后,昆明、玉溪、曲靖、大理等农业生产水平较高、没有实行大包干到户的平坝地区,纷纷开始推行大包干到户为主的责任制。到1983年年底,包括民族地区在内的全省99.9%的生产队建立了家庭联产承包责任制。1984年后,随着农村经济体制改革的不断深入,"政社合一"的人民公社体制解体,明确了土地权属、稳定了承包关系,加强了农业承包合同的完善与管理,云南民族地区的土地承包逐步走上了法制化轨道;云南民族地区农业内部结构逐步合理化,农业科技不断得到推广,人们的吃饭问题基本得到了解决。

经过各族人民的不懈努力,云南民族地区的农业建设取得很大的成绩。到"七五"末,1990年年底,全省民族自治地方农林牧渔业总产值已达1092208万元,其中8个民族自治州农林牧渔总产值为845344万元,自治州以外自治县农林牧渔业总值为246864万元。到"九五"末,2000年年底,全省民族自治地方

---

① 中共云南省委党史研究室. 云南省家庭联产承包责任制[M]. 昆明:云南人民出版社,2016:13.

② 中共云南省委党史研究室. 云南省家庭联产承包责任制[M]. 昆明:云南人民出版社,2016:.15.

农林牧渔业总产值已达 3658589 万元，其中 8 个民族自治州农林牧渔总产值为 2813030 万元，自治州以外自治县农林牧渔业总值为 845559 万元。① 到"十一五"末，2010 年年底，全省民族自治地方农林牧渔业总产值已达 10420130 万元，其中 8 个民族自治州农林牧渔总产值为 7870491 万元，自治州以外自治县农林牧渔业总值为 2549639 万元。② 至"十二五"末，2015 年年底，全省民族自治地方农林牧渔业总产值已达 2105.81 亿元，其中 8 个民族自治州农林牧渔总产值为 1554.26 亿元，自治州以外自治县农林牧渔业总值为 520.97 亿元。③ 当然，实行家庭联产承包责任制以来，随着乡镇企业的发展，特别是沿海地区的发展，云南民族地区的年轻人纷纷到内地和沿海打工，出现了家庭劳动力不足、承包地被弃耕或抛荒的现象，这对发展民族地区的农业生产是很不利的。

2016 年，中共中央办公厅、国务院办公厅印发了《关于完善农村土地所有权承包权经营权分置办法的意见》，提出将农村土地所有权、承包权和经营权分置并行，着力推进农业现代化。2017 年，中共云南省委和省政府为贯彻落实党中央、国务院《关于完善农村土地所有权承包权经营权分置办法的意见》精神，结合云南实际，就推动农村土地所有权、承包权、经营权分置，着力推进高原特色农业现代化，提出了《关于推动农村土地所有权承包权经营权分置的实施意见》（云办发〔2017〕20 号）。同年 4 月，云南省政府办公厅印发了《云南省高原特色农业现代化建设总体规划（2016—2020 年）》。随着"三权"分置在云南民族地区的推进，将极大地推动云南民族地区现代农业的发展。

（二）云南民族地区的工业建设

新中国成立前，云南民族地区除了个旧、大理和一平浪等个别城镇有少量的矿冶业和轻纺企业以外，基本上没有现代工业。在一些县城有些手工业作坊，在农村有些手工业工匠，而在边疆民族地区，手工业也很少。新中国成立后，在党和政府的领导和帮助下，依托国家工业建设规划，云南民族地区的工业，从无到有，从小到大，到 21 世纪初基本建立了有一定门类的民族工业体系。

1950—1952 年，国民经济恢复时期，民族地区原有工业迅速恢复，并开始着手兴建新的工业企业。红河州，各级人民政府先后投入 920 万元，兴建工业

---

① 云南省民族事务委员会，云南省统计局. 云南民族自治地方"九五"经济社会发展文献[M]. 昆明：云南民族出版社，2002：237.
② 云南省民族事务委员会，云南省统计局. 云南民族地区"十一五"经济社会发展文献[M]. 昆明：云南民族出版社，2012：410.
③ 云南省民族宗教事务委员会，云南省统计局. 云南民族地区"十二五"经济社会发展文献[M]. 昆明：云南民族出版社，2017：533.

企业，大力恢复和发展生产。至1952年年底，除中央省属企业外，境内有县以上国有、集体工业企业496户。工业总产值达到3830万元，其中，重工业产值1520万元。轻、重工业产值比为60.3∶39.7。① 楚雄州，至1952年年底有工矿企业72个，工业总产值达1342万元。② 文山州，1952年有工业企业14个，产值1378万元。德宏、怒江、迪庆、西双版纳等州尚无工业。

1953—1957年，第一个五年计划时期，云南工业开始了较大规模的建设，共投资5.48亿，占全省总投资的53.7%，其中冶金和电力工业的投资分别占工业总投资的56.8%和21.5%③。建设的重点是有色金属、电力、建材和交通邮电，并加强地质勘查工作。在民族地区，红河州"一五"期间向工业投资19090万元，除中央省属企业外，有县以上国家、集体工业企业365户，比1952年减少26%；完成工业总产值7637万元（按1952年价格不变），比1952年增长99%。④ 大理州，1957年有工业企业145个，其中国营企业97个，工业总产值6351万元，比1949年的1090万元，增长4.8倍。⑤ 文山州，1957年，工业企业有230个，工业总产值2832万元（按1990年价格不变）。⑥ 楚雄州，1957年有工业企业337个，工业总产值3162万元。德宏州，1953年全州工业产值仅2.8万元。怒江州，1953年只有两个小型工业企业；1957年成立了地方国营兰坪县拉井盐厂。西双版纳州，人民政府组建了第一家工厂——景德工厂；1957年工业总产值270万元。这就为改变民族地区单一经济结构和工业化打下了一定的基础。

1958—1962年的第二个五年计划建设时期，工业生产大起大落。1958年年底，全州有县以上国有、集体工业企业542户，比1957年增长48.49%；完成工业产值15057万元（按1957年价格不变），比1957年增长97.16%。至1962年，全州在"二五"期间共投资25190万元，用于工业建设；除中央省属企业外，

---

① 红河哈尼族彝族自治州编纂委员会．红河州志：第3卷［M］．北京：生活·读书·新知三联书店，1994：79.
② 楚雄彝族自治州地方志编纂委员会．楚雄彝族自治州志：第3卷［M］．北京：人民出版社，1995：457-458.
③ 新编云南省情编委会．新编云南省情［M］．昆明：云南人民出版社，1996：310.
④ 红河哈尼族彝族自治州编纂委员会．红河州志：第3卷［M］．北京：生活·读书·新知三联书店，1994：79.
⑤《大理白族自治州概况》编写组．大理白族自治州概况［M］．北京：民族出版社，2007：210.
⑥ 文山壮族苗族自治州地方志编纂委员会．文山壮族苗族自治州志：第2卷［M］．昆明：云南人民出版社，2002：19.

全州有县以上国有、集体工业企业424户，比1957年增长16.16%；完成工业总产值6458万元（1960年不变价），比1957年下降15.44%。① 大理州，1958年工业企业增至504个。1961年，撤销盲目上马项目，全州的工业企业仅留下128个。楚雄州、文山州、德宏州、怒江州、迪庆州和西双版纳州也曾掀起大办工业热潮，也曾盲目上马"钢铁铜"项目，但不久即全部撤员停办。

1963—1965年，云南民族地区继续贯彻"调整、巩固、充实、提高"的八字方针，停建缓建了一批基建项目，关停了一批工业企业，使工业生产、特别是轻工业生产开始回升，经济效益逐步提高。如红河州，这一时期共投入17593万元，用于工业建设。1965年，除中央省属企业外，红河州有县以上国家、集体工业企业459户，比1962年增长8%；完成工业总产值10045万元（1960年不变价），比1962年增长56%。其中，重工业企业177户，比1962年减少5%，完成总产值4165万元，比1962年增长37%。轻、重工业产值比为58∶42。②

1966—1976年的"文化大革命"期间，工业企业长期处于停产半停产状态。这一期间，由于"三线"建设，实行了第三个、第四个五年计划，并开始了第五个五年计划建设，民族自治地方的工业在这一时期也得到了一定程度的发展。如1975年，红河州工业总产值达28402万元（按1970年不变价），比1970年增长76.71%。轻、重工业产值比为53∶47。楚雄州，1975年工业总产值达15361万元。其他民族自治州，工业总产值也有所增加。另外，在全国"三线建设"中，云南"三线建设"以成昆、贵昆铁路为先导，以国防军工为重点，配套建设冶金、有色、机械、煤炭、电力化工、森林、建材等工业。国家先后用于云南三线建设的资金达150.95亿元，占全国三线建设总投资的7.35%；其中用于成（都）昆（明）铁路云南段修建费用33亿，用于云南有色金属建设投资7.1亿、钢铁建设投资4.57亿、国防科技工业投资4.2亿元。新建和扩建的各种三线企事业单位164个，其中军工企事业单位38个，民用企业事业单位126个（不包括铁路、公路和邮电）。③ 这批企事业单位分别建于大理、楚雄、禄丰、寻甸、陆良、曲靖、宣威等地，并相继于1971—1974年建成，对民族地区工业的发展起了一定的带动作用。

1976年10月，"文化大革命"结束。1978年12月党的十一届三中全会以

---

① 红河哈尼族彝族自治州编纂委员会. 红河州志：第3卷［M］. 北京：生活·读书·新知三联书店，1994：80.
② 红河哈尼族彝族自治州编纂委员会. 红河州志：第3卷［M］. 北京：生活·读书·新知三联书店，1994：80.
③ 晁丽华. 云南三线建设与西部大开发［J］. 昆明大学学报，2006（1）：32-33.

后，云南民族地区工业进入了一个崭新的发展时期，在继续完成"五五"计划之后，顺利完成了"六五""七五""八五"三个五年计划。1988年，大理州有各类工业企业1965个（含村办及以上工业企业），其中乡办570个，村办1395个；乡以上独立核算工业企业425个。食品、纺织、烟草、电力、造纸等已成为支柱产业，其产值之和为40025万元。① 楚雄州，有乡以上共有34个行业、548个工业企业，其中国有企业153个，集体企业386个，其他9个；工业总产值65688万元。加上村及村以下工业，全部工业总产值达72210万元，比1949年增长52.8倍，比1980年增长5.6倍。② 1988年，全省民族自治地方工业总产值达48.04亿元，比1952年增长30.1倍，平均每年递增10.0%。1988年同1952年比较，钢产量从无到有，达到0.66万吨；生铁由0.14万吨增加到12.7万吨；原煤由6万吨增加至850万吨；木材由1万立方米增至210万立方米；糖从0.8万吨增加到38.8万吨；卷烟产量则从1978年的13万箱，增加到56.9万箱。发电量1988年比1952年增长458倍。③ "八五"末，全省8个民族自治州有工业企业2155个，实现工业总产值178.49亿元。1995年，全省民族自治地方工业总产值203.22亿元，比1952年增长126.8倍；乡镇企业总收入181.22亿元，比上年增长62.7%。

1996—2000年的"九五"规划期间，国家把加快发展中西部经济提到重要日程，并采取了相应的倾斜性政策措施，云南民族地区的工业建设也有所加强，并取得了相应的成就。2000年，民族自治地方实现工业总产值426.91亿元（当年价），按可比口径计算，比1995年增长50.0%，年平均增长8.4%。在主要工业产品中，除卷烟、原煤外，其余产品都有不同程度的提高，尤其是水泥、糖和发电量增幅较大。2000年水泥产量651.3万吨、糖产量1143734吨、发电量116.21亿千瓦时，同1995年相比，水泥产量、糖产量和发电量分别增长78.4%、68.0%和34.7%。④

1999年，为了促进社会经济全面协调发展，中央决定实施西部大开发战略。2000年1月16日，国务院西部地区开发领导小组成立；3月8日，国家计委主

---

① 《大理白族自治州概况》编写组.大理白族自治州概况[M].北京：民族出版社，2007：211.
② 楚雄彝族自治州地方志编纂委员会.楚雄彝族自治州志：第3卷[M].北京：人民出版社，1995：458.
③ 云南省统计局.云南四十年[M].北京：中国统计出版社，1989：19.
④ 云南省民族事务委员会，云南省统计局.云南民族自治地方"九五"经济社会发展文献[M].昆明：云南民族出版社，2002：47.

任曾培炎在九届全国人大三次会议记者招待会上宣布，2000年西部大开发要迈出实质性步伐，国家将在西部地区新开工10大项目，加快78个在建项目进度，做好5大项目的前期工作，标志着西部大开发拉开了序幕。西部大开发，为加快发展云南民族地区的工业带来新的机遇。从2000年到2009年，西部大开发战略实施的十年间（涵盖"十五"规划和"十一五"规划），云南民族地区的工业有了较大发展。如红河州实施了"工业强州战略"，明确了"围绕大资源抓工业，围绕大企业抓项目，围绕大项目抓速度"的工业发展思路，十年间新建成了个旧有色冶化、云锡公司的有机锡和BGA锡球、建水涌鑫金属加工公司、红河钢铁、润鑫铝业公司、那兰电站、大唐开远电厂等重大项目和企业。这些大项目的建成投产，有力地推动了红河州工业经济的腾飞。2009年，全省民族自治地方实现工业总产值15726079万元（按当年价格），其中8个民族自治州实现工业总产值13383210万元，自治州以外的自治县实现工业总产值2342869万元。[①]

2011—2015年的"十二五"规划期间，2015年5月国务院印发了《中国制造2025》，部署了制造强国战略。云南省人民政府为了认真贯彻落实《中国制造2025》，于2016年7月印发了《云南省人民政府关于贯彻〈中国制造2025〉的实施意见》，出台了一系列政策措施，促进工业转型升级，稳步推进企业技术改造，加大工业企业培育力度。结合地方资源、区位优势，围绕烟草、有色、化工、能源、建材等传统产业提升和装备制造、信息产业、新材料、生物医药等新兴产业培育，推动传统产业延伸产业链和精深加工，大力发展新兴产业形成新动能，着力打造产业基地和产业集群，推动民营经济和非公工业逐步增长。2015年民族自治地方有规模以上工业企业1557个，"十二五"期间新增规模以上工业企业335户。规模以上工业总产值3605.0亿元，比2010年增长77.1%，按现价计算年均增长12.1%，年均增速高于全省6.9个百分点。2015年民族自治地方工业主要产品产量，发电量512亿千瓦小时，比2010年增加45亿千瓦小时；成品糖186.4万吨，比2010年增加54.3万吨；水泥3686.7万吨，比2010年增加1326.7万吨。[②]

2016年，云南省人民政府编制了《云南省国民经济和社会发展第十三个五年规划纲要》，阐明了全省"十三五"时期经济社会发展战略。进入"十三五"

[①] 云南省民族事务委员会，云南省统计局. 云南民族地区"十一五"经济社会发展文献［M］. 昆明：云南民族出版社，2012：408.

[②] 云南省民族宗教事务委员会，云南省统计局. 云南民族地区"十二五"经济社会发展文献［M］. 昆明：云南民族出版社，2017：184.

时期，云南民族地区的工业有望持续健康向前发展。

总之，云南民族地区工业建设的成就，有目共睹。但是，大部分建设项目和企业与当地少数民族缺少天然的经济联系；绝大部分工矿企业基本上都是"外嵌入"的，项目建设的资金、技术、设备、劳动力几乎与当地少数民族没有多大关系，没有多少当地少数民族群众能参与到建设之中，从而导致民族地区工业的发展对当地少数民族经济社会发展的促进作用极其有限。同时，在开发民族地区的矿产资源、水能资源、生物资源等的过程中，以国家的名义取走了资源，把贫困和恶化了的生态环境留给了当地少数民族群众。资源的开发，并没有让少数民族群众富起来。

(三) 云南民族地区的服务业建设

新中国成立前，由于云南民族地区环境复杂险要，长期处于封闭、落后、贫困的状态，运输主要靠人背马驮；除了部分城镇，边远山区根本没有邮电通信；除了个旧、大理等城镇有商贸活动外，广大山村只有"草皮街"（定期集市），互通有物；还没有旅游业。可以这样说，大部分民族地区的服务业处于一穷二白的状况。新中国成立后，经过60多年的建设，云南民族自治地方的服务业得到了迅速发展。

首先，发展交通运输事业。云南民族地区多数地处边远，山川险阻，历史上交通闭塞，人员来往和货物运输极为困难。这种状况严重地制约着政治、经济、文化的发展。新中国成立后，人民政府组织各族群众积极筑路、建桥，修建铁路，建设民用机场，改善交通，发展交通运输事业。

在公路建设和汽车运输方面，从1950年到1957年，全省先后修建了滇藏、昆洛等干线公路和碧色寨到河口、南涧到勐省、个旧到金平、保山到腾冲等8条公路。其中滇藏公路南起下关，经过丽江、中甸、德钦到西藏芒康，全程715千米；昆洛公路从昆明经玉溪、元江、墨江、宁洱、思茅、景洪、勐海等11个县市，到中缅边境的打洛。从1958年开始，又对昆碗公路（旧滇缅公路）进行大规模的重点整治和改建。沿线还新修和改造了许多岔道，分别岔向武定、禄劝、峨山、永仁、江城、南漳、耿马、思茅、西双版纳、怒江、盈江等民族自治地方的干线公路和国防公路。1958年，全省出现了公路建设大发展的高潮，上阵修路的群众多达数10万人。在20世纪60年代的调整时期，公路交通部门把重点放在路况的改善和养护方面。到1965年年底，全省通车县占总县数的96.9%，民族自治地方的绝大多数州、县已通汽车。在"文化大革命"期间，公路建设受到干扰，但由于国家高度重视国防、边防公路建设，仍然修建了8

条重要的国防、边防公路。党的十一届三中全会以后，公路建设部门重点抓干线公路的改善和提高，同时认真贯彻"民工建勤，民办公助"的方针，实行"以工代赈"和"地、县自筹，省给补助，各方集资，群众投劳"的办法，民族自治地方又新建和改建了一批县、乡公路。在对越自卫反击作战时，经过人民解放军工程兵、贵州省公路部门和云南文山、红河、玉溪、曲靖、大理等地州市县6万多各族人民的共同努力，完成了向滇东南方向修建22条共985千米的国防、边防公路的任务，加强了国防交通，也进一步改善了文山州、红河州的交通运输条件。到1989年，云南民族自治地方的公路运输里程已发展到5.38万千米，比1952年增长了22倍。① 不仅各自治州、自治县和自治州所属县全部通车，而且县以下的绝大多数乡（镇）、大部分行政村和一部分自然村都有了公路联结。到"十一五"末，2010年年底，在民族自治地方7360个建制村中，通公路村数达7295个。② 到"十二五"末，2015年年底，全省民族自治地方公路里程达17.4万千米，比2010年增加2.6万千米，其中高速公路达0.2万千米，等级公路达10.9万千米。③ 到2017年，民族自治地方的所有行政村都通了公路，所有自然村都有公路联结。

在铁路建设和铁路运输方面，新中国成立前，云南能通车的铁路只有昆明到沾益、昆明经碧色寨到个旧两条共656千米，且与全国铁路不相连接。在民族自治地方，只有红河以北的局部地区有窄轨铁路。新中国成立后，先修复了抗战时期拆除、炸毁的窄轨铁路，以后又修通了贵昆铁路和成昆铁路两条准轨干线，与全国铁路系统联结起来。随着经济建设的发展，还修建了一些支线和专用线。到1987年，云南铁路由解放初期的656千米（窄轨）发展到1680.5千米（准轨985.8千米，窄轨694.7千米）；货运量由1949年的32.2万吨发展到2308万吨；客运量由1952年的162万人次发展到1351万人次。大部分进出省的物资由铁路运输承担。到1989年，民族自治地方的铁路通车里程达到913千米，比1952年增长67.5%。④ 到2007年，云南省铁路形成了贵昆、成昆、南昆3条准轨电气化铁路干线；昆河、蒙宝2条米轨铁路干线；广大、水红2条合资铁路；昆玉1条地方铁路；还有6条准轨支线铁路、3条米轨支线铁路，大丽

---

① 马曜. 云南民族工作40年：上卷[M]. 昆明：云南民族出版社，1994：555.
② 云南省民族事务委员会，云南省统计局. 云南民族地区"十一五"经济社会发展文献[M]. 昆明：云南民族出版社，2012：132.
③ 云南省民族宗教事务委员会，云南省统计局. 云南民族地区"十二五"经济社会发展文献[M]. 昆明：云南民族出版社，2017：185.
④ 马曜. 云南民族工作40年：上卷[M]. 昆明：云南民族出版社，1994：557.

(大理—丽江)铁路、玉蒙(玉溪—蒙自)铁路、六沾(六盘水—沾益)二线、广昆(广通—昆明)复线开工建设。昆明铁路局管内线路总长3083千米,营业里程1923.7千米,其中电气化铁路1065.8千米。全年,完成货运量6021.2万吨,旅客周转量52.63亿人千米,是1950年的49倍。① 到"十二五"末,2015年年底,民族自治地方铁路营业里程达717千米。2018年上半年,弥蒙(弥勒—蒙自)铁路、大丽(大理—丽江)铁路提速改造如期开工;在建的玉磨(玉溪—磨黑)、大临(大理—临沧)、大瑞(大理—瑞丽)、丽香(丽江—香格里拉)等铁路项目有序推进;渝昆高铁和大理至攀枝花、蒙自至文山铁路3个项目前期工作按计划推进。

在民用航空方面,云南航空事业起步较早,但民族地区在新中国成立前没有民用航空运输。新中国成立后,经整修抗日战争时期的军用机场,于1958年4月开辟了昆明到保山的航线,1961年3月开辟了昆明到思茅的航线。到20世纪80年代末,在西双版纳州修建了嘎洒机场,在德宏州建成了芒市机场,都能起降波音737等大型客机。改革开放以来,云南民航业取得了辉煌业绩,昆明机场多年来稳居全国十大机场之列。2007年,云南已拥有一个区域枢纽机场(昆明巫家坝国际机场)、10个支线机场(西双版纳、思茅、保山、德宏芒市、大理、丽江、临沧、迪庆香格里拉、昭通、文山),支线机场中有6个在民族自治地方。到2016年,云南已建成的机场有15个(9个在民族自治地方),即昆明长水国际机场、昭通机场、香格里拉机场、宁蒗泸沽湖机场、丽江机场、大理机场、保山机场、腾冲机场、芒市机场、临沧机场、普洱机场、西双版纳嘎洒机场、文山普者黑机场、沧源佤山机场、澜沧机场等;新建和在建的机场有红河机场、元阳机场、丘北机场、宣威机场、怒江机场等,其中4个机场在民族自治地方;前期工作或规划研究的机场有勐腊机场、广南机场、景东机场、会泽机场、永善机场、德钦机场、楚雄机场、玉溪机场等。云南民族自治地方的民用航空业大有可为,云南有望成为在中国西部乃至全国占据重要位置、拥有机场数量最多、机场标准等级最高、航空基础设施最好、航线最密的省份之一。

在内河航运方面,云南省内河航运始于20世纪60年代。20世纪60年代中期,交通运输部的"431"工程对金沙江云南段进行了勘测、设计、滩险整治等试点工程,"七五""八五"时期云南对澜沧江南得坝以下航道进行整治。2000年,中、老、缅、泰四国签署《澜沧江—湄公河商船通航协定》,正式开通了澜

---

① 云南省情编委会. 云南省情(2008年版)[M]. 昆明:云南人民出版社,2009:616.

沧江—湄公河国际航运。2007年，全省通航里程达到2764千米，其中，六级及以下航道2258千米、五级航道158.3千米、四级航道347.8千米。① 虽然全省（包括民族自治地方在内）内河航运得到一定的发展，但云南境内的江河干流大多流经深山峡谷，滩多水急，落差大，使内河航运受到很大的限制。

其次，发展邮电通信事业。新中国成立前，云南邮局主要集中在城市，许多县还没有邮局，广大农村特别是边疆民族地区不通邮路。通达长途电话和电报的城镇也不到全省县、市总数的1/3。20世纪50年代初期，为适应基层政权建设、征粮、清匪反霸、土地改革以及恢复和发展生产的需要，云南省人民政府即指示在邮电部门接管和进行民主改革的同时，组织大批职工下乡，增设邮政机构，增辟邮路，积极整修电信线路，增设农村电话线路，结束了农村没有电讯通信的历史。同时根据"邮发合一"的方针，接办了报刊发行工作。在"一五"计划期间，又突出抓了大理、德宏、楚雄、文山、红河、西双版纳和迪庆、怒江等少数民族地区的邮电建设，使边疆民族地区邮电通信面貌有了很大的改变。以后又经过几十年的努力，到1989年，民族自治地方的邮电局（所）已发展到990个，邮路总长度达到12.7万千米，电报电路发展到490路，长途电话电路发展到1332路，拥有电话机65772部，② 基本上形成了四通八达的邮电通信网络。

到"八五"末，1995年年底民族自治地方拥有电话机342195部。到"九五"末，2000年年底，民族自治地方拥有电话机1241038部。进入21世纪，随着科技网络通信的快速发展，到2015年年底，民族自治地方邮电业务总量达172.6亿元，比2010年增长59.5%；移动电话年末用户达1697.3万户，比2010年增加564.2万户，增长49.8%；国际互联网络用户达366.3万户，比2010年增加266.3万户，增长266.3%。③ 现如今，在民族自治地方的村村寨寨，姑娘小伙人手一部智能手机。

再次，开展民族贸易。民族贸易是民族工作的一部分，也是我国商业工作的一部分，它是随着民族工作的开展而逐步发展起来的。民族贸易和民族特需用品生产企业，是民族地区的重要经济支柱，作为第三产业的组成部分又具有很大的发展潜力。

---

① 云南省情编委会. 云南省情（2008年版）[M]. 昆明：云南人民出版社，2009：618-619.
② 马曜. 云南民族工作40年：上卷 [M]. 昆明：云南民族出版社，1994：559-560.
③ 云南省民族宗教事务委员会，云南省统计局. 云南民族地区"十二五"经济社会发展文献 [M]. 昆明：云南民族出版社，2017：185.

新中国成立之初，党和政府在民族地区开展了各种各样的民贸活动，制定了一系列的少数民族贸易政策，着重解决民族地区生产生活必需品短缺、商品不合理比价以及土特产品滞销等问题。1963年，国家规定在民贸地区实行"三照顾"政策，即在民贸企业的自有资金、利润留成和价格补贴三个方面给予特殊照顾。经商业部、财政部批准，在云南，边疆和执行边疆政策的31个县（镇）实行民贸"三照顾"政策，统称边疆民族贸易地区。1964年，经商业部、财政部批准，又增设新平等13个县为民贸政策照顾县。"文化大革命"期间，民族贸易曾遭到破坏。党的十一届三中全会后，民族贸易获得新的恢复和发展。1980年，云南全省享受民族贸易政策照顾的共有56个县（市）。1989年，56个民族贸易县的商品纯购进125814万元，比1981年增长2.08倍；农副产品采购总值34147万元，比1981年增长1.7倍。①

随着改革开放的深入发展，在国家的大力扶持下，云南民族贸易的购销额日益扩大，经济效益和社会效益不断提高。"九五"期间，云南省根据《国务院关于"九五"期间民族和民族贸易用品生产有关问题的批复》精神，确定了民族贸易县68个，确定了民族用品定点生产企业268家，其中纺织系统119家、民族医药4家、轻工系统142家、边销茶生产企业3家。"九五"期间，工行系统共安排近5亿优惠利率贷款和3400万元的贴息资金，用于民贸网点建设和民族用品生产企业技术改造；有15家企业享受国家民族贸易网点建设和民族用品生产企业技术改造专项贴息贷款共3213万元。② 到了"十一五"，云南得到国家民族特需商品定点生产企业技术改造和民贸网点建设财政贴息资金补助502万元，低氟砖茶研制开发专项补助680万元。从2006年起，为了扶持民贸和定点企业发展，省级财政每年专项安排300万元财政贴息资金；省财政厅和省民委共同制定了《云南省省级扶持民族地区企业发展贷款财政贴息资金管理暂行办法》，"十一五"时期共安排1500万元省级财政贴息资金，扶持245户民贸企业和定点生产企业，拉动18.65亿元信贷资金支持民贸和定点企业发展。③ 到"十二五"时期，云南省共有68个民族贸易县，少数民族特需商品定点生产企业共有116家。

最后，发展旅游业。云南民族地区的旅游资源极为丰富，但直到新中国成

---

① 马曜. 云南民族工作40年：上卷［M］. 昆明：云南民族出版社，1994：566.
② 云南省民族事务委员会，云南省统计局. 云南民族自治地方"九五"经济社会发展文献［M］. 昆明：云南民族出版社，2002：48-49.
③ 云南省民族事务委员会，云南省统计局. 云南民族地区"十一五"经济社会发展文献［M］. 昆明：云南民族出版社，2012：108.

立后的前30年，除昆明附近的路南石林景区外，民族地区基本上还没有旅游业。党的十一届三中全会以后，随着改革开放政策的贯彻执行，对外开放的地区逐步扩大，民族地区的旅游业、包括涉外旅游业才逐步发展起来，旅游资源才逐渐转化为经济效益，旅游业才逐步发展成为一大支柱产业。如西双版纳州，其旅游业始于20世纪80年代。1982年，西双版纳被列为国务院审定的第一批44个国家重点风景名胜区之一。经省政府批准，1993年3月，西双版纳旅游度假区工程动工。1999年，景洪市被命名为第一批中国优秀旅游城市。经过30多年的建设，特别是实施"旅游强州"战略后，当地旅游业发展速度加快，发展质量提高，西双版纳成为全州旅游观光的最佳目的地，旅游产业成为支柱产业之一。至2008年，全州建设旅游接待设施累计投入近40亿，开辟旅游线路5条，其中出境的2条；建成首批中国优秀旅游城市1座、省级旅游度假区1个，建有星级宾馆50家，其中四星级4家、三星级12家；建成旅游等级景区16个，其中4A级5家，3A级4家；成立旅行社17家，拥有近千名导游、旅游客运车400多辆和17家旅游购物企业，旅游直接、间接从业人员为10万余人。2008年接待旅客624.28万人次，其中海外游客11.31万余人次，旅游总收入达41.17亿元。[①] 到"十二五"时期，全州接待国内外旅游人次和旅游收入再上新台阶。全州接待国内外游客，2010年为853.14万人次，2011年超千万人次，2015年超2000万人次，达到2001.4万人次，年均增长18.6%；旅游综合总收入2010年为80.33亿元，2011年超百亿元，2014年超200亿元，2015年达到286.7亿元，年均增长29.0%。[②]

在党和政府的大力扶持下，云南民族自治地方的旅游业，可以说是得到了突飞猛进的发展。到"十二五"末，2015年年底，楚雄州接待国内游客2029.8万人次，实现旅游总收入105.7亿元，分别比2010年增长101.5%和239.9%。文山州，2015年，共接待游客1139万人（次），是2010年1.3倍，年均增长18.6%；实现旅游综合收入96.62亿元，是2010年的1.8倍，年均增长22.6%。大理州，2015年旅游总收入388.4亿元，比2010年年均增长27.56%。德宏州，"十二五"期间接待旅客总人数为3900万人次，旅游总收入529.3亿元，分别比"十一五"增长1.1倍和2倍。迪庆州，把旅游业打造成服务业的"主引擎产业"，以旅游业带动服务业的快速发展。2015年，累计实现第三产业增加值

---

① 张田欣. 云南民族区域自治60年：马克思主义民族理论在云南的实践[M]. 昆明：云南人民出版社，2010：103.
② 云南省民族宗教事务委员会，云南省统计局. 云南民族地区"十二五"经济社会发展文献[M]. 昆明：云南民族出版社，2017：208.

94.09亿元，较上年增长9.1%，是2010年的2.3倍。红河州，在"十二五"时期，全州共接待国内外游客9289.62万人次，年均增长18.2%，实现旅游业总收入666.65亿元，年均增长22.05%，全州旅游总收入从2011年的86.37亿元增加到2015年的191.63亿元，旅游业逐步成为第三产业的龙头。怒江州，在"十一五"时期，全州接待国内外游客615.78万人次，累计实现旅游业总收入30.7亿元，年均增长12.2%。除了上述8个民族自治州外，全省29个民族自治县的旅游业也在蓬勃发展。

另外，云南民族地区的服务业，除了在上述几个方面取得了很大发展外，在金融、保险、餐饮、住宿、现代物流、建筑、信息等行业也获得了不断发展。

（四）"兴边富民行动"和扶持人口较少民族的发展

"兴边富民行动"是根据党中央的有关精神，由国家民委联合国家发展改革委和财政部等部门倡导发起的一项边境扶贫工程，目的是配合国家西部大开发战略，加快边境地区社会经济的发展。扶持全国22个总人口在10万以下的人口较少民族发展，是2005年党中央、国务院做出的重大决策。"兴边富民行动"，促进了云南边境一线少数民族地区的发展和繁荣；扶持人口较少民族的发展，有力地促进了云南7个人口较少民族聚居地区经济、文化和社会的发展。

首先，"兴边富民行动"。自2000年党中央、国务院做出实施"兴边富民行动"的重大决策部署以来，云南省委、省政府高度重视，加强组织领导，采取有力措施，大力推进实施全省"兴边富民行动"。云南实施"兴边富民行动"经历了试点探索、全面推进和进一步加强巩固提高三个阶段，10年累计投入资金425亿元，实施了多项重大工程和办了许多惠民实事，取得明显成效。第一阶段从2000年到2004年，为试点探索阶段。先后实施了边境贫困乡综合扶贫、"三免费"（免课本费、免杂费、免文具费）义务教育等工程，并以边境6个县为重点，开展"兴边富民示范村"建设，探索总结出"因地制宜、一族一策、一山一策"的经验。第二阶段从2005年到2010年，为全面推进阶段。实施范围扩大到全部25个边境县（市），省政府开展了两轮"兴边富民工程"行动计划（2005—2007年，2008—2010年），较好地完成了"基础设施建设、温饱安居、产业培育、素质提高、社会保障和社会稳定、生态保护与建设"六大工程，办了乡村道路建设、农村电网建设、边境沿线片区综合开发、茅草房和叉叉房改造等近60件惠民实事，极大地改变了边境民族地区的面貌，夯实了发展的基础，取得了良好的政治、经济和社会效益，成为边境地区发展最快、群众得到实惠最多的时期。2010年边境地区生产总值是2000年的4.1倍，达683.3亿元；地方财政收入是2000年的4.7倍，达45.5亿元；农民人均纯收入3114元，是2000年的2.7倍。[①] 第三阶段从2011年到2017年，为进一步加强巩固提高阶段。2011年，云南省委、省政府编制了《云南省兴边富民工程"十二五"规划》，重点建设"十大工程"，即扶贫开发工程、基础设施工程、产业培育工程、城镇建设工程、民生保障工程、民族文化工程、生态保护工程、开放窗口工程、边境和谐工程，加快了云南边境地区经济社会的发展。"十二五"时期，云南在25个边境县共投入兴边富民行动补助资金13.7亿，除在边境地区实施一批"十百千万"示范创建项目外，还实施了一批兴边富民行动特色优势产业试点县项目建设。2015年7月，实施了《云南省深入实施兴边富民工程改善沿边群众生产生活条件三年行动计划》（2015—2017年），以沿边373个边境行政村为实施范围，兼19个沿边农场，实施6大工程分31个子工程，实现"五通八有三达到"[②]的建设目标，各项工程进展顺利，建设成效明显。

"兴边富民行动"的推进，促进了云南边境地区经济社会的快速发展，各项经济指标逐步稳步增长，人民生活水平不断提高，同时也激发了各族群众建设美好家园的积极性，维护了边疆的团结与稳定，树立了良好的国门形象，达到了"兴边、富民、强国、睦邻"的效果。

其次，扶持人口较少民族的发展。2000年，云南率先在全国采取特殊措施扶持人口较少民族发展。2002年9月，云南省委办公厅、省政府办公厅发出《关于采取特殊措施加快我省七个人口较少的特有民族脱贫发展步伐的通知》。通知指出，对全省7个人口较少特有民族（基诺族、布朗族、德昂族、阿昌族、怒族、独龙族、普米族）的脱贫与发展问题，要以政府为主导，以基础教育和基础设施建设为重点，以扶贫开发为主要的途径和方式，扶贫到村、扶贫到户，不断改善人民群众的生产条件和生活条件，巩固和发展平等、团结、互助的民族关系，实现社会、经济和生态环境的协调发展。通知要求从2002年开始至2010年，把7个人口较少特有民族作为实施《云南省农村扶贫开发纲要

---

① 云南省民族事务委员会. 云南民委工作60年[M]. 昆明：云南民族出版社，2011：100.
② "五通"即通路、通电、通水、通广播电视、通电话互联网。"八有"即有合格村级组织活动场所、有合格卫生室和村医、有宜居生活环境、有抗震安居房、有高稳产农田地、有经济作物、有商品畜、有劳动技能。"三达到"即贫困发生率下降到10%以内、农村常住居民人均可支配收入达到或超过所在县市平均水平、基本公共服务水平达到或超过所在县市平均水平。

（2001—2010年）》的重要对象，以实现"四通五有一消除"①为目标，力争在5年内解决温饱问题，到2010年全部脱贫。为了实现这一目标，确定在7个人口较少特有民族主要聚居地区实施"五大工程"，即"基础设施建设扶贫工程""温饱和农业产业化扶贫工程""科教扶贫工程""人才培养扶贫工程""民族文化扶贫工程"。

2005年，中共中央、国务院做出决策，做了专项规划，扶持全国22个人口较少民族加快发展。云南省纳入扶持的有德昂、独龙、怒、阿昌、基诺、布朗等7个人口较少民族，民族和人口数各占全国的1/3，总人口约23万人；列入规划的建制村涉及9个州市31个县（市、区）175个建制村1407个自然村，占全国的1/4，覆盖各民族人口31万人，是全国扶持任务最重的省份。2006年，根据党中央、国务院的相关精神，云南省政府通过了省民委等五部门联合编制的《云南省扶持人口较少民族发展规划（2006—2010年）》，明确了"十一五"期间扶持人口较少民族发展的目标任务、政策措施和指导思想，确定了"四通五有三达到"②的目标任务。从2005年至2010年，在国家的支持下，云南省共投入各项扶持资金272亿元，对人口较少民族聚居地区进行扶持，全省规划内的175个建制村全部实现了扶持目标，考核验收达标率为100%，圆满完成了规划的扶持目标任务。7个人口较少民族各建设了一个特色村寨，启动了普米族、德昂族、基诺族、独龙族等四个民族特色博物馆等建设项目。2010年年底，175个建制村中，农民人均纯收入为2265元，比2005年增加1419.3元；人均有粮比2005年增加98千克，达435千克；12.9万人摆脱了贫困，近2万户农户住进了安居房。③人口较少民族聚居地区呈现出群众生活不断提高、生态环境不断改善、生产进一步发展、民族更加团结、社会更加和谐的良好局面。

"十二五"期间，云南省整合各级各部门资金近134亿元，投入省级民族发展资金7.25亿元，实施《云南省扶持人口较少民族发展规划（2011—2015年）》，使人口较少民族（德昂族、基诺族、阿昌族、布朗族、独龙族、怒族、

---

① "四通"即村村通公路、通电、通水、通广播电视，覆盖人口达85%以上；"五有"即所有农户和群众有房住、有衣穿、有饭吃、有钱用、有书读；"一消除"即消除农户和学校的茅草房及危房。

② "四通五有三达到"，即通路、通电、通电话、通广播电视，有学校、有卫生室（所）、有安居房、有稳定解决温饱的基本农田地、有安全的人畜饮水，人均纯收入、人均粮食占有量、九年义务教育普及率达到国家扶贫开发纲要和"两基攻坚计划提出的要求"。

③ 云南省民族事务委员会，云南省统计局. 云南民族地区"十一五"经济社会发展文献[M]. 昆明：云南民族出版社，2012：107.

普米族和景颇族等 8 个民族,增加了景颇族。)聚居的 395 个村委会基本实现"五通十有三达到"①的规划目标。对 11 个人口较少民族和直过民族实施精准扶贫、精准脱贫,积极协调有关地区和国有大型企业对口帮扶人口较少民族和直过民族的发展,2009—2015 年共争取上海市帮扶独龙族发展资金 7770 万元;组织实施人口较少民族综合保险和学生助学补助,购买人身意外伤害险的贫困人口累计 77.1 万,购买农房险的贫困家庭累计 18.5 万户,②有效缓解了人口较少民族因灾、因残、因学致贫返贫现象。

三、中国共产党治理云南民族地区经济发展问题的基本经验

新中国成立以来,在中国共产党的领导下,云南各民族从各种不同的社会经济形态进入社会主义社会经济形态。党根据云南民族地区的具体实际和经济社会发展中遇到的问题,制定并实施了一系列民族经济政策,总体上有效地治理了民族地区的经济发展问题。总结党治理云南民族地区经济发展问题的实践经验,我们可以得出以下七点结论。

(一)必须协调统一生产力与生产关系的发展

生产力与生产关系的矛盾运动贯穿社会的发展进程,贯穿社会经济发展的始终,不断推动着社会向前发展。新中国成立以来,云南民族地区生产关系的变革,都是党和政府自上而下设计和实施的,虽然在一定程度上照顾到了民族地区的特殊性,但是生产关系的变革总是走在生产力发展的前面。③ 从新中国成立到"十二五"时期,我国的生产关系和经济体制经历了四次大的变革,云南民族地区虽然在时间、步骤和具体措施等方面有所不同,但也经历了历次变革,即经历了民主改革和社会主义改造以及人民公社化和建立社会主义市场经济体制。在这几次生产关系的大变革中,生产力与生产关系不相适应的问题在云南民族地区始终存在着,经济制度和经济体制的变革超越了民族地区生产力的发展水平,反过来严重制约着民族地区生产力的发展。生产力的发展具有渐进性、

---

① "五通"即通油路、通电、通广播电视、通信息(电话、宽带)、通清洁能源(沼气)。"十有"即有安全饮用水、有安居房、有卫生厕所、有高产稳产基本农田地(经济林地、草场)或增收产业、有学前教育、有卫生室、有文化室和农家书屋、有体育健身和民族文化活动场地、有办公场所、有农家超市(便利店)和农资放心店。"三达到"即贫困人口数量减少一半以上,农民人均纯收入达到当地平均以上水平,半数农民人均纯收入达到全省平均以上水平。

② 云南省民族宗教事务委员会,云南省统计局.云南民族地区"十二五"经济社会发展文献[M].昆明:云南民族出版社,2017:150.

③ 黄健英.当代中国少数民族地区经济史[M].北京:中央民族大学出版社,2016:366.

连续性和累积性，不同于生产关系的变革，在一定条件下生产力可以通过发挥后发优势实现跨越式发展。但是，对云南少数民族和民族地区而言，根本不具备生产力在短期内实现跨越式发展的条件，生产关系的变革并没能带动生产力的相应发展。云南民族地区，在新中国成立之前，就是一部活的社会发展史，各少数民族分别处于原始社会、奴隶制社会、封建领主制社会、封建地主制社会等不同社会发展阶段。新中国成立后，各民族虽然跨越了不同的社会发展阶段，一步走进了社会主义社会，但多层次社会形态下的低层次社会发展水平所造成的"先天不足"，并没有伴随着社会形态的跨越而得到解决，社会形态的"一步走"并不可能代替生产力发展的"千百步走"。[①] 在后来的"人民公社化"时期，少数民族地区建立了与全国基本一致的公有制经济，但除了国家投资兴建的国有企业外，其他产业的生产力仍停留在较低水平上。而开始于20世纪80年代的市场化改革，对云南民族地区又提出了新的挑战。民族地区和绝大部分少数民族的商品、市场经济发展基础薄弱，一些民族发展历史上分工水平低，从商品、市场经济发展不发达的前资本主义各社会经济形态直接进入计划经济体制，在市场化改革的初期表现出被动和不适应，并加大了地区和民族间的发展差距。

（二）必须正确处理内生发展与"外部嵌入式"发展的关系

新中国成立以来，党和政府制定和实施了一系列加快云南少数民族和民族地区经济发展的政策及措施，而且主要通过国家投资的形式发展云南民族地区的现代工业。随着现代工业的发展，不仅从根本上改变了云南民族地区的经济结构，而且促进了云南民族地区现代化的进程。但是云南民族地区的工业主要是"外部嵌入"的结果，而不是内生发展的结果。"外部嵌入"的工业企业绝大多数是重工业，企业建立的劳动力、资本和技术等都是"外部嵌入"的，绝大部分企业的生产和商品市场都不在当地这个内部市场，主要是满足外部市场的需要，与周边农村落后的农业形成两个不同的循环系统，各自成为一个体系，与当地经济的关联度非常低，带动作用极不明显，强化了民族地区的二元经济结构。"外部嵌入"的经济，虽然通过经济辐射效应，对当地少数民族经济的发展产生了一定的影响，但对提高少数民族内生发展能力方面的作用极其有限。如红河州的工业建设主要集中在个旧、开远、蒙自、建水、弥勒等地，工业企业有央属、省属、州属的，虽然这些企业在建立红河州工业经济体系、加快基础设施建设、推动城市化等方面发挥了很大的作用，但对提高当地少数民族群

---

① 黄健英. 当代中国少数民族地区经济史 [M]. 北京：中央民族大学出版社，2016：367.

众的就业、带动当地少数民族经济发展的作用很有限。

在云南民族地区的经济发展中,必须正确处理好内生发展与"外部嵌入式"发展的关系,应该充分尊重当地各族人民的主体性。在实施各项经济发展政策时,首先要符合当地的具体实际、适合各民族的需要,各项建设项目要有效地与各民族的文化环境相适应、相契合,在了解和掌握当地的具体实际和各民族人民的意愿和需要的前提下,把各民族内部自我发展的动力很好地激发出来,以实现少数民族和民族地区可持续、健康的发展。

(三) 开发民族地区资源必须与当地民族经济发展密切结合起来

资源存在于一定的地理空间,是其所在地各族人民赖以生存和发展的重要条件。因此,《中华人民共和国民族区域自治法》第六十五条、第六十六条规定:"国家在民族自治地方开发资源、进行建设的时候,应当照顾民族自治地方的利益,做出有利于民族自治地方经济建设的安排,照顾当地少数民族的生产和生活。国家采取措施,对输出自然资源的民族自治地方给予一定的利益补偿。""民族自治地方为国家的生态平衡、环境保护做出贡献的,国家给予一定的利益补偿。"但是,在实践中民族区域自治法的第六十五条规定未能得到很好执行,第六十六条规定在具体操作中也很难落实到位。这样,在国家、地方政府、企业和当地少数民族群众的利益博弈中,少数民族群众往往处于劣势,其利益得不到应有的保障。同时他们还要承担资源开发和环境破坏带来的生态成本,并影响到传统生计方式。特别是进入21世纪以后,随着国家快速工业化和城镇化进程的推进,对资源性产品的需求急剧增加,云南民族地区资源开发的规模和速度都快于以往,资源开发过程中的利益矛盾和冲突凸显,影响到民族地区的生态安全和社会稳定,不利于构建社会主义和谐民族关系。鉴于此,国家在开发民族地区资源时,必须处理好国家、地方政府、企业和当地居民的关系,处理好国家开发民族地区资源与带动当地少数民族经济社会发展的关系,实现当地各民族群众的合理经济利益。从而使国家开发了资源,企业获得了原料,地方增加了收入,当地居民得到了实惠,使民族地区的经济社会得到快速发展。

(四) 必须正确处理局部和整体的利益关系,保障和实现各民族合理的经济利益

马克思主义认为,利益是人类社会发展的前提、基础和动力因素,其本质是一定的社会经济关系,和谐的利益共同体是社会的价值目标。因此,在云南民族地区的经济建设中,民族地区的经济既是整个云南经济的组成部分,也是

全国经济的有机组成部分,民族地区的经济发展与云南经济发展、国家整体经济发展密切相连。同时,整体和局部之间在根本利益一致的基础上,存在着不同的利益关系,在民族地区局部利益服从于国家整体利益的同时,也要关照各少数民族和民族地区的合理利益诉求,正确处理好整体利益和局部利益的关系,实现各民族合理合法的经济利益。民族地区和各民族经济利益与民族地区的发展、每个民族的发展密切相关,民族地区和各民族经济利益的实现主要依靠各族人民积极参与经济发展的实践,并通过各种要素参与等途径实现,但也需要各种相应的制度和政策做保障。民族区域自治制度和各项民族经济政策为各少数民族平等参与经济活动,进而实现各民族自身的利益提供了制度和政策保障。但在具体实践中,由于政策不完善和各民族自身发展能力等条件的限制,各民族合理经济利益的实现受到制约。国家整体经济发展情况影响着各少数民族经济利益的实现,国家整体经济发展好、财政收入不断稳步增长,将带动民族地区经济的发展或加大对民族地区的扶持。但在市场经济条件下两者也并不完全一致,不同的经济利益主体通过各种生产要素参与实现各自的经济利益,然而云南各少数民族各种生产要素短缺,各少数民族自我发展能力不强,无法有效地参与市场竞争并实现自身的经济利益。但各少数民族也有各自的经济利益诉求,需要通过制度和一系列民族经济政策提高他们的市场参与能力和竞争能力。

(五)必须坚持分类指导,采取特殊的扶持措施,促进民族地区经济的发展

云南民族众多,有25个世居少数民族,其中有16个民族跨境而居,有15个民族是云南所独有,有7个民族人口在10万以下。云南少数民族分布面广、地域辽阔,地理环境、历史因素、自然条件千差万别,而且每个民族的风俗习惯、宗教信仰、生活方式、社会发育程度、生产方式和经济发展水平各不相同,相互间差异极大,且与全国的差距甚大。这就要求党和政府必须坚持从各少数民族和民族地区的实际出发,充分认识和尊重客观经济发展规律,区别不同情况和不同民族,因地制宜、分类指导、因族举措,积极探索"一山一策、一族一策、一族几策"的特殊发展思路和举措,防止"一刀切"和"齐步走"。云南省委、省政府采取了许多特殊措施,如1999年,经云南省民委调查研究,省政府批准并实施了对金平县者米乡拉祜族(苦聪人)地区的"155"扶贫工程(每年帮助1000人脱贫,用五年时间解决5000人的温饱问题)。对怒江州贡山县独龙江乡进行综合扶贫开发,从1999年起省民委每年投入资金100万元,支持以畜牧业为重点的工程;省、州、县派出民族工作队,驻村帮扶。同时,上海对口帮扶独龙族发展。对西双版纳州勐海县布朗族乡、景洪市基诺族乡实施

综合扶贫开发，先后投入5531万元①。2008年启动实施了扶持莽人、克木人发展规划，到2010年年底，累计投入各类建设资金18901.2万元。把德宏州芒市三台山德昂族乡作为"兴边富民示范点"，先后投入资金1816万元；而且，上海帮扶德昂族发展，2006—2010年共投入帮扶资金3689万元。2008年，云南省民委开展了对4个特困民族（佤族、拉祜族、景颇族、傈僳族）基本情况的统计和调研，共安排资金2694万元，启动82个自然村的扶持试点工作。2009年，扩大扶持特困民族和散居民族发展的试点，投入资金3050万元，实施9个试点村的建设和52个自然村的整村推进，②等等。上述举措都取得了非常好的社会经济效果，使所涉及民族聚居区的基础设施和生产生活条件都得到了很大改善，极大地促进了所涉及民族地区经济社会的发展。

（六）必须把国家的帮助和自力更生紧密结合起来

云南民族地区基础差、底子薄，各少数民族较贫困和落后，自身发展能力非常有限，党和政府必须给予必要的帮助和支持。在经济建设中，党和政府必须给予项目和资金的倾斜以及政策支持，筑牢少数民族和民族地区发展的基础，培育和增强民族地区自我发展的能力。政府有关部门应加大财政投入，增加扶贫资金。一是中央政府、云南省政府应加大对民族地区建设资金的投入力度，进一步提高中央、省财政性建设资金用于民族地区的比例。国家政策性的银行贷款，在按照贷款原则投放的条件下，尽可能在民族地区多安排项目。中央政府和云南省政府还应采取多种方式，筹集特困民族地区和人口较少民族地区开发的专项资金。二是中央政府和云南省政府应加大对民族地区的财政转移支付力度。随着中央、云南省财力的不断增强，应该逐步加大对民族地区一般性转移支付的规模。在农业、工业、服务业等专项补助资金的分配方面，更多地向少数民族地区倾斜。中央和云南省在安排财政扶贫资金时，应该重点用于贫困民族地区。与此同时，云南民族地区在发展民族经济的过程中，必须依靠自己，充分发挥主动性、积极性、创造性，发挥自身优势；必须自力更生、艰苦奋斗，千方百计加快本地区经济社会的发展。

（七）在民族地区兴办企业，必须促进当地各民族群众的增收致富

云南民族地区生物资源、矿产资源、水能资源、旅游资源等极其丰富，为

---

① 赵新国. 新中国民族政策在云南实践经验研究 [M]. 北京：中国社会科学出版社，2012：265.
② 云南省民族事务委员会. 云南民委工作60年 [M]. 昆明：云南民族出版社，2011：103-105.

少数民族和民族地区经济社会的发展提供了资源基础,为兴办企业提供了资源条件。但是,在新中国成立以来的很长时间里,在开发云南民族地区资源的过程中,兴办的企业基本上都是"嵌入式"的,企业员工基本上都是"移民工人"。如红河州开远市,2008年有工业企业1029个,规模以上工业总产值69.68亿元,① 但是这些企业里少数民族职工较少。又如楚雄州工业企业最多的禄丰县,2016年年末完成工业总产值179.8亿元,② 但企业里少数民族职工也很少。这样看来,云南民族地区的工矿企业,与当地少数民族的关联程度很低,既没有解决当地少数民族群众的就业问题,也没有解决当地少数民族群众的致富问题。鉴于此,在云南民族地区兴办各类企业、开发资源时,应该有计划、有目的地多招收当地少数民族群众,解决企业的劳动力,解决当地少数民族居民的就业问题,提高当地人民群众的技能水平,带动当地经济的发展,促进当地人民群众增收致富。

---

① 开远市地方志编纂委员会. 开远市志(1978—2008)[M]. 昆明:云南人民出版社,2015:213.
② 禄丰县地方志办公室. 禄丰县年鉴(2017年)[M]. 禄丰:禄丰县地方志编纂委员会办公室,2017:248.

第八章

中国共产党治理云南民族文化发展问题的实践与经验

民族文化是指一个民族物质生产和精神生产的能力及创造的全部成果。中华文化是我国56个民族文化的集大成。云南各民族文明源远流长，各少数民族以自己的勤劳、勇敢和智慧创造了灿烂的文化。云南民族文化是中华文化极其重要的瑰宝，是中华文化不可多得的重要组成部分，在不断发展中使中华文化历久弥新。新中国成立以来，党和政府在继承和弘扬云南各少数民族传统文化的基础上，通过建设民族文化大省到建设民族文化强省，通过打造民族文化品牌和培植民族文化产业等，治理云南民族文化发展问题，构筑各民族共有精神家园。

一、博大精深的云南民族传统文化

云南民族传统文化丰富多彩、博大精深、源远流长、和而不同、兼容并蓄，是人类文化极其辉煌的组成部分之一。云南各民族文化在长期的发展过程中相互渗透、相互交流、相互影响，并以一种开放的姿态吸纳其他民族文化的精华。各少数民族文化不但表现出充分的自信，而且各民族文化之间彼此尊重、和谐共存。云南少数民族传统文化千姿百态、丰富多彩，包涵生产工具和技术、衣食住行以及语言文字、文学艺术、科学、哲学、宗教、文化典籍、价值观念、社会风尚、民间风俗、节日等诸多门类。

（一）少数民族历史文化

云南是人类的发祥地之一，历史非常悠久。考古发掘证明，云南的历史可以追溯到元谋人，而元谋人距今已有约170万年。迄今已发现了呈贡龙潭山人、西畴人、昭通人、丽江人等旧石器时代遗址，发现了30多个地方新石器时代文化遗址遗存，这些则进一步说明了云南历史的久远。早在4000年前，云南先民不仅驯化了野生稻，还普遍栽种稻谷，稻谷文化已成为远古云南文化的主要特征。在云南大地上，古滇文化、古哀牢国文化、爨文化、古南诏国文化、古大理国文化以及明清以来大量传入云南的中原文化，构成了云南上下几千年文明史的纵向脉络；而云南悠久的历史，则积淀了厚重雄浑的历史文化资源。在古代，云南就被纳入了祖国的版图。汉时给滇王的印即"滇王之印"的发现，证明汉代云南滇池周围地区已经是中原王朝的羁縻统治区。虽然中原唐时出现了南诏政权、宋时出现了大理政权，但无论是南诏还是大理都仍然是祖国不可分割的组成部分，并且从西南方向拱卫着中原王朝，为保卫祖国西南边疆做出了巨大的贡献。元在云南设行中书省，从此云南成为行省一级行政区划的名称，并延续至今。

云南各族人民勤劳、勇敢、智慧，创造了极其丰富的文化遗产和灿烂的科学技术成就。在云南众多的民族历史文化资源当中，诸多文化资源是可以直接支撑民族文化产业的发展的。如古滇国时代的青铜文明，无论是冶金技术和造型艺术，还是文化习俗等方面都表现出深邃而丰富的文化内涵，它在中国乃至世界的青铜文化史、青铜文明史上都占有极其重要的位置。又如，禄丰腊玛古猿文化和古老的恐龙文化，无论在全国还是在全世界都具有唯一性和排他性。再如，以昆明东西寺塔和古幢、大理崇圣寺三塔、剑川石宝山石窟等为表征的南诏、大理文化。再者近现代在云南发生的诸多重大历史事件，诸如辛亥重九起义以及护国运动和护法运动，红军长征过云南，西南联大在昆明的组建以及滇西抗战、驼峰航线等。另外，少数民族历史文化名人也是云南民族历史文化资源的重要组成部分。优秀的少数民族历史文化，体现在历史文化名人身上，也很引人注目。如天下兴亡、匹夫有责的爱国激情，厚德载物、自强不息的处世精神，兼爱互利、仁民爱物的博大胸怀，勤劳奋发、艰苦创新的立业意志，不欺暗室的慎独功夫等，在各民族的不同历史文化名人中有着不同程度或不同侧面的反映。

(二) 少数民族节庆文化

节日是一个民族依据传统的农事生产、历法、宗教祭祀等因素而形成的有相对凝固的时间、地点及活动方式的社群活动日。它凝集了一个民族的文化要素，是一个民族极其鲜明生动的文化现象，也是一个民族最具民族文化特征的时间段。云南民族众多，民族节日也特别多，在一年中每个民族都有二三个乃至十多个节日。云南25个少数民族的节日大大小小有近百个，有的节日是全民族的共同节日，有的节日是同一民族内不同支系、不同地区的节日，有的节日由单独一个民族过，有的节日由几个民族过，有的全国性的节日几乎个个民族都在过。云南少数民族节庆文化具有自己特殊的构成形态，自成发展序列，节庆的形式、内容和目的都呈现出多样性，涉及日常生活、劳动生产、婚丧嫁娶、宗教活动等方方面面。处于云南特殊环境和各民族文化多元交汇中的少数民族节庆，其形态构成主要有三种类型，即祭节、祭天和祭祖。包括农事节日、缅怀节日、社交节日、宗教节日、文体节日、家庭节日、健身节日、商贸节日、演化复合型节日等。总之，云南民族节庆与各少数民族的日常生产、生活以及宗教密切相关，纯属纪念性和喜庆性的节日很少，生产、生活以及祭祀构成云南民族节庆文化的主流。这些民族节庆文化是云南各族人民审美需求和文化精神财富的载体，是各民族所特有的文化沉淀，同时也是产生物质财富的源泉。

(三) 少数民族服饰文化

服饰，是关于人体外部装饰的总称。一个民族的服饰，在其长期的发展过程中，融进了本民族特有的文化内涵，直观地体现了本民族的文化。云南独特的立体气候即所谓"一山分四季，十里不同天"的条件，使云南少数民族服饰在质地用料、色彩、饰物、花纹图案和结构款式上呈现出多样性，体现出与自然环境相适应的实用多元性。多姿多彩的云南各少数民族服饰不仅承载着各民族独特的文化，也承载着各民族自己独特的历史，而且也凝结着各民族对人与自然关系、生产生活、生存环境的深层思考。由于云南地处低纬度高原，地势西北高东南低，滇南山间盆地最低海拔仅76.4米，滇西北横断山脉地区最高海拔达6740米；地形地貌极其复杂、气候类型多样，除具有低纬度高原及季风特征外，还囊括了我国从北至南的几个气候类型，造就了与自然环境和气候条件相应的民族服饰类型。云南民族服饰不仅直观地反映出一定地区、一定民族乃至工艺技术水平和一定经济发展水平，而且也浓缩和积淀着一个民族社会的、文化的、习俗的、历史的、宗教的诸多内涵意蕴，体现出着装者本人和周围人们的审美习惯和审美情趣以及审美追求和审美理想，甚至体现出一定程度的礼仪伦常制度、社会文化模式和民族心理结构。人与万物和谐共存，人与万物相伴相亲，淳朴善良的云南少数民族总是在日常社会生活的方方面面极力追求人与自然的和谐关系。而这些反映在民族服饰上，便是织绣花纹图样及其服饰结构款式，处处体现着人与自然相伴相亲、共生共存、和谐相处、和谐发展。

云南少数民族都非常喜爱在自己的服饰上织绣各种图案和花纹。他们立足于大自然、就地取材，上至太空中的日月星辰、空中的风雨云雷，下至地面上的山川河流、木石水火，以及那些具有生命力的飞禽走兽、花鸟鱼虫和芳草，凡是身边能见到的自然界万物，在他们的眼里、脑海里都能幻化为美丽的花纹，织绣在衣帽裤裙上。衣装上的花鸟鱼虫、飞禽走兽、烂漫山花和芳草与周围大自然的美景有机地交融在一起,在浓郁的乡上气息中满含着少数民族对大自然的热爱之情。从形、色、态等各个不同的角度尽现了人与自然相和谐的丰神绰约之美,有着无可替代的美学价值和经济价值。云南少数民族服饰上的纹样大多是其自然环境与社会生活的反映,每种花纹都有它特定的含义。例如,壮族妇女在其独特的审美观念下,将其生活中的一切事物均幻化为美丽的纹样,织在五彩缤纷的壮锦上。天、云、水、虹、山、村、水流、花、草、田、地、竹节、秧苗……用在包头上做装饰的壮锦虽然只是小块点缀,却包含着壮族人民对其田园山川和生活的奇妙多彩的想象。在壮族女子的衣裙上,还常常刺绣有花、草、螺蛳、小鸟、蜻蜓、青蛙、鱼、黄鳝、蝴蝶、星星等自然物图案。螺蛳是壮族的崇拜物之一,壮族妇女把它绣到衣服上,一是为了赞美劳动,歌颂田园美景;二是为了寄托心愿,祈祷田肥和丰收。鱼和蛙则表示风调雨顺,衣食无忧。同时,以鱼、娃产卵多来期望妇女多生善养,家中人丁兴旺。云南各少数民族在衣着服饰上都有着明显的区别,甚至在同一民族内的不同支系差别也很大,制作工艺多种多样,造型异彩纷呈,色彩缤纷艳丽。从时装市场来看,民族服饰中的众多元素成为国内外时装设计大师们的创作源泉,而世人对服饰需求的多样化和个性化,则给民族化服饰提供了生存空间和土壤。①

(四) 少数民族饮食文化

云南少数民族众多,地处祖国西南边陲,立体地形、立体气候、生态环境多样、物种多样,自然资源异常丰富。各民族利用丰富的生物资源,在长期的劳动生产实践和历史发展进程中,创造了独具特色和风格迥异的民族饮食文化,使云南成为食的世界、饮的王国,使茶文化风靡全世界。云南民族饮食文化,大的可分为滇东北地区、滇西北地区、滇西南地区、滇南地区的饮食文化。根据立体地形和立体气候,云南民族饮食文化又可分为坝子和河谷地区的饮食文化、住半山区饮食文化、高山区饮食文化等三种文化类型。不同的语系和民族,又有各自不同的饮食文化特色。如壮侗语族壮傣语支各民族饮食、藏缅语族各民族饮食、苗瑶语族各民族饮食、孟-高棉语族各民族饮食。

云南民族饮食习俗中都突出地反映了各少数民族淳朴、善良、热情好客的优良传统,并通过饮食将教化与教育、审美和伦理道德结合在一起。如彝族过十月年杀猪,一半留给自己、一半送给岳父母。又如白族,每当客到,先邀宾客上座,然后奉献烤茶和果品,再用八大碗和三碟水等丰盛的菜肴招待客人。云南每个民族都有自己的传统佳节,节庆体现出各少数民族饮食文化的丰富多

---

① 陈素平,成慕敦. 浅析少数民族节庆旅游开发 [J]. 开发研究,2004 (2):96-97.

彩。在节日庆典活动当中，各民族提高了烹饪技术和技艺，发展了自己的美食文化，并将丰富的精神生活和物质生活联系起来。通过节日的宴饮，人们聚在一起共饮共饭、共庆节日、共享欢乐，共同提高对美好生活的追求，促进邻里、家庭的和睦。

云南立体地貌和立体气候、良好的生态环境以及物种的多样性决定了民族饮食文化的多样性。丰富多彩的民族饮食文化，为云南民族饮食文化产业的发展奠定了基础。随着民族饮食文化的开发和民族饮食文化产业的发展，民族饮食文化将传播到海内外，让世界各地的人们品尝到云南各少数民族的美味佳肴。

（五）少数民族宗教民俗文化

云南是宗教文化的博物馆，自然宗教和人为宗教的各种宗教信仰形式都共存共生于云南这块红土地。云南民族宗教，如果要做些划分，大体可以分为三种类型：一是本土宗教，与所信奉民族的原初生存状态紧密相连；二是自然宗教，属于原生态宗教，为众多少数民族所信奉；三是人为宗教，主要有佛教、道教、伊斯兰教、基督教等，从国外或中原传入。云南少数民族宗教文化的基本特征是多种宗教并存和相互交融。云南大多数少数民族并不信奉单一的某种宗教，而是信仰多种宗教，兼收并蓄、多元并存。20多个少数民族，有的以一种宗教为主，有的不分主次，在一个民族内部有多种宗教并存。同一个人可以在不同的场合持有不同的宗教观念，同一个民族可以奉行不同的宗教。

云南每一个民族，都有自己信仰的宗教、所遵从的信条以及非常独特的信仰方式。如白族的本主崇拜，既不是自然宗教，也不是人为宗教，它以村寨保护神为中心，信仰各种对村寨和人们有益的神灵和（实际或想象中）的神话人物。彝族信奉的宗教，是以信仰祖先神、土主神和天神为主神的多神教，和信仰树枝或木片、木棍插成的神座。独龙族信奉以"万物有灵"观为基础的各种鬼神，相信梦兆、占卜。佤族也信奉万物有灵的鬼神观，而且有规模较大的宗教祭祀活动。纳西族的东巴教充满自然崇拜和祖先崇拜的色彩，也充满人间的情调。它有规模宏大的祭天（"天"是祖先神与自然神的结合）仪式、祭"术"（"术"是整个自然界的化身和精灵）仪式，还有专祭男女殉情者的大型仪式"大祭风"。独特的"大祭风"，既包含了对父母之命、媒妁之言的世俗礼制的默认，又表达了对男女之间的自由真情的赞美。这是纳西族东巴教和纳西民族社会文化观念表达的独特之处。

云南许多少数民族信奉自然宗教。自然宗教的主要表现形态有自然崇拜、祖先崇拜、动植物崇拜、生殖崇拜、鬼魂崇拜等。自然宗教的内容与各民族的风俗习惯、神话传说、生存环境、生产和生活方式、节庆祭祀、婚丧仪礼、文体娱乐等文化样式混融为一体，形成了各具特色的、丰富多样的民族宗教文化。

云南有不少民族信仰佛教。傣族、德昂族、布朗族、阿昌族、佤族等民族信奉南传上座部佛教；信仰汉传佛教的民族主要有纳西族、彝族、汉族和部分拉祜族等；信仰藏传佛教的民族主要是藏族、普米族、纳西族等。就佛教的密宗而言，有北传汉地密宗，有藏地密宗，还有由印度直接传入又与本土自然宗教相融合形成的"阿吒力教"等。在其民族文化构成中，佛教色彩相当浓厚。道教进入云南后，和云南各民族的自然宗教、佛教相融合，对云南下层人民的世俗文化生活产生了重要影响。在云南不少庙宇中，往往是自然宗教、佛教、道教、儒教等数教合一，出现了多元并存的宗教文化格局。

基督教（新教）于1877年由英国传教士传入云南，基督教在云南成规模的传教活动始于清末至民国初年。除昆明有一些教堂及组织外，大多数是集中于边远落后地区的一些民族中。如昭通的苗族、彝族，怒江的怒族，思茅、临沧的佤族、拉祜族，德宏的景颇族等。基督教的传入对这些民族产生了较大的影响，一定程度上破坏了他们的传统文化，带来了新的文化因子，促进了民族文化的发展。

（六）少数民族建筑文化

云南的地形地貌、气候和地理条件，使云南民族民居建筑显得多姿多彩。彝族的"一颗印"民居建筑和土掌房平楼，白族的"三坊一照壁""四合五天井"和"六合同春"，哈尼族的蘑菇房、封火楼和土掌房，傣族的干栏式竹楼，纳西族的"四合院"建筑，藏族的平顶碉房，普米族和摩梭人的井干式木楞房，普米族的原始祭坛，藏族的喇嘛寺，傣族的缅寺，白族的本主庙，彝族的土主庙等，都体现着云南少数民族的智慧，是人与自然美妙结合的结晶。各式各样的云南民族民居，外显奇丽独特的风貌，内涵深邃智慧的技艺，形成了独具云南特色的民族民居文化。云南民族民居，是表达民族文化观念和文化传承意识的重要符号，不仅体现出多姿多彩的民族特色，而且体现着丰富的居住文化内涵和民族传统，映现出五彩斑斓的民族礼俗文化之光。

干栏式建筑又称"吊脚楼""千脚落地楼""竹楼"，是在许多木桩上，铺上横梁和木板（竹子）再在上面搭建房屋的一种建筑。在傣、壮、苗、瑶、怒、佤、布依、德昂、布朗、傈僳、基诺、哈尼、景颇等民族中，保留着这种古老的民居建筑。壮族、苗族、布依族的"吊脚楼"，既适于山地，也适于坝区，省材料、稳定性较强、通风驱湿效果好。在视觉上轻盈缥缈、剔透玲珑，如空中楼阁，具有非常特殊的艺术美感。傣家的竹楼采用歇山顶式，既实用又美观。"人"字形斜坡面，屋顶用草排覆盖。无论刮风下雨，屋内透气干爽，非常适合当地的亚热带气候。

蘑菇房和封火楼是哈尼族最典型的民居建筑。蘑菇房，顾名思义就是住房形状如蘑菇，是哈尼族罗碧人、罗缅人最典型的民居建筑。蘑菇房的许多建筑材料都是竹材。蘑菇房的墙基，在石料难得的村寨，厚实的大地做墙基；在石材相对易得的村寨，用石料或砖块砌成，地上地下各约半米；在墙基上用木板和竹做的夯土器将土夯实、一段段上移垒成墙，在夯实墙体时内放长竹条防墙体开裂或倒塌，最后在屋顶四斜面上铺上多重茅草（或稻草）。蘑菇房内部分三层：中间楼板层住人，厨房、饭厅、客厅都在此层，同时中间层一侧有一道小门外通土掌（晒台）。顶层用来置放粮食。底层用以关牛马以及堆放谷船、犁耙等农具。中间一层是"蘑菇房"的主体部位，长年烟火不断的长方形火塘设置于正中央。火塘象征着哈尼族的兴旺发达，象征着哈尼人火一样的性格，也象征着哈尼人待人像火一样的热情。封火楼，是哈尼族白宏人最有代表性且有一定防火、防震功能的民居建筑。封火楼，顾名思义就是封住火的楼，是土木竹建成的三层楼房：一层住人，二楼储藏粮食，三楼储存稻草（牛饲料）等杂物，同时三楼也是白宏人少男少女夜晚约会之场所。以木为柱、梁，最少的有两根木柱，一般有8根木柱或12根木柱，用卯榫固定柱梁，柱、梁不用墙体支撑能稳固而立。以夯土为墙（现在大多以土砖为墙），墙体由竹木制成的夯土器具一层层夯筑而成，夯筑墙时里面放竹条防止墙体开裂。二楼在梁上用竹片编成楼板，竹楼板上涂以防湿防蛀的涂料。二楼顶的梁上铺上用竹子剖开而成的竹排，竹排上用泥封住，隔绝二楼与三楼房顶的草。二楼顶上支上二至三个三角形支架，放上横梁，架上椽子，铺上草排盖顶、用竹片和竹绳固定，形成三楼长长的三角形空间和两个坡面的房顶（悬山式房顶，房顶伸出墙体之外、两面坡）。封火楼一般都配有附属建筑"土掌"，"土掌"屋内有日夜不灭的火塘，"土掌"屋上是晒谷物的晒台。

"三坊一照壁"是白族合院式民居建筑的典型代表。白族将一幢房子称之为"一坊"，三坊一照壁，即由一幢正房、两幢耳房和一道照壁组成一个庭院。纳西族的"四合院"建筑，由一幢正房、两幢厢房、一堵院墙所组成的一个天井构成。

鉴于篇幅，其他样式的民族民居建筑在此不再赘述。总之，云南民族民居建筑善于协调人与自然的关系，营造出较为舒适的居住环境，体现出个性鲜明的地方民族特色。民族民居建筑，是各民族极其重要的文化现象之一，是人类文化的纪念碑,既满足了各族人民对物质生活的需要,又体现了各民族对政治、经济、哲学、科学、技术、宗教、艺术、审美观等精神生活方面的需求。

(七) 少数民族民间文学艺术

云南少数民族民间文学,是各少数民族在长期的历史发展过程中创造和流传,反映各民族生产、生活和思想感情,表现各民族审美观念和艺术情趣的一种文学艺术形式。云南各少数民族都是勤劳智慧、富于创造的民族,他们富有浓郁民族特色的民间文学作品,题材广泛、体裁多样,主要有神话、民间叙事诗、史诗、民间传说故事、歌谣、谚语、谜语等。

云南少数民族民间文学艺术,从传统发展上来看,是在史诗的叙事传统和歌谣的抒情传统的影响下发展起来的,它集中地展开在史诗中,其中直接继承了英雄史诗。从创作上来看,是各民族劳动群众集体创作的产物,它与各民族杰出的史家和歌手的演唱、创作活动紧密相关。史家和歌手对民族民间文学艺术的最后定型起了关键性的作用,使民族民间文学具有固定的情节、相对稳定的人物形象和复杂的结构,并得以世世代代传诵和保存。从文化交流上来看,与东南亚各国文学与印度文学的交流有关系。如傣族叙事长诗,与傣文的产生和佛教的传入与发展是分不开的。同时,各少数民族之间的文化交流和文化碰撞对云南民族民间文学的繁荣起了很大的促进作用。

云南民族民间文学艺术,如果对其进行分类,从来源上来分可以分为:第一类是由神话和史诗中的故事或者其中的某一个片段发展演化而来的叙事诗。叙事诗与本民族史诗环境、人物有着不可分割的密切联系,许多都具有极其奇异的幻想色彩,但它已经不再是片语、片段,它所反映的内容已经是很多人的思想。第二类是由情歌尤其是长篇情歌慢慢演化而来的。本民族的众多歌手逐渐加入了许多情节,不断塑造着丰满的人物形象,从而使情歌逐渐演变为民间文学。第三种是根据民间传说故事,由本民族的歌手用本民族的曲调加以演唱和编唱,然后在社会中逐步流传开来的。第四类是随着社会的发展,日常的生产生活发生了变化,歌手们以日常的新生活为题材编唱的新叙事诗。云南民族民间文学艺术,无论在语言表达的生动性、形象的典型性以及故事结构的完整性,还是在反映社会生活、表现民族文化精神等方面都达到了非常高的水平,在我国民间文学艺术的宝库中,是一朵耀眼的奇葩。

(八) 少数民族艺术文化

云南众多的少数民族,使云南成为"歌舞之乡",处处是"舞的世界",处处是"歌的海洋",世居云南的 25 个少数民族都是能歌善舞的民族。成千上万的少数民族儿女"会吃饭就会唱歌，会走路就会跳舞"，可以毫不夸张地说他们是天生的艺术家。云南各少数民族创造了丰富多彩的艺术形式和艺术作品，是大中华艺术宝库中非常难得的珍贵财宝。

云南境内的先民们在劳动中创作了民歌，民歌使先民们的生产劳动和日常生活富有了情趣。云南少数民族歌谣选材广泛，数量巨大、形式多样。如果按民歌的思想内容来分，云南民族歌谣可划分为劳动歌、习俗歌、情歌、儿歌、时政歌等。

云南民族音乐古老而又神奇，优美而又动听。云南民族音乐文化资源极其丰富，土音缭绕，乡土气息浓厚。云南民族音乐主要有劳动音乐、说唱音乐、舞蹈音乐、宗教音乐、民俗音乐、民歌音乐、乐器音乐、戏剧音乐等等。

生活在云南这块红土地上的少数民族，不分男女老少都爱跳舞。生产劳动时要跳舞，节日庆典时要跳舞，祭神敬祖、起房盖屋、婚丧嫁娶时也要跳舞。鉴于此，云南可以说是"舞蹈的王国"。云南民族舞蹈主要有祭天乐舞、祭地乐舞、节祭乐舞、祭祖乐舞、祭神乐舞、婚嫁乐舞、丧葬乐舞、祛病乐舞以及娱乐活动时的各种舞蹈。云南民族民间舞蹈是云南民族文化艺术中的一块瑰宝，在云南各族人民的生产生活中是不可缺少的。

云南少数民族文化艺术，源于生活、源于生产实践，不仅具有原生性和民间性的特征，而且具有多元文化相互融合的特征，具有较高的艺术价值、非常高的观赏价值以及极高的开发价值。

(九) 少数民族民间工艺美术文化

云南民族民间工艺美术是各族人民以传统、喜闻乐见的民族形式就地取材用手工制作的工艺品，民族民间工艺美术遍布各民族地区的村村寨寨。民族民间工艺美术体现了民族文化的精神，是民族文化观念的形象载体和传播手段，并具有民族文化的许多特征。

云南民族民间工艺美术的种类很多，数以千计，主要有：一是织绣印染工艺。刺绣、挑花、织锦、蜡染、扎染是云南少数民族中很普遍的手工艺技术，但各民族运用于装饰的对象及花色图案与风格不同。著名的织锦有壮锦、傣锦。藏族的毛织品氆氇、德昂族的藤篾编织的腰箍，都是精美的工艺品。二是服装工艺。云南各少数民族都有自己独具特色的服装服饰，同一民族内的不同支系服装服饰也不同。三是银饰工艺。云南各少数民族非常注重佩戴或悬挂的装饰品，如项链、耳环、戒指、手镯、银泡、银牌、银花、银乳、项圈等，尽显秀丽与华美，也展示了各民族人民的智慧和卓越精湛的工艺水平。四是编织工艺。

云南少数民族的编织工艺主要有竹编、藤编、草编等，其中以竹编最为常见，竹编品种最多。如哈尼族的竹编品种有竹墙、竹篱笆、竹箩、竹桌、竹椅、竹箱、竹筐、竹篓、竹斗笠、竹篾帽、竹饭箩、竹饭盒、竹背箩、储粮竹筐、竹地板、竹撮箕、鸟笼等，这些东西都编有几何图案，都是用竹片编织而成的。五是工艺绘画。工艺绘画主要有佛教绘画、东巴画、岩画、壁画、版画、重彩画等。六是金属工艺。金属工艺主要有银工艺、青铜、斑铜、乌铜走银、锡工艺等。七是建筑工艺。建筑工艺主要有民居建筑、塔幢建筑、寺庙建筑等。八是雕塑工艺。雕塑工艺主要有石雕、泥塑、木雕等。九是陶瓷工艺。陶瓷工艺主要有黑陶、红陶、瓷器以及瓦当等。

云南民族民间工艺文化是云南民族地区具有发展潜力的民族文化资源。在有形的民族文化资源中，民族民间工艺品是可以作为产业开发利用的。

（十）少数民族体育文化

云南少数民族传统体育，是各少数民族传统文化的组成部分，是祖国灿烂文化的一部分。云南各民族富有浓郁民族风格和独具地方特色的传统体育项目，绚丽多彩、异彩纷呈。有些项目教给人们因地制宜锻炼身体的方法；有些项目的动作和技巧是文化艺术上的珍品，具有很高的继承和发展价值。傣族、壮族、白族、纳西族、回族、蒙古族、布依等居住于坝区的民族，传统体育项目主要有赛龙舟、放高升、打跳、射箭、摔跤、秋千、霸王鞭、打磨秋、打手毽、东巴武术、赛马、武术、丢包等。哈尼、拉祜、景颇、瑶、基诺、布朗、德昂和部分彝族等居住于半山区的民族，传统体育项目主要有打陀螺、射弩、射箭、打磨秋、秋千、转秋、摔跤、扭棍、爬油竿、爬滑竿、刀术、武术、摔跤、拔腰、布朗球（藤球）、踢架、抛花包等。傈僳、藏、独龙、怒、苗、普米和部分彝族等居住于高山、高寒山区的民族，传统体育项目主要有藏棋、射弩、射箭、吹枪、踢枕头、打磨秋、掷石头、武术、踢毛菌、爬杆、溜索、爬刀杆、打陀螺、芦笙舞等。

上述这些云南各少数民族所特有的体育项目，只要对其稍微加工、提升，就可以变成审美性、艺术性很高的娱乐项目，并产生极高的社会经济效益。

二、中国共产党治理云南民族文化发展问题的实践

文化是一个国家一个民族全部智慧与文明的集中体现，是国脉、族脉之所系。民族文化的发展，是一个在继承与创新中不断前进的过程，是一个推陈出新的过程。新中国成立后，党和政府在继承和弘扬云南少数民族优秀传统文化的基础上，不断加强云南民族文化的发展，使云南民族文化以其浓厚少数民族特色的精神产品和物质产品为中华文化不断增添异彩，为中华文化立足于世界民族文化之林做出自己应有的贡献。云南民族文化的发展大体经历了这么几个阶段：1950—1957年，随着内地土改、边疆"和平协商土改"与"直接过渡"和社会主义改造的逐步开展，社会主义民族文化逐步建立和发展起来。各民族地区逐步建立了文化馆、站和文艺团体。1957—1966年，云南民族文化在曲折中发展。"文化大革命"时期，民族文化遭受了空前浩劫，众多民族文化传承人遭到迫害。党的十一届三中全会后，党和国家的民族文化政策得到恢复和发展，各民族的文学艺术、广播电影电视、新闻出版、计算机网络以及群众文化活动、图书馆、民族博物馆、民族文化馆及民族文化站、文物考古、民族文化理论研究等各方面都出现了空前繁荣的局面，云南民族新文化体系逐步建立和形成。

（一）建立健全民族文化工作机构和文艺团体，建设民族文化基础设施

1949年10月，中央人民政府民族事务委员会设立了负责管理民族文化事务的文教司。1950年5月，中央人民广播电台为了开办民族语言广播，建立了民族部。1951年2月，政务院发布了《关于民族事务的几项决定》，决定在文化教育委员会内专设民族语言文字研究指导委员会。根据决定，中央民委设立了相关民族文化机构，文化和旅游部设立了民族文化司。1952年，成立了中央民族歌舞团（其前身是中央民族学院文工团），专门演出各少数民族歌曲、音乐、舞蹈。随后，国家逐步在民族地区建立博物馆、图书馆、文化站、文化馆、少数民族专业文艺演出团体和语言影视节目译制机构。

1950年7月，中共云南省委、省政府根据中央和西南局的指示，设立了省民族事务委员会。1956年8月，成立了以研究云南少数民族经济社会发展为重点的云南省历史研究所。同年11月，成立了云南省少数民族语言指导工作委员会。1957年8月，成立了云南民族出版社并建立民族文字印刷厂。先后创办了《团结报》（德宏）、《西双版纳报》等民族文字报刊，云南人民广播电台开办了民族语广播。经过多年的发展，至2017年，纳入统计范围的全省各类文化（文物）单位14357个，比上年末增加681个，其中艺术表演团体增加95个，艺术表演场馆增加15个，文化站增加10个，博物馆增加35个，文化市场执法机构增加12个。全省共有艺术展览机构11个，共有45个艺术表演场馆，其中15个是公有制艺术表演场馆，30个是非公有制艺术表演场馆。

第一，公共图书馆。至2017年年末，云南全省共有公共图书馆151个，其中少儿图书馆4个，公共图书馆从业人员1814人。全省公共图书馆实际使用房

屋建筑面积40.48万平方米；图书总藏量2110.63万册，其中电子图书2328.56万册；总流通人次1261.25万次。全省平均每万人拥有公共图书馆建筑面积84.30平方米；购书专项经费2500万元；全省人均图书藏量0.44册，全国排名27位；全年全省人均购书费0.53元，全国排名30位；全省公共图书馆有效借书证50.91万个；书刊外借册次958.49万；全年共为读者举办各种活动4723次，参加人数209.74万人次。

第二，群众文化机构。至2017年年末，云南全省群众文化机构共提供文化服务次数5.43万次；全省群众文化机构共有馆办文艺团体407个，演出5403场；由文化馆（站）指导的群众业余文艺团体2.88万个，指导的群众业余文艺团体人数34.13万人；馆办老年大学48个。全省共有文化馆149个，文化站1444个；全省群众文化机构实际使用房屋建筑面积106.24万平方米；文化站共有藏书642.1万册，计算机15654台；村（社区）综合文化服务中心12522（社区3292）个。全省共有文化市场经营单位11901个，其中娱乐场所6079个，非公有制艺术表演团体215个，非公有制艺术表演场馆28个，经营性互联网文化单位24个，网吧5455个，艺术品经营机构69个，演出经纪机构31个。

第三，文物和博物馆。截至2017年年末，全省共有文物机构266个。其中，文物保护管理机构131个、博物馆125个，博物馆比上年末增加35个。全省文物机构拥有藏品1394886件，其中，博物馆藏品1296332件，占总藏品的92.93%，文物藏品中，一级文物1021件，占0.07%；二级文物2253件，占0.16%；三级文物19206件，占1.38%。

第四，非物质文化遗产保护机构。据统计，2017年年末云南全省共有142个非物质文化遗产保护机构，这些机构全年共举办展览654次、举办演出1681场、举办民俗活动525次；开展非遗工作人员培训班443次，共培训2.95万人次；开展传承人培训班442次，共培训2.19万人次。

第五，艺术表演团体。至2017年，云南全省共有艺术表演团体316个，其中公有制艺术表演团体86个，政府组织采购公益演出0.47万场。在全国性重要艺术活动和项目中，云南艺术表演团体创作演出的优秀艺术作品，参与性和入选率均居全国前列。举办了"喜庆十九大·筑梦彩云南"云南省第十四届新剧目展演，29台参展剧目以不同艺术形式向党的十九大献礼。组织全省文艺院团和演出队伍开展"百团千队"学习宣传十九大精神惠民巡演活动，以实际行动向乌兰牧骑"红色文艺轻骑兵"学习。

（二）保护少数民族古籍文物

云南民族文物具有浓郁的民族性和地方特色。在浩如烟海的中国文物海洋中，云南民族文物种类繁多，数量极其庞大，包括古籍、绘画、雕刻、语言文字、音乐、服饰、印染、刺绣、建筑、工艺技术等方面。就云南民族古籍而言，大体上可以分为三大类，即用汉文记录并涉及少数民族先民精神活动和物质活动内容的文献及碑刻、少数民族文字文献古籍和口碑古籍。云南少数民族丰富的古籍文物是中国历史文化遗产的重要组成部分。少数民族古籍文物的保护工作，是弘扬我国优秀民族传统文化的一个重要方面。

新中国成立后，云南省博物馆、云南省文物委员会相继成立，1954年开始在德宏、文山、红河等地调查征集少数民族文物，并首次举办了"云南少数民族文物展览"。此后，民族地区逐步建立了博物馆、纪念馆和文物保护管理机构。同时，民族地区的古籍或文化研究机构也逐步成立。1981年，中共中央发出《关于整理我国古籍的指示》，1982年始，国家民委负责并统一规划少数民族古籍的整理工作。从1983年6月全国少数民族古籍整理工作座谈会和同年7月云南省少数民族古籍工作座谈会后，云南民族古籍搜集、整理工作逐步有领导有计划地开展起来。1984年，国务院批准并转发了《国家民委关于抢救、整理少数民族古籍的请示》。请示对民族古籍做了详细的界定，即民族古籍包括有文字类和无文字类，进一步促进了云南少数民族古籍的搜集、整理工作。

云南民族古籍作为中华民族文化遗产的一个重要组成部分，代表了一个民族的社会发展和历史，代表了一个时代，其价值已超出自身专业的范畴，是不可估量的。云南在少数民族古籍普查搜集、抢救、整理出版方面成绩突出。如在"九五"期间，征集和抢救了一批珍贵的少数民族文物和濒于失传的少数民族古籍。云南省少数民族古籍整理出版规划办公室先后共抢救少数民族古籍2万多册（卷），其中1999至2000年两年间共抢救3000多册（卷）。云南省民族博物馆征集珍贵少数民族文物23000多件（套），其中1999年就征集了3867件（套）。整理出版了一批少数民族古籍精品。云南省少数民族古籍整理出版规划办公室先后整理出版少数民族古籍精品50多部，仅1999年就整理出版了《哈尼族礼仪习俗歌》《祭龙经》《祭天古歌》（上下册）、《尸语故事》《阿达公曼断案》《大理历代名碑》等八部民族古籍精品，计四百余万字，并开发出版了VCD光盘的《滇南彝族祭龙礼仪》，与《祭龙经》相配套。这些民族古籍精品的出版、发行，极大地充实和丰富了中华民族文化宝库，引起了国内外学术界的广泛关注。随着全国启动《中国少数民族古籍总目提要》的编写工作，云南就启动了25个民族卷的编写。全省应完成的编目任务为13900多册（卷），仅1999年和2000年就完成了彝族、藏族、壮族、纳西族、白族、傣族等6个民族的《古籍总目》28000多册（卷）的编写任务，其中纳西族卷作为示范卷被国家民委古籍办列为优先出版。① 又如，在"十五"期间，全省征集抢救民族古籍 3900 余册（件），省民族古籍整理出版规划办公室用省财政安排的 80 万元专项经费抢救傣文古籍 860 册，彝文古籍 543 册，瑶文古籍 127 册，纳西东巴古籍 210 册，各民族民间古代书画 1000 余幅，建立了我国西南地区种类最多、初具规模的第一个少数民族古籍资料库。出版收录云南 26 个民族 2000 余种具有代表性的口传古籍的《中国民族故事集成·云南卷》（上下册）、《中国谚语集成·云南卷》《中国民间歌谣集成·云南卷》，计 600 余万字。② 在"十一五"期间，抢救保护文献古籍 3 万多册（卷），口传古籍 1 万多种。翻译、整理、出版了纳西、彝、傣、哈尼、回、白等民族的古籍 500 多册 4000 多种，实施完成了《纳西东巴古籍译注全集》《彝族毕摩经典译注》《中国贝叶经全集》三大民族古籍各 100 卷的编译出版。③

（三）保护少数民族非物质文化遗产

根据联合国《保护非物质文化遗产公约》，非物质文化遗产是"指被各社会群体，有时为个人视为其文化遗产组成部分的各种社会实践、观念表述、表现形式、知识、技能及相关的工具、实物、手工艺品和文化场所。这种非物质文化遗产世代相传，在各社区和群体适应周围环境以及与自然和历史的互动中，被不断地再创造，为这些社区和群体提供持续的认同感，从而增强对文化多样性和人类创造力的尊重"④。保护是"指确保非物质文化遗产生命力的各种措施，包括这种遗产各个方面的确认、立档、研究、保存、保护、宣传、弘扬、传承（特别是通过正规和非正规教育）和振兴"⑤。非物质文化遗产主要包括五个方面：一是口头传统和表现形式，包括非物质文化遗产媒介的语言；二是表演艺术；三是社会实践、礼仪、节庆活动；四是有关自然界和宇宙的知识和实践；五是传统手工艺。

非物质文化遗产事业是我国社会文化事业的重要组成部分，少数民族非物质文化遗产是中华民族大家庭非物质文化遗产资源宝库中的宝贵财富。新中国

---

① 云南省民族事务委员会，云南省统计局.云南民族自治地方"九五"经济社会发展文献[M].昆明：云南民族出版社，2002：55.
② 云南省民族事务委员会，云南省统计局.云南民族地区"十五"经济社会发展文献[M].昆明：云南民族出版社，2007：109-110.
③ 云南省民族事务委员会，云南省统计局.云南民族地区"十一五"经济社会发展文献[M].昆明：云南民族出版社，2012：114.
④ 王文章.非物质文化遗产概论[M].北京：文化艺术出版社，2006：445-446.
⑤ 王文章.非物质文化遗产概论[M].北京：文化艺术出版社，2006：445-446.

成立以来，党和政府历来非常重视民族非物质文化遗产的保护。云南非物质文化遗产工作一直走在全国各省（市、区）前列并取得丰硕成果。1997年，云南在多年搜集整理民族民间艺术资料的基础上全面实施民族文化工程，同时启动"民族文化生态村"建设试点工作。1997年12月至1998年12月，在美国哥伦比亚大学美中艺术交流中心的资助下，云南省文化厅组织全省2000多名文艺工作者，全面调查民族民间美术资源及艺人传承活动状况，调查对象涉及包括汉族在内的22个民族民间工艺美术艺人近万人。1999年6月，云南省文化厅命名166名省级民族民间美术艺人。

2000年5月，云南省人大常委会颁布了我国首部涉及非物质文化遗产保护的地方性法规——《云南省民族民间传统文化保护条例》，使云南省对音乐舞蹈、诗歌曲艺、传承人和生态村等非物质文化项目的保护有了法律依据。2001年3月至2002年5月，在美国福特基金会的资助下，云南省文化厅和省民委组织1000余名工作人员，对云南省6000余名民族民间音乐、舞蹈及美术艺人进行采访调查后，命名第一批省级民族民间音乐、舞蹈艺人217名，共有78人第二批被命名为省级民族民间美术艺人。2002年云南省民族民间传统文化保护工作部成立。2003年3月，云南启动民族民间传统文化现状普查，研制并实施《云南省民族民间传统文化普查手册》，率先于全国把民族民间文化进行详尽的分类。在对民族民间传统文化的普查中，基本掌握了461位民族民间艺人的技艺情况和生存状况，并为他们建立了档案。经过此次普查，全省共查清县一级的非物质文化遗产8000多项。同年10月，云南被文化和旅游部确定为中国民族民间保护第一批综合试点地区，云南省民族民间传统文化保护工程领导小组随即成立，"国家指导、规范管理、文化部门牵头、相关部门协作"的云南民族民间传统文化保护工作机制基本形成。2004年年初，云南省文化厅明文要求各州市成立民族民间文化工作部门，各县区设立民族民间文化专干岗位，将民族民间传统文化保护工作纳入乡镇文化站规范化建设考核内容。同年4月，文化和旅游部在云南大理召开全国民族民间文化保护工程经验交流会。

2005年3月，国务院办公厅出台了《关于加强我国非物质文化遗产保护工作的意见》，提出要建立科学有效的非物质文化遗产传承机制，鼓励民族歌舞代表作传承人进行传习活动，表彰奖励和资助扶持已列入各级名录的非物质文化遗产代表作；鼓励老艺人招生传艺，让老艺人生活有保障，并采取各种奖励措施，鼓励年轻人学习传统的手工技术和表演。同年12月，国务院发出了《关于加强文化遗产保护的通知》，要求"加强少数民族文化遗产和文化生态区的保护。重点扶持少数民族地区的非物质文化遗产保护工作"。根据国务院关于保护非物质文化遗产的有关精神。2005年8月，云南省人民政府出台关于加强非物质文化遗产保护工作的实施意见。同年9月，云南省上报《阿可诗玛》等52个项目申请列为第一批国家级非物质文化遗产代表作。2006年，云南省34个非物质文化遗产项目入选国家第一批国家级非物质文化遗产名录，全省各级政府批准公布第一批非物质文化遗产省级保护名录147项、州级保护名录3173项、县级保护名录8589项，非物质文化遗产代表作四级名录体系和三级保护制度初步建立。同年6月，云南省举办"非物质文化遗产保护成果展"；8月，云南省非物质文化遗产保护中心成立；10月，云南省首届非物质文化遗产保护学术研讨会在昆明召开。2007年，云南省文化厅、省民委共同命名首批207名省级非物质文化遗产传承人。2008年年初，云南省提出将向非物质文化遗产传承人发放每年3000元至5000元的补贴，以提高非物质文化遗产传承人的社会地位和影响力，改善其工作条件和生活质量，鼓励他们为传承传统文化做出新的贡献。[1]

2009年，国务院颁布了《国务院关于进一步繁荣发展少数民族文化事业的若干意见》，提出要"加强少数民族非物质文化遗产发掘和保护工作"。云南省委、省政府按照国务院的相关的精神，保护和发展民族非物质文化遗产。在"十一五"期间，从2003年启动的民族民间文化保护普查工作，截至2010年，全省各级人民政府批准并公布了8590项非物质文化遗产保护名录，其中省级保护名录127项，国家级非物质文化遗产保护名录90项（105个保护单位）。全省已基本建立了四级传承人认定体系，由各级民委和文化和旅游部门命名的非物质文化遗产传承人共有3698人。[2]

2011年，云南省政府制定了《加快少数民族和民族地区经济社会发展的"十二五"规划》，提出要采用信息化技术和现代化手段加强乡土文化遗产保护。建立少数民族非物质文化遗产数据库和民族文化资源库，建设少数民族文化传习馆及传承基地或云南特有少数民族博物馆。在"十二五"期间，云南全省已建立了阿诗玛创世史诗、彝族海菜腔、藏族锅庄、傈僳族民歌、彝族刺绣、白族扎染、傣族制陶等传承基地，并从整体上开展了保护传承工作。至2014年年底，入选国家非物质文化遗产名录的民族口传文献有15部，入选国家珍贵古籍名录的民族文字古籍有47部，纳西族的东巴古籍文献入选世界记忆名录。保护弘扬民族传统艺术120余类，民族民间歌舞节目487个。至2015年年底，云南

---

[1] 何永斌. 云南少数民族非物质文化遗产的特点与保护策略 [J]. 西南民族大学学报（人文社科版），2009，216（8）：23-26.
[2] 云南省民族事务委员会，云南省统计局. 云南民族地区"十一五"经济社会发展文献 [M]. 昆明：云南民族出版社，2012：113-114.

已有 3908 人被认定为各级非物质文化遗产传承人，其中县级 1853 人、州（市）级 970 人、省级 1016 人、国家级 69 人。全省共有各级政府公布的非物质文化遗产保护名录 8590 项，其中县级 5422 项、州（市）级 2881 项、省级 197 项、国家级 90 项，彝族火把节、白族扎染技艺、沧源佤族木鼓舞、哈尼族棕扇舞、傈僳族阿尺木刮、傣族贝叶经制作技艺等进入国家级非遗保护名录。①

2011 年 2 月 25 日，第十一届全国人大常委会通过了《中华人民共和国非物质文化遗产法》。2013 年 3 月 28 日，云南省第十二届人大常委会第二次会议通过了《云南省非物质文化遗产保护条例》，保护少数民族非物质文化遗产的法律更加完备。

（四）繁荣少数民族文学艺术

新中国成立以来，党和政府非常重视少数民族文学艺术工作，大力发掘和整理少数民族文学艺术遗产，培养少数民族歌手，扶持民族戏和地方戏，继承和发扬各民族优秀传统文学艺术，借鉴和吸收外来的文艺经验，发展和繁荣社会主义文艺。

从 20 世纪 50 年代始，云南就非常重视组织各种文艺力量，用文艺这个武器对各族人民进行爱国主义和民族团结教育，逐步提高各族人民的社会主义觉悟。1954 年 1 月，彝族叙事长诗经整理公开发表。1955 年 4 月，《山间铃响马帮来》首映。1961 年 11 月，根据云南省委宣传部通知，正式建立大理、楚雄、德宏、文山等四个州的白剧、彝剧、壮剧、傣剧四个民族剧团，通知要求民族民间歌舞要向歌舞剧发展。

民族民间文学、音乐、舞蹈和美术的调查研究搜集整理，也受到党和政府的重视。从 20 世纪 50 年代起就多次组织力量到民族地区开展搜集整理工作。新中国成立至"文化大革命"前，各少数民族文学新人如雨后春笋，竞相成长，反映新生活的文学作品不断问世。少数民族乐器改革工作成绩显著，一批又一批民族歌唱家和舞蹈家逐步成长，创作了不少舞蹈和歌舞剧。少数民族画家也逐步成长，具有鲜明民族特色的美术作品获得了一致好评。1966 年至 1976 年间，民族文学艺术事业遭遇挫折。

党的十一届三中全会后，1980 年 6 月，全省少数民族文艺会演在昆明举行，15 个地州市 22 个民族文艺工作者共 824 人参加演出，公演 33 场。1981 年 7 月，全省民族民间文学工作者代表大会（第一次）在昆明举行，23 个民族的代表出

---

① 云南省民族宗教事务委员会，云南省统计局. 云南民族地区"十二五"经济社会发展文献［M］. 昆明：云南民族出版社，2017：167.

席了会议；会议期间，成立了中国民族民间文艺研究会云南分会和中国少数民族文学学会云南分会。同年8月，省民委、省文化局、美协云南分会在昆明召开全省少数民族美术创作会议，会后举办了云南省少数民族美术作品展览。1984年，省民委、省文化厅、省文联等联合举办了全省民族民间文学评奖活动，并举行了颁奖仪式，获奖作品有民间叙事长诗、传统歌谣、民间故事、优秀论文等。1986年，举办了云南省第二届民族舞蹈会演。1988年，云南首届艺术节上，25个民族舞蹈游行展演，显示了云南民族歌舞新的水平。1989年，云南少数民族画院成立，中国美术协会云南分会会员包括了23个少数民族的人员。1990年2月，省文化厅、省民委等单位联合举办了全省民歌民乐电视大奖赛，表彰为云南少数民族音乐事业做出卓越贡献的民乐演奏家和民歌演唱家。1991年6月，省文化厅、省民委举办了全省民族民间舞蹈比赛。1999年，省文化厅、省民委举办了云南省首届民族民间歌舞乐展演，15个地州代表队表演了54个民族文艺节目，参加的演员80%以上是少数民族。2000年12月，第八届全国少数民族题材电视艺术"骏马奖"评奖活动举行，云南收获不小。

在"十五"期间，2001年9月，大型歌舞《彩云南现》、舞剧《云海丰碑》参加全国第二届少数民族文艺会演，荣获22项奖；《彩云南现》荣获创作、演出2项金奖，《云海丰碑》荣获创作、演出和舞美3项金奖。另外，2006年，《舞彩云》荣获第三届全国少数民族文艺会演大奖。2001年第三届、2003年第四届云南民族民间歌舞乐展演，推进了云南26个民族都有一批代表性歌曲、一批代表性器乐曲、一批代表性民族舞蹈。2001年，第七届全国少数民族文学创作"骏马奖"，云南有12个民族35人的36部作品参评，有5部荣获此奖项。2004年，第八届全国少数民族文学创作"骏马奖"，罗汉（阿昌族）的长篇小说《紫雾》、聂勒（佤族）的诗歌集《心灵牧歌》、李骞（彝族）的理论评论集《现象与本文》、杨佳定（彝族）的报告文学集《中国大缉毒》获奖。

在"十一五"时期，云南民族演艺作品异彩纷呈，继《云南映象》《印象丽江》《丽水金沙》《蝴蝶之梦》之后，《云南的响声》《梦幻腾冲》《勐巴拉娜西》等一大批民族演艺精品也先后在国内、国际上引起了较大反响和赞誉。民族文学创作朝气蓬勃，民族作家新人辈出，形成了彝族、白族、哈尼族、纳西族、回族、傣族、藏族、景颇族等作家群。

至"十二五"末，在民族文艺方面，全省已收集和整理少数民族歌曲2万余首，少数民族舞蹈1500多个，民族器乐300多种，民族戏剧（包括地方戏）2000多部。在民间文学方面，全省整理规范民间叙事长诗50多部。

（五）发展民族广播电影电视和计算机网络事业

新中国成立前，云南民族地区几乎看不到电影、听不到广播，更没有电视、计算机网络。新中国成立后，党中央、国务院和云南省委、省政府非常重视民族广播电影电视和网络事业。云南民族地区的广播电影电视和计算机网络事业从无到有、从滞后到发展，不断成长、不断壮大，发生了很大的变化，传播力、引导力不断提升，呈现出了蓬勃发展的局面。

在民族电影和民族语译制方面，云南少数民族电影的摄制生产是在北京、上海等制片厂和汉族电影工作者的帮助下逐步开展起来的。1958年昆明电影制片厂建立，1985年昆明电影制片厂改名为云南民族电影制片厂。云南少数民族电影，题材、内容、风格丰富多彩，曾拍摄了《五朵金花》《阿诗玛》《山间铃响马帮来》《神秘的旅伴》《芦笙恋歌》《边寨烽火》《勐垅沙》《摩雅傣》《景颇姑娘》《从奴隶到将军》《孔雀公主》《青春祭》《漂泊奇遇》《孩子王》《应声阿哥》《荒火》《绿色的网》《洱海情波》等。此外还有一些有少数民族特色的纪录片、新闻片、美术片、教科片。另外，为了解决语言之间的隔阂问题，党和政府加强了民族语译制片工作，到1987年已译制了傣、佤、景颇、哈尼、壮、苗、瑶、拉祜、藏、傈僳、纳西、基诺等12个少数民族语言的种种影片200余部，放映30000余场，观众大约4000万人次。①

在民族语广播方面，20世纪50年代开始云南民族地区逐步建立了有线广播网，使广播进入广大少数民族农村的千家万户。但好长时间里，由于民族地区地广人稀，线路长，维修管理难，大都难以长期巩固。云南广播电台非常重视云南多民族的特点和实际，在宣传党和国家的民族政策和各民族经济文化建设方面做了大量的工作。1955年，云南广播电台开始了傣语广播，后来逐步增加民族语种。到1989年，已坚持使用西双版纳傣语、德宏傣语、拉祜语、傈僳语四种民族语广播。全省24个县和县以上的广播台、站举办了彝语、哈尼语、傈僳语、西双版纳傣语、德宏傣语、载佤语、景颇语、拉祜语、苗语、瑶语、佤语、壮语、纳西语等11个民族13个语种的广播节目。云南广播电台曾制作播出的节目有：《远方飞来的金孔雀》《斑色花盛开的山谷》《竹楼情深》《怒江流水韵依依》《竹笛情》《娜拉姑娘回娘家》《落榜的少女》《心愿》《葫芦信》《望夫云》《相勐》等。在"九五"期间，中央人民广播电台和云南省少数民族语文指导工作委员会联合制作了"迈向新世纪的云南少数民族"，分别用汉语、英语和民族语在中国国际广播电台和中央人民广播电台上播出，重点介绍50年

---

① 马曜. 云南民族工作40年：上 [M]. 昆明：云南民族出版社，1994：668.

来云南各少数民族和民族地区发生的巨变，扩大了宣传和影响。

在电视方面，20世纪80年代始，电视逐步进入少数民族地区。1986年起推行中小波、小差转、小调频、小片电视网点和小型卫星电视收转的"五小覆盖"，并实行"四级办广播电视，四级混合覆盖"。少数民族题材的电视剧开始在电视台播出，云南民族题材电视剧《葫芦信》《野玫瑰与黑郡主》《雨林中的孩子》《高原上的杜鹃花》《雪山金凤凰》等获得全国民族题材电视艺术"骏马奖"。在"九五"期间，云南省委宣传部和云南民族文化基金会联合拍摄了《走进新世纪的云南各民族》（每个民族一集）专题片，深受各族人民喜爱。

到21世纪初，随着云南民族地区广播电视事业的迅速发展，民族自治地方都建立了广播台（站）和电视台。凡是通了电的少数民族村寨，村村寨寨都有了电视，家家户户都可以收看电视了。如红河州，至2005年，广播台（站）有六五四台、红河人民广播电台、弥勒人民广播电台、河口中波台、绿春中波台、金平中波台、个旧实验台、开远中波台（实验台）、中波补点站、调频广播电台以及农村有线广播站（网）、边境广播站。电视台有红河州电视转播台、红河电视台、个旧电视台、开远有线电视台。县级广播电视台有弥勒广播电视台、红河县广播电视台、屏边县广播电视台、河口县广播电视台、泸西县广播电视台、石屏县广播电视台、建水县广播电视台、金平县广播电视台、绿春县广播电视台、元阳县广播电视台、蒙自广播电视台。已建成卫星地面接收站4000多座，电视人口覆盖率95.6%。①

在计算机网络方面，随着20世纪下半叶计算机网络技术的发展，云南民族地区也逐步开始推广和应用计算机网络技术，到如今互联网已覆盖至行政村。如大理州，2015年，互联网洲际出口带宽达160G，光纤里程为76188.83皮长千米，互联网宽带接入端口84.06万个，基本实现城市光纤入户家庭100兆比特（Mbps）接入，农村家庭接入带宽8兆比特（Mbps）。行政村通宽带比例为93%。② 电子政务网络覆盖全州各级政府和社区、行政村。又如，南涧彝族自治县，2000年以后，开通的网站就有县人民政府公众信息网、南涧宣传网、南涧农业信息网、南涧电脑农业网、南涧教育网、南涧无量山网、南涧青年网等。

---

① 红河州地方志编纂委员会．红河州志（1978—2005）：下册［M］．昆明：云南人民出版社，2013：1655.
② 大理白族自治州地方志编纂委员会．大理州年鉴（2016）［M］．昆明：云南民族出版社，2016：326.

至 2005 年年末，共有宽带数据端口 1600 个，上网用户 1251 户。①

云南民族地区的广播电影电视和计算机网络事业，到"十五"期间，在第三届全国少数民族题材电影"骏马奖"上，云南共选送 8 部电影类作品和 40 部电视类作品参评，经全国组委会评选，有 5 部电影作品和 22 部电视作品榜上有名，其中三等奖 3 个，二等奖 3 个，一等奖 3 个，优秀栏目奖 2 个，评委会奖 11 个。在第十届全国少数民族题材电视作品"骏马奖"上，云南共选送了 73 部作品参赛，其中有 13 个作品获奖。到"十一五"期间，云南全省广播、电视人口覆盖率分别达到 95.37% 和 96.39%。② 云南民族影视创作亮点频现，《走路上学》《村官普发兴》《金凤花开》《阿诗玛（新版）》《山间铃响马帮来》《香格里拉》《有一个美丽的地方》等云南民族题材、云南民族故事、云南摄制的影视剧，在影视界形成了较大的冲击波。到"十二五"期间，以《木府风云》《茶颂》《舞乐传奇》等为代表的一批云南民族题材、云南民族故事的影视剧，在影视界形成了较大反响。

（六）发展少数民族传统体育

云南每个少数民族都开展传统体育活动。民族传统体育在云南少数民族生活中是独具特色的文化形态，它的再现形式十分奇特和丰富，它无论是竞技体育、全民健身还是娱乐体育都是携手并进、共同发展的。云南各民族，由于居住环境的不同，其传统体育项目也不同。云南少数民族传统体育项目有吹枪、秋千、溜索上刀杆、爬杆、打陀螺、芦笙舞、射弩、扭棍、拔腰、摔跤、布朗球（藤球）、赛龙舟、赛马、武术、东巴武术、丢包、霸王鞭等等。这些少数民族传统体育都是中国传统体育的一部分。中华人民共和国成立后，民族传统体育也就成为社会主义体育事业的一部分。

新中国成立后，党和政府非常关心民族地区体育事业的发展和各族人民的身心健康，在各民族地区实行民族传统体育与现代体育相结合的方针。1949 年 10 月中华全国体育总会成立，朱德副主席在成立大会的讲话中提出："要广泛地采用民间原有的许多体育形式。"1961 年，周恩来总理在西双版纳"泼水节"中观看傣族赛龙舟时提出：这不仅是娱乐活动，还可以增强人民体质，锻炼保卫祖国的本领。1953 年，全国民族形式体育表演大会在天津举行，之后于 1955

---

① 南涧彝族自治县志编纂委员会. 南涧彝族自治县志（1978—2005）[M]. 昆明：云南人民出版社，2009：324.

② 云南省民族事务委员会，云南省统计局. 云南民族地区"十一五"经济社会发展文献 [M]. 昆明：云南民族出版社，2012：113.

年云南大理举办了滇西各族人民体育表演大会。从此以后按惯例每年举行民族体育表演大会,这对全省民族体育事业的发展起到了促进作用。

党的十一届三中全会以后,云南少数民族传统体育逐步进入各民族体育共同发展、共同繁荣的新阶段。1981年,国家民委和体委在北京召开了首届全国民族体育工作座谈会,确定了少数民族工作的任务是认真贯彻落实党和国家的民族政策,积极开展现代体育和民族传统体育活动,提高各少数民族的健康水平和运动技术水平,活跃少数民族群众的文化生活,促进各民族团结,为建设社会主义精神文明服务。强调国家在人力、物力、技术上扶持的同时,民族体育要从实际出发,因地制宜地开展群众性体育活动。1982年、1986年、1990年先后在呼和浩特、乌鲁木齐和南宁举行了第二、三、四届全国民族传统体育运动会,共同推动了云南少数民族体育工作的发展。1983年7月,楚雄彝族自治州15万人欢庆火把节,也开展了"跳脚"等民族传统竞技活动。1982年和1985年,云南先后举办了全省第二届、第三届少数民族传统体育运动会。在第三届云南少数民族传统体育运动会期间,成立了云南民族传统体育协会。

在"十五"期间,2000年以来,已挖掘、整理出的少数民族传统体育项目达到200多个。2002年在大理州、红河州蒙自市举办的云南省第七届民族体育运动会,成为云南省历届少数民族运动会"规模最大、规格最高、成效最好、影响最广"的民族运动会。在10个竞赛项目和59个表演项目的角逐中,共产生出竞赛金牌101枚、奖项571个;表演项目奖项一等奖10个,二等奖22个,三等奖20个;还有23个运动队、364名运动员、裁判员荣获体育道德风尚奖。2003年,云南组团参加了第七届全国少数民族传统体育运动会,组织了由26个世居民族、351人组成的代表团,参加了9个竞赛项目和14个表演项目的比赛,取得了总成绩全国第三和金牌总数全国第一的优异成绩。2001年和2004年分别在怒江州六库和普洱市景谷县举办了云南省民族传统体育射弩、陀螺锦标赛、全国陀螺邀请赛,推动了云南培养、选拔、锻炼民族体育人才工作的开展。

在"十一五"期间,云南组团参加了第八届、第九届全国民族体育运动会,在这两届运动上,云南代表团表演项目金牌数均居全国第一。在昭通、普洱举办了第八届、第九届全省少数民族传统体育运动会,第九届民族传统体育运动会是云南历届民族传统体育运动会中参赛项目最多、参与人数最多、参赛规模最大的一届民族体育盛会和民族大团结盛会。在"十二五"期间,云南民族传统体育活动也经常开展。

(七)培植少数民族文化产业,打造民族文化品牌

新中国成立至党的十一届三中全会以前,在人们的观念中,文化是一个与

政治、经济相对应的概念，是一个与经济截然分开的领域，文化产业缺乏经济开发的历史背景，普通大众的文化消费需求在事实上被禁锢和压抑。党的十一届三中全会以后，文化娱乐市场重新兴起。国家文化和旅游部、国家工商行政管理局于1988年2月联合发布《关于加强文化市场管理工作的通知》，通知中使用了"文化市场"概念，这是在政府文件中第一次明确使用这一概念。通知规定了文化市场的管理原则、方针以及范围和任务，文化市场观念的确定和发展，是人们思想认识上的一次巨大飞跃。1992年，党的十四大做出了社会主义市场经济体制改革的重大决定，中国文化体制改革的步伐明显加快，政府对待文化的管理也相应地由直接管理转向间接管理，实现了从政府"办文化"到政府"管文化"的转变。为了适应这一转变，原来在经济领域显示非凡作用的承包制在文化领域迎来了发展的新阶段，文化市场开始纳入了整个市场的范畴。1997年，党的十五大明确提出了社会主义初级阶段的三大纲领，强调建设有中国特色的社会主义文化，以马克思主义为指导，以培育"四有"公民为目标，发展"三个面向"的民族的、科学的、大众的社会主义文化，文化逐渐被提升至一个新的历史高度。1998年，文化和旅游部产业司成立，并制定工作规则，这是中央人民政府有关部门第一次设立文化产业专门管理机构，表明文化产业已得到国家的正式认可。2000年10月，中共十五届五中全会通过了《中共中央关于制定国民经济和社会发展第十个五年计划的建议》，明确提出了"文化产业发展"问题，这是"文化产业"首次被写入中央文件。2002年，党的十六大提出"发展文化产业是市场经济条件下繁荣社会主义文化、满足人民群众精神文化需求的重要途径"[①]。这一判断的提出，回应了我国文化发展的社会环境转变的事实，标志着党和国家对人民群众文化需要的重视，也显示着文化消费的需求推动了文化生产的组织化和规模化。

2003年9月，文化和旅游部制定了《关于支持和促进文化产业发展的若干意见》，对文化产业做了界定，即文化产业就是从事文化生产和提供文化服务的经营性行业，"文化产业是与文化事业相对应的概念，两者都是社会主义文化建设的重要组成部分"[②]。对文化产业的这一界定，充分肯定了文化的经济属性，进一步明确了文化是可以经营的这一理念。同时，意见关于文化产业分类指导体系的提出，是对我国产业结构体系的一次战略性调整。2004年，国家统计局

---

① 江泽民. 全面建设小康社会开创中国特色社会主义事业新局面：在中国共产党第十六次全国代表大会上的报告[R]. 北京：人民出版社，2002：41.
② 文化部. 文化部关于支持和促进文化产业发展若干意见[EB/OL]. 宁波市文化广电旅游局，2010-09-10.

印发了《文化及相关产业分类》的通知，第一次公布了我国文化产业发展的官方数据，细化了文化产业的分类标准。2007年10月，党的十七大提出要大力发展文化产业，加快区域性特色文化产业和文化产业基础建设，培育战略投资者和文化产业骨干企业，实施重大文化产业项目带动战略，从而繁荣文化市场、增强国际竞争力。这就为我国文化产业提供了新的发展机遇，开辟了新的发展空间。2009年7月，国务院常务会议原则通过了《文化产业振兴规划》，在新中国文化产业发展史上具有里程碑式的意义。同年7月，国务院颁布了《关于进一步繁荣发展少数民族文化事业的若干意见》，就如何繁荣发展民族文化事业的政策措施从11个方面做出了明确的规定，即加快少数民族和民族地区公共文化基础设施建设，繁荣发展民族新闻出版事业，大力发展民族广播影视事业，加大对民族博物馆和文艺院团建设扶持力度，大力开展群众性少数民族文化活动，加强对民族文化遗产的挖掘和保护，尊重、继承和弘扬民族优秀传统文化，大力推动民族文化创新，积极促进民族文化产业的发展，加强边疆民族地区文化建设，努力推进民族文化对外交流。意见成为全面贯彻党的十七大精神，深入贯彻落实科学发展观，进一步繁荣发展少数民族文化事业，推动社会主义文化发展繁荣，促进各民族共同团结奋斗、共同繁荣发展的纲领性文件。2010年7月23日，胡锦涛同志做了《关于加强文化体制改革和大力发展文化事业和文化产业的重要讲话》。上述一系列政策的出台和国家领导人的讲话标志着文化产业的发展全面纳入了高层的政治视野和重点关注领域，文化产业成为国家的战略型发展产业。2011年10月，党的十七届六中全会通过了《中共中央关于深化文化体制改革推动社会主义文化大发展大繁荣若干重大问题的决定》，从战略和全局的高度，明确提出了建设社会主义文化强国的目标，同时将推动文化产业成为国民经济支柱性产业作为文化体制改革的主要目标。将文化产业发展置于社会主义文化强国建设的范畴，在实践层面极大地推动了我国文化产业的发展。

中共云南省委、省政府根据党中央、国务院关于建设社会主义文化的相关精神以及云南丰富的民族文化资源，于1996年提出了建设民族文化大省的构想。至2000年，云南省委、省政府制定出台了《云南民族文化大省建设纲要》，提出了云南民族文化大省建设的任务和基本内容，强调发展文化产业，形成科学合理的文化产业布局。有效开发云南丰富的少数民族文化资源，努力提供文化内涵丰富、深受广大各族群众欢迎的文化产品。把教育和人力资源开发作为最重要的知识产业来抓。组建一批大型的文化产业集团公司，使之成为云南文化产业发展的龙头企业。依据各地民族文化资源基础，建设民族民间文化产业区。同时，在有条件的地方，创建"民间工艺之乡""民间艺术之乡"等。2010年9月，省政府出台了《云南省人民政府贯彻落实〈国务院关于进一步繁荣发展少数民族文化事业若干意见〉的实施意见》，实施意见提出要积极促进少数民族文化产业发展。把握少数民族文化发展特点和规律，逐步建立健全统一、开放、竞争、有序的文化市场体系，培育文化产品市场和要素市场，形成富有效率的文化生产和服务运行机制。采取特殊有效措施，充分发挥少数民族文化资源优势，优化资源配置，发展壮大民族文化产业，促进文化产业与教育、科技、信息、体育、旅游、休闲等领域的联动发展，努力建设一批民族文化产业园区，积极发展乡村民族文化旅游业，扶持一批市场效益好、民族特色鲜明的民族文化产业。实施意见是促进云南民族文化产业大发展和民族文化强省建设的政府规范性文件。

云南在培育民族文化产业的进程中，仅1999年就举办了昆明国际艺术节、世界园艺博览会、丽江国际东巴文化艺术、楚雄火把节等，以开放、积极的姿态加强建设民族文化，推动全省社会和经济进步。在"九五"期间，云南民族地区借助独具特色的民族文化，充分发挥优势、克服自身的不足，在民族文化资源的利用和开发上进行了积极有益的探索，诸如每年在西双版纳和德宏举办的泼水节、大理"三月街"、楚雄的火把节、普洱和临沧的茶叶节、文山的"三七"节等都取得明显成效，形成了民间文化节庆与经贸交流相融合的文化产业活动，以民族风情为标志的特色旅游业日趋活跃，各种形式的民族民间游乐活动、体育活动以及民族特色饮食产品备受青睐，正式成为云南独具民族特色的文化产业品牌。在"十五"期间，云南实施了"民族文化精品"和"千里边疆文化长廊"等工程，成功打造了《云南映象》为代表的一批民族文化精品和"香格里拉""丽江古城"等民族文化知名品牌，建成了一批具有云南民族特色的影视拍摄基地，初步形成了民族节日、医药、饮食、歌舞、旅游、服饰、工艺和建筑等民族文化产业。

2008年，中共云南省第八次党代会提出了"从民俗文化大省向民族文化强省迈进的目标"，并决定加快"广播影视产业、新闻出版和版权产业"等文化产业的发展。2009年，中共云南省委宣传部《关于加快云南影视产业发展的意见》，强调影视产业重要性，并提出多项扶持政策。2010年，云南省将建设民族文化强省列入三大工作目标，云南省委、省政府决定在"十二五"期间，省级文化事业建设费由每年4500万元增加到8千万元，省级文化产业发展专项资金由每年2500万增加到1个亿，同时建立10亿规模的文化产业引导基金，大力推进文化产业的发展。① 在"十一五"期间，2010年，云南文化产业增加值占全省GDP的比重为6.1%，达到440亿元。在此背景下，全省文化产业不断发展壮大，"四大品牌"即茶马古道、香格里拉、聂耳音乐、七彩云南以及"十大产业"即新闻出版社、广播影视、文化旅游、民族演艺、会展节庆、休闲娱乐、茶文化、珠宝玉石、民族民间工艺品、体育已初具规模，文化市场主体开始释放活力，文化产业集群不断形成并保持强劲的发展势头，并形成了一批具有民族特色的文化产业板块。"十二五"期间，在珠宝玉石方面，云南已成为全国的珠宝玉石加工中心和集散中心，2013年，全省珠宝玉石销售额达到317亿元。在民族民间工艺方面，全省生产销售企业发展到7000多家②，建立建水紫陶、鹤庆银器、会泽斑铜、永仁石砚、个旧锡器、大量石器等工艺品牌在全国知名度不断提升；在民族影视业方面，以《木府风云》《茶颂》《香格里拉》《舞乐传奇》等为代表的一批云南民族题材、云南民族故事的影视剧，在影视界形成了较大反响。

少数民族文化资源是发展云南民族文化产业的核心。云南边疆、民族、贫困的省情特点以及企业实力、市场成熟度等因素，决定了今后云南民族文化产业要走自己的发展道路。

（八）建设民族文化强省

云南在经济与社会各项事业的发展中，过去历来走粗放式发展和常规发展之路，其结果是经济结构单一、总体发展滞后，而且面临着发展的诸多困境。一方面是产业发展中生态环境日益遭到严重破坏、资源日渐枯竭；而另一方面是各少数民族群众守着丰富的民族文化资源，却过着极其贫困和落后的生活。云南省委、省政府在对云南各种资源做了全面考察梳理之后，重新审视了云南的发展路径和方向，依托云南丰富独特的民族文化资源，在1996年年底正式提出了"建设云南民族文化大省"，并将其作为云南省三大发展战略之一。1998年年底，完成了《多彩云南·云南建设民族文化大省总体规划》。1999年年初，首届"云南建设民族文化大省研讨会"召开，明确了云南民族文化大省建设的指导思想、基本内涵、主要任务和发展思路，成为云南全省推进民族文化大省建设的一次总动员。2000年12月中共云南省委发出了关于印发《云南民族文化

---

① 云南省民族事务委员会，云南省统计局. 云南民族地区"十一五"经济社会发展文献[M]. 昆明：云南民族出版社，2012：115.
② 云南省民族宗教事务委员会，云南省统计局. 云南民族地区"十二五"经济社会发展文献[M]. 昆明：云南民族出版社，2017：168.

大省建设纲要》的通知。纲要的出台标志着云南民族文化大省建设进入正式实施阶段。纲要提出的云南民族文化大省建设的目标是，构建特色浓郁、结构合理，设施完善、功能齐全，人才辈出、精品纷呈，产业发达、效益显著，辐射力强、影响面广的民族文化新格局。充分展示云南民族文化特色，增强各民族优秀文化在全国乃至世界的影响，把云南建设成为民族文化、生态环境、经济社会协调发展的示范区，从而实现全省各族人民素质和社会管理水平的显著提高，实现全省城乡社会文明程序的显著提高，实现文化对云南经济社会发展贡献率的显著提高。云南民族文化大省建设的主要任务和基本内容是：加强思想理论建设、社会主义道德建设和法制建设；大力发展教育科技和体育卫生保健事业；开展民族文化资源的调查、评估、抢救和保护；繁荣哲学社会科学和文化创作，实施文化精品工程；加强文化基础设施建设、管理和对外文化交流；大力开展和扶持群众文化活动；办好民族传统节庆和重大文化盛事活动；发展文化产业，形成科学合理的文化产业布局；建设一批富有民族特色的标志性文化设施；规划和建设特色文化区；着力抓好县域文化建设。与此同时，各州（市）纷纷提出了建立各自特色的民族文化区的思路和规划。

经过十多年的民族文化大省建设实践，云南在公共文化服务体系建设、民族文化产业发展和民族文化保护传承等方面取得了令人瞩目的成绩。中共云南省委、省政府在充分肯定民族文化大省建设成就的同时，在认真总结民族文化大省建设经验和教训的基础上，2008年提出了从"民族文化大省"向"民族文化强省"推进的战略目标，并制定了《关于建立民族文化强省的实施意见》，"民族文化强省"建设成为云南的战略之一。云南民族文化建设从"大"到"强"，实质就是要实现民族文化建设由"数量"到"质量"的飞跃。通过"三步走"（全省文化产业增加值占全省GDP的比重从2010年的6%左右上升到2015年的8%、2020年的10%）、"三结合"（文化与旅游、企业和科技结合）、"三创新"（转企改制推进体制机制创新、多种主体参与推进文化样式创新、发挥市场机制推动文化作品运作方式创新），形成"政府主导、民族文化主打、旅游助推、龙头带动、民资撬动、文化事业产业互动"的文化产业发展的"云南模式"或"云南现象"。同时，形成基层文化事业建设的"文化惠民、文化乐民、文化育民、文化富民"的"云南经验"，把丰富多彩的民族文化资源转变为经济优势。云南从"民族文化大省"到"民族文化强省"，其路径选择基于底色、底蕴、底子和底气等"四底"，底色即鲜明的民族文化特色，底蕴即深厚的民族文化资源，底子即文化基础与积淀，底气即多年实践及其成就。民族文化强省建设路径的体现是文化自觉、文化自信、文化自强。所谓文化自强是指对云南民族文化的觉悟和所担当起的文化责任；而文化自信是指对云南民族文化的热爱、肯定及对自身文化发展的信心，文化自强就是依靠自己的力量，走自己的文化发展之路，提升文化软实力，实现云南文化的小康。

中共云南省委、省政府部署了民族文化强省建设的决策，州市县乡各级党委和政府认真贯彻落实繁荣发展少数民族文化的方针政策，谱写了云南民族文化建设新的篇章。一是文艺创作进一步繁荣发展。坚持用社会主义核心价值观引领文艺创作生产，牢固树立以人民为中心的工作导向。《水莽草》（滇剧）、《梭罗寨》（花灯剧）、《搬家》（话剧）荣获"五个一工程"奖；《梭罗寨》荣获文华优秀剧目奖，入选国家舞台艺术精品工程；舞蹈诗《太阳女》和话剧《搬家》荣获文华新剧目奖；民族歌舞《舞彩云》《梦幻彩云南》《云岭天籁》（原生态歌舞集）荣获第三届、第四届和第五届全国少数民族文艺汇演剧目金奖、银奖；杂技《男女绸吊》获"法兰西总统奖"；京剧《白洁圣妃》获中国少数民族戏剧"金孔雀大奖"和第五届中国京剧艺术节一等奖；滇剧《西施梦》获中国上海国际艺术节"白玉兰"表演艺术集体奖；滇剧《水莽草》和舞剧《诺玛阿美》入选第十一届中国艺术节并参评文华大奖。一批优秀中青年艺术人才先后荣获国家级大奖，其中，钟霄军荣获第九届中国音乐金钟奖，胡春华、朱福和陈亚萍夺得中国戏剧最高奖梅花奖，杨丽萍荣获中国文化艺术政府奖文华表演奖。二是逐步完善了公共文化服务体系。发挥公共文化服务的"基本性、普惠性和共享性"，各地州（市）加强公共文化服务体系建设，以满足各族群众基本文化需求。如保山市创建了第一批、楚雄州创建了第二批、曲靖市创建了第三批国家公共文化服务体系示范区；红河州开远市自然村"四位一体"阵地建设，通过了第二批国家公共文化服务体系示范项目验收；昭通市"送文化百千万惠民工程"。全省已建成乡镇农民文化素质教育网络培训学校1384个、村级农民文化素质教育网络培训分校10942个，"农文网培学校"共举办各类培训班3万多期、培训农民群众500余万人次。至2016年年末，全省公共图书馆和文化馆达标率分别达80%和69%，文化信息资源共享工程乡（镇）以上覆盖率达100%、村级覆盖率达78%；全省公共图书馆、文化馆（站）和美术馆全部实现向社会免费开放。三是保护利用文化遗产，有力地促进了经济社会发展。到"十二五"期间，全省共登记上报可移动文物78万余件，其中馆藏文物50多万件。通过开展文物普查，全国重点文物保护单位比"十一五"时期末增加73.7%，不可移动文物14704处，比"十一五"时期末的5300处增加了9404处。红河哈尼梯田成功申评为世界文化遗产，使云南世界遗产达到五处，其中世界文化遗产2处、世界自然遗产3处，数量暂时位列全国第二。联合国粮农组织授予"普洱古茶园与茶文化系统"为"全球重要农业文化遗产（GIAHS）保护试点","普洱古茶园与茶文化系统"荣膺中国首批重要农业文化遗产之一。积极开展中国传统村落和历史文化名城（镇、村、街区）的调查申报，全省省级和国家级历史文化名城数量位居全国前列。

总之，在建设云南民族文化的过程中，党和政府不断加强少数民族文化工作，将少数民族文化作为民族文化强省建设的重要内容之一，先后出台了一系列法律法规和政策文件，并加大资金保障力度，不断推动云南少数民族文化的保护、传承、弘扬和推广，云南少数民族文化呈现出进一步繁荣发展的良好态势。当然，云南少数民族文化也面临着诸多问题，诸如少数民族非物质文化遗产和文物古籍流失，民族语言传承难度加大，民族传统文化传承人出现断层，民族传统文化的保护与开发不够协调，民族传统文化的生态人文环境遭到了不同程度的破坏，外部文化对民族文化的渗透严重，民族传统文化保护和传承经费不足等。

三、中国共产党治理云南民族文化发展问题的基本经验

党在治理云南民族文化发展问题的过程中，通过传承、弘扬和保护民族优秀传统文化以及培植民族文化产业和打造民族文化品牌等一系列实践，发展民族文化成果丰硕，为培育和践行社会主义核心价值观、构筑各民族共有精神家园提供了一些有益的经验。

（一）制定民族文化政策，促进少数民族文化的发展

民族文化政策以《宪法》为根本原则，以《民族区域自治法》为基本依据，以各级地方自治条例、地方性政策法规为主要内容，为民族文化的保护和发展提供了有力的政策保障。新中国成立以来，特别是党的十一届三中全会以来，云南民族文化建设迎来了阳光明媚的春天。中共云南省委、省政府于1996年提出"建设民族文化大省"的战略构想，此后又相继出台了《云南民族文化大省建设纲要》《云南省加快文化产业发展的若干政策》《关于深化文化体制改革，加快文化产业发展的若干意见》《关于加强公益性文化事业建设的若干意见》等一系列发展民族文化的规范性文件。1989年，云南省委、省政府发出《关于切实加强民族工作的通知》，1999年又出台了《关于进一步做好新形势下民族工作的决定》，文件里提出要加大对民族传统文化资源的挖掘、保护和利用，把它作为民族文化大省建设的宝贵财富和基础。2001年，云南省第七次党代会把建设民族文化大省确立为云南省三大战略目标之一。2003年7月，云南

省委、省政府召开了"云南省繁荣民族文化、发展文化产业、建设文化大省大会",并在同年成立了云南省文化体制改革和文化产业发展领导小组。2005年,云南省政府办公厅及时转发了国务院办公厅《关于加强我国非物质文化遗产保护工作的实施意见》和《关于加强文化遗产保护的通知》;根据意见和通知精神,云南省政府在全省范围内组织开展了大规模的民族文化遗产普查、规划、保护、传承等方面的工作。2007年,云南省第八次党代会第四次全体会议上做出了推动云南民族文化大发展大繁荣,大力促进由民族文化大省向民族文化强省迈进的决定。2008年,云南省委、省政府正式出台了《关于建设民族文化强省的实施意见》。2010年,云南省政府出台了《云南省人民政府贯彻落实〈国务院关于进一步繁荣发展少数民族文化事业若干意见〉的实施意见》,提出了繁荣和发展云南民族文化事业的指导思想、基本原则和目标任务。2011年,云南省政府制定了《云南省加快少数民族和民族地区经济社会发展"十二五"规划》,提出要加强民族文化的抢救和保护,加快民族文化基础设施建设,积极扶持民族文化产业的发展,着力打造民族文化精品,保障民族文化产品的有效供给。上述一系列政策和措施的相继出台或颁布,有力地推动了云南民族文化事业的发展。

(二) 制定法律法规,保护少数民族文化遗产

为了保护、传承和发展民族文化,保障各民族共同享有民族文化平等权益,新中国成立以来,特别是进入21世纪以来,云南制定了一系列保护和传承民族文化遗产的法律法规。2000年5月,云南省人大常委会审议通过了《云南省民族民间传统文化保护条例》(2013年省人大通过了《云南省非物质文化遗产保护条例》,同时废止了民族民间文化保护条例),这是我国首部专门性保护民族民间传统文化的地方性法规。2001年6月颁布了《云南省丽江市东巴文化保护条例》。2005年出台了《云南省建设工程文物保护规定》。2007年11月,云南省人大审议通过了《云南省历史文化名城名镇名村名街保护条例》。除上述条例外,省、州(市)、县先后出台了《云南省丽江历史文化名城保护管理条例》《世界文化遗产丽江古城保护规划》《丽江纳西族自治县古城消防安全管理暂行办法》《大研古城区消防安全管理办法》《关于丽江古城实行〈云南省风景名胜区准营证〉制度的通知》《巍山县历史文化名城保护管理条例实施办法(试行)》《南诏古街管理暂行规定》《云南省石林彝族自治县石林喀斯特世界遗产地保护条例》《云南省石林彝族自治县阿诗玛文化传统与保护条例》《红河哈尼族彝族自治州建水历史名城保护管理条例》《云南省红河哈尼族彝族自治州哈尼

梯田保护条例》《云南省红河哈尼族彝族自治州哈尼梯田保护条例实施办法》《红河哈尼梯田保护管理规划》《红河哈尼梯田文化景观村庄保护管理办法》《西双版纳傣族自治州民族传统建筑保护条例》《元江哈尼族彝族傣族自治县文化遗产保护条例》《兰坪白族普米族自治县文化遗产保护条例》《禄劝彝族苗族自治县文化遗产保护条例》《墨江哈尼族自治县文化遗产保护条例》《维西傈僳族自治县民族民间传统文化保护条例》《漾濞彝族自治县历史文化名城保护管理条例》《丽江纳西族自治县东巴文化保护条例》《澜沧拉祜族自治县景迈山保护条例》《景谷傣族自治县民族民间传统文化保护条例》《西盟佤族自治县文化遗产保护条例》等历史文化名城、民族文化遗产和世界文化遗产保护法律法规。这一系列法律法规的颁布和施行，保护了民族文化遗产，切实保障了各民族享有民族文化平等的权益。

（三）抢救民族文化遗产，传承和弘扬少数民族优秀传统文化

新中国成立后，云南省各级党委和政府做了大量的工作，以传承和弘扬民族优秀传统文化，抢救和保护民族文化遗产。一是开展民族文化遗产的普查工作。20世纪50年代，云南就开展了少数民族社会历史文化的大规模调查工作，掌握了许多珍贵的民族文化资源，抢救了一批民族文化遗产。党的十一届三中全会以来，云南省民族文化遗产资源的调查抢救保护工作进行得不断深入。21世纪以来，云南省多次在全省范围内开展了较大规模的民族文化遗产普查工作。仅2003—2005年间，云南参与民族文化普查的人数就达19103人，普查村寨14834个，访谈69187次，建立了国家、州（市）县（区）四级保护名录体系。[①] 一些民族文化遗产入选国家级非物质文化遗产名录，有的民族文化遗产被列为世界记忆遗产。二是抢救保护珍贵濒危民族文物。云南民族博物馆建馆后，已征集到具有重要历史、科学、艺术价值的各类民族民俗文物4万多（套）件，各民族自治地方的博物馆建馆后也征集、搜集到上万件。三是抢救整理出版民族文物。对云南民族古籍的搜集、整理工作，从1983年6月全国少数民族古籍整理工作座谈会和7月云南省少数民族古籍工作座谈会后，逐步有领导、有计划地开展。同年8月，省民委成立了云南省少数民族古籍整理出版规划办公室，负责全省民族古籍工作的组织、联络、协调和指导。全省已搜集到的民族古籍，涉及政治、经济、法律、历史、文学、艺术、历法、医学、宗教等各个方面，内容极其丰富。2002年，云南省少数民族古籍整理出版规划办公室启动了"26

---

① 云南省民族事务委员会.云南民族团结进步事业光辉历程（1949—2009）[M].昆明：云南民族出版社，2009：189.

个民族口承文化工程"，随后又启动实施了纳西族东巴经、傣族贝叶经和彝族毕摩经三大经典民族古籍重点项目的抢救翻译和整理出版工程。通过搜集、整理和出版，民族古籍得到了保护和传承。四是建立民族文化生态保护区。1997年以来，云南率先在全国建立了石林县月湖彝族文化生态村、景洪市巴卡基诺族文化生态村、新平县南碱傣族文化生态村、丘北县仙人洞彝族文化生态村、腾冲市和顺乡汉族文化生态村等5个民族传统文化生态保护区。之后又建立了国家级、省级历史文化名城、名镇、名村。从2009年开始，国家民委与财政部联合启动了"少数民族特色村寨保护与发展试点"项目。至"十二五"期间，云南省第一批国家命名的少数民族特色村寨共41个。五是率先在全国命名民族文化传承人。从1997年以来，在持续开展全省民族民间艺人调查工作的基础上，云南在全国命名了第一批民族民间传统文化传承人166名。此后又命名了民族民间传统文化传承人几百名。与此同时，各州（市）、县（区）也先后命名了一大批民族民间传统文化传承人。

（四）发展特色民族文化产业，促进民族经济的发展

云南各民族创造了辉煌灿烂的民族文化，丰富多彩的民族文化资源是云南发展民族文化产业的核心。随着改革开放的扩大和基础设施的完善，云南在培育民族文化产业的过程中，坚持特色第一，开发与保护并重，以市场为导向，发挥国家、集体、部门和个人等社会力量，积极发展特色民族文化产业，让民族文化产业促进民族经济的发展。

云南培养特色民族文化产业。一是着力打造民族旅游精品产业。2005年，云南确定建设60个旅游小镇。2007年，云南省政府命名了10大旅游名镇。先后打造了以西双版纳"傣族园"、丽江纳西古乐等为代表的一批民族文化旅游精品产业，并正确处理保护与发展的关系，以保护求发展、以发展促保护，始终坚持把民族旅游资源的保护放在第一位。二是着力打造民族文化艺术精品。进入21世纪以来，云南精心培育和打造推出了《云南映象》《丽水金沙》《印象·丽江》《太阳女》等一批民族文化艺术精品。大型民族传统歌舞《云南映象》给观众和世人留下了一个活态民俗文化博物馆，成为云南对外的知名文化品牌。《丽水金沙》全面系统地展示了丽江独具魅力的民族传统文化。此外，以民族民间传统文化资源为依托的《婼玛的十七岁》《花腰新娘》等一批影视和舞台艺术作品，展示了各民族积极进取、昂扬向上的民族精神。三是着力发展乡村特色民族文化产业。在一些民族和民族地区不断挖掘民族传统文化资源，开发一批具有一定市场前景、一定规模的特色乡村文化产业。

（五）发展民族文化，必须坚持与时俱进

任何事物都有其自身的形成和发展规律，都遵循着客观规律，处在不停地运动、变化和发展中。而人们对客观事物的认识也是无止境的、没有穷尽的，人们的实践过程实际上就是不断检验认识、不断探索真理并与时俱进的过程。民族文化的发展，也是一个推陈出新的过程，是一个在继承优秀民族传统文化基础上不断创新的过程。民族文化的发展，不仅要反映民族文化自身的内在规律，而且要体现正确的价值导向，以适应民族地区经济社会发展的需要。

自新中国成立至党的十一届三中全会前，云南民族文化建设虽然曾遭遇过挫折，但党和政府还是投入了大量的人力、物力和财力，建立民族文化机构，建设民族文化基础设施。宣传民族文化平等，制定民族文化政策，把保护和发展民族文化纳入国家的法律法规之中，充分保障各民族的文化权益，使云南民族文化事业迎来了相对比较好的发展时期。改革开放以来，党和国家为了适应计划经济向市场经济的转变以及社会主义市场经济的新环境，积极改革体制、转机制，从党和政府"由办文化"向党和政府"管文化"转变。云南省委、省政府认真贯彻执行党和国家的法律法规和政策，从20世纪末提出"建设民族文化大省"发展到21世纪初提出"建设民族文化强省"，利用多种途径扶持民族文化的发展，正确处理开发民族文化资源、发展民族文化产业与保护民族文化之间的关系，从而极大地促进民族文化的发展。党和政府发展云南民族文化的进程，充分体现了与时俱进的品格。

（六）通过民族文化的数字化，创新和发展民族文化

"民族文化的数字化就是将民族文化的一切信息都以计算机语言0或1的二进制数来表达，是一种以高新技术为特征、以'数字化'交往和生存为途径和方式的少数民族新的文化范式。……民族数字文化作为民族文化的一种新范式，它的生存和发展，对少数民族社会的发展具有普遍的价值。"[1] 随着计算机、网络技术的发展，云南各级党委和政府根据时代发展的要求，对各少数民族文化展开了数字化工作，力图实现各少数民族传统文化范式向数字文化范式的转变，从而创新和发展民族文化。

---

[1] 李普者. 论我国少数民族文化的创新与发展 [J]. 云南民族大学学报（哲学社会科学版），2009, 26 (1): 55-56.

第九章

中国共产党治理云南民族地区教育、医疗卫生和社会保障问题的实践与经验

教育是培养人才、发展科学技术的基础，是一个国家与民族振兴和发展的最根本的事业。医疗卫生是关系一个国家、一个民族或一个地区人民大众健康的事业，医疗卫生事业的进步将提高人们的健康水平。社会保障是现代社会秩序的一个重要支柱。社会保障制度是经济运行的推进器，是社会冲突的缓冲器，是社会秩序的稳定器。社会保障制度的确立、完善及其普及是社会进步和发展的标志。新中国成立前，云南民族地区生产力落后，社会发育程度低，社会事业发展缓慢。新中国成立后，在中国共产党的领导下，云南民族地区顺利完成了民主改革和社会主义改造，实现了历史性跨越，各项社会事业开始起步和发展。党的十一届三中全会以后，云南民族地区的教育、医疗卫生事业有了长足的发展，社会保障制度逐步推行。

一、新中国成立前，云南民族地区的教育、医疗卫生和社会保障状况

新中国成立前，云南全省自然科学研究机构仅有 4 个，科技人员 30 余人，设备简陋、力量薄弱，而民族地区没有任何科研机构。全省各级各类学校在校生仅占当时全省人口的 1.3%，文盲占 85% 以上，而有的少数民族仍使用刻木记事、结绳计数的原始手段。历史上云南民族地区曾被称为"瘴疠之区"，各种传染病和地方病广泛流行；民族地区没有卫生医疗机构，许多少数民族治病主要靠传统的草医草药。当时云南全省各类卫生医疗机构也仅有 91 所，千人拥有病床仅有 0.28 张，千人拥有卫生技术人员仅有 0.22 人；[1] 这些卫生医疗机构多集中在城市，为少数达官贵人服务，半数以上的县无卫生院；广大农村缺医少药，几乎没有卫生医疗机构。民族地区人口死亡率高，平均寿命短，成为典型的"高出生、高死亡、低增长"的地区。整个云南省没有任何社会保障制度，许多

---

[1] 《云南省情》编委会. 云南省情（2008 年版）[M]. 昆明：云南人民出版社，2009：412.

少数民族依靠本民族传统的社会保障方式，度过饥荒和灾难。

（一）民族地区的教育状况

新中国成立前夕，云南民族地区的教育包括处于前资本主义诸社会形态的各民族内部的传统教育和民国中央、地方政府推行的学校教育。

云南处于前资本主义诸社会形态各民族的传统教育有几种不同的情况。景颇、傈僳、基诺、布朗、佤、独龙、怒和部分苗瑶等处于原始社会向阶级社会过渡的民族，教育还没有从社会结构中独立分工出来。文化的传承主要通过家庭教育、"火塘教育"、在社会群体的生产生活中模仿学习。内容有民族历史、血缘观念和村社观念、自然宗教、风俗礼仪和生产生活的技能等。处于奴隶制的小凉山彝族，还保留一些原始教育的传统。自然宗教的巫师同时又是民族文化的传承者，起着传播民族文化的重要作用。与原始社会相比较，由于天文、历法、史诗、神话传说、伦理、系谱以及生产和医药知识有了一定的发展，奴隶社会的教育内容也有了相应的发展。处于封建领主制的藏、普米、纳西、傣、哈尼、拉祜、阿昌等民族的教育相比前两者又有了新的发展。在藏、傣等信奉藏传佛教和上座部佛教的地区，藏文和傣文的逐渐完善，促进了教育的发展，并逐步形成了宗教与教育合一的寺院教育。寺院既是传播宗教的场所，又是传播民族文化的场所。封建领主阶级对其子弟通过阶级内部与社会上长者能人的传授和寺院教育，学习民族文化，包括文字、历史、道德观念、谱系、军事、礼仪、文学，以及刀箭、骑猎、歌舞等知识技能。

至于云南民族地区的学校教育，民国中央和云南省政府继承清朝末期的做法，从国防、边疆稳定、民族团结的角度出发，专门开设了一些招收少数民族学生为主的学校，并制定了一些少数民族教育政策来推动它的发展。1909年，云南省设立"沿边学务局"，专管永昌府、顺宁府、普洱府和镇边直隶厅的边疆少数民族教育事务，并于次年办起了128所土民学塾，每年从藩库中（军费）拨银2万两作为日常经费，以高薪聘请品学兼优、热爱边疆少数民族教育事业的内地教师充任校长、教师。民国开元后，云南的少数民族教育继续创办。1912年，云南省遵照教育部规定，将以招收少数民族学生为主的土民学塾改为省立小学。这年，云南省有省立土民初等小学112所，在校生3330名，教师114名，管理人员110名，这些学校所用教育经费为24993（银圆）。[①] 1916年，"讨袁护国"运动爆发，云南因军费所需甚巨，所有土民学校停止支给省款，改由就地筹款自办。1927年，龙云主政云南后，至1941年云南获得了难得的安

[①] 陶天麟. 云南少数民族教育史［M］. 昆明：云南民族出版社，2015：297.

宁，社会、金融较为稳定。龙云为了改变云南教育的被动局面，积极将云南省教育经费单列使用，使教育经费获得了云南历史上从未有过的独立地位。

1931年4月，公布了《云南省政府实施边地教育办法纲要》，使云南民族教育发展有了一个"纲领"性文件。1933年4月，云南省将边地教育纳入义务教育的范畴，并制订了《本省边地教育三年推进计划》，通令边地各县、局执行。8月，民国云南省政府又制订了《实施苗民教育计划》[①]。此后，按计划，云南省从1935年起，先后创办了34所省立边地小学，共有教职人员226人，156个学级、在校生7422名。学生含傈僳族、藏族、彝族、怒族、傣族、白族、苗族、瑶族、独龙族等10多个民族。到1937年，云南把边疆民族地区划为15个学区，设立了34所民族小学，有156个年级、7592名学生、226名教职员。[②]

1936年，云南省教育厅颁布了《云南省苗民学生待遇细则》，规定在省立简易师范学校就读的苗民学生，免收学费、供食宿，每生每月发给津贴4元，每生每年提供制服2套、制帽1顶。各省立小学的苗民学生，免收学费，由学校供给文具和书籍，每生每年发给制帽1顶、制服1套，学校代寄宿学生办理伙食，并酌量供给学生宿舍。1939年4月，云南省教育厅又出台了《云南省立边地土民小学学生待遇细则》，进一步吸引边疆少数民族的子弟入学，为他们解决入学的后顾之忧，并为他们的入学创造条件。细则规定，凡省立土民边地小学及附办师训班学生，由学校供给教科书、文具和医药，免收学费、宿费以及体育费和图书费，并且每学年每生发制帽1顶、制服1套，学校代寄宿生办理伙食。细则的出台，在一定程度上稳住了边地学生的入学率。到全民抗战时期，云南教育经费紧缩，省立边地小学逐步改为县立小学。然而，边地各县、局、区办的学校，其教学、行政等各项工作，除了在县城的一两所小学外，其余多数学校都是有名无实的。至1943年，云南省立边地小学减至14所，只有50个班级、1878名学生、96名教职员。[③]

民国时期，民国中央和云南省政府除在民族地区创办小学外，还创办了师范学校，发展少数民族中等教育。为了满足小学发展的需要，缓解小学师资紧张的难题，云南省教育司于1912年拟订了《省立师范学校七所规程》。1933年，云南省教育厅将全省划为昆华、曲靖、临安、大理、普洱5个师范区，各学区一所省立师范学校。次年，《云南省立师范分区设置纲要》颁布，将全省分为5

[①] 苗民，泛指少数民族。
[②] 陶天麟. 云南少数民族教育史［M］. 昆明：云南民族出版社，2015：303-305.
[③] 陶天麟. 云南少数民族教育史［M］. 昆明：云南民族出版社，2015：307.

个学区。1936年，云南省教育厅按教育部颁布的《修正师范学校规程》，又将全省分为7个师范学区。至1938年，据统计，云南有33所省立师范学校，学生3636人；42所县立简易师范学校，在校生2704人；教职员331人；投入师范教育的经费为63.83万元。①

1939年后，云南省教育厅先后颁布了诸如《修正云南省师范生待遇通则》《云南推行国民教育储备师资实施计划》等一系列旨在改善师范生及教师待遇的文件，以达到吸引更多的人特别是青年学生投身教育的目的。普通师范虽然有所发展，但是它仍然不能适应云南少数民族教育发展的需要。为此，教育部于1939年9月后，先后在云南省建立起了国立西南师范学校、国立大理师范学校（前身为中央政治学校大理分校）、国立丽江师范学校3所部属民族师范学校，专门为民族小学培养教师。这三所学校专门招收少数民族学生，校长由教育部任命，经费由教育部拨发。到1947年，这3所学校共有23个学级、在校生851名；共为云南、四川、西康、贵州4省培养了851名少数民族教师。② 这三所学校的创办，为四省少数民族教育的发展做出了积极贡献。

1946年，云南省教育厅根据教育部颁布的《战后各省市五年师范教育实施方案》而制订《云南省第三次推进师范教育方案》，以力促师范教育得以恢复，这年全省有25所完全师范学校，13所简易师范学校。到1949年10月，云南省只有2所国立中等师范学校、3所省立师范学校和26所县立师范学校了。

（二）民族地区的医疗卫生状况

云南民族地区自古就是"瘴疠之区"，卫生条件极差，瘟疫流行，各种疾病横生。在那疫病横行的年代，各族人民缺医少药，卫生知识贫乏，只得祈求鬼神保佑，几乎村村驱魔，寨寨送鬼。虽然各族人民在与疾病做斗争中，也逐步积累了一些简单的卫生防疫知识，逐步掌握了一些动植物和矿物药治病的单方，形成了各民族中经验型的民间医生队伍，形成了彝族医学、傣族医学、藏族医学等。但是，直到新中国成立前夕，云南民族地区医疗机构寥寥无几，专业医生少之又少。

1949年，红河州共有12所县卫生院、1所教会医院、2所工矿医院，共有职工74人，病床100张；社会上有私业医务人员428人。③ 楚雄州，到1949

---

① 陶天麟. 云南少数民族教育史 [M]. 昆明：云南民族出版社，2015：313.
② 陶天麟. 云南少数民族教育史 [M]. 昆明：云南民族出版社，2015：313.
③ 红河哈尼族彝族自治州志编纂委员会. 红河州志：第五卷 [M]. 北京：生活·读书·新知三联书店，1994：247.

年，境内共有集体、私营医院、药铺、药店176家，中医、西医、药剂人员223名，全州医疗机构共有床20张，中医药人员237人。医疗设备仅有体温表、血压计、灌肠筒和简单的镊子、钳子，全州仅有1台简易手术床。外科能做一些小伤口的清创、包扎和脓肿切开引流术。内科能处理一般常见病。妇产科仅能开展接生、一般妇科常见病治疗和简单的难产处理。[①] 德宏州，在1940年前后，曾在遮放设立美国罗氏基金抗疟委员会研究所。国民党政府在各设治局所在地建立了6个卫生院，设备简陋、经费短缺，难以为继。至新中国成立前夕，仅剩3个卫生院，9名医务人员，6张简易病床。当时疟疾发病率为27.5%，儿童脾肿率达80%。[②] 各族人民缺医少药，有病求神拜佛、献鬼打卦，苦苦挣扎在死亡线上。迪庆州，在民国时期已基本形成藏医、中医、西医三股医疗力量，但由于社会动荡，广大人民群众缺医少药，致使各种疫病流行，霍乱、天花及伤寒等急性传染病连年不断。大理州、文山州、怒江州、西双版纳州在1949年以前，医疗机构极少，缺医少药状况也十分严重。

（三）民族地区互助共济的传统社会保障模式

云南各少数民族，在长期的日常生活和生产实践中，不仅创造了独具本民族特色的文化，而且为了应对家庭和社会危机，创造了各式各样的具有各民族特色的互助共济的传统社会保障模式。云南20多个少数民族创制的传统社会保障方式很多，但稍作归纳，各少数民族共有的互助共济的传统社会保障模式主要有：

首先，家庭社保型模式。云南各少数民族几乎都有这种传统社会保障方式，但由于云南各民族文化不同、所处的社会发展阶段不同，其家庭社保模式有所不同。云南民族地区的家庭社保型模式主要有父系家庭社保型模式、母系家庭社保型模式和双亲系家庭社保型模式。父系家庭社保型就是主要依靠父系血亲来完成赡养或抚养的一种家庭社保形式，存在于除了纳西族摩梭人之外的各少数民族中。一夫一妻制的父系家庭成员一般由父母、未婚子女组成，家庭中的父亲或长子（父亲已故）为一家之长，主掌家政，母亲料理家人的吃饭、穿衣。由儿子承担家庭父母的赡养。儿子成家立业后，如果父母尚能劳动、还能维持生活，一般由父母自己养自己，但当年老父母丧失劳动能力之后，则由儿子全面负责赡养；与年老父母一起吃住的儿子承担主要的赡养责任，分家另过的儿

[①] 楚雄彝族自治州卫生局. 楚雄彝族自治州卫生志［M］. 昆明：云南民族出版社，2012：1.
[②] 德宏傣族景颇族自治州概况编写组，《德宏傣族景颇族自治州概况》修订本编写组. 德宏傣族景颇族自治州概况［M］. 北京：民族出版社，2008：357.

子则每年给年迈的父母一定数量的钱和粮食。母系家庭社保型就是主要依靠母系血亲来完成赡养或抚养的一种家庭社保形式。这种家庭保障方式只存在于宁蒗彝族自治县永宁乡的摩梭人中。在摩梭人的母系大家庭中，家庭成员之间男女平等，母亲、姐妹和舅舅共同抚养母亲和姐妹所生子女，而子女则共同赡养外婆、母亲、姨妈和舅舅。双亲系家庭社保型就是依靠父系血亲和母系血亲一起共同完成赡养或抚养的一种家庭社保形式。这种家庭保障方式存在于部分德昂族、普米族、景颇族、拉祜族、布朗族、佤族、基诺族等民族中。双亲系家庭一般包括一对夫妇的三代或四代子孙，即包括父系和母系成员：儿子儿媳、孙子孙媳、女儿女婿、外孙女外孙婿等，共居一幢大长屋；家庭的财产由家长掌握，家庭成员共用共享。

其次，家族社保型模式。家族社保就是指以血缘关系为纽带，具有亲戚关系的直系、旁系以及姻亲关系的家庭与家庭之间在重要时期互帮互助的一种保障形式。由于云南少数民族绝大多数都居住在高山峡谷之中，家族成员往往居住在共同的地域内，或同居于一个自然村，或散居在附近的几个村寨之中，人与人之间的凝聚力和向心力随着血缘关系和地缘半径的接近而增强。有的少数民族，即使代际关系较远或迁徙到比较远的地域，但在血亲与家族支系上的关系仍然具有极强的凝聚力。在交通极其不便、对外交往相对很少、社会与生活相对封闭的情况下，这种家族内部保障具有极其重要的作用。云南民族地区的家族保障主要体现在家族内的生产、抚养、赡养、婚丧嫁娶等方面。在农业生产中，家族内互帮互助，在春耕栽插大忙季节和秋收时节的相互帮助，或相互换工或相互尽义务。在抚养和赡养方面，在许多少数民族中，由家族内其他人员供养已丧失生产生活能力的鳏寡孤独等人员，使他们的生活有依靠、有着落。如哈尼族，无父母的孤儿一般由近亲养育。假如父亡母已改嫁，遗孤一般由伯叔父或舅父抚养，房产、土地、竹、林等遗产仍归遗子所有（遗孤被养育期间，遗产由抚养者暂行代管）。如果父死母招上门女婿，则代亡夫养育遗子遗女。如果母死，父无论再娶与否，都要养育年幼的儿女。在婚嫁方面，许多少数民族，婚姻的缔结往往不单是男女双方个人的私事，而是双方家庭、家族和亲朋好友们的一次较广泛或支援或集体协助。在丧葬方面，大多数少数民族把丧事作为整个家族的事务来办理。

再次，村寨社保型模式。村寨社保是指在一个自然村内，共同生活居住的各族群众在人力、物力和财力上互帮互助的一种社保形式。云南各少数民族大多生活在崇山峻岭之中，大小不等的自然村落如繁星般分布在山间，小则几户到十几户，大则几百户，邻里间形成了和睦相处、共济互助的友好关系。时至今日，山区少数民族依然热情好客，即使从不相识的陌生人来到少数民族村寨，也可享受到免费的住宿和美酒佳肴。这种村寨社会保障情况在不同民族和不同地区略有差异。一般说来，保存民族传统文化较多、受外来文化影响较少的地方，内部凝聚力极强。每当村寨有重大活动或某个家庭、某个人有不幸的事时，如婚丧嫁娶、建盖房屋、火灾、自然灾害等，村寨内的家家户户和每一个人都会主动前来帮助，以协助其度过困难时期或特别时期。例如在哈尼族村寨，村中孤寡老人死亡，由全村人负责安葬。婴幼儿夭折或非正常亡故者（溺亡、自杀、坠亡、野外不明原因自个儿死亡等），由全村男子负责其火葬。家有儿女，老者自然死亡，无论丧家举行的是普通葬礼，还是举行最高规格的"莫搓搓"葬礼，家家户户必须向丧家援助钱、粮；组成治丧组，办理丧事，安排前来赴丧亲朋的食宿；全村男女老少协助治丧，共赴丧事，共餐同饮。

最后，社会医疗社保型模式。社会医疗社保是指有家传药方的人家和有一定医疗知识和技能的人给患者免费治疗的一种医疗保障模式。云南各少数民族，面对"瘴疠之区"的自然环境，为了民族的生存和繁衍，在长期与疾病作斗争的实践中都有本民族的医药创造。各民族由于所处地理环境和气候条件不同，从而导致自然资源不同、所常见的病种不同，治疗的药方和用药经验也各有所长。在中医和西医传入民族地区之前，少数民族都是依靠本民族的传统医学知识维护健康、治疗疾病。少数民族群众"人人识几药，家家懂几方"，用自己的家传秘方、医疗知识和技能无偿给患者治疗，形成了具有民族特色的不同民族的医疗保障模式。例如在哈尼族社会里，哈尼人"人人识几药，家家懂几方"，用自己的家传秘方、医疗知识和技能无偿给患者治疗，形成了具有本民族特色的医疗保障模式。哈尼族的医疗保障模式，一是用家传秘方给患者免费治疗。在哈尼族村寨，几乎家家户户都有治疗某种疾病的一两种药方，患者到有家传药方的人家里求治，有药方的人家须免费给患者治疗；如果患者从远方来，有药方的人家还必须给患者提供食宿。如果患者执意要给治疗费，救人者也只象征性地收取一斤米或半斤酒，从心理上安慰患者。二是"普批"给患者免费治疗。"普批"是负责给整个自然村驱邪避鬼、治病救人的"莫批"[①]，即村医生。在哈尼族每个自然村里，无论大人还是小孩生病，或者村寨发生传染病、发生禽畜瘟疫，都由"普批"负责和治疗。三是"批合"给自己负责的家庭免费治病。"批合"是负责给整个家庭的人治病的"莫批"，即家庭医生。每当"批

[①] "莫批"是人神交通者、农业生产的指导者、人生礼仪的主持人、传统文化的传承者、治病救人的医生，即集多种学问（包括巫术）于一身的哈尼族传统知识分子。

合"自己负责的家庭的人生病时,"批合"会不分昼夜,随叫随到。

二、中国共产党治理云南民族地区教育、医疗卫生和社会保障问题的实践

新中国成立后,在党和政府的领导下,曾经是原始社会、奴隶社会和封建领主制等多种社会形态并存的云南民族地区,走上了社会主义道路,各项社会事业有了长足的发展。初步建立了民族教育体系、医疗服务体系和疾病防控体系,大大提高了少数民族群众的文化水平和健康水平。逐步推进社会保障制度建设,初步保障了少数民族群众的基本生活,维护了民族地区社会公平正义,促进了民族地区社会和谐发展。

(一)民族地区教育事业建设

如前所述,新中国成立前,云南民族地区教育十分落后,一些地方虽然开始建了学校,但少数民族学生和教师极少。特别是在边远落后的民族山区,根本没有正规学校,文盲充斥,有的甚至还保留着原始的刻木与结绳的记数记事方法。新中国成立后,各级党委和政府大力发展少数民族教育,初步建立了民族教育体系,极大地提高了少数民族群众的文化水平。

首先,发展民族基础教育。基础教育是整个教育体系中的奠基工程,是提高民族素质的基础,也是各级各类更高层次教育的基础。新中国成立后,云南省各级党委和政府就着手大力发展民族地区的基础教育。

《共同纲领》规定,"人民政府应帮助各少数民族的人民大众发展其政治、经济、文化教育事业"。1950年,人民政府接管了国民政府在云南民族地区办的3所中学和45所民族小学,由省直接管理并拨给经费;同时接管了70所教会学校和2所私立中学,并加以改造;有8所被定为省立民族中学;对民族中学和小学生实行"三包",即免收学杂费、衣食住包干、免费供给教材和文具用品。同年8月,云南省召开了云南和平解放后的第一次教育工作会议;会议研究了中小教育问题,明确了今后教育工作的方针。会议提出了帮助各兄弟民族发展本民族语言文字和大力开展学校教育的任务。同年10月10日,云南省昆明市军管会就云南民族教育问题专题向西南军政委员会报告,报告规定,每个专署都要开办师训班,解决民族地区师资奇缺的问题;专署所在地办省立民族中学。1951年6月,云南省文教厅制定了《云南省兄弟民族小学教育计划》;计划规定少数民族聚居的县都应设立一所省立民族小学,教材和文具免费发给少数民族学生;每个专署都要开办师训班,为少数民族地区培养小学教师。

1951年9月,教育部召开了新中国第一次全国民族教育工作会议,研究了民族教育的性质和方针以及任务和内容，并提出民族教育的主要内容"必须采取民族形式，照顾民族特点"。云南省贯彻会议精神，发展民族教育。据1954年统计，省立民族小学由1953年的38所发展到1954年的94所；民族地区公办小学达到2299所，其中边疆982所；新建和完善民族中学8所；有少数民族小学生256555人，中学生6878人，师范生922人，中等技术学校学生268人，大专以上学生193人。[①] 1955年，专门培养少数民族小学师资的云南民族师范学校在昆明建成，并于当年10月28日正式开学，至1961年学校撤并，为边疆民族地区培养了一批优秀的小学教师。

1956年10月22—28日，在省教育厅、省民委的积极筹备下，省人委（省政府）在昆明召开了全省第一次民族教育工作会议。参加会议的有各专区、市、自治州及各县的文教干部，部分民族中小学的校长、教师和省有关单位的干部，共14个民族的代表98人。会议根据第二次全国民族教育会议的精神和中共云南省委的指示，总结了新中国成立以来云南民族教育工作取得的成绩和经验，并决定正式成立民族教材编译室。此后，一部分小学正式开始推行少数民族语文教学，编印了景颇、傣、佤、拉祜、哈尼等民族文字的小学课本。当年，全省少数民族小学发展到3778所，在校少数民族小学生占全省在校小学生总数的20.38%，达312599人；民族中学已有8所，在校学生9141人；专设民族师范2所，民族学生（包括一般学校兼收的民族生在内）共1127人。[②]

1957年后，全国实行"就地办学"的方针，减少了对民族中学和民族小学在经费方面的特殊照顾，并取消了寄宿制学校。将民族中学下放到地州管理，民族小学下放到县以下管理。云南民族地区出现了一批社办公助、公办社助的民办学校。1958年贯彻"教育为无产阶级政治服务，教育与生产劳动相结合"的教育方针，在云南民族地区开展扫盲，推广农业生产技术、珠算和会计，受到各族群众的欢迎。

1963年10月11—11月2日，根据中央和云南省委的指示，省教育厅和省民委在昆明联合召开了云南省第二次民族教育工作会议。与会有14个专州的部分领导、文教干部、小学校长、教导主任、教师等119人，有傣、壮、苗、瑶、藏、佤、白、彝、回、阿昌、景颇、纳西、哈尼、傈僳等14个民族的代表。教育部副部长林砺儒出席会议并讲话。会议总结了新中国成立14年来云南民族教育的成绩和经验教训，研究了如何结合民族地区实际，正确贯彻党的教育方针

---

① 云南省民族事务委员会.云南民委工作60年[M].昆明：云南民族出版社，2011：16.
② 陶天麟.云南少数民族教育史[M].昆明：云南民族出版社，2015：337.

的问题。1964年贯彻"两种教育制度",全省兴办了4万多所耕读小学,在校学生近百万人,还有一批半工(农)半读学校。时任云南省委第一书记阎红彦视察边疆时,提出半工半读学校要为边疆少数民族培养"四匠"即木匠、篾匠、裁缝匠、泥瓦匠,以充分利用当地的自然资源,发展边疆经济,改善边疆各族群众的生活。少数民族教育办出了特点,深受边疆各族群众的欢迎。到1965年,全省在校少数民族小学生88万人,占小学生总数的28%;少数民族中学生3.3万人,占中学生总数的18%。[①]

1966年至1976年,云南少数民族教育事业在曲折中建设和发展。1976年后,云南对少数民族教育进行了调整和整顿,恢复了新中国成立以来的行之有效、能够促进少数民族教育发展的一些政策和措施。党的十一届三中全会后,全省进一步明确了基础教育在整个教育事业中的重要地位,采取各种措施加强民族地区中小学教育的发展。

1978年7月,云南省革委召开全省教育工作会议,学习邓小平1978年4月在全国教育工作会议上的讲话,贯彻全国教育工作会议精神。提出要以提高教学质量为中心,认真办好一批重点学校,加快边疆民族地区教育事业的发展,并对加快发展边疆民族地区教育事业提出了三项具体政策措施:一是逐步降低边疆民族地区民办教师的比例,计划对边境27县的民办教师用3年时间、经过考核合格转为公办;二是对边境一线学校的少数民族学生在生活上继续给予补助;三是本着因地制宜、就地取材的原则,3年内逐步把边境县镇33.4万平方米的破烂校舍建设好。内地高寒山区,在物资、经费、教学设备等方面,也要给予照顾。

1980年,根据许多老民族工作者、民族教育问题专家的建议,云南省民委、省教育厅经过充分论证,于11月13日向政府写了《关于认真办好一批寄宿制民族中小学的报告》。报告建议省政府从地方财政收入中每年增拨少数民族教育经费550万元,在全省范围内建立一批寄宿制民族中小学(共40所);为提高教学质量,民族中学应设在地州行署、政府所在地,民族小学设在县城或条件较好的公社。省政府于12月14日批转了这个报告。1981年,省政府又决定从地方财力中拨出24亿元,用于发展民族教育事业。1983年8月,云南省委发出《关于加强我省民族教育工作几个问题的通知》,充分肯定为搞好边疆地区和内地分散山区教育,兴办食宿包干的民族中小学的特殊做法。

---

① 云南省人民代表大会民族委员会.民族区域自治在云南的成功实践[M].北京:民族出版社,2012:214.

1984年，云南省委批转了省委民族工作领导小组撰写的《关于改革和发展我省民族教育的意见》。意见要求各地州市县委、省级国家机关各委办厅局党组、各人民团体党组，各大专院校党委结合实际，认真研究执行。《意见》提出的改革和发展全省民族教育的意见：一是大力抓好少数民族基础教育；二是大兴不同层次的职业技术教育；三是在不通汉语的民族地区，大力推行民族语文教育教学；四是要在现有普遍推行办民族班的基础上，使高等教育、中等教育进一步为少数民族敞开大门。五是大力培训提高师资队伍，改善山区小学教师的待遇；六是设立少数民族教育补助基金和奖学金，从经费上保证全省少数民族教育事业的发展；七是加强对少数民族教育工作的领导，搞好少数民族教育的立法工作。同年，云南省委、省政府充分肯定了楚雄州创办半寄宿制高小的经验，于当年决定从省民族机动金中拨出专款1500万元（后来增加到2100万元），举办半寄宿制高小班3000个。同时，在省级带动下，各地州县也举办了一批民族中小学。到1985年，全省有半寄宿制民族小学1034所、半寄宿制高小4000余所。[①] 寄宿制和半寄宿制民族中小学的创办，有效地提高了少数民族中学生和小学生的入学率和毕业率。

1988年1月29—2月2日，云南省政府在昆明召开了全省第三次民族工作会议，着重研究如何深化民族教育改革问题。省政府决定采取10项特殊政策加速民族教育事业的发展，决定在1988—1990年拿出2500万元专门用于发展民族教育，并要求地州县也要相应拿出资金发展民族教育。这些特殊政策措施主要包括：一是加强基础教育。建立奖励基金，切实办好3000所半寄宿制高小。除9个贫困县已办民族中学外，其余32个贫困县在县一中设民族部，办少数民族初中班。二是发展职业技术教育，扩大和充实民族地区的农业中学，各级技工学校都应有一定比例的少数民族学生。三是抓好民族地区的师资建设，重点办好10所民族师范学校，扩大师专民族班规模，昆明地区各大专院校办好职业师资班。四是利用现代通信教学手段，发展广播、电视、函授等远距离教学。五是搞好双语教学，提高教学质量。六是加强对少数民族教育的领导。会议提出从1988年到1990年，坚持"以条件定发展"的原则，大兴职业技术教育，巩固并提高基础教育，稳步增加大专院校少数民族学生的人数，逐步建立和完善具有云南特色的少数民族教育体系。

1988年，云南省教委为了落实省委、省政府关于发展民族教育的战略决策，制订了《关于充实和加强省定寄宿制民族中小学的意见》，要求寄宿制民族中学

---

① 陶天麟. 云南少数民族教育史［M］. 昆明：云南民族出版社，2015：345.

和小学在办学条件、教学质量和师资等方面，争取达到或超过县一中和县示范小学的水平。并对半寄宿制高小（3000所）按省的部署进行了检查、评估、表彰以及调整和整顿工作。1990年，省教委按照实施义务教育的步骤和进程，制订了不同的对策、措施和要求，对民族地区的学校实行分类要求、分类指导，从而使民族地区初等义务教育的工作有了较大发展。为了帮助边疆民族地区培养合格人才，采取特殊措施，让教育比较后进的12个民族都选派学生进入云南师大附中和设在昆明的省定民族实验中学学习。

1995年，云南省委、省政府召开了"全省教育工作三级干部会"。会上提出，到20世纪末，全省受教育年限要由原来的人均4年提高到人均6年，城乡职前职后教育要有比较大的发展，各族人民的教育水平要明显提高。到2000年，全省基本普及九年制义务教育的地方约占全省总人口70%的地区，初中阶段的入学率达到70%左右；其余地区基本普及六年制义务教育，全省青壮年文盲率降至7%以下，小学入学率达到98%以上。到2010年，全省各族劳动者的素质较大提高，各级各类专门人才的拥有量能适应现代化建设的需要。这就在云南打响了基本普及九年制义务教育、基本扫除青壮年文盲的攻坚战。

至2000年，云南全省128个县（市、区）基本实现了普及六年制义务教育，其中有88个（市、区）普及九年制义务教育；在88个（市、区）中，有民族自治地方县48个，占普及九年制义务教育的54.6%。各级各类学校少数民族在校学生达249.24万人，占全省各级各类普通学校在校学生总数的33.9%。高等院校少数民族在校生19503人；中等专业学校少数民族在校生44083人；普通中学和小学少数民族在校学生分别为577912人、1680725人；职业中学和幼儿园少数民族在校学生分别为47597人、121605人。少数民族学龄儿童入学率达到98.7%。"九五"期间累计扫除青壮年文盲217万人，使青壮年文盲降到10%以下。[1] 就民族自治州来看，如楚雄州，有小学学校1199所（其中民族小学2所），2086个教学点（其中寄宿制校点220个），普通中学172所（其中民族中学3所），职业中学12所，普通中专8所（其中民族中专1所），技工学校1所，师范学院1所，特殊教育学校1所，幼儿园96所；全州各级各类全日制在校生414930人，少数民族学生占学生总数的35.9%。文山州，有师范专科学校1所，在校生1490人；农校、财校、普师、民师各1所，在校生4694人；中等专业学校2所，在校生1962人；普通中学139所，在校生11.67万人；职业

---

[1] 云南省民族事务委员会，云南省统计局. 云南民族自治地方"九五"经济社会发展文献[M]. 昆明：云南民族出版社，2002：53.

中学12所，在校生2.74万人；小学2493所，在校生41.7万人；幼儿园71所，在校幼儿2.62万人。全州用壮语辅助教学学校2410所，苗语辅助教学学校956所，瑶语辅助教学学校110所；进行双语文教学学校8所，其中苗文4所、瑶文3所、壮文1所，共9个班。西双版纳州，有各类学校606所，其中，电大1所，普通中专4所，职业中学5所，普通中学54所，小学522所，在校学生16万余人。大理州，有小学1264所，在校学生33.74万人；职业高中13所，在校学生6552人；普通中学223所，在校学生18.08万人；中专8所，在校学生7135人；师专、电大各1所，在校生3159人；幼儿园176所，在园幼儿4.8万人；聋哑学校1所，在校生183人；大学1所（大理医学院）。德宏州，有各级各类学校1025所，其中小学859所、普通初中61所、完中10所、农业职业初中3所、农业职业高中6所、中专5所及教育学院、电大各1所；在校学生22.03万人，少数民族学生占在校生数的52%。怒江州，有全日制学校1235所，在校学生8.08万人。红河州，有各级各类学校3780所，在校学生103.18万人。迪庆州，有幼儿园6所，在园幼儿3292人；小学945所（包括教学点），在校学生4.11万人；中学25所（包括教学点），在校高中生1698人，在校初中生8238人；职业中学4所（包括教学点），在校学生284人；中等专业学校3所，在校学生984人。[1] 同年，全省共有74个县市开展双语教学，开设双语教学的学校4056所、班级7612个，接受双语教学的在校学生157979人（其中双语双文在校学生36508人，双语单文在校学生12471人），双语教师9361人。[2]

2000年，云南省民委执行省委、省政府的决定，从边境建设事业补助费中拨出1800万元，对129个边境乡（镇）的487个沿边村委会的2058所学校（校点）共13万多名小学生实行"三免费"（免课本费、杂费、文具费）教育。2002年9月，云南省委、省政府召开了第四次民族教育工作会议，会后下发了《云南省基础教育振兴行动计划》，决定逐步扩大"三免费"教育范围，加快义务教育的普及。边境乡（镇）、7个人口较少民族地区、藏区的初中生和小学生，边境扶贫攻坚乡的小学生、初中生，均享受"三免费"教育。

2004年，云南省政府把"三免费"（免课本费、杂费、文具费）教育列入为各族群众办的十件实事之一，把迪庆藏区29个乡镇农村户籍初中生和小学生、边境沿线129个乡镇、7个人口在10万以下的特有民族聚居乡镇和85个村

---

[1] 中共云南省委政策研究室. 云南地州市县情 [M]. 北京：光明日报出版社，2001：216-602.

[2] 云南省民族事务委员会. 云南民委工作60年 [M]. 北京：民族出版社，2011：113.

委会列入"三免费"范围。至 2005 年,"三免费"(免课本费、杂费、文具费)教育已累计投入经费 2 亿多元,惠及 11 个州市以及 46 个县和 181 个乡镇,受益小学生和初中生 128 万人次。①

2005 年,中共云南省委、省政府颁布了《关于进一步加强民族工作加快少数民族和民族地区经济社会发展的决定》,提出到 2007 年,全省农村义务教育阶段所有贫困家庭学生都得到"两免一补"(免课本费、杂费、生活补助)的资助。"十一五"期间,巩固、完善并新建自治县、边境县(市)民族中学,在 2 万人以上的民族乡和边境乡镇各建设一所寄宿制初级中学;加强 41 所省定民族中小学建设,使其达到当地一流中小学标准;把云南民族中学扩建为一定规模的一级一等完中。加强民族预科教育,逐年扩大招生规模,实行分民族定向招生和降分录取,并按普通高等院校本、专科标准安排经费。从 2006 年起,将 41 所省定民族中小学、33 所贫困县一中民族部的寄宿制学生生活补助费由每月 25 元提高到 30 元;各地也要相应提高其他寄宿制、半寄宿制民族中小学学生生活补助标准。至 2007 年,云南省共有 41 所寄宿制民族中小学和 4950 所半寄宿制高小。"三免费"和"两免一补"政策实施以来,2005 年惠及了 124 万余名农村中小学生。至 2007 年,农村寄宿制学校建设工程投入计 10 亿元,改扩建 587 所中小学,新建校舍 128 万平方米。②

至 2006 年,全省有白、哈尼、彝等 14 个少数民族和 21 种少数民族文字在 1000 多所中小学开展民汉双语教学,学生大约 15 万人,对 14 个少数民族用 21 种少数民族文字或拼音方案进行扫盲。除了保山和昭通两市外,全省有 14 个州市 67 个县 19 个语种,9561 所学校实施"双语文"教学,学生达 19.4 万人;实施双语双文教学的有 9 个州市的 26 个县,共 11 个语种,707 所学校 5.83 万名在校生。

"十五"以来,云南省已基本实现以"两基"为目标,以贫困地区、少数民族、边境教育为重点,以教育信息技术为手段,按照"深化改革、突出重点、有所作为、加快发展"的原则,进一步加大了对民族教育的投入,"十五"期间累计投入 215392 万元,其中:二期"义务教育工程"投入 35266 万元、农村中小学危房改造工程投入 48608 万元、"两免一补"投入 60486 万元、农村寄宿制学校建设工程投入 50228 万元、边境学校建设工程投入 7710 万元、农村现代远

---

① 中共云南省委党史研究室. 中国共产党民族工作的伟大实践(云南卷):中[M]. 北京:中共党史出版社,214:409-410.
② 陶天麟. 云南少数民族教育史[M]. 昆明:云南民族出版社,2015:349.

程教育工程投入10664万元、社会捐赠2430万元，使民族地区的基础教育获得了快速发展。至2010年，全省少数民族适龄儿童入学率达到99.42%（全省99.69%）；各级各类学校少数民族在校生达到2752813人。① 全省129个县（市、区）全面实现了"基本普及九年义务教育，基本扫除青壮年文盲"的攻坚目标，并顺利通过国检，有力保证了全省各族人民受教育的基本权利。

2013年7月，云南省人大常务委员会审议通过了《云南省少数民族教育促进条例》。条例从办学形式与教育教学、教师和学生、教育投入与保障等方面，对云南少数民族和民族地区教育事业做出了系统规定并提出了一系列特殊扶持措施，为云南民族教育事业实现科学发展提供了法制保障。

另外，党中央、国务院一直高度重视和关怀云南教育对口支援，教育部、财政部、外交部等国家部委、上海市也给予云南教育极大的支持，使云南的基础教育特别是民族地区中小学的办学条件得到不同程度的改善。

其次，发展民族职业教育。云南民族地区经济和社会发展的最大制约因素是劳动者科学文化素质低，迫切需要初、中级科技人才。因此，大力发展民族职业教育，努力做到学以致用、学能致富，是民族地区现代化建设的迫切需要。

1958年，在中共中央提出"大办农业、工业中学"和"两条腿走路"的号召下，云南少数民族地区曾兴办过众多中等专业学校。但由于政策和条件不足，一哄而起，在1959年、1960年的调整中，大多数被撤销。1962年后，全省贯彻中央"积极试办半工（农）半读学校"和"两种教育制度和两种劳动制度"的指示后，边疆民族地区办起了一批傣、景颇、傈僳、怒、德昂、拉祜、佤等十多种民族的"耕（工）读学校"。其中，德宏州就办了15所。这些学校从当地民族生产生活需要出发，培训适用的急需科技知识技能，很有成效。1965年民族地区半工半读中等技术学校和农业中学有100多所，全日制卫生学校有5所。

"文化大革命"时期，全日制学校停办，半工（农）半读学校被撤销，民族地区的职业教育被摧残殆尽。党的十一届三中全会后，民族地区的职业教育经过调整，在改革中得到了发展，办学条件逐步改善、教学质量不断提高。1980年后，红河民族干校和楚雄民族干校改扩建为民族中等专业学校，另外在省部属中专开办了民族班，专门培养民族中等专业技术人才。到1984年，全省少数民族在校中专生占全省中专生总数的23.7%，达6210人。②

---

① 云南省民族事务委员会，云南省统计局. 云南民族地区"十一五"经济社会发展文献[M]. 昆明：云南民族出版社，2012：119.
② 云南省人民代表大会民族委员会. 民族区域自治在云南的成功实践[M]. 北京：民族出版社，2012：218.

1985年12月11—19日，中共云南省委、省人民政府召开全省教育工作会议，全面贯彻执行《中共中央关于教育体制改革的决定》以及全国教育工作会议精神，制订"七五"期间全省教育体制改革、发展教育事业措施。会议确定了"大力发展中等专业技术教育是'七五'期间全省发展教育事业的重点"，具体制定了"实行发展中等、初等专业技术教育和短期职业技术培训三者并重的方针"，从而推动了民族地区职业技术教育相对较快发展。

1986年，云南省教育厅出台了《关于大力发展职业技术教育的意见》。意见要求发展符合云南实际的职业技术教育，民族地区以短期职业技术培训和初等专业技术教育为重点；民族地区的职业技术培训，按照民族特点安排教学内容，课程设置既要传授先进的管理知识和科学技术以及实用传统技术，又要提高文化知识的基础。根据省政府关于"少数民族地区要多规格、多层次地广泛发展职业教育。中等专业学校要扩大和增设适合民族地区需要的专业，办好民族班，民族干校和普通中学要举办民族职业班；小学和初中要增设劳动技术课，也可以在学生毕业后加授一年的职业技术课"①的指示，全省民族自治地方加大了职业教育的发展力度，初步建立起了包括职业高中、中等专业学校、技工学校、成人中等专业学校在内的中等民族职业教育体系。至1987年，全省民族自治地方共有中等技术学校31所，在校生88601人，分别占全省中等技校的31.3%和24.3%；技工学校11所，在校生3332人，分别占全省技工学校的17.2%和17.9%；职业高中89所，在校生19099人，分别占全省职业高中的54.3%和50.9%。②

1989年，云南省人大常委会颁发了《云南省职业技术教育条例》。1999年，云南省人大常委会又重新制定并颁发《云南省职业教育条例》，使云南省职业教育有了法律保障。

2003年，云南省委成立了教育改革与发展领导小组，在领导小组内设置职业教育组，专题研究解决职业教育中遇到的重大问题。2005年，云南省委、省政府出台了《中共云南省委云南省人民政府关于大力推进职业教育改革与发展的意见》。2006年，中共云南省委、省政府办公厅专门下达《大力推进职业教育改革与发展任务分解》，将省委、省政府发展职业教育任务分解落实到相关责任部门。2007年4月，云南省政府召开了第49次常务会议，对职业教育工作做

---

① 云南省人民代表大会民族委员会，云南省社会科学院民族研究所. 民族区域自治在云南的成功实践 [M]. 北京：民族出版社，2012：218.
② 马曜. 云南民族工作40年：上 [M]. 昆明：云南民族出版社，1994：619.

出了几项决定，即成立云南省职业教育改革发展领导小组，由省长担任组长。从 2007 年始，每年省级财政安排 1 亿元资金，用于增加中职教育专项资金；由省教育厅、劳保厅、财政厅负责研究制订中等职业学校生均经费标准；建立中等职业学校贫困生资助制度；由省政府与州市政府以及省政府、州政府与大型企业和行业签订发展中职教育的目标责任书。2007 年，大理州投资近 4 亿，搬迁 4 所中职学校，新增校舍面积 14 万平方米；楚雄州启动职教中心项目。至 2009 年，8 个民族自治州有职业高中 75 所、中等专业学校（含技工学校）46 所。2010 年，全省普通中专少数民族在校生占全省普通中专在校生总数的 28.39%，达 82323 人，比上年增加 1.3 万人；职业高中少数民族在校生占全省职业高中在校生总数的 3.72%，达 85879 人，比上年增加 1.7 万余人。截至 2015 年，全省民族自治地方，普通中专在校生人数为 62294 人，占全省普通中专在校生人数的 20.12%；职业中专在校生人数为 82976 人，占全省职业中专在校生人数的 48.14%；职业初中在校生人数为 602 人，占全省职业初中在校生人数的 54.63%。[1]

另外，云南民族地区曾在普通中学或从小学开始，就注入职业教育因素，解决广大中小学生回乡后学而有用的问题。如芒市三台山，1982 年起，每周增加 3~4 小时的劳动生产课，请农技部门来讲当地实用技术，并组织学生种粮食及蔬菜、烧石灰、养牛羊猪鸡。大姚县农业中学，1985 到 1988 年指导学生课余育苗、更新老果树、种菜、栽天麻、食用菌、养鸡，增加了收入，改善了学校建设、设备和教职工学生的生活。红河县第二中学（现甲寅中学）多年坚持勤工俭学。从 1979 年起，在班主任的带领下，班班都种植蔬菜（大白菜、南瓜、辣椒等），改善师生的生活，同时让学生得到了生产劳动锻炼。勐海县曼朗小学也坚持勤工俭学，每周半天带学生种植管理砂仁，使学生既学习了文化，又学会了种植砂仁的技术。一些勤工俭学优秀的中小学生，在当地商品生产中发挥了积极作用，被称为"小技术员"。勤工俭学不仅使学生初步学到了一定的实用技术，还使学校收入增加，补充国家拨款的不足，增强了学校自我发展的活力。

最后，发展民族高等教育。新中国成立前，云南高等学校只有云南大学和抗战期间的西南联合大学，没有少数民族高等院校。云南民族高等教育从无到有，为民族地区培养了中高级人才。

1951 年，云南民族学院成立，云南省人民政府副主席周保中（白族）兼任

---

[1] 云南省民族宗教事务委员会，云南省统计局. 云南民族地区"十二五"经济社会发展文献 [M]. 昆明：云南民族出版社，2017：594.

院长，其主要任务是培养民族干部。从全省选送来学习的少数民族干部、积极分子和民族上层人士在这里学习马列主义基础知识和党的方针政策，着重学习民族政策和边疆地区的政策；同时也学习文化科学知识。从1951年到1966年，培训了近万名少数民族干部。这些民族干部在民族地区各条战线上发挥着重要作用，有的已成为各级领导干部。但是，在很长时间里云南民族学院并没有被列为高等院校。从1957年至1971年的十多年，少数民族学生只能就读于省内的一般院校。1957年，全省绝大多数少数民族大学生就读于昆明师范学院。当年，全省少数民族大学生共有356人，占全省大学生总数的5.1%；其中昆明师范学院占的比例较大，约45.5%，共162人（本科84人，专科78人）。其中白族73人，回族42人，纳西族22人，彝族14人，壮族7人，布依族1人，傣族1人，满族2人。当年民族地区还创办了一些大学：滇西工农大学、大理师范专科学校、滇南工农大学、红河师范专科学校。以上学校共有本专科生1550人。① 但第二年后，这些仓促上马的学校相继停办。

在"文化大革命"期间，云南民族学院一度被撤销。1971年，在周恩来总理的关怀下，云南民族学院得到了恢复和重建，并正式进入高等院校之列，从此开启了云南民族高等教育。云南民族学院升为高等学校，最初设有两年制的政治系、汉语言文学系，并从1972年始招收工农兵学员。"文化大革命"结束后，云南少数民族高等教育得到了非常大的发展，云南民族学院增设了数理和历史两个系、建立了云南省民族研究所，并于1977年招收了第一批大学本科生。1979年12月，中共云南省委常委专门讨论了云南民族学院的办学方针和"六五"发展规划，决定在已有的基础上，逐步扩大发展为包括民族研究所、本科、预科和干部轮训在内的新型民族高等院校，大力培养民族地区现代化建设所需要的专业技术人才和民族干部，并要求到1985年在校生发展到3000人，其中本科、预科和干训三个部分大体各占1/3。从1980年开始逐步向多层次、多科系的综合性民族高等学院发展，成为云南培养少数干部和专业人才的"摇篮"。到1988年，共设9个系、17个专业，在校各族学生有4200人，教职工959人。

云南民族学院于2003年4月更名为云南民族大学。至2018年，云南民族大学经过60多年的建设和发展，已发展成为一所办学特色鲜明、学科门类齐全的综合性大学。有27个教学机构，1个省属研究机构即云南省民族研究所，1所云南民族干部学院，1个民族博物馆，3个有影响、有特色的研究中心即"云南

---

① 陶天麟. 云南少数民族教育史［M］. 昆明：云南民族出版社，2015：339.

民族文化研究中心""云南省东南亚南亚西亚研究中心""云南藏学研究中心"。涵盖法学、理学、工学、经济学、管理学、教育学、历史学、文学、艺术学等学科门类,形成了以民族学、社会学、民族语言文学、民族艺术、历史学、化学(民族药)、东南亚语言文化为优势特色,文理并重、多学科协调发展的格局。拥有78个本科专业、9个专业硕士点、96个二级学科硕士点、12个一级学科硕士点和2个一级学科博士点。包括50多个民族的全日制在校学生23000余人,其中本科生21000多人,研究生2400人,少数民族本科生占全校本科生的50%以上,还有来自20多个国家和地区的500多名留学生和近1万人的成人教育学生。有教职工1314人,其中副教授333人,教授184人。

至2015年,云南民族自治地方的高等院校有楚雄师范学院、红河学院、文山学院、西双版纳职业技术学院、大理大学、德宏职业学院、德宏师范高等专科学校以及省内、省外大学在民族自治州所办的一些学院,高等教育在民族地方稳步发展。

总之,通过半个多世纪的艰苦努力,云南民族教育取得了巨大而辉煌的成就。到"十二五"末,云南省各级各类学校共有少数民族在校生323.4426万人,占云南省各级各类学校在校生总数的34.88%。其中高等教育少数民族在校生共有235757人,占云南省高等教育在校生总数的27.5%;中等教育少数民族在校生有108.8824万人,占云南省中等教育在校生总数的33.24%;初等教育少数民族在校生共有146.7654万人,占云南省初等教育在校生总数的38.29%;学前教育少数民族在校生共有44.2191万人。[①] 少数民族在校生规模逐步扩大,所占比例稳定提高。云南25个少数民族都有了本民族的大学生,许多少数民族不仅有了自己的本科生,而且还有了本民族的硕士生和博士生,基本形成了从民族幼儿园到大学的具有云南特色的民族教育体系。

(二)民族地区医疗卫生事业建设

新中国成立后,云南各少数民族卫生事业的发展使现代医疗卫生事业从无到有,各民族的传统医药得到振兴,少数民族群众的健康水平有了很大提高。

首先,建立县、乡、村医疗服务体系。新中国成立前,云南民族地区医疗卫生条件极差,特别是边疆地区,各种烈性传染病经常流行,各族人民的生命安全得不到保障。新中国成立后,党和国家加大了民族地区医疗卫生事业的建设,政府派出了医疗队、防疫队,送医送药到民族地区,免费为各族群众治病,

---

① 云南省民族宗教事务委员会,云南省统计局.云南民族地区"十二五"经济社会发展文献 [M].昆明:云南民族出版社,2017:172.

向群众普及卫生知识，同时加紧民族地区公共医疗卫生服务体系建设。

1952年6月，西南军政委员会派出280人的西南防疫队到云南边疆民族地区开展卫生防疫工作。1953年1月，经西南军政委员会批准，首先在德宏建立了芒市民族医院、芒市妇幼保健站等医疗机构。之后，这批医务人员大部分留驻云南省，成为民族地区的医疗骨干。与此同时，省地也派出医疗队与防疫队共同开展工作。在派出医疗队防病治病的同时，省、地、县加大了民族地区医疗卫生人员的培养和机构建设。至1953年年底，全省边疆民族地区共恢复和建立了37个卫生院、25个区卫生所、11个防疫站、33个妇幼保健站、408个接生站和4个民族医院。①

1957年至1966年5月，云南民族地区的医疗卫生事业在50年代上半期初步普遍建立起医疗卫生机构、严重危害各族人民生命安全的传染病得到有效控制的基础上，又有很大发展。1957年，全省所有的县都建立了卫生院，大部分县还建立了卫生防疫站和妇幼保健站，区一级的卫生机构从空白发展到1151个。到1959年，基本达到公社有卫生院，管理区有卫生所，生产队有"三员"（保健员、接生员、保育员），民族地区农村缺医少药的状况有了明显的改善。大理州基本消灭血吸虫病。历史上的高疟区景洪、勐海、芒市、勐朗等地发病率显著下降。

1964年，边疆民族地区已有国家医疗机构269个（州、县31个、区卫生所184个、防疫站31个、妇幼保健站23个），病床2100张，医务人员1200人。另外有集体联合诊所32个、卫生所125个。还有脱产半脱产保健员、接生员2500多人，不脱产的4400多人。②民族地区缺医少药的状况有了显著改变。各种流行传染病已基本消灭或得到控制。历史上发病率在50%以上的高疟区，已下降到千分之几或万分之几。到1965年，全省卫生机构、病床数、卫生技术人员数量均有大幅度增长，基本上实现了县有一院（医院）、两站（卫生防疫站、妇幼保健站），区、公社有卫生所，大队有卫生室，初步建立起了县、公社、大队的三级医疗体系。

但是，民族地区在历史上长期遗留下来的落后状况不是在短时期内能完全改变的。广大农村环境卫生和生活卫生仍然很差，医疗力量很不足，少数民族群众依然缺医少药。1965年，云南省边疆工作会议后，省卫生厅提出了进一步做好民族地区卫生工作的六条意见：一是开展群众性卫生运动。二是大力培养

---

① 云南省民族事务委员会. 云南民委工作60年 [M]. 北京：民族出版社，2011：16.
② 马曜. 云南民族工作40年：上 [M]. 昆明：云南民族出版社，1994：677.

半农半医的卫生人员,在各乡建立卫生室,村(社)设不脱产的卫生员和接生人员。乡、社卫生人员的报酬由国家补贴和公益金中解决。三是区卫生所应把辅导和提高保健员和接生员的业务水平作为自己的一项日常工作任务。四是加强对民间医生的领导,充分发挥民间草医的作用。五是州、县医院要积极组织巡回医疗工作。六是边疆的部队、农场和工矿企业医院、卫生所,都要向群众开放。对边疆民族群众的医疗费用,分不同情况实行收、减、免的办法。

"文化大革命"期间,民族地区的卫生工作遭到破坏。但是,在广大医药工作人员的努力下,民族地区卫生工作还是取得了一定的成绩。党和政府派到民族地区的医疗队,不仅带来了先进的医疗技术,而且还通过传、帮、带送到北京或上海进修,培养了一批当地医务人员。有些地方还重视并开展了当地民族草药的研究和应用。

1978年,党的十一届三中全会后,云南民族地区的卫生事业通过"调整、改革、整顿、提高",实行"实行国家、集体、个人一起上"的办医方针,使民族医疗卫生事业的建设进入了一个新的时期。到1980年,全省民族自治地方有1102个医院、医院病床有3027张、医生有15820人。

1983年,卫计委、国家民委联合召开了全国少数民族卫生工作会议,提出了加强少数民族卫生工作的意见。指出:要采取各种办法培养少数民族卫生技术人才;切实做好防病治病和妇幼卫生工作;普及新接生,开展科学育儿教育;加强城乡基层卫生组织建设,办好大队(乡)的卫生机构,合理解决乡村医生的待遇问题;大力扶持民族医药事业;继续搞好对少数民族地区卫生事业的支持工作,把技术支持、协作和培养当地卫生技术人员的工作放在首位;为民族卫生工作的发展提供必要的物质条件,坚决贯彻自力更生和国家扶持相结合的方针。会上还讨论了《关于经济发达省市对口支援边远少数民族地区卫生事业建设的实施方案》和《关于继承发扬民族医药学的意见》。根据卫计委、国家民委关于做好民族医药工作的指示,1984年5月,云南省卫生厅、省民委联合发出通知,要求全省各民族地区和有关医药研究单位,对少数民族医药学的发展状况和存在问题进行调查,特别是要对傣医药、藏医药、彝医药文献进行深入调查,总结经验,广泛使用。出版了《西双版纳傣药志》《哀牢本草》,发掘出一批珍贵的彝文古医书,在迪庆州办起了藏医院。

1984年,卫计委发布了《关于卫生工作改革若干政策问题的报告》,提出"必须进行改革,放宽政策,精简放权,多方集资,开阔发展卫生事业的路子,把卫生工作搞好"。云南省为了贯彻执行国务院卫计委的政策,于1985年7月3日,省政府批转省卫生厅《关于卫生工作的改革意见》。意见提出卫生机构改革的根本目的，即加强领导，提高科学管理水平，调动诸方面的积极性，提高工作效率和服务质量，改善服务态度，使卫生机构具有生机和活力。通过改革，要做到有利于建设卫生事业，有利于社会主义精神文明建设，有利于贯彻预防为主的方针，有利于广大人民群众。意见对改革管理体制，实行简政放权；实行多渠道、多层次、多形式办医，实行"国家、集体、个人一起上"。改革经费分配和资金发放的办法，是把职工的报酬和工作质量挂钩，在提高服务质量的同时，也重视提高经济效益。1987年，民族地区开始试点推行区卫生院、所"全民所有，集体或个人承包、租赁经营"，对民族地区的免费预防、医疗和妇幼保健，也将完全无偿服务改为有偿服务和无偿服务相结合。虽然民族地区在医疗技术、资金和经营管理水平等方面的条件都比较差，改革中的困难和问题较多，但卫生工作的改革，在一定程度上推动了民族卫生事业的发展。到1986年，全省民族自治地方共有各类卫生机构3236个，床位36799张，卫生技术人员40646人；在7331个行政村中共建立了各种形式的医疗点9431个，有乡村医生16688人，其中少数民族医生8823人；还有不脱产的接生员15936人，很大程度上改变了民族自治地方缺医少药的状况。

1989年，云南省政府制订下发了《云南省初级卫生保健方案》，全省正式启动了初级卫生保健工作。至1990年，全省民族自治地方（楚雄、红河、文山、西双版纳、大理、德宏、怒江、迪庆8个自治州，路南、禄劝、寻甸、峨山、新平、元江、普洱、景东、景谷、墨江、孟连、澜沧、西盟、江城、丽江、宁蒗、双江、耿马、沧源19个自治县）有卫生事业机构达3380个，病床39453张。7475个行政村设医疗点10378个。边疆（边境）34个县有卫生事业机构1312个，病床14233张。2729个行政村中设医疗点3048个。①

1995年7月，云南省人大分颁布《云南省发展中医条例》，这是我国第一部发展中医的地方性法规。法规的制定，促进了民族医药的研究和传承。

1991年至2010年，在各级党委和政府的重视下，民族地区卫生事业投入不断增加，新建、改扩建了一批医疗卫生机构，卫生设施不断改善。如楚雄州，先后建立了24个州级医疗卫生单位、10个县级疾控中心、22个县级人民医院、3个县级中医院、10个县级妇幼保健院，建设面积685237.96平方米。全州辖区内73家国有企业自办医院全部剥离划归地方管理。至2000年年末，全州各级各类卫生机构1648个（含村卫生室）。其中医院52所，疾病预防控制中心11所，

---

① 云南省地方志编纂委员会. 云南省志（卫生志）：第69卷 [M]. 昆明：云南人民出版社，2002：92.

妇幼保健院 11 所，卫生监督所 11 个，中心血站 1 个，乡（镇）卫生院 115 所，村卫生室 1171 个，个体诊所、医务室、门诊部 349 个，其他 17 个。有卫生专业技术人员 8504 人。在加强医疗卫生基础设施建设的同时，不断增加投入，添置先进医疗设备，州级和部分县级医疗卫生单位先后购置了全身 CT、螺旋 CT、彩色多普勒超声、彩色 B 超、数字减速影仪、电视腹腔镜、1000 毫安 X 光机、全自动生化分析仪等先进医疗设备；乡（镇）卫生院中 90% 已拥有超声诊断仪，80% 拥有 X 光机和心电图机；村卫生所都配齐了基本医疗器械。全州医疗卫生机构拥有万元以上设备 4611 台。① 又如文山州，至 2010 年，全州有卫生医疗机构 1292 个，医院 26 所，卫生院 112 个，村卫生室 913 个，民营及社会办医院 10 所、诊所和门诊 173 个，采供血机构 1 个，妇幼保健院（所）9 个，专科疾病防治站（所）8 个，疾控机构 10 个，卫生监督局（所）9 个，医学研究机构 1 个，其他卫生机构 20 个。卫生系统有 8557 人，其中卫生技术人员 7916 人，其他技术人员 352 人，管理人员 289 人。编制病床 9061 张。万元以上设备 3011 台，其中 50 万元以下设备 2913 台，50~99 万元设备 51 台，100 万元以上设备 47 台。②

到"十二五"末，2015 年年底，全省民族自治地方共有医疗卫生机构 12316 个，病床 108257 张，执业（助理）医师 33495 人。③ 虽然民族自治地方乡、村医疗卫生基础设施还需要进一步完善，也需要进一步添置先进医疗设备，但县、乡、村医疗服务体系已经基本形成。

其次，改善农村医疗卫生条件。新中国成立以来，特别是党的十一届三中全会以来，云南民族地区的农村卫生事业，随着社会经济的进步有了很大发展，卫生状况得到较大改善。

新中国成立初期，云南民族地区县以下的农村基层基本无医疗卫生机构，预防保健工作根本无人过问，鼠疫、霍乱、天花、疟疾、伤寒等传染病猖獗流行，农村处于严重缺医少药的状况。1958 年以后，人民公社建立起了卫生所，大队办起了保健室，生产队设有保健员，农村三级医疗预防保健网基本形成，农村缺医少药的状况有所改善。1969 年年底，云南全省共有 11315 个合作医疗

---

① 楚雄彝族自治州卫生局. 楚雄彝族自治州卫生志 [M]. 昆明：云南民族出版社，2012：2.
② 文山壮族苗族自治州志编纂委员会. 文山壮族苗族自治州志（1996—2010）：下卷 [M]. 芒市：德宏民族出版社，2014：322.
③ 云南省民族宗教事务委员会，云南省统计局. 云南民族地区"十二五"经济社会发展文献 [M]. 昆明：云南民族出版社，2017：516.

站（室），有"赤脚医生"31361人。① 群众看病只需交极少的挂号费，农村缺医、看不起病的状况得到一定程度的改善。但由于合作医疗筹资渠道少，经费紧缺，又实行免费看病，再加上管理上的问题，至1984年合作医疗站基本解体，只有部分乡村成立集体办、医生联办、个体办等多种形式的卫生室（所）。1987年后，民族地区的区级卫生所改建为国有性质的乡镇卫生院，随后又根据农村的特点，恢复了合作医疗保健制度。至1995年年底，云南全省1570个乡镇设有卫生院1539个，其中中心卫生院312个，一般卫生院1227个，共有床位21763张。有13453个行政村（办事处）设有卫生所17796个，有乡村医生、卫生员36180人。1997年，云南省委、省政府进一步把发展农村合作医疗保健制度作为农村群众办实事，解决因病致贫、因病返贫的大事来抓，并提出了发展规划、阶段目标和实施措施，从而加快了民族地区农村合作医疗保健制度的建立。

以楚雄州为例，1957年，各区基本上都有了区卫生所或是联合诊所，全专区（当时称楚雄专区）卫生所或联合诊所的医务人员约50人，农业合作社保健室医务人员约200人。1958年，部分区卫生所与联合诊所合并，更名为公社医院，部分仍然叫联合诊所，全州公社医院有人员608人，联合诊所的人员806人，个体开业医生44人。1966年，公社医院改称卫生所，为贯彻毛主席的"6·26"指示即"把医疗卫生工作重点放到农村去"，1969年年底至1970年，大量医务人员下放到基层。1969年12月，昆明医学院下放医生14人到万德卫生所工作。1970年6月18日，州革命委员会通知州人民医院和州卫生学校50%的医务人员下放于楚雄、南华、武定、大姚、禄劝、双柏等县的公社卫生所工作。随后，其他州、县卫生部门的医务人员也逐级下放。1968—1971年，全州下放到公社卫生所的卫生技术人员达427人，农村卫生技术力量得到加强。1970年，公社卫生所改称公社卫生院。1978年，落实知识分子政策，下放的卫生技术人员逐步返回，公社卫生技术人员锐减，部分医疗设备无人使用，少部分卫生院难以开诊，卫生院服务能力步入低谷。至1979年，全州设有公社卫生院178个，有床位2531张，有人员2125人，其中卫生技术人员1873人，包括中医371人、西医师72人，医士651人，护士157人，其他卫生专业技术人员619人。到1991年，全州乡（镇）卫生院包括集体卫生院在内，共有卫生机构137所，其中中心卫生院24所，卫生技术人员1412人；在卫生技术人员中，医

---

① 云南省地方志编纂委员会. 云南省志（卫生志）：第69卷 [M]. 昆明：云南人民出版社，2002：617.

师及医师以上职称有514人，医士级职称人员813人，卫生员70人，其他人员15人；有病床1502张。而到2010年，全州有独立法人的乡（镇）卫生院115所，其中中心卫生院34所，其他的改为分院或卫生室，有病床2798张，职工总数1837人，卫生技术人员1473人；有房屋190123平方米；有资产40972万元，其中固定资产24773万元，有200毫安以上的X光机120台，有B超153台，心电图机251台，手术床121台，产床141台，麻醉机43台，心电监护仪140台，洗胃机136台，半自动分析仪118台，救护车40辆。① 到"十二五"末，全州有乡（镇）卫生院114所，村卫生室1101个。农村医疗卫生条件得到了极大改善。其他7个民族自治州农村医疗卫生事业建设情况，与楚雄州的情况大体相同。

最后，继承和发展民族传统医药。云南地形复杂，有着极为丰富的植物、动物、矿物等药物资源，这为云南各族先民与病症做斗争提供了得天独厚的防病治病药物来源，形成了丰富多彩的少数民族传统医药体系。民族传统医药是少数民族群众以生命为代价，积千百年救死扶伤、治病救人的实践经验和教训凝结而成的瑰宝，是祖国传统医药不可分割的组成部分。

新中国成立后，党和政府采取一系列措施，保护和继承发展民族医药。从20世纪50年代开始，云南省有关医药卫生部门为发掘云南少数民族的传统医药遗产，曾做过大量的调查、整理及研究工作。到20世纪60年代末，全省各地州及军队的卫生部门曾动员了巨大的人力物力，收集整理出10余部"中草药志"，其中包括许多鲜为人知的少数民族药物。

为了弘扬、发展民族医药，自1987年以来，全省相继建立了民族医药研究机构6个，其中地（州）3个，县级3个；民族医药医疗机构2个，即西双版纳州傣医院、迪庆州藏医院；部分地（州）、县中医院还成立了民族医药科；迪庆21个医疗机构设立了藏医科，西双版纳3个医疗机构开设了傣医科。2003年，在楚雄州成立了云南省彝医医院。在民族医药文献整理和民族医药研究方面，整理出版了傣族医学古籍医书《档哈雅》《嘎牙桑哈雅》《西双版纳傣药志》《傣医传统方药志》《巴腊麻他坦》《萨打依玛拉》《崔苏提麻嘎》等。整理出版的彝族医学古籍有《明代彝族医书》《供牲献药经》《聂苏诺期》《好药医病书》《彝族医药珍本集》《哀牢山彝族医药》《哀牢本草》《彝药志》《峨山彝药》。其他还有《云南民族民间单方验方集》《白族医药志》《佤族药志》《德宏民族

---

① 楚雄彝族自治州卫生局. 楚雄彝族自治州卫生志［M］. 昆明：云南民族出版社，2012：195-196.

药志》《迪庆藏药》《藏医精要》《玉龙本草图形》《四部医典应用经验》《拉祜族常用药》《哈尼族药志》《元江哈尼族药》《中国哈尼族医药》《哈尼族药用植物》《普米族单方治疗杂病手册》《拉祜族常用药》《德昂族药集》《哈尼族传统药物探究》等。在药物的开发研制方面，近年来开发出的民族药，有彝族新药"彝心康""彝止痛"胶囊、"咽舒欣"胶囊、"益心康"胶囊等，有瑶族药大黄藤片、针（消炎），有苗族药灯盏细辛片、针、口服液（治偏瘫），有哈尼族药青叶胆片（治肝炎），有纳西族药竹红菌软膏（治疤痕）和青阳参片（治癫痫），有傣族药亚乎奴—傣肌松（肌肉松弛剂），有名贵藏药五味珍珠丸、七十味珍珠丸等等。这些民族药，临床疗效好，副作用小，经济实用。

总之，经过多年的努力，云南民族地区的传染病、地方病已得到有效控制，许多严重危害人民健康的疾病有的已经消灭或基本消灭。云南民族地区由昔日缺医少药的"瘴疠之乡"发展到具有现代医药卫生事业的地区，基本形成了覆盖城乡的医疗卫生服务体系。民族传统医药得到了重视，正在逐步形成具有云南特色的民族传统医学事业。当然，云南民族地方虽然基本建立了医疗卫生服务体系，但农村地区依然存在着看病难、看不起病的问题。

（三）民族地区社会保障体系建设

新中国成立后的好长一段时间里，云南省各级党委和政府贯彻"以生产自救为主，国家救济为辅"的方针，认真执行"不准饿死人，不准冻死人，不准逃荒要饭"的社会保障原则，救济救灾工作成为民政部门的主要任务。进入21世纪，云南省各级党委和政府，认真落实《国务院实施〈中华人民共和国民族区域自治法〉若干规定》第27条"上级人民政府应当按照国家有关规定，帮助民族自治地方加快社会保障体系建设，建立和完善养老、失业、医疗、工伤保险和城市居民最低生活保障等制度，形成与当地经济和社会发展水平相适应的社会保障体系"的规定；认真贯彻落实《云南实施〈中华人民共和国民族区域自治法〉办法》第22条"上级人民政府及其有关行政部门对民族自治地方的社会保障事业应当给予重点扶持，在安排社会保障经费时给予照顾"的规定，大力推进少数民族地区社会保障体系建设。

第一，建立城镇职工养老保险、医疗保险和失业保险制度。20世纪80年代，我国改革城镇职工基本养老保险制度。1986年7月，国务院颁布了《国营企业实行劳动合同制度暂行规定》（国发〔1986〕77号），要求国营企业在招收新员工时，对新员工一律实行劳动合同制，劳动合同制的新员工养老保险费用实行社会统筹，工人按个人工资收入的3%缴纳，企业按工人工资总额的15%上缴。劳动合同制工人退休后，由社会保险专门机构从养老基金中支付退休费。1991年6月，国务院出台了《国务院关于城镇企业职工养老保险制度改革的决定》，改革创新城镇职工养老保险制度。1995年，国务院发布了《关于深化企业职工养老保险制度的通知》，提出了企业职工养老保险制度改革的原则、目标和模式。目标是到20世纪末，基本建立起适用于城镇各类企业职工和个体劳动者，资金来源多渠道、保障方式多层次、个人账户与社会统筹相结合、管理服务社会化、权利与义务相对应的养老保障体系。改革的模式是基本养老保险费用由企业和个人共同负担，实行个人账户与社会统筹相结合。1997年，国务院再次出台了《关于建立统一的企业职工基本养老保险制度的决定》，进一步明确和统一了全国城镇企业职工基本养老保险制度，实行社会统筹与个人账户相结合，企业职工达到法定年龄（女性工人50周岁，女性干部55周岁，男性职工60周岁），而且个人缴费满15年的，退休后可以按月领取基本养老金。至此，我国社会养老保险制度基本建立。依照国务院的有关政策，云南与全国同步改革养老保险制度，经过多次完善，建立了相对比较成熟的城镇职工基本养老保险制度。至2005年，民族自治地方，如红河州参加基本养老保险的职工有164003人，其中在职职工115237人、离退休人员48796人，收缴保险费23960万元。[1] 到2015年年底，全省8个民族自治州中，楚雄州有14.1万城镇职工参加了基本养老保险，大理州有21.39万城镇职工参加了基本养老保险，怒江州参加城镇职工基本养老保险的达4.24万。

城镇职工医疗保险制度，是在改革原来的公费医疗和劳保医疗制度的基础上建立起来的。1998年12月，国务院出台了《关于建立城镇职工基本医疗保障制度的决定》，要求建立覆盖全国各地全体城镇职工的基本医疗保险制度。根据以上决定的精神，云南省委、省政府在先行试点的基础上，于1999年8月出台了《云南城镇职工基本医疗保险暂行规定》，开始在全省范围内推进城镇职工基本医疗保险制度改革。经过10多年努力，云南已建立起以职工基本医疗保险为主、社会保险机构和商业保险机构开展的补充医疗保险为辅，企业离退休人员医疗有保障、公务员医疗有补助的多层次的医疗保险体系。至2010年，民族自治地方，如楚雄州有21.5万城镇职工参加了基本医疗保险。大理州有22.8万城镇职工参加了基本医疗保险。文山州参加基本医疗保险的城镇居民有17.0242万，其中在职人员128683人，退休人员41559人，灵活就业人员3070人，农民

---

[1] 红河州地方志编纂委员会. 红河州志：下册 [M]. 昆明：云南人民出版社，2013：1472.

工3839人；城镇职工基本医疗保险费总收入17302万元，总支出14447万元。①

新中国成立后，我国一直实行的是统包统配的就业制度，因而没有显性的失业，也就不存在失业保险。云南民族地区于20世纪80年代始建失业保险制度。1986年，国务院颁布了《国营企业职工待业保险暂行规定》，原则性规定了我国失业保险制度的一些基本内容，这标志着我国初步建立了失业保险制度。1993年5月，国务院颁布了《国营企业职工待业保险规定》，同时终止1986年的暂行规定，新规定进一步完善了失业保险制度。1998年4月1日，云南省正式制定并实施《云南省企业职工失业保险条例》，规定了失业保险的覆盖范围、失业保险费征缴比例；规定失业保险基金由国家、单位和个人共同负担，实行社会统筹。1999年1月，国务院颁布《失业保险条例》，条例第一次把"待业保险"改为"失业保险"，规定了失业保险的覆盖范围、失业保险的统筹、失业保险费征缴比例以及失业保险金的给付标准。2006年7月，《云南省失业保险条例》正式实施，条例规定了失业保险的覆盖范围、失业保险的统筹、失业保险的征缴比例、失业保险金的发放标准、失业保险的享受期限等。失业保险制度建立30多年来，覆盖面不断扩大，成为社会保险体系中不可或缺的重要组成部分。至2010年，在8个民族自治州中，文山州参加失业保险人数为7.5010万人；大理州有10.4万城镇居民参加了失业保险；楚雄州有13.5万人了参加失业保险人数；德宏州有4.78万人参加了失业保险。在29个民族自治县中，如峨山彝族自治县有0.76万人参加了失业保险；景东彝族自治县有0.83万人参加了失业保险。

另外，云南民族地区工伤保险也在稳步推进，生育保险进一步完善。至2009年年底，8个民族自治州参加工伤保险的人数为396万人，有30万城镇职工参加了生育保险。②

第二，建立城市居民最低生活保障制度。新中国成立后，国家实施"以农哺工"，通过汲取农业资源推进工业化和城市化发展战略，建立了城乡二元户籍制度，把城乡居民区分为农业户口和城市户口两种不同的户籍，给城市户口居民提供食品补贴、住房和终身就业等福利。绝大多数城市居民，通过单位制被组织到各种单位中，解决了工资和各种福利待遇；而对城市中无劳动能力、无

---

① 文山壮族苗族自治州志编纂委员会. 文山壮族苗族自治州志（1996—2010）：下卷[M]. 芒市：德宏民族出版社，2014：438.
② 云南省人民代表大会民族委员会. 民族区域自治在云南成功实践[M]. 北京：民族出版社，2012：231.

收入来源、无赡养人或无抚养人的"三无"人员，国家主要采取定期、定量或临时救济的方式救济。然而，随着市场经济体制的逐步确立，大面积国有工业企业出现亏损，大批企业职工下岗失业，城市居民贫富分化加剧，城市贫困问题日益突显。原来针对城市"三无"人员的社会救济制度已难以为继。在这种背景下，我国政府开始了建立城市居民最低生活保障制度的探索。

云南与全国其他地区一道逐步推进建立城市居民最低生活保障制度，而云南民族地区建立城市居民最低生活保障制度的推进与全省同步。1997年9月，国务院颁发了《国务院关于在全国建立城市居民最低生活保障制度的通知》（国发〔1997〕27号）。1999年10月1日，国务院颁布实施《城市居民最低生活保障条例》。2000年，民政部发出《关于深入贯彻〈城市居最低生活保障条例〉进一步规范完善城市居民最低生活保障制度的通知》。2004年，民政部又发出了《关于进一步加强和规范城市居民最低生活保障工作的通知》，为在全国建立和完善城市居民最低生活保障制度提供了法规和规范性文件。为了认真贯彻执行国务院关于建立城市居民最低生活保障制度的精神，1998年7月，云南省政府印发了《云南省城市居民最低生活保障制度实施意见的通知》。1999年3月，云南省政府召开全省城市居民最低生活保障工作会议，并与地方签订了《建立和实施城市居民最低生活保障制度责任书》。2001年9月，云南省委、省政府办公厅下发《关于进一步加强城市居民最低生活保障工作的通知》。2002年10月，云南省政府颁布了《云南省城市居民最低生活保障办法》。2003年5月，云南省民政厅出台《云南省城市居民最低生活保障工作规程》，对城市低保工作中涉及的具体问题，如保障对象的确定、家庭收入的核定、低保待遇的申请与审批、保障标准的制定和调整、资金的管理和监督进行了详细的规定，促进了云南城市低保法制化、规范化和程序化，城市低保工作稳步推进。至2010年，在8个民族自治州中，如楚雄州10个县市103个乡镇都建立了最低生活保障制度，7.3万城镇居民纳入低保。大理州享受城市最低生活保障的居民有7.4万人。在29个民族自治县中，如寻甸回族彝族自治县纳入城镇低保的人数为0.5万人，峨山彝族自治县纳入城镇低保的人数为0.23人，澜沧拉祜族自治县享受城市最低生活保障的居民有1.07万人。至此，云南民族地区基本建立了城市最低生活保障制度。

第三，建立新型农村合作医疗制度。新型农村合作医疗制度，是我国卫生制度、农村社会保障制度的组成部分，是由政府组织、引导、支持，农民自愿参加，政府、集体和个人多方筹资，以大病统筹为主的农民医疗互助共济制度。

云南民族地区的农村合作医疗始于20世纪50年代，到70年代达到高潮，在此期间建立的农村合作医疗制度同三级卫生网、赤脚医生队伍一起被称为农村卫生的"三大支柱"。到 80 年代后,由于家庭联产承包责任制的推行,农村集体经济解体,体现"赤脚医生"主要报酬的"工分"失去意义,赤脚医生没有固定的补助及收入,卫生室也没有收入,合作医疗逐步解体。到 1984 年,云南民族地区的农村合作医疗基本解体。到 20 世纪 90 年代,云南民族地区逐步重新推行农村合作医疗制度,但重建农村合作医疗陷入了困境。

2002 年 10 月,中共中央国务院出台了《关于进一步加强农村卫生工作的决定》,要求各级人民政府积极组织和引导农民建立以大病统筹为主的新型农村合作医疗制度。2003 年 1 月,国务院办公厅转发卫计委、财政部、农业农村部《关于建立新型农村合作医疗制度的意见》。按照党中央、国务院的相关精神和云南省委、省政府的统一部署,于 2003 年始,新型农村合作医疗制度在云南民族地区积极施行。

以楚雄彝族自治州为例,2003 年 6 月,楚雄州成立新型农村合作医疗协调领导小组,州人民政府副州长担任组长。7 月,州卫生局、农业局、财政局制定并下发了《楚雄州新型农村合作医疗管理办法》。8 月,在楚雄市、禄丰县开展新型农村合作医疗试点。两县(市)分别制订了实施方案,以县(市)为单位统筹资金,辖区内户籍农业人口都可以参加合作医疗,每人每年筹资标准为 30 元,其个人缴费 10 元,省、州、县三级财政补助 10 元(按 4∶3∶3 比例配套),中央财政补助 10 元,合作医疗资金委托银行管理,专户储存,实行收支两条线封闭运行。到 12 月 25 日,两县(市)合计收取农民集资款 60.1 万元,县(市)级配套 187.5 万元,州级拨付配套经费 181 万元,参加新农合人员 60.01 万人。2005 年,两县(市)参合农民 5929 万人,参合率 88.48%。两县(市)根据上一年的运行,对实施方案进行了调整,门诊减免 20%,住院减免:乡级 50%、县级 40%、县以外 30%,封顶线 5000 元。同年 10 月,楚雄州启动第二批试点,新增大姚县、元谋县为试点县。筹资标准提高到 50 元,其中个人缴费 10 元、省财政人均补助 20 元、中央财政人均补助 20 元,全年共筹集资金 4753 万。试点工作中,坚持"以收定支,保障适度"的运营模式,实行动态管理,适时调整和优化补助方案,通过资金的合理配置,确保以大病统筹为主,兼顾小病,筹资总额的 70%用于住院补偿,30%用于门诊补偿。[①]

2006 年 10 月,楚雄州全面实施新型农村合作医疗制度,新增武定县、姚安县、南华县、双柏县、永仁县、牟定县等 6 个县,至此,新型农村合作医疗覆

---

① 楚雄彝族自治州卫生局. 楚雄彝族自治州卫生志 [M]. 昆明:云南民族出版社,2012:213.

盖全州10个县（市）。2007年，10县（市）实现新农合全面覆盖，参合农民194.2万人，参合率88.71%。到2010年，全州有221.15万人参加新农合，参合率95.74%，人均筹资140元，其中中央及各级财政人均补助120元，个人缴费20元。至此，新型农村合作医疗制度在楚雄州基本建立。

至2010年，新型农村合作医疗制度在云南民族地区基本建立。民族地区新型农村合作医疗制度的建立，既促进了民族地区农村基本医疗保障水平的提高，也从制度上有效缓解了民族地区农村普遍存在的"看病难、看不起病"和"因病致贫、因病返贫"等突出问题，使民族地区的民生得到了较大的改善。

第四，建立农村居民最低生活保障制度。农村居民最低生活保障制度，是我国社会保障体系中的基础性保障制度，是以国家财政为物质基础，面向家庭年人均纯收入低于当地最低生活保障标准的农村贫困群众，特别是因丧失劳动能力、病残和年老体弱以及生存条件恶劣等原因造成生活常年困难的农村贫困群众的一种生活救助制度。

2007年7月，国务院发出了《关于在全国建立农村最低生活保障制度的通知》，开始了在我国农村建立最低生活保障制度的进程。按照国务院的通知精神，云南省政府也发出了《关于全面建立和实施农村最低生活保障制度的通知》，规定农村最低生活保障资金实行差额补助，按照当地农村最低生活保障标准和农村最低生活保障对象家庭实际收入核定具体补差标准。全省各地必须严格按照动态管理、分类施保的要求，根据农村最低生活保障对象的不同情况实施保障。统一从2007年1月开始发放农村最低生活保障资金，2007年暂时按季度发放，从2008年始实行按月发放。各级党委和政府要积极探索行之有效的发放方式，并逐步推行社会化发放。在有条件的地方，由当地财政部门纳入"一折通"进行发放。县级民政部门必须将社会保障资金的使用情况按季度汇总后逐级报送至省民政厅，并向社会定期公布。同时，各级民政部门应根据当地农村最低生活保障对象的数量和实际救助水平，必须在当年11月份提出下年度农村最低生活保障资金的预算方案，报同级财政部门审核以后列入预算。农村最低生活保障标准由县级以上人民政府根据当地实际情况和国家确定的绝对贫困标准自行确定。各地必须遵循保障农村贫困群众基本生活的原则，坚持政府保障和社会帮扶相结合以及鼓励生产自救的方针，制定与当地财政承受能力和经济发展水平相适应的切实可行的保障标准。2007年8月，云南省民政厅发布了《云南省农村最低生活保障工作规程（试行）》（云民保〔2007〕18号），规定了农村最低生活保障的具体操作规程，推进了农村最低生活保障工作的规范化、程序化。

云南民族地区按照省政府的通知精神，建立和实施了农村居民最低生活保障制度。至 2010 年年末，民族自治地方，如楚雄州农村居民得到政府最低生活保障的有 13.8 万人，大理州农村居民享受农村最低生活保障的有 23.3 万人。至此，云南民族地区农村居民最低生活保障制度基本建立，从而在制度上解决了农村贫困群众的生存危机问题。

第五，建立新型农村社会养老保险制度。实现"老有所养、老有所依"是云南广大少数民族群众的热切期盼，也是我国社会保障的重要目标。新中国成立至改革开放前，云南民族地区农村各族群众的养老保障主要依靠家庭、村寨集体解决。随着改革开放的深入和市场经济体制的逐步确立，农民社会保障问题日益突出。于是在 20 世纪 80 年代后期民政部选择部分地区开展农民养老保险试点，按照"个人缴费为主、集体补助为辅、政府给予政策扶持"的原则，建立了个人账户采取累积模式的养老保险。1992 年，民政部制订了《县级农村社会养老保险基本方案》，鼓励在有条件的地方逐步推开农村社会养老保险。但是，从 1999 年起，国务院开始清理整顿农村社会养老保险，不再接受新业务。2009 年 9 月，国务院发布了《关于开展新型农村社会养老保险试点的指导意见》，标志着我国正式启动了新型农村社会养老保险试点工作。

1992 年，云南省政府发出了《关于开展农村社会养老保险的通知》，决定先在有条件的县开展农村社会养老保险试点工作，并选择芒市（现芒市）、曲靖和建水县开展试点工作。1997 年年底，云南省政府制定了《云南省农村社会养老保险暂行办法》，各州市也相应制定了实施细则。2009 年年末，云南省政府根据国务院《关于开展新型农村社会养老保险试点的指导意见》，制定了《云南省新型农村社会养老保险试点实施办法（试行）》（云政发〔2009〕193 号）。根据国务院的指导意见，云南省开始了新型农村社会养老保险的试点工作。国务院把云南 13 个县（市）列入全国首批农村养老保险试点县，云南省自筹经费把宁蒗彝族自治县、泸水市和景洪市 3 个县（市）列为省级农村养老保险试点县，确保全省 16 个州市都有一个试点县（市）。在首批 16 个国家和省级试点县（市）中，有 14 个是民族自治县（市）。新型农村社会保险基金由个人缴费、集体补助和政府补贴构成。个人缴费标准设为五个档次，即每年 100 元、200 元、300 元、500 元等，由参保人自主选择档次缴费，缴费档次越高、个人得的越多；地方政府补贴标准不低于每人每年 30 元；中央确定的基础养老金标准由中央财政补助每人每月 55 元。凡年满 60 周岁、未享受城镇职工基本养老保障待遇的，不用自己缴费，可按月领取基础养老金。至 2010 年年底，楚雄州有 51 万农村居民参加了社会养老保险，文山州有 35.22 万农村居民参加了社会养老保险，为 6.97 万名 60 岁以上农村老人发放基础养老金 2674.82 万元；其余自治州符合条件的农村居民大多都参加了新型农村养老保险。至此，云南民族地区新型农村社会养老保险制度初步建立，结束了民族地区农村养老长期被排除在社会保障制度之外的历史，使民族地区农村老年人的基本生活得到了一定程度的保障。

第六，建立农村"五保"供养制度。农村"五保"供养具有社会救助的性质，是新中国成立后实施的农村社会福利制度。1960 年 4 月，第二届全国人大二次会议通过了《1956 年到 1967 年全国农业发展纲要》，指出在农业合作社社内对缺乏劳动力、生活没有依靠的鳏寡孤独的社员，在生活上给予适当照顾，做到保吃、保穿、保烧（燃料）、保教（儿童和少年）、保葬，使他们的生养死葬都有指靠。从此以后，人们将保吃、保穿、保烧（燃料）和保葬、保教（儿童和少年）等五项保障简称为"五保"，享受"五保"的家庭被称为"五保户"。

新中国成立至改革开放前，云南民族地区的"五保户"完全依靠集体，由集体供养，有的地方建了敬老院集中供养，有的地方分散供养。政府根据不同地区的情况，给予临时冬寒衣救济或每隔几年给予一两件衣裤救济。20 世纪 80 年代初，随着土地包干到户、农户自主经营，农村集体经济解体，农村"五保"供养成为比较突出的问题。1982 年 12 月，云南省政府颁布了《农村五保工作实行办法》，规定对缺乏劳动力或完全丧失劳动力，生活没有依靠的老、弱、残疾和孤寡的社员实行"五保"，即保吃、保穿、保住、保治、保葬，以集体保养、统筹供养等方式对五保户进行供养，供养经费采取村提留、乡统筹和政府临时救济的方式筹集。

1994 年，国务院制定了《农村五保供养工作条例》，农村五保供养工作逐步走上了规范化、法制化的管理轨道。2006 年，国务院颁布了新修订的《农村五保供养工作条例》，明确了农村五保供养的资金渠道，将农村五保供养由村集体供养转为财政供养，实现了农村五保供养方式由农村集体和农民群众互助供养到政府财政供养的转变，农村五保供养制度成为真正意义上的社会保障制度。

云南省政府为了贯彻执行上述国务院关于"五保"供养的法规，制定了《云南省农村五保供养实施办法》，按照不低于当地村民平均生活水平的规定制定并适时调整农村五保供养标准，实现对农村五保对象的应保尽保和按标施保，不断提高农村五保供养水平。编制并实施《云南省农村敬老院建设五年规划（2007—2011 年）》，从 2007 年起，用 5 年时间，改建、扩建、新建一批具有较强辐射功能的县市区中心和乡镇敬老院，并通过修缮和完善服务管理提高入住率，使全省农村敬老院增加床位 10 万张，每年增加 2 万张；增加集中供养五对象 10 万人，每年增加集中供养 2 万人；五保供养对象集中率以 2006 年的 3.4% 为基数，力争每年提高 9 个百分点，到 2011 年达到 45%。根据《云南省农村敬老院建设五年规划（2007—2011 年）》，民族地区实施了敬老院建设。如楚雄州，2010 年全州建成养老院 102 个，收养孤寡老人 0.31 万人。大理州，在"十二五"期间，全州筹集各类资金 1.4 亿元，共建成县市中心敬老院 12 个，乡镇敬老院 29 个，在建 18 个乡镇敬老院，共有床位数 3215 张。① 到"十二五"末，民族自治地方的乡镇和民族乡都建了乡镇敬老院，提高了农村五保供养能力和集中供养服务水平。

第七，自然灾害救助能力建设。云南各种自然灾害频繁，群众抗灾自救能力弱，灾害救济任务很繁重。新中国成立后，党和政府十分重视灾害救助工作，各项救灾制度逐步建立，并不断完善，走出了"依靠群众、依靠集体、生产自救、互助互济，辅之以国家必要的救济和扶持"的救灾路子。云南结合本省实际，在实践中逐步形成了"救灾工作分级负责、救灾款分级负担"的救灾责任制，并颁布《云南省抗灾救灾暂行规定》加以规范。规定了划分大中小灾的标准，明确了各级政府及其有关部门救灾工作中的职责，结束了两眼向上、救灾款来源渠道单一的局面，提高了救灾反应速度和救灾效果。

2006 年 1 月，国务院颁布实施《国家自然灾害救助应急预案》。11 月，第十二次全国民政会议提出"政府主导、分级管理、社会互助、生产自救"的救灾工作方针。在国家新的救灾工作方针的指导下，云南救灾工作形成了"党政主导、分级负责、民政牵头、部门协同、社会参与"的具有云南特色的救灾管理机制。新的救灾方针和管理机制，确立了政府在救灾中的主导地位，强化了政府在救灾中的责任，明确了政府在救灾工作中应承担的义务。

2005 年 1 月，云南省出台了《云南省突发公共事件总体应急预案》。到 2006 年年底，全省 16 个州（市）129 个县（市、区）相继出台了本级突发公共事件总体应急预案。按照总体预案要求，省、州（市）、县（市、区）三级政府，均相应成立了自然灾害抗灾救灾领导小组、抗震救灾指挥部、防汛抗旱指挥部、护林防火指挥部四个抗灾救灾工作领导机构。同年 2 月，云南省政府就出台了《云南省重特大自然灾害救助应急预案》。到 2007 年年初，全省州（市）、县（市、区）、乡（镇）、村都制订了本级自然灾害救助应急预案。至此，云南省五级灾害应急预案体系建立。五级自然灾害应急预案体系的建立，为

---

① 大理白族自治州地方志编纂委员会. 大理州年鉴（2016）[M]. 昆明：云南民族出版社，2016：385.

提高紧急救助能力，规范紧急救助行动，确保迅速、高效、有序地实施紧急救助，最大限度地减轻人民群众的生命和财产损失，维护灾区社会稳定提供了强有力的保证。

根据国家的救灾工作方针，按照云南救灾管理机制，云南民族地区救灾工作有条不紊地进行。以文山州为例，2005年，文山州先后遭受低温冷冻、干旱、风雹、洪涝、泥石流、地震等多种自然灾害。8月13日，文山市发生里氏5.3级地震，范围涉及8县110个乡（镇）受灾321.7万人（次），造成饮水困难70.54万人，因灾死亡33人，伤病1263人；农作物受灾243939.83公顷，其中绝收34512.43公顷；倒损房屋45282间，其中倒塌712户4202间，损坏6847户41080间；死亡大牲畜272头（匹）。灾情发生后，省、州下拨救灾救济资金2686.3万元。全州使用恢复建设资金1055.86万元，其中国家补助581.2万元，群众自筹474.66万元。发放救济粮食2783.82吨，救济衣被24785件；救济伤病人口5584人，支出治病救济款71.47万元。2010年上半年，文山州遭遇了百年不遇的旱灾。然而进入6月份后，局部地区先后遭受风雹、洪涝等自然灾害。百年不遇的特大旱灾以及局部地区洪涝等自然灾害造成全州102个乡（镇）947个村委会（社区、居委会）12560个自然村58.93万户280.15万人受灾，因灾害紧急转移1.44万人；倒塌房屋330户981间，损坏房屋10305户29253间；造成直接经济损失27.98亿元。百年不遇的特大旱灾发生后，国家减灾委、民政部及时启动二级响应，省委、省政府启动一级响应，省民政厅派出工作组到文山州指导抗旱救灾工作。州委、州政府启动一级响应。中央、省及时下达7623万元救灾资金。接收捐赠6691.04万元，接收价值460.88万元的捐赠物资等。采取发放口粮、发放党员关爱资金等措施，对49.88万受灾群众实施救助，其中口粮救助31.77万人，现金救助18.11万人，购买粮食10070.08吨，发放粮食6171吨；临时解决191.72万人的饮水困难；投入440万元，完成213户599间倒塌陷民房的恢复重建，修复2403户7993间因灾受损民房。①

总之，经过几十年的建设，云南民族地区初步建立了具有中国特色的社会保障体系。至2015年，城乡居民大病保险制度实现全覆盖，新型农村合作医疗费用支出67.5亿元，新型农村合作医疗参合率达到99%。初步建立了统一的城乡居民基本养老保险制度，城乡养老服务设施建设加快。落实社会救助兜底保障，城镇居民最低生活保障支出18.9亿元，有50.8万城镇居民享受最低生活保

---

① 文山壮族苗族自治州志编纂委员会．文山壮族苗族自治州志（1996—2010）：下卷[M]．芒市：德宏民族出版社，2014：392-394．

障；农村居民最低生活保障支出47.6亿元，有282.1万农村居民享受最低生活保障；全省建设农村危房改造和抗震安居工程51.43万户。①

三、中国共产党治理云南民族地区教育、医疗卫生和社会保障问题的基本经验

云南民族众多，各民族间社会发展程度差异巨大，少数民族居住与分布复杂，各民族之间的文化既相互包容又相互独立。因此，建设云南民族地区的社会事业是一项巨大而复杂的社会系统工程。从新中国成立以来，党和政府就大力发展民族地区的社会事业，在政策、经费、师资、物资等一系列制约民族地区社会事业发展的因素方面都给予了最大限度的倾斜和照顾。中国共产党在发展云南民族地区的教育、医疗卫生和社会保障等社会事业的实践中，取得的经验不少。

（一）因地制宜、灵活多样的学制和办学形式，推动民族教育的发展

20世纪50年代以来，为了推动少数民族教育事业的发展，云南各民族地区根据不同时代发展的要求及自己的民族、人口、经济、地形、气候等不同条件，因地制宜地、创造性地采取了相应的、适合当地生产特点的学制和办学形式。

经政务院批准的《关于召开第一次全国民族教育会议的报告》提出，各民族学校的教学计划和教学大纲，应该以教育部的规定为基础，结合各民族的具体实际，酌量加以补充或者变通。各民族学校的学制，应根据政务院《关于学制的决定》，结合民族地区的具体情况，有计划有步骤地加以实施改革和建立。云南省依据这个精神，结合自己的实际，在少数民族地区的中小学采取较为灵活的学制。教育厅根据本省少数民族特点及其生产、生活需要，坚持学制必须有利于加强各民族的团结、有利于巩固国防、有利于民族教育质量提高的原则，在全省小学实施五年制、六年制及七年制并存的小学教育。

在"第一次全国民族教育会议"上提出，少数民族教育应采取适合于各族人民发展和进步的形式，采取民族的形式，照顾少数的民族特点，才能很好地和各少数民族的实际结合起来，否则便不会有良好的效果。根据这一指导原则，以及适应学制的要求，云南先后出现过的办学形式大体有全日制、半日制、简易小学、工读小学、二部制、隔日制、街期制、早班、午班、晚班、季节班、巡回教学班、女童班、放牧班、山地耕读班、识字班、送教上门班、公办、公

---

① 云南省民族宗教事务委员会，云南省统计局. 云南民族地区"十二五"经济社会发展文献［M］. 昆明：云南民族出版社，2017：185.

办社助、社办公助、寄宿制和半寄宿制、民族部、少数民族预科、民族大中专班等多种形式。在这些办学形式中，寄宿制、半寄宿制和少数民族预科班等一直沿用到 21 世纪的今天。

云南在全国率先创办的寄宿制民族中小学，在民族地区的义务教育、培养少数民族中初级人才方面，创造了良好的培养模式和经验，促进了民族地区教育的发展，极大地提高了各少数民族的整体素质。

（二）加大民族教育经费投入，保障民族教育的发展

1951 年，第一次全国民族教育会议提出，民族地区的教育经费，除了按照一般的开支标准拨给教育经费外，还应按各少数民族地区的实际情况，另拨专款帮助解决学校的教学设备、学生生活和教师待遇等方面的特殊困难。1981 年，第三次全国民族教育工作会议也提出，要妥善解决少数民族教育必需的经费。要解决少数民族教育必需的经费，除了主要依靠国家（包括地方）这条腿之外，还应鼓励社队集体投资，提倡学校勤工俭学，实行两条腿走路。现行《中华人民共和国教育法》对加大民族教育经费的投入也做了规定，国家应根据各民族的特点和需要，帮助各民族地区发展教育事业，同时扶持边远贫困地区的教育事业。中央人民政府以及县级以上的地方各级人民政府应当设立教育专项资金，重点扶持民族地区和边远贫困地区实施义务教育。这就使民族地区的教育经费有了政策和法律保障。中央和省级政府对民族地区除了正常拨付教育经费外，还设立民族教育专项补助费的做法，非常符合地处边疆而且较为贫困的云南地区实际，应当坚持。这一做法，有助于云南民族教育事业健康迅速的发展。云南各少数民族大多地处边疆、边远、边境、高寒地区，那里土地贫瘠、自然条件恶劣、经济基础薄弱地区，农民生活困难，教育观念较淡薄。要加快发展民族地区的教育，必须加大全省各级政府教育经费投入的力度并采取重点倾斜的政策。同时，民族地区在保证国家投入的前提下，争取多渠道筹措民族教育经费，改变过去中央、地方政府投入民族教育经费的单一方式，从而形成以国家投入为主，社会力量、国际组织、个人广泛参与的民族教育经费筹措渠道。

（三）发展民族教育，必须坚持自力更生与国家扶持和发达地区支援相结合

由于历史和现实的种种原因，云南少数民族地区经济文化发展相对滞后，教育基础薄弱，起点很低，工作难度比较大。要改变这种境况，民族地区必须发扬自力更生、艰苦奋斗的精神，高度重视民族教育，大力实施"科教兴区"战略，克服困难，加快民族教育的发展。同时，从实现各民族共同进步、共同

发展繁荣的目标出发,还需要国家的大力扶持,需要省内相对发达地区、东部发达地区、内地发达地区等在教育方面开展多层次的帮扶。对口支援是帮助民族地区和各少数民族发展民族教育的一个很好的办法。教育帮扶开展以来,教育援助极大地推动了云南少数民族教育的发展,将来仍然是推动云南民族教育发展必不可少的力量。

(四)开展双语教学,提高民族教育质量,传承民族传统文化

云南少数民族众多,有20多种少数民族语言,分属汉藏语系、南亚语系,共有52种新老文字。各民族用多种民族语言文字交流信息、传播知识、开发经济。因此,在云南民族地区创办学校,其先决条件就是要把各相应民族的文化作为独立的个体来尊重,遵循文化交流的规律来办教育,用双语教学。党和政府为了尊重少数民族文化、降低对少数民族学生的教学难度、采取有效的措施提高少数民族学校教育的质量,明确规定各少数民族均有发展其语言文字的自由。

云南在20世纪50年代初就开始在民族地区推行双语教学。双语教学的形式主要有5种:以"汉语为主民语为辅"的双语教学形式,以"民语为主汉语为辅"的双语教学形式,双语分课教学形式,双语同课教学形式,少数民族语文先学、双语同步和双语分科三段制的教学形式。民族地区双语教学的实践证明,任何一个学校要搞双语教学,必须结合自己的情况,探索出适合自己的教学模式,完全照搬别的模式有时未必能取得成功。

云南民族地区的双语教育,曾对提高少数民族的教学质量、传承民族传统文化起到了非常积极的作用。但云南在推进"两基"的过程中,双语教学没有受到足够的重视。双语管理人才、研究人才和双语教师极其匮乏。学校开展双语教学没有专门的编制和专业队伍,很多学校教师不懂民族语言和文字,不能顺利有效地与学生和家长进行交流,教育教学效果受到极大的影响。然而,时至今日,云南还有众多少数民族群众不通汉语,特别是在一些少数民族聚居区尤为严重,这些地区小学生不懂汉语的现实,决定了汉语在这些小学中的从属地位。在这些地方,不论以任何心态削弱或者取消双语教学的做法都是错误的。

(五)党和政府主导,建立健全云南民族地区的医疗卫生服务体系

新中国成立后,以党和政府为主导,建立了云南民族地区医疗卫生机构。经过60多年的建设,云南民族地区基本建立了以县级医疗机构为骨干,乡(镇)卫生院、村卫生室为基础,布局比较合理、各具特色、功能定位比较明确的县、乡、村三级医疗卫生服务体系,改写了云南民族地区没有医疗卫生机构

的历史，保证了少数民族群众就近、及时获得医疗服务。进入 21 世纪，在党和政府的领导下，还必须办好云南民族地区的公立医院，完善云南民族地区的医疗卫生服务体系。同时，国家和上级人民政府必须加大对民族地区公共卫生服务体系建设的资金投入以及技术支持，鼓励发展民营医院、开办个体诊所，国家、私营、个体等一起上，发展民族地区的医疗卫生事业，从根本上解决少数民族群众就医难、看不起病的问题。

（六）坚持预防为主、防治结合，有效防治民族地区的地方病、流行病

云南民族地区历史上是"瘴疠之乡"，地方病、多发病恣意流行，长期危害着人们的身体健康。新中国成立后，党和政府在民族地区建立了卫生防疫机构和卫生监督机构，采取了"预防为主、防治结合"的方针，云南民族地区的传染病防治工作取得显著成效。烈性传染病（甲类：鼠疫、霍乱、天花）、急性传染病（脊髓灰质炎、麻疹、白喉、百日咳、回归热、流行性脊髓膜炎、流行性乙型脑炎、钩端螺旋体病、布氏杆菌病、流行性出血热）、地方病（地方性甲状腺肿、地方性氟中毒、克山病）、寄生虫病（疟疾、血吸虫病、钩虫病、肺吸虫病、棘球蚴病、阿米巴痢疾等。）、慢性传染病（麻风、结核）基本得到了控制。进入 21 世纪以来，取得了抗击"非典"、H1N1 型流感等恶性传染病的胜利，艾滋病快速增长蔓延的势头基本得到遏制。

（七）保护和发展民族传统医药，为边疆各族人民的医疗保健做贡献

民族医药文化是祖国医药文化里的一朵奇葩，是少数民族群众千百年来救死扶伤、治病救人的实践经验和教训的结晶。民族医药完全符合当今世界绿色健康潮流，具有巨大的开发价值和产业价值。新中国成立以来，党和政府采取一系列措施，调配人力、物力、财力，在民族地区相继建立民族医药研究机构、民族医疗机构，整理民族医药文献，搜集民族民间药方，出版民族医药研究成果，培养民族医药专门人才，开发利用民族医药，让民族传统医药为当代各族人民的健康服务。但是，由于民族医药事业起步晚、基础差、底子薄，还面临很多困难和问题。党和政府必须加强对民族医药工作的领导，做出规划，加快发展；必须加强民族医药的科研、临床、教学基地建设；必须继续抓好民族医药人才的培养工作和老民族医生学术经验的继承工作；必须积极开发利用民族药材，重视民族医药新药的开发，从临床实践中筛选出一批安全、有效、服用方便的新剂型、新品种，形成有特色的拳头产品，打入国内外医药市场，逐步形成当地经济发展的优势产业。

（八）党和政府主导，建立云南民族地区的社会保障体系

新中国成立前，云南民族地区只有各民族应对家庭、社会危机的互助共济的社会保障形式，没有国家和政府建立的社会保障制度。新中国成立后，以党和政府为主导，通过国民收入的再分配，根据国家和云南民族地区经济发展的总体水平，进行先行试点，不断总结经验、不断完善政策，逐步建立起云南民族地区的社会保障制度。云南民族地区的社会保障从无到有、覆盖范围从小到大、保障水平由低到高、服务能力由弱到强，基本建立了城镇职工养老保险、医疗保险和失业保险制度，初步建立了城乡居民最低生活保障制度，初步建立了新型农村合作医疗制度和新型农村社会养老保险制度，初步建立了农村"五保"供养制度，建立了比较完善的自然灾害应急预案体系。云南民族地区社会保障体系的初步建立，推进了民族地区的和谐社会建设，促进了民族地区社会的稳定。

第十章

中国共产党建设民族法制，为依法治理云南民族地区提供法制保障的实践与经验

民族法制建设是新中国法制建设的重要组成部分。党和国家、云南省委、省政府通过民族法制建设，确保党的民族区域自治政策落到实处，把云南民族地区的治理纳入法治轨道。新中国成立以来，特别是改革开放以来，云南民族法制建设取得了很大的成就，初步形成了以宪法关于民族和民族问题的规定为根本指针，以民族区域自治法的规定为核心内容，包括其他法律关于民族和民族问题方面的规定，国务院及其部委制定的关于民族方面的行政法规、行政规章和规范性文件，云南省制定的关于民族方面的地方性法规、行政规章和规范性文件，以及云南民族自治地方制定的单行条例和自治条例在内的具有云南特色的民族法律法规体系，为加快云南民族地区的"五位一体"建设，保障各民族在政治、经济、文化等各方面享有平等的权利和合法权益，巩固和发展平等团结、互助和谐的民族关系，维护民族地区的社会稳定，提供了重要的法制保障。

一、新中国成立前，云南民族地区的习惯法和成文法

新中国成立前，民国政府颁布的法律法规在云南民族地区基本上不通行，通行于云南民族地区的法律主要是少数民族习惯法和成文法。少数民族习惯法，是千百年来少数民族在生产、生活实践中形成的，具有约束力和强制性的调整少数民族社会关系的行为规范的总和，体现着社会成员的意志。云南少数民族成文法都是地方性法规，是根据土司司署依照一定程序制定发布的具体系统的法律文件，体现着封建领主的意志，维护着封建土司的统治秩序。云南少数民族习惯法和成文法，维护了当时云南民族地区的社会秩序，保障了当时云南民族地区社会成员的安宁，调整了当时云南民族地区人们之间的关系。随着新中国的建立，少数民族成文法已被废止，但时至今日，少数民族习惯法对云南民族地区的社会稳定仍然起着很大的作用，立法机关应该把行之有效的少数民族习惯法吸收到国家的法律法规中。

（一）云南少数民族习惯法

云南民族习惯法是民族法律文化的主要载体和表现形式，是民族法律文化的重要组成部分。云南 25 个世居少数民族，除满、蒙古等民族外，都有习惯法，即使有成文法的民族也有习惯法。云南少数民族习惯法的内容丰富多彩，涉及各种社会关系以及社会生产和生活的方方面面。虽然云南各少数民族习惯法千差万别，但各少数民族习惯法大都涉及民事、刑事、司法、环境保护等内容。

1. 婚姻习惯法

人类在生产物质资料的同时，也进行着自身的再生产。云南各少数民族自身的再生产，是各少数民族得以延续和发展的关键，是一个生生不息的过程。婚姻的缔结是各族人民自身再生产的前提，是各族人民不断繁衍的保障。因此，婚姻习惯法成为民族习惯法的重要内容之一。

云南各民族习惯法，一般都规定了婚姻成立的条件、婚姻缔结的程序、夫妻双方的关系、夫妻离婚等内容，来维护家庭、家族和民族的利益。如白族，除了同姓同宗不通婚外，都可通婚。婚姻多由父母包办、媒人说合，讲究门当户对、"八字"相合。婚姻的终结有自然终结（配偶一方死亡，婚姻关系自然解除）和人为终结（离异）两种。丧偶之夫可再婚，可娶外姓人为妻，也可娶妻之姐妹。丈夫去世，妻子可守节，也可另嫁；有的地方曾流行过转房，即兄死，嫂可嫁给弟弟。人为终结婚姻，主动权掌握在男方手中，丈夫写出"休书"，女方得到"休书"后，就解除了婚姻关系；双方都可再婚，互不相涉。云南壮族习惯法禁止同姓通婚，婚姻制度实行一夫一妻制；严格限制婚姻对象，一般同宗子女禁止在三代或五代内通婚。结婚方式主要是聘娶婚，男子以聘的方式娶媳妇，女子受聘嫁老公。拉祜族习惯法，实行一夫一妻制、从妻居，盛行姨表婚和姑舅表婚。拉祜男女新婚后，新郎就要到女方家生活；从妻居后，如果男方家庭发生了变化，老人无人照顾，在征得"卡些"（寨主、聚落首领）、女方舅舅同意后，可带妻子回男方家居住。在拉祜人心中，离婚是一件耻辱的事情，但男女双方都可以提出离婚；有子女的夫妻离婚后，男孩由父亲抚养，女孩由母亲抚养。

又如哈尼族，按照婚姻习惯法，男女婚恋自由，但严禁七代以内同宗血亲兄弟姐妹之间的婚恋，严禁七代以内母系血亲表兄弟姐妹之间的婚恋，严禁盟誓结为异姓兄弟的子孙之间的婚恋。哈尼族婚姻模式主要有包办婚姻、自由婚姻、自由私定婚姻、买卖婚姻等。买卖婚姻曾是哈尼族社会存在的一种婚姻模式，现已不存在。包办婚姻，是由于父母们在生产生活中结下了一定的友谊，为了让这种友谊代代相传，经双方父母协商而订下的亲事。自由婚姻，是在自由恋爱的基础上，男女双方海誓山盟、愿意结为连理。男方找机会向父母提出他已相中某姑娘，要娶她为妻的要求；父母经过了解后，觉得姑娘品貌双全，就到女方家提亲，经女方父母同意后，亲事就定了。自由私定婚姻，是在男女双方自由恋爱的基础上，双方情投意合，愿意结为终身伴侣，就私订终生；无论双方父母同意与否，男女双方约定日期和时间私奔，在男方家举行简约的婚礼。至于婚姻制度，一般实行一夫一妻制，但如果女方不能生儿育女，则允许一夫多妻制。寡妇再嫁、鳏夫再娶自由。至于离婚，夫妻感情不和、女方不能生育是离婚的前提；如果女方先提出离婚，则必须返还男方的彩礼，并净身出夫家；如果男方先提出离婚，必须分一部分财产给女方。至于离婚的手续，一般是召集村中长者（至少三人），由长者们裁定离婚与否；如果双方家长同意、长者们裁定可离婚，当事男女双方砍断一双筷子就算离婚了。

2. 财产继承习惯法

云南各少数民族的习惯法都包含有财产继承的习惯法。各民族财产继承习惯法，对继承人、继承的原则、继承的程序等做了规范，以维系家庭成员的感情、维护家庭的和谐。

如云南彝族习惯法规定了财产继承法律关系，财产由家庭中的男性成员继承，诸子均分；女子、家庭妇女无继承权；幼子在继承财产中有一定优势；赘婿可分得一部分财产；夫死后妻改嫁时，只允许带走原来属于自己的部分（嫁妆）。壮族习惯法也规定了财产如何继承，有三种继承方式：一是父母留一部分财产养老后，其余财产由儿子们平分；二是男子享有继承权，女子不享有继承权；三是无人继承的财产则由本家族的人继承或归村寨共同所有。按照白族习惯法，只有男子有继承财产的权利，女子无继承权。但是，如果娘家兄弟无法照顾父母，已出嫁的女儿只要承担起赡养父母之责，就享有父母财产的继承权。招赘的女婿和养子，改名换姓后，方可继承岳父母、养父母财产。

又如哈尼族，财产继承习惯法对财产的继承人、继承顺序、绝户财产的处理等做了具体的规定。在哈尼族家庭中，父亲是一家之主，对于家产有完全处理之权。家庭财产的继承权完全属于男子，女子没有继承权。父亲所建房屋由长子或幼子继承，生产工具、生活器具和牲畜由兄弟们平分；水田（一年四季有水的梯田）、雷响田（雨季时有水的梯田）、台地（无水梯田）、菜园、长年耕种的山地、自家种的竹林、棕林和柏树林地等，除分给长孙的长孙田外，其余田地由兄弟们平分。如无后嗣，可在生前从房族中过继一个男孩或从外族中收养一名男孩延续"血脉"、继承财产;也可以在夫妻一方去世时,经房族长者协商,在房族侄孙或远房族人侄孙中指定一男子延续"血脉"、继承财产。绝户的财产由房族或远一点的家族继承;如绝户无族人,则由全村人继承。

3. 所有权习惯法

由于财产所有是社会上每个成员生产和生活的基础,因此各少数民族都非常重视财产关系。云南少数民族所有权习惯法的内容主要包括一般财产所有权和土地、林木的占有和使用权。

如在哈尼族社会,按照习惯法,除了村社公有的土地、山林和河流等外,其余的都是家庭所有,家庭财产主要包括屋舍、家具、生产工具、牲畜、水田、雷响田、台地、常年耕种的山地、菜园、家族墓地、自家种的竹林、棕林、柏树林和松树林等。家庭成员中的个人私有财产,主要是个人首饰,全由自己支配,家人不加过问。另外还可通过"打标记"的方式占有财产,如在公有的荒地四周打上几个茅草结或在四周的树上砍几刀并夹上茅草,就表明已有人占有了这块土地的使用权,其他人不能在此开荒种地。依习惯法,哈尼族土地分为村社公有土地、私田和官田三类。官田是官府以政治上的名义所占有的土地(由为官府跑腿的人耕种,作为劳务费),私田是土官和个体家庭所占有的土地,村社公有土地属于全体村民所有。哈尼族地区的山林,除了自家种的竹林、棕林、柏树林和松林属于私有外,其余神林、水源林、碳薪林、用材林等都属于村社公有林,使用权属于全体村民。

又如,在拉祜族社会,拉祜族所有权习惯法主要体现为对财产所有权的保护。在拉祜族村寨,全村人共同保护神山、神林和大家共有的山林、水源、坟地,不允许任何人进行破坏。严惩偷盗行为,保护财产所有权;第一次偷盗,偷一罚二,第二次偷盗,偷一罚三,偷盗者还要承担破案的工时费和其他费用。

4. 债权习惯法

随着云南各少数民族社会的发展,出现了借贷、买卖,产生了人们之间的债权债务关系,出现了各少数民族的债权习惯法。由于云南各少数民族处于不同社会发展阶段,各民族债权习惯法的内容差异较大。

如在哈尼族社会里,债权习惯法主要是规范土地典当、土地买卖、租佃、借贷、雇佣过程中债权人和债务人的权利义务关系;但在土地买卖、土地典当、租佃、雇佣、借贷过程中,哈尼人力求维护家庭、家族、邻里的和睦和村寨的和谐,绝对不收取利息、绝对不放高利贷。哈尼族土地买卖(绝卖)多因家中有急事、无后嗣或举家迁移其他地方时才卖;土地买卖有的有书面契约、有的只有口头契约,但必须有村中长者(至少三人)做见证人,买主请见证人、代笔人、卖主吃一顿酒席。当然，买卖土地时，家族、本村社成员有优先权。土地的典当，有的有书面契约、有的只有口头契约，由村中长者作证。典当的土地可赎回，没有回赎期限，赎回费与当费相等。土地的租佃，由出租者和承租者协商，由当事双方平分所收获的谷物。至于借贷，不收取利息、不放高利贷，无论借的是粮食还是钱，债务人只还等量、等额的钱粮给债权人。至于雇佣，哈尼族雇佣劳动分长工、月工和日工三种，雇工主要从事梯田劳动；雇工的工资，主要是实物工资和货币工资；雇主安排雇工的食宿，雇主家人与雇工基本上是同劳动、同住宿、同吃饭。

又如，在拉祜族社会，由于商品经济发展滞后，债权主要产生于借钱粮，但在借贷关系中，债权人没有什么特别的权力，债务人也没有什么特别的义务。按照习惯法，在本民族内借财物不收利息，借多少还多少。村寨内有人缺粮，可以到有粮的人家就食；限制本村寨人到外村寨借钱粮，以防止外族人的敲诈勒索。

在云南彝族社会里，土地买卖立彝文契约文书，地价以银为主，亦可用牛、马、羊、猪等折合银以抵地价。土地典当，典当形式多样，有的打鸡赌咒，有的立文书为凭。土地租佃，各地租佃方式不同，永善一带彝族，租种土地，必须先到"管事"处请示，商妥押金、租额后，摆酒席宴请管家和中人，并写好租约。在借贷关系方面，立契约文书，借贷的种类为实物或货币借贷，债务人以房产、土地、牛、马等做抵押，采取本利相加、利滚利的方式计算债务。[①]

5. 丧葬习惯法

人生旅程起于生命肇始，丧葬标志着个体生命的人生在人世间的终结。因此，云南各少数民族都非常重视丧葬仪礼，各民族的习惯法对丧葬礼俗都做了较为详细的规定。

如在白族社会里，丧葬仪式比较隆重，但非正常死亡者和正常死亡者的仪式不同。正常亡故者的丧葬礼俗一般包括含饭、沐浴、穿寿服、装殓、报丧以及出帛、守孝、宴宾客、祭奠、点主、安灵、出殡、路祭、山祭和埋葬等仪礼。非正常死亡者必须火葬，否则不吉利，而且非正常亡故者不得埋入祖坟。死在外面的人遗体不得抬进村，只能在村口搭一个临时棚子，供人祭吊。

又如在哈尼族社会里，有关丧葬的习惯法，主要体现在治丧、葬制、葬地、葬仪（停灵、入殓、祭灵、埋葬）及服孝等方面。就葬式而言，哈尼人对不同死亡者，采用树葬、水葬、火葬、土葬等不同处置方式。树葬是一种非常特殊

[①] 王明东.彝族传统社会法律制度研究[M].昆明：云南民族出版社，2001：139.

的葬式,是处置非正常亡故婴儿遗体的一种防御性葬式。水葬是处置非正常连续亡故婴儿遗体的一种极特殊的葬式,也是一种防御性葬式。火葬是处置夭亡婴儿、暴亡者以及正常死亡但尸身不腐者的一种特殊葬式,是一种净化和防御性葬式。土葬是处置正常亡故者遗体的葬式,是主导葬式。哈尼族葬礼主要有普通葬礼和规格较高、规模较大的"莫搓搓"葬礼,葬礼由"莫批"主持["莫批"是人神交通者、传统文化的传承者、人生礼仪的主持人、农业生产的指导者、治病救人的医生,即集多种学问(包括巫术)于一身的哈尼族知识分子]。普通葬礼过程大致包括:一是守护接气、净身、含金银、入殓、报丧礼;二是守灵、哭丧礼;三是叙家谱和指路礼;四是赴丧、悼念礼;五是娱灵、送灵丧舞礼;六是祭奠、出殡礼。户外死亡者的遗体不能抬进屋内,只能在自家屋旁搭一个临时棚子或者在死亡地点临时搭一个棚子,供人祭奠。

6. 刑事习惯法

云南各少数民族,为了保障社会成员生命和财产的安全以及生产和生活的顺利进行,各民族的刑事习惯法对诸如偷盗损坏财产、杀人伤害、违反公共利益行为的处罚做了规定。

如在哈尼族社会,按照刑事习惯法,严禁杀人害命,对杀人害命者严惩。严禁侵害财产权利、侵害人身权利、侵害公共安全的行为,否则必须予以严惩。如江城哈尼族彝族自治县江边乡一碗水村西侧的"牛宗碑"规定:一禁窃牛盗马,一禁蓄贼纵贼,一禁半路御人,一禁棚火闯室,一禁黑夜入家,一禁白昼劫抢,一禁盗人五谷,一禁匿人什物。[①] 违反这"八禁"之人,为村民共同缉捕的对象,要接受处罚甚至是处以死刑。严禁拐卖妇女,否则严惩。对拐卖妇女行为的处罚,在自然村内一般由村中长者调解或裁决,经双方族人和家长同意,罪犯必须把被拐妇女带回来、向被害方赔偿。如果罪犯抵赖,不承认犯罪,经调查、证据确凿的,抄没罪犯家产;如果罪犯尚未成家立业,就抄没罪犯父亲的家产。

又如,云南壮族刑事习惯法,为了保障壮族公民的生命、财产和社会安全,维护壮族社会的正常运转和和谐稳定,规定了对侵犯壮族公民人身权、财产权和公共利益等的行为的处罚。刑事习惯法禁止公民进行任何形式的盗窃、抢劫,否则将受到严厉的制裁。重大案件,处以重刑。壮族刑事习惯法,由"老人庭"和村民组织等机构来执行。

---

① 白云昌. 哈尼族"牛宗碑"的文化内涵[J]. 云南民族学院学报(哲学社会科学版),1999,16(3):40.

7. 调解审理习惯法

调解纠纷、审理违反习惯法的行为，是云南少数民族习惯的一个重要组成部分。调解审理习惯法，解决社会上的各种纠纷、处罚违反习惯法的行为，维护了社会的和谐与安宁，维护了习惯法的权威和尊严。

如在白族社会，如果发生纠纷，一般用调解和神明裁判的方式来解决。民间调解一般由村里德高望重的老人、家族长辈依据习惯法来裁决纠纷。神明裁判即人们之间的真假、是非由"神"的意志来判定。无论"神"判的结果是怎样的，当事双方必须服从。

又如，在云南彝族社会，如果发生纠纷，一般也用调解和神明裁判的方式来裁决。彝族神明裁判的方式很多，主要有打鸡、捞油锅、捧铧口、嚼米等。打鸡，即发生纠纷的当事人双方各自准备一只白公鸡，请毕摩诵经念咒，随后令当事人双方向苍天起誓，口念咒语，辩解自己的清白；双方赌咒完毕，当事人将自己的鸡打死，先死者为败诉，后死者为胜诉。如果一方不敢向苍天起誓，不敢把自己的鸡打死，则败诉。捞油锅，是裁决定夺盗犯或诬告的一种神明裁判。当事双方请毕摩进行神明裁判。毕摩念咒朝油锅中撒一把米或者放入一个鸡蛋或大石头，令当事双方赤手伸入油锅中捞米或捞鸡蛋或捞石头，以烫坏手者为败诉，反之为胜诉。捧铧口，即毕摩念咒，令当事双方捧烧红的犁铧，手被烧黑变坏者输，手无恙者赢。嚼米作为神明裁判方式之一，其操作方式为毕摩诵经念咒，从双方当事人准备好的米中抓起两把，令双方当事人把米同时放入口中嚼烂，数分钟后，令双方当事人同时吐出口中的米，视米上带血者为败诉，未带血者为胜诉。如果两者吐出的米均未带血或均带血，两者不分胜败，如果一方不敢嚼米即为败诉。①

又如，在景颇族习惯法中，没有监狱、刑具，没有徒刑，更没有死刑。处罚只有两种：一般是赔偿，最重的是逐出寨子。除过失杀人外，对有意杀死人的赔偿惩罚很重，先要赔偿命金几十头牛（也可折算成钱），然后再按身体各个部位赔偿：头发赔黑线或羊毛一团，头赔葫芦和象征脑浆的银子，眼睛赔宝石一对，牙齿赔斧头一把，脊椎骨赔一杆火枪，肋骨赔铁矛，肠子赔一串料珠或玛瑙，腰杆赔铁三脚架，肚子赔一口瓮等，形态要与身体各部位相似。此外还要杀牛"洗寨子"，送山官一条"洗脸牛"（因为山官辖区百姓被杀，使山官丢脸）。如果大家认为罪犯太可恶，个别的会被逐出寨外。②

---

① 王明东. 彝族传统社会法律制度研究 [M]. 昆明：云南民族出版社，2001：176-183.
② 王连芳. 云南民族工作回忆 [M]. 北京：民族出版社，2012：112.

8. 环境保护习惯法

云南各少数民族都非常重视环境保护，对生活环境内的山、水、田、林、路等公共资源进行保护，形成了保护环境的行为规范。

如在哈尼族社会，哈尼族作为梯田稻作农耕民族，水是梯田稻作农业的命根子。因此，哈尼族自古以来就修筑沟渠，引高山溪流汇集而成的河流水系灌溉梯田，形成了保护水源、合理利用水资源的一整套社会规范。为了保护水源，哈尼族严禁水源地开荒种地，严禁水源地采伐林木，严禁大中型水渠沿途上下五十到一百米内开荒种地，否则予以严惩。在水利建设中，哈尼族在高山峡谷中开沟渠引水，在哀牢山南段的山山岭岭上形成了密如蛛网的沟渠；沟渠水通过木刻分水，分流到一片片梯田。河流水系与万千条沟渠经过刻木分水，形成了数万座小型"都江堰"水利枢纽，合理利用了水资源。在森林保护方面，哈尼族人将森林按不同用途、不同功能分为神林区、村寨四围的风景林区、水源林区、碳薪林区、用材林区。在神林区，严禁砍伐树林、开荒种地，让植物、动物自由自在地生长。在风景林区，哈尼人认为村寨周围的一棵棵大树是村寨的组成部分，只能种不能砍。在水源林区，严禁砍伐、开荒，但可以捡拾枯枝。在碳薪林区，村社成员都可以在此砍柴，用于取暖、烧火做饭。在用材林区，平时人们只能捡拾枯枝；但在建房盖屋时，家家户户都可以在此选取最好的建筑用材。

又如，云南壮族非常重视周围环境的保护，把村庄的寨址选在有山、有森林环抱和有水的地方，把村寨旁边的林中大树作为"竜"树即保护神树，"竜"树及周边的森林为"竜"林，"竜"林覆盖的山或山坡视为"竜"山。按照习惯法，严禁在"竜"林里大小便，严禁在"竜"林里扔污物和埋葬，严禁砍伐"竜"林里的树木。这样，保住了以文山州"博宏僚"（即老君山）和"博吉金"（即九龙山）为代表的青山绿水。

云南各少数民族习惯法，还包括社会组织和首领习惯法、生产及分配习惯法、水利习惯法等，在此不再赘述。

总之，云南少数民族习惯法的内容丰富多彩，涉及社会生活的各个方面、各个领域。云南民族习惯法，既有积极的因素，又有消极的方面乃至糟糕的东西。民族习惯法体现了浓厚的集体主义色彩，强调集体利益高于一切，民族和家族的共同利益高于一切，服从和维持共同利益是每一个民族成员的最高义务和神圣职责，为了共同利益而勇敢献身的精神是高贵的品质；民族习惯法在肯定和鼓励团结友爱、一人有难八方支援的互助方面非常突出，引导民族成员"出入相友、守望相助、疾病相扶、困难相帮"，习惯法要求民族成员把帮助别人视为自己的义务，也把接受别人帮助看成是一种权利，把个人和群体融为一体，以增加群体、民族的凝聚力；民族习惯法提倡和鼓励尊老爱幼、礼貌谦让、热心公益、负责认真的生活态度，引导社会成员注意自身的社会形象，维护社会公共秩序；民族习惯法主要通过说服教育发挥作用，注意内在的可接受性；等等。另外，大多数民族习惯法表现出封闭、排外倾向，往往存在狭隘的民族习惯法观念，习惯法只对本民族成员有效，超越本民族范围就失去效力，因而就出现了民族内部和民族外部的双重标准，从而引起民族之间的纠纷；由于民族习惯法基本上以团体为本位，强化民族、团体对个人的管理和约束，对个人的要求、需要、利益重视不足，在一定程度上压抑了民族成员的个性；在分配方面，民族习惯法主要表现为绝对平均主义倾向，阻碍了民族成员生产积极性的提高，不利于生产的发展和经济的增长；绝大多数民族习惯法倾向于保障传统的农业、牧业，轻视乃至鄙视商业，对小农经济导致的重乡守土、安贫知足、因循守旧、墨守成规、听天由命等观念持肯定态度；民族习惯法的内容简单，规范笼统，立法技术比较粗糙，不太重视程序；习惯法的执行任意性比较大，因人而定的情况较为普遍，且处罚往往过重；等等。因此，必须辩证地看待云南民族习惯法，全面地、完整地理解习惯法的现实状况和价值，继承、汲取其合理的成分，使之成为成文法的一部分。

（二）云南少数民族成文法

自元以降，云南边疆民族地区实行土司制度，土司制度是封建国家政权的地方政权组织形式之一。云南土司制度兴盛于明朝，经清朝、民国的改土归流，至新中国成立前只剩百余家。土司是民族地方权力的象征，是中原封建王朝中央在民族地方设置的领有属地、管有族民的世袭地方官员，拥有属地的立法、行政、司法等权力。土司自行制定各自的地方性法规，并由地方强制力加以实施。这里，云南少数民族成文法，就是指土司制定的地方性法规。

新中国成立前云南残存的百余家土司，有的土司已颁布了地方性法规，有的土司仍然用本民族习惯法来治理所领属地。云南土司制定的地方法规中，车里宣慰使司和孟连宣抚司颁布的地方性法规较为典型。

从目前已经翻译出版和发表的文章来看，车里宣慰使司和孟连宣抚司的法规性文件主要有刀国栋等人翻译整理的《西双版纳傣族的封建法规和礼仪规程》，刀光强和高立士翻译整理的《西双版纳傣族封建法规》，西南边疆工作委员会调查组翻译整理的《西双版纳傣族封建领主的法律》（傣译汉，音译为《阿雅兴安龙召片领》），刀永明和刀建明翻译、薛贤整理的《孟连宣抚司法规》（曾名《孟连傣族的封建习惯法》）。这些法规的内容主要包括以下三个方面。

1. 民事

在民事方面，涉及财产所有权、债权、婚姻家庭、财产继承权等。关于财产所有权，《西双版纳傣族封建法规》共 147 条，其中保护财产所有权方面的多达 61 条，涉及土地使用、地租、房产、不当得利、损害赔偿、牲畜、奴隶等各个方面。《孟连宣抚司法规》规定了封建领主对田园、山地、森林、草地等财产的所有权，同时也规定了封建领主对奴隶的所有权。关于债权，车里宣慰使司的法规，为了维护财产权利，对债权与债务关系、债的发生与债的偿还以及利息等做了规定。债的发生主要是借贷、继承、侵权赔偿等；债必须偿还，夫死妻还、父死子还，不得过期不还或赖债，否则加倍偿还或追加利息。孟连宣抚司的法规，也明确了债权与债务法律关系。欠债必须还，否则由子女当差做工抵债或卖妻子儿女抵债或以身抵债做奴隶。而且还规定了债务的继承，父死，由继承者偿还债务。此外，法律鼓励百姓开垦荒地和经商，百姓开荒、种地、种植果园，三年后才缴税纳粮；无论谁开垦他人的荒田、荒地，五年内不缴纳地租；百姓无本钱经商可以向土司头人借贷，三年内不计利息。关于婚姻家庭，车里宣慰使司和孟连宣抚司的法规，对婚姻的缔结、家庭成员的关系、子女的抚养、家庭共有财产的使用以及离婚、通奸、诱拐他人妻子等都做了规定。车里宣慰使司辖区基本实行等级内婚制，严格限制不同等级人之间的通婚，在贵族内部的"勐"（"召片领"及直系血亲，"召片领"即最高统治者）和"翁"（"召片领"的旁系血亲）两个级别之间通婚，在百姓内部的"傣勐"和"滚很召"两个等级中通婚。在村寨内盛行寨内婚，与外村通婚很少，也很少与外族通婚。在百姓的两个等级中，一般实行一夫一妻制；离婚手续非常简单，以剪布、割线、刻木等方式举行象征性的离婚仪式即可。关于财产继承权，车里宣慰使司的法规对继承人、继承方式、财产分割、债务的清偿做了相对详细的规定。继承方式有遗嘱继承和法定继承，遵循遗嘱继承优先的原则。继承人包括妻子和儿女，奴隶的财产由主人继承。对于遗产分割，嫡子女和婚生子女分得的遗产多些，非婚子女、非嫡子女分得的遗产少些。分割死者遗产前，死者的债务，必须无条件地先偿还；如果死者遗产不够偿还其债务，则由其后代子孙代其偿还。孟连宣抚司的法规，则规定了财产继承与权力继承的关系。在财产继承中，婚生子女、非婚生子女及养子都享有遗产继承权，但残疾人、智力低下的人、麻风病患者、惯犯没有财产继承权。在权力继承中，亲生儿子与女婿、与女奴所生子、侄儿都享有王位继承权。①

2. 犯罪和刑罚

在犯罪和刑罚方面，车里宣慰使司的法规中关于犯罪的规定很多，有冒犯土司头人罪、毁坏宗教设施罪、破坏生产罪、杀人罪、抢占他人土地和财物罪、伤害罪、盗窃罪、诈骗罪、伪造罪、诬告罪、强奸罪、通奸罪、侮辱妇女罪、侵占罪、窝赃与销赃罪、窝藏罪、奴隶逃亡罪、拐卖或拐骗人口罪、拐卖或拐骗奴隶罪、伪造货币罪、扰乱公共秩序罪等罪名。关于刑罚的规定有死刑、肉刑、罚金、赔礼道歉、放逐、罚为奴隶等，这些刑罚都可用钱赎罪。车里宣慰使司的法规，不仅规定了刑罚的种类，而且也规定了适用刑罚的原则即杀人无罪原则、重罪不轻判原则和判处极刑原则。正在破坏他人房屋被房主所杀，三更半夜闯入他人屋里被主人所杀，手持凶器杀人被反杀，盗窃作案过程中被杀，奸夫淫妇在行奸现场被杀等五种杀人行为无罪。谋财害命、拦路抢劫、械斗杀人、霸占财物、拆毁佛寺佛像、盗窃佛寺财物、盗窃佛像金身财宝等犯罪行为，不得轻判。杀死召勐（车里宣慰使司辖区内，比召片领低一个等级的领主）、杀死父母、偷佛主的钱和拆毁佛像佛塔，这三种犯罪行为是法规规定的犯上案件，是大逆不道之罪，应判处极刑。孟连宣抚司的法规中，刑事犯罪包括杀人罪、斗殴及其伤害罪、伪造货币罪、伪造假砝码罪、拐卖人口罪、诬陷罪、诈骗罪、窝赃罪、销赃罪等罪名。就刑罚而言，监狱体制确立，刑罚体系较完善，任何刑罚都可用钱赎罪。

3. 诉讼

在诉讼方面，车里宣慰使司的法规规定，重大案件由土司审理，其他案件，根据案件的轻重程度，分别由村寨头人、大勐和小勐头人、议事庭审理。诉讼只能在地位平等的人之间进行，百姓告召勐、儿女告父母、随从告主人、俗人告僧侣、徒弟告师傅的案件，判处控告者败诉，而且不得申诉。审理案件时，必须区分诉讼当事双方的等级身份，必须公正讲理，不得滥用权力，不得接受贿赂，不得偏袒亲戚朋友，不计前嫌。证人必须是生理正常、行为正派的成年男子。审理疑难案件时，往往采用神明裁判法；神明裁判的方法主要是祈祷天地神仙、点蜡烛闷水。孟连宣抚司的法规，在审理案件时，重证据，必须认真听取原告和被告双方的陈述，必须深入调查，充分收集原始材料和旁证材料。旁证材料必须真实可靠；丢失的文书凭据，不得随意推测或臆想代替事实。在审理案件过程中，必须以事实为依据，不得不懂装懂，不得偏袒亲戚朋友，不

---

① 刀伟. 傣族法律研究 [D]. 北京：中央民族大学，2005.

得滥用职权，不得收受贿赂，不计前嫌，处罚要公正。

上述以车里宣慰使司和孟连宣抚司的法规，说明了云南少数民族成文法的情况，其他土司的地方性法规在此不再赘述。新中国成立后，随着云南民族地区民族区域自治制度的建立，终结了残存的土司政权，废止了各土司制定的地方法规。

二、中国共产党建设民族法制，为依法治理云南民族地区提供法制保障的实践

新中国成立，云南刚解放，党和政府颁布了相关法律，依法对云南民族地区进行民主改革和社会主义改造，建立各级人民政权；依法推行民族区域自治制度，设立民族自治机关，让各族人民当家做主。"文化大革命"中，民族立法工作停滞，民族法制建设遭到严重破坏。党的十一届三中全会后，恢复民族立法工作，民族法制建设有了很大的进展，云南民族地区的治理逐步步入了法治化轨道。

（一）新中国成立初期，云南民族法制建设

党在云南建设民族法制起步比较早，在云南刚解放的第二年，人民政权根据云南省民族众多和民族关系错综复杂的情况，立足于宣传党的民族平等政策、建设各族人民政权的需要，开展了民族立法工作。随着全省民族自治地方的逐步建立，各民族自治地方也相继制定了一批民族法规。截至1965年3月，由云南省人民代表大会、省人民政府、各民族自治地方制定和批准的民族法规和规范性文件共60多件。[①] 这些法规和规范性文件主要包括：

第一，省及各民族地区制定的民族自治地方各族各界人民代表会议、协商委员会以及人民代表大会和人民政府委员会的组织条例、通则、细则或章程等。1951年6月，云南省人民委员会根据《共同纲领》的原则，发布了《云南省民族自治区代表会议组织暂行条例》《云南省民族自治区人民政府组织暂行条例》《云南省民族自治乡人民政府组织暂行条例》等8个法规草案。1953年1月，西双版纳自治区人民代表会议协商委员会通过了《关于建立西双版纳傣族自治区机关各项问题的协议》。1953年7月制定了《澜沧拉祜族自治区各族各界人民代表会议组织通则》，等等。这些法规及时地解决了当时民族地方政权建设迫切需要解决的民族关系问题，为民族地方的政权建设、各族人民当家做主提供了

---

① 中共云南省委党史研究室. 中国共产党民族工作的伟大实践（云南卷）：中［M］. 北京：中共党史出版社，2014：397.

法律依据,对宣传党的民族平等、团结政策,保障少数民族当家做主和边疆稳定、民族团结发挥了重要的历史作用。

第二,各民族自治地方制定的本级人民政府施政纲要等规范性文件。1951年5月,制定了《峨山彝族自治区今后施政计划》;1953年7月,制定了《云南省德宏傣族景颇族自治区人民政府二年施政纲要》;1953年12月,制定了《云南省哈尼族自治区人民政府施政方针》;等等。这些施政方针反映了云南省委关于"团结、生产、进步",为民族地区的民主改革做好准备的工作方针,促进了民族地区社会经济的恢复和发展。

第三,各民族自治地方人民代表大会制定的用于规范民族地区民主改革方面的法规。为了配合民族地区的政权建设、经济建设,从1955年到1957年,各少数民族自治地方的人民代表大会制定了一批具体的法规和政策。1955年,制定了《西双版纳自治区和平协商土地改革条例》和《德宏傣族景颇族自治区土地调整条例》。1956年至1957年,西双版纳、德宏、红河和迪庆州根据国家的土地改革法,结合本地区的实际和各民族的特点,分别制定了《傣族地区和平协商土地改革办法》《傣族地区划分农村阶级成分的补充办法》《傣族地区债务和土地典当处理办法》《红河哈尼族自治区和平协商土改条例》《藏族地区和平协商土地改革的实施办法》《藏彝地区划分阶级的办法》等。上述法规,对在封建领主制、封建农奴制条件下进行民主改革的特殊政策做出了明确的规定。特别是对各民族的上层人士,规定了只要他们爱国、接受改革,决不降低其政治地位和生活水平。保证了民族上层人士与中国共产党的长期团结合作和民主改革的顺利进行,也使广大少数民族群众获得了土地,提高了生产积极性。

第四,保障少数民族权利,废除民族压迫歧视的规范性文件。1954年8月,《关于更改歧视、侮辱少数民族地方名称的决定》,由云南省第一次人民代表大会通过。同时,民族自治地方,根据本地方的具体实际,针对某一问题制定了单行法规或一些法规性文件。如西双版纳州制定了《关于在傣族中禁止撵"琵琶"鬼,在哈尼族中禁止杀双胞胎、溺毙骈指婴、弃兔嘴婴等的规定》《关于取消一切带歧视性和侮辱少数民族称谓的协议》。这些法规,促成了全省范围内对历史遗留的影响民族关系的名称、碑碣、匾联等的彻底清理。

上述条例和规范性文件的颁布和实施,为推行民族区域自治、做好民族工作发挥了重要作用,有效地促进了云南各民族生产力的发展和生产关系的变革。

(二)党的十一届三中全会以来,云南民族法制建设

党的十一届三中全会以后,民族立法工作又提上了议事日程。《关于建国以

来党的若干历史问题的决议》指出,我们过去"在工作中,对少数民族自治权利尊重不够。这个教训一定要认真吸取"。因此,决议特别强调"必须坚持民族区域自治,加强民族区域自治的法制建设,保障各少数民族地区根据本地实际情况贯彻执行党和国家政策的自主权"①。1981年8月,邓小平在视察新疆时也指出:"我国和苏联不同,我们不能搞共和国,我们是自治区。法律上要解决这个问题,要有民族区域自治法。"② 1982年12月,五届全国人大五次会议通过了新宪法即"八二宪法","八二宪法"恢复和发展了民族区域自治的重要原则。1984年5月,六届全国人大二次会议审议通过了《中华人民共和国民族区域自治法》(以下简称《民族区域自治法》,2001年2月修正),并于10月1日开始施行。《民族区域自治法》颁布后,云南省人大及其常委会、民族自治地方各级人大及其常委会以宪法、民族区域自治法以及党和国家的民族政策为依据,结合云南民族地区的实际情况,依法行使立法权,在民族法制建设方面做了很多工作,初步形成了具有云南特点和民族特色的地方民族法律法规体系,为依法治理云南民族地区提供了法律保障。

1. 制定民族立法机关行使立法权力的规范性规定

云南民族地区的自治州、自治县、民族乡的人民代表大会是云南民族自治地方的立法机关。云南省为了保证自治州、自治县、民族乡立法权的有效行使,制定规范民族自治机关立法工作的地方性法规。1983年1月7日,云南省第五届人民代表大会第五次会议通过了《关于云南省人民代表大会及其常务委员会组织和工作程序若干问题的暂行规定》(1989年失效),云南省第六届、第七届人民代表大会的有关会议通过了《云南省人大常委会关于云南省乡级人民代表大会代表直接选举的若干规定》(1984年)、《云南省人民代表大会常务委员会关于制定地方性法规的暂行规定》(1985年)、《云南省人民代表大会常务委员会关于云南省乡级人民代表大会的几个问题的决定》(1987年)、《云南省人民代表大会议事规则》(1989年)、《云南省县乡两级人民代表大会代表选举实施细则》(1992年)等法规。这些法规的制定保证了云南民族自治地方立法机关的立法权力,明确了各级人民代表大会代表选举的程序,进一步规范了各级自治机关的立法行为。

---

① 中共中央文献研究室. 三中全会以来重要文献选编:下 [M]. 北京:人民出版社,1982:789.
② 中共新疆维吾尔自治区委员会. 新疆各族人民永远怀念邓小平 [N]. 人民日报,1998-02-19(5).

2. 制定与《民族区域自治法》相配套的地方性法规

1984年，颁布了《民族区域自治法》，宪法和民族区域自治法保障了在民族地方实行民族区域自治，使民族区域自治步入了法制化的轨道。要实行和完善民族区域自治，需要有不断完善的涵盖全局的地方性法规，才能做到依法自治、依法施政。

云南省委、省政府为了认真贯彻民族区域自治法，省政府组织省民委等有关部门起草了《云南省贯彻〈中华人民共和国民族区域自治法〉的若干规定》，经过反复修改，于1988年4月正式发布了《云南省贯彻〈中华人民共和国民族区域自治法〉的若干规定（试行）》，规定共计29条。省政府在发布规定的通知中强调，省级国家机关要把切实贯彻执行民族区域自治法以及党和国家民族政策、充分尊重民族自治地方的自治权利作为自己不可推卸的职责，把贯彻民族区域自治法与执行各项政策很好地结合起来；积极主动地帮助民族自治地方反映困难、解决问题；涉及民族自治地方的指示和命令、决定和决议，如民族自治机关要求变通执行或停止执行的，必须及时研究，必须尽可能许可；省级国家机关不得擅自改变民族自治地方企业的隶属关系，要改变必须经过民族自治地方自治机关同意。规定要求省级各主管部门大力帮助和照顾民族自治地方的经济、文化和社会事业建设、民族干部培训和科学发展，并要求制订出具体的计划和措施。同时，云南省人大及其常委会制定了与《民族区域自治法》相配套的地方性法规4件，即《云南省民族乡工作条例》《云南省促进民族自治地方科学技术进步条例》《云南省城市民族工作条例》《云南省民族民间传统文化保护条例》等。另外，在经济建设、文化教育、选举人大代表的法规中，都有针对民族自治地方情况的相应规定。4个地方性法规的出台，将云南民族工作整体纳入了民族法制的轨道，依法保障城市和乡村少数民族的合法权益，促进城市和乡村少数民族经济、文化和科技事业的发展。《云南省民族民间传统文化保护条例》首次以法律形式对民族民间传统文化的类别、内容进行了界定，在全国率先迈出了依法保护民族民间传统文化的第一步，使云南民族民间传统文化在经济浪潮下得到了较好的保护、传承与发展，使民族民间传统文化保护有法可依。

2001年2月，全国人大常委会审议通过了修改后的《中华人民共和国民族区域自治法》。新修订的《民族区域自治法》，需要民族自治地方按照新的规定开展配套立法。云南结合全省民族自治地方的实际，充分行使立法权，组织力量在全国率先开展贯彻实施《民族区域自治法》的民族立法工作。2004年5月，云南省人大常委会审议通过了《云南省实施〈中华人民共和国民族区域自治法〉

办法》,并于10月1日起施行。同时,为了使民族自治地方与民族乡的法律规范相衔接,同步对1992年颁布的《云南省民族乡工作条例》进行了修订,并于2004年7月通过了修订案。2013年,颁布了《云南省少数民族语言文字工作条例》《云南省少数民族教育促进条例》。上述4部地方性法规的出台,体现了党的民族政策和民族区域自治法的精神,使民族区域自治法的有关规定具体化、有效的民族政策法定化、民族工作经验规范化。

此外,进入21世纪以来,云南省委、省政府依据党的民族政策,先后出台了一批重要的民族政策法规。"十五"以来,云南先后出台的重要民族政策法规和规范性文件有:《关于进一步加强做好新形势下的民族工作的决定》《关于进一步加强民族工作加快少数民族和民族地区经济社会发展的决定》《关于做好"十一五"期间培养选拔少数民族干部工作的意见》《关于实施"兴边富民工程"的决定》《云南省扶持人口较少民族发展规划(2006—2010年)》《关于进一步加强少数民族干部队伍建设的意见》《关于进一步加强民族工作促进民族团结加快少数民族和民族地区科学发展的决定》《关于建设民族文化强省的实施意见》《云南省兴边富民工程"十二五"规划》《云南省扶持人口较少民族发展规划(2011—2015)》《云南省人民政府关于进一步加快人口较少民族发展的决定》《云南省加快少数民族和民族地区经济社会发展"十二五"规划》《关于建设民族团结进步边疆繁荣稳定示范区的实施意见》《关于加强和改进新形势下民族工作的实施意见》《云南省委省政府关于深入贯彻脱贫攻坚重大战略部署决定》《云南省民族团结进步示范区规划(2016—2020年)》《云南少数民族特色村镇保护与发展规划(2016—2020年)》《云南民族宗教法治建设工作规划(2015—2020年)》等。

上述法规的颁布和规范性文件的出台,是云南省贯彻执行党和国家的民族政策以及《民族区域自治法》的重要举措。

3. 自治州、自治县人民代表大会制订(或修订)自治条例

《中华人民共和国民族区域自治法》颁布实施后,云南省第六届人大常委会于1985年6月作出决定,把制订各少数民族自治地方自治条例作为云南省实施《民族区域自治法》的一项重要任务来抓。10月,云南省第一次民族法制建设工作会议召开;会上统一了思想,确立了民族立法原则即积极慎重、稳妥、成熟一个立一个、批准一个,并确立了制订自治条例试点工作的自治州县,从而推动了全省民族立法工作的开展。1988年,云南省第七届人大常委会又做出决定,加快自治条例制定工作步伐,并召开全省第二次民族法制建设工作会议,总结交流各民族自治地方的立法经验,采取有力措施,保证在第七届人大常委

会任期内自治条例制定工作的顺利完成。这样，云南全省从1986年楚雄彝族自治州自治条例批准为起始，到1991年9月，全省37个民族自治地方全部完成了自治条例的制订工作。

首先，民族自治州自治条例的制订或修订。从1986年至1989年，全省8个民族自治州全部完成了自治条例的制订和实施工作。自治州的自治条例分别为《楚雄彝族自治州自治条例》（1986年制订，2005年修订）、《红河哈尼族彝族自治州自治条例》（1986年制订）、《大理白族自治州自治条例》（1986年制订，2005年修订）、《德宏傣族景颇族自治州自治条例》（1987年制订，2005年修订）、《西双版纳傣族自治州自治条例》（1987年制订，2007年修订）、《文山壮族苗族自治州自治条例》（1987年制订，2005年修订）、《迪庆藏族自治州自治条例》（1989年制订）、《怒江傈僳族自治州自治条例》（1989年制订）。

其次，民族自治县自治条例的制订或修订。从1986年10月第一个自治县自治条例即《路南彝族自治县自治条例》获得批准，到1991年9月云南省七届人大常委会第二十次会议批准《镇沅彝族哈尼族拉祜族自治县自治条例》，全省29个民族自治县都完成了自治条例的制订工作。29个自治县的自治条例分别为《石林彝族自治县自治条例》（1986年制订，2006年修订）、《耿马傣族佤族自治县自治条例》（1986年制订，2007年修订）、《峨山彝族自治县自治条例》（1987年制订，2005年修订）、《巍山彝族回族自治县自治条例》（1988年制订，2006年修订）、《南涧彝族自治县自治条例》（1988年制订，2005年修订）、《屏边苗族自治县自治条例》（1988年制订，2006年修订）、《澜沧拉祜族自治县自治条例》（1988年制订，2007年修订）、《西盟佤族自治县自治条例》（1989年制订，2007年修订）、《新平彝族傣族自治县自治条例》（1989年制订，2006年修订）、《漾濞彝族自治县自治条例》（1989年制订，2005年修订）、《金平苗族瑶族傣族自治县自治条例》（1989年制订，2006年修订）、《元江哈尼族彝族傣族自治县自治条例》（1989年制订，2006年修订）、《寻甸回族彝族自治县自治条例》（1989年制订，2007年修订）、《禄劝彝族苗族自治县自治条例》（1989年制订，2006年修订）、《维西傈僳族自治县自治条例》（1989年制订，2005年修订）、《宁蒗彝族自治县自治条例》（1990年制订，2006年修订）、《河口瑶族自治县自治条例》（1990年制订，2007年修订）、《江城哈尼族彝族自治县自治条例》（1990年制订，2006年修订）、《兰坪白族普米族自治县自治条例》（1990年制订，2006年修订）、《玉龙纳西族自治县自治条例》（2005年修订，1990年制订的《丽江纳西族自治县自治条例》失效）、《宁洱哈尼族彝族自治县自治条例》（1990年制订，2006年修订）、《墨江哈尼族自治县自治条例》

(1990年制订，2006年修订)、《景东彝族自治县自治条例》(1990年制订，2005年修订)、《双江拉祜族佤族布朗族傣族自治县自治条例》(1990年制订，2006年修订)、《孟连傣族拉祜族佤族自治县自治条例》(1990年制订，2005年修订)、《沧源佤族自治县自治条例》(1990年制订，2006年修订)、《贡山独龙族自治县自治条例》(1991年制订，2006年修订)、《镇沅彝族哈尼族拉祜族自治县自治条例》(1991年制订，2005年修订)。

4. 民族自治地方权力机关制订（或修订）单行条例

单行条例与自治条例有着同等的法律效力，是就某一方面工作制定的规范。云南民族自治地方各种单行条例的制订，促进了民族自治地方依法行政。1988年12月1日，大理白族自治州人大常委会批准了《云南大理白族自治州洱海管理条例》，标志着民族自治地方单行条例的制订工作开始起步。

首先，自治州单行条例的制订或修订。楚雄州已制定的单行条例有《楚雄彝族自治州林业管理条例》(1991年)、《楚雄彝族自治州民族教育条例》(1993年)、《楚雄彝族自治州农村小型水利管理条例》、《楚雄彝族自治州川江管理条例》(1994年)和《楚雄彝族自治州元谋土林保护条例》等。红河州已制订的单行条例有《红河哈尼族彝族自治州林业管理条例》(1995年)、《红河哈尼族彝族自治州矿产资源管理条例》(1995年)、《红河哈尼族彝族自治州水资源管理条例》(1997年)、《红河哈尼族彝族自治州民族教育条例》(1999年)、《红河哈尼族彝族自治州建水历史名城保护管理条例》(1996年)、《红河哈尼族彝族自治州个体工商户和私营企业条例》(1999年)、《云南省红河哈尼族彝族自治州哈尼梯田保护条例》(2012年)和《红河哈尼族彝族自治州非物质文化遗产代表性传承人保护条例》等。此外，红河州民族自治机关先后制订出台了《关于做好培养选拔少数民族干部工作的意见》《关于进一步加强新形势下民族工作的意见》《关于做好培养选拔年轻干部少数民族干部妇女干部和党外干部工作的意见》《关于加强少数民族干部队伍建设暂行办法》《云南省红河哈尼族彝族自治州哈尼梯田保护条例实施办法》等。大理州已制订的单行条例有《大理白族自治州洱海管理条例》《大理白族自治州苍山保护条例》《大理白族自治州鸡足山管理区条例》《大理白族自治州风景名胜区管理条例》《大理白族自治州禁毒条例》《云南省大理白族自治州水资源保护管理条例》《大理白族自治州禁止赌博条例》《大理白族自治州乡村清洁条例》《大理白族自治州普及初等教育暂行条例》《大理白族自治州扫除文盲暂行条例》等。德宏州已制订的单行条例有《德宏傣族景颇族自治州禁毒条例》、《德宏傣族景颇族自治州防艾条例》、《德宏傣族景颇族自治州边境经济贸易管理条例（试行）》（后改为《德宏傣族景颇族自治州边民互市条例》)、《云南省德宏傣族景颇族自治州民族教育条例》等。西双版纳州已制订的单行条例有《西双版纳傣族自治州澜沧江保护条例》《西双版纳傣族自治州禁毒条例》《西双版纳傣族自治州森林资源保护条例》《西双版纳傣族自治州城乡规划建设管理条例》《西双版纳傣族自治州民族教育条例》《西双版纳傣族自治州自然保护区管理条例》《西双版纳傣族自治州城镇市容和卫生管理条例》《西双版纳傣族自治州旅游管理条例》《西双版纳傣族自治州野生动物保护条例》《西双版纳傣族自治州民族传统建筑保护条例》等。此外，西双版纳州对少数民族传统节日进行了立法规范。文山州已制订的单行条例有《文山壮族苗族自治州城镇规划管理条例》《文山壮族苗族自治州水资源管理条例》《文山壮族苗族自治州水利工程管理条例》《文山壮族苗族自治州林业管理条例》《文山壮族苗族自治州人民代表大会及其常务委员会立法条例》《文山壮族苗族自治州森林和野生动物类型自然保护区管理条例》《文山壮族苗族自治州广南坝美旅游区管理条例》等。迪庆州已制订的单行条例有《迪庆藏族自治州森林采伐更新管理实施细则》《迪庆藏族自治州宗教活动场所管理办法》《迪庆藏族自治州文化市场管理办法》《迪庆藏族自治州科技进步奖励办法》《迪庆藏族自治州护林防火细则》等单行条例和规范性文件。怒江州已制订的单行条例有《怒江傈僳族自治州矿产资源管理条例》《怒江傈僳族自治州林业管理条例》等。

其次，自治县单行条例的制订或修订。云南29个民族自治县制订的单行条例有《丽江纳西族自治县林业管理条例》《丽江纳西族自治县玉龙雪山管理条例》《丽江纳西族自治县城市市容和环境卫生管理条例》《玉龙纳西族自治县拉市海高原湿地保护条例》《玉龙纳西族自治县玉龙雪山保护条例》《丽江纳西族自治县东巴文化保护条例》《宁蒗彝族自治县林业管理条例》《宁蒗彝族自治县泸沽湖风景区管理条例》《漾濞彝族自治县历史文化名城保护条例》《漾濞彝族自治县城乡规划建设管理条例》《漾濞彝族自治县林业管理条例》《漾濞彝族自治县石门关风景名胜区管理条例》《澜沧拉祜自治县禁毒条例》《澜沧拉祜族自治县林业发展条例》《澜沧拉祜族自治县矿产资源管理条例》《澜沧拉祜族自治县环境污染防治条例》《澜沧拉祜族自治县水资源保护按理条例》《澜沧拉祜族自治县景迈山保护条例》《景东彝族自治县水利工程建设和管理条例》《景东彝族自治县城乡建设管理条例》《景东彝族自治县林业管理条例》《景东彝族自治县县乡公路管理条例》《景东彝族自治县无量山哀牢山保护管理条例》《景谷傣族彝族自治县水资源管理条例》《景谷傣族彝族自治县林业管理条例》《景谷傣族彝族自治县环境污染防治条例》《景谷傣族自治县民族民间传统文化保护条例》《西盟佤族自治县矿产资源管理条例》《西盟佤族自治县林业管理条例》《西盟佤族自治县勐梭龙潭保护管理条例》《西盟佤族自治县文化遗产保护条例》《普洱哈尼族彝族自治县林业管理条例》《普洱哈尼族彝族自治县计划生育条例》《普洱哈尼族彝族自治县环境污染防治条例》《南涧彝族自治县林业管理条例》《沧源佤族自治县林业管理条例》《镇沅彝族哈尼族拉祜族自治县林业管理条例》《云南省石林彝族自治县阿诗玛文化传统与保护条例》《元江哈尼族彝族傣族自治县水工程和河道管理条例》《元江哈尼族彝族傣族自治县文化遗产保护条例》《兰坪白族普米族自治县文化遗产保护条例》《禄劝彝族苗族自治县文化遗产保护条例》《江城哈尼族彝族自治县水资源保护条例》《孟连傣族拉祜族佤族自治县城乡规划建设管理条例》《屏边苗族自治县城市管理条例》《贡山独龙族怒族自治县独龙江保护管理条例》《墨江哈尼族自治县文化遗产保护条例》《云南省石林彝族自治县石林喀斯特世界遗产地保护条例》《维西傈僳族自治县民族民间传统文化保护条例》等。

截至 2014 年 5 月，由自治州、自治县人民代表大会通过，并报省人大常委会批准的单行条例 151 件，其中，修订 21 件，自然失效 5 件，废止 2 件，有效件数 144 件。[①] 这些条例都是结合各民族自治地方实际和发展要求制订的：为合理开发利用和保护自然资源，制订了水资源、河流、湖泊、矿产、草原、雪山、湿地、国家公园保护等方面的条例；为促进民族地区经济发展，制订林业、橡胶、核桃、三七、咖啡、辣椒产业、旅游业、非公有制经济、畜牧业、农村产权抵押、乡村公路、城市规划建设管理等方面的条例；为保护与发展传统民族文化，制订民族民间传统文化、历史文化名城、哈尼梯田、沧源崖画、南涧跳菜、恐龙化石、民族传统建筑等方面的条例；为促进社会事业发展，制订民族教育、农村医疗卫生、村务公开等方面的条例。

5. 制定变通执行国家有关法律法规的规定

《民族区域自治法》规定，"上级国家机关的决议、决定、命令或指示，如有不适合民族自治地方实际情况的，自治机关可以报经上级国家机关批准，变通执行或者停止执行"。变通执行权包括停止执行和变通执行两个方面。此外，刑法、民法通则、森林法等也有条款规定了民族自治地方可变通执行。1981 年 6 月 9 日，孟连傣族拉祜族佤族自治县、宁蒗彝族自治县、沧源佤族自治县关于婚龄变通的规定获得批准。1982 年 4 月，云南省人大常委会又批准耿马、西盟

[①] 中共云南省委党史研究室. 民族团结进步示范区建设云南的成功探索 [M]. 昆明：云南人民出版社，2016：256.

两个自治县执行《中华人民共和国婚姻法》（现已废止）结婚年龄所做变通规定的决议和补充规定，以及1982年12月，又有澜沧、南涧两个自治县执行《中华人民共和国婚姻法》的变通规定，至此，全省孟连、宁蒗、沧源、耿马、西盟、澜沧、南涧7个自治县的人大或常委会依据当地少数民族婚姻状况，制定并实施了《中华人民共和国婚姻法》的变通规定。1984年8月，德宏州人大八届二次会议审议通过了《德宏州关于贯彻执行〈中华人民共和国婚姻法〉的补充规定》。这些变通或补充规定开始循序渐进地引导农村少数民族逐步改变早婚的习俗。又如，《中华人民共和国森林法》颁布后，德宏州实行了林业"三定"，落实了"两山到户"。1984年5月，德宏州人大制定了《德宏傣族景颇族自治州关于贯彻执行〈森林法〉（试行）的补充规定》，此规定对于保护森林，加快林业发展起到很好的作用。

总之，上述法规、条例和规章的制定和实施，对云南民族自治地方的改革开放、经济发展、民族团结和边疆稳定起到了重要的促进和保障作用，为依法治理云南民族地区提供了法制保障。

（三）云南民族地区各项事业建设纳入法治轨道

经过半个多世纪的民族法制建设，云南已初步形成了具有云南特色和地方特点的民族法律法规体系。云南民族法制建设的成果，实现了民族工作的基本方面有法可依，把民族地区各项事业建设纳入了法治轨道。

首先，依法依规培养选拔和使用民族干部。少数民族干部在云南民族地区的治理中，具有特殊的不可替代的重要作用。根据《中华人民共和国民族区域自治法》规定，民族自治地方的自治机关可以采取各种办法和措施从当地少数民族中大量培养各级干部，充分发挥他们的作用。云南省委办公厅于1994年转发省委组织部、省民委《关于进一步做好培养选拔少数民族干部工作的意见》，对民族干部的培养、配备做了规定。1999年，云南省委、省政府作出《关于进一步做好新形势下民族工作的决定》，要求各级党委和政府要高度重视培养选拔使用少数民族干部工作，要注重增加数量，提高质量，优化结构。2001年，云南省制定并实施了《关于进一步做好培养选拔少数民族干部工作的实施意见》，提出了一段时间内培养少数民族干部的目标和任务。云南省人大常委会于2004年通过了《云南省实施〈中华人民共和国民族区域自治法〉办法》，办法规定即上级国家机关应当重视和帮助民族自治地方培养民族干部，逐步做到民族干部数量与其人口比例大体相当。2005年，云南省委办公厅、省政府办公厅下发了《关于做好"十一五"期间培养选拔少数民族干部工作的意见》，提出了

"十一五"期间培养选拔民族干部和人才队伍的目标、任务和具体措施。2009年,云南省委办公厅印发了《关于进一步加强少数民族干部队伍建设的意见》,提出了按照"六个优先"原则选用少数民族干部。通过贯彻落实上述法律法规和相关政策措施,全省少数民族干部和人才总量有了较大增长,民族自治地方的领导班子基本形成了以民族干部为主体的结构。

其次,依法依规发展民族地区经济。少数民族问题的核心是发展问题,如果少数民族和民族经济得不到发展,民族平等、团结和民族地区的社会稳定也就不可能真正实现。发展是民族平等、团结和稳定的根本任务。因此,我国《宪法》明确规定:"国家根据各少数民族的特点和需要,帮助各少数民族地区加速经济和文化的发展。"《民族区域自治法》也规定:"上级国家机关应当帮助、指导民族自治地方经济发展战略的研究、制定和实施,从财政、金融、物资、技术和人才等方面,帮助各民族自治地方加速发展经济、教育、科学技术、文化、卫生、体育等事业。国家制定优惠政策,引导和鼓励国内外资金投向民族自治地方。上级国家机关在制订国民经济和社会发展计划的时候,应当照顾民族自治地方的特点和需要。"

根据《宪法》《民族区域自治法》的有关规定,中共云南省委、省政府充分考虑民族自治地方的特殊性,于2004年在全国率先出台了《云南省实施〈中华人民共和国民族区域自治法〉办法》。办法规定即上级国家机关制定国民经济和社会发展规划、中长期规划,应当有推动和加快发展民族自治地方的目标、任务的专门规定,并制定相应的保障政策和措施。此后,云南省还先后出台了《关于进一步加强民族工作加快少数民族和民族地区经济社会发展的决定》(2005年)、《关于实施"兴边富民工程"的决定》(2005年)、《云南省扶持人口较少民族发展规划(2006—2010年)》(2006年)、《关于进一步加强民族工作促进民族团结加快少数民族和民族地区科学发展的决定》(2009年9月)、《云南省兴边富民工程"十二五"规划》(2010年)、《云南省扶持人口较少民族发展规划(2011—2015)》(2011年)、《云南省人民政府关于进一步加快人口较少民族发展的决定》(2011年)、《云南省加快少数民族和民族地区经济社会发展"十二五"规划》(2011年)等规范性文件,以加快民族经济的发展。

上述法律法规及其相应的保障措施,明确规定了上级国家机关的职责;加大了对民族自治地方各项事业建设的投入;加大了对民族自治地方财政转移的支付力度,提高了对民族自治地方重点扶持县的一般性财政转移支付的计算系数;解决了民族自治地方政策性财政增收或政策性减收的困难;在本级财政预算中设立民族专项资金和机动金,并根据本级财政收入的增长情况逐步提高在财政预算中的比例。这就保障了民族经济持续健康的发展。

另外各民族自治地方，侧重把握自己的资源优势和区位优势，加快民族经济发展立法，如《红河哈尼族彝族自治州个体工商户和私营企业条例》《云南省文山壮族苗族自治州三七发展条例》《云南省漾濞核桃产业发展条例》《云南省文山壮族苗族自治州农村产权抵押贷款条例》《云南省江城哈尼族彝族自治县畜牧业发展条例》《云南省文山壮族苗族自治州丘北辣椒产业发展条例》《云南省德宏傣族景颇族自治州德宏咖啡产业发展条例》等条例，依法保障了民族经济的发展。

再次，依法依规发展民族教育。民族教育是培养少数民族人才的基础，是各少数民族振兴和发展的最根本的事业。发展民族教育，是提高各民族素质，实现民族地区现代化的必由之路。因此，党和政府非常重视发展民族教育，依法依规发展民族教育，促进各少数民族人民素质的全面提高。《民族区域自治法》规定，民族自治地方的自治机关自主地发展民族教育，举办各类学校，普及九年义务教育，扫除文盲，采取多种形式发展中等职业技术教育和普通高级中等教育，根据需要和条件发展高等教育，培养各民族专业人才。《中华人民共和国教育法》也规定："国家根据各少数民族的特点和需要，帮助各少数民族地区发展教育事业。"《云南省实施〈中华人民共和国民族区域自治法〉办法》也规定，上级教育等行政部门应当增加对民族自治地方教育的投入，帮助普及九年义务教育和扫除青壮年文盲，并巩固义务教育和扫除文盲的成果；发展高中阶段教育、职业技术教育、成人教育、高等教育，办好民族师范院校和教师进修学校，加大少数民族教师队伍定向培养的力度，加强师资队伍建设，加快教育的信息化建设。云南省于1986年制定了《云南省实施〈中华人民共和国义务教育法〉办法》、1990年制定了《云南省职业技术教育条例》，这两部地方性法规都对发展少数民族地区的教育做了规定。2013年7月，云南省人大常委会审议通过了《云南省少数民族教育促进条例》，并决定于2013年10月1日起实施。条例从办学形式与教育教学、教师与学生、教育投入与保障等方面，对发展云南省少数民族和民族地区教育事业做出了系统规定并提出系列特殊扶持措施。2016年，云南省政府出台了《云南省人民政府关于加快发展民族教育的实施意见》，规定了少数民族教育的发展目标和主要任务等。上述法律法规，为发展云南民族教育提供了法制保障，有利于云南依法发展少数民族教育。

最后，依法依规保护、传承和发展民族文化。民族文化，是维系一个民族的精神纽带，是一个民族全部智慧的集中体现，是一个民族发展壮大的重要支柱。因此，党和政府历来重视各民族文化的发展，依法依规保护、传承和发展民族文化。

《中华人民共和国民族区域自治法》第三十八条规定，民族自治地方自主地发展具有民族特点和民族形式的文学艺术、广播电影电视和新闻出版等民族文化事业，加大对民族文化事业的投入，加强民族文化设施建设，加快民族文化事业的发展。民族自治地方的自治机关组织支持有关部门和单位收集、整理、翻译和出版少数民族历史文化书籍，保护民族的名胜古迹、珍贵文物和其他重要历史文化遗产，继承和发展优秀的民族传统文化。《国务院实施〈中华人民共和国民族区域自治法〉若干规定》第24条也规定："上级政府应从政策和资金上支持民族自治地方少数民族文化事业的发展，加强少数民族文化基础设施建设，重点扶持具有民族特点和民族形式的公益性文化事业，加强民族自治地方的公共文化服务体系建设，培育和发展少数民族文化产业。""重视少数民族优秀传统文化的继承和发展，定期举办民族文艺会演、少数民族传统体育运动会，繁荣少数民族文艺创作，丰富各少数民族群众的文化生活。"[1] 这就从国家层面，对少数民族文化的保护、传承和发展提供了法制保障。

云南省委、省政府也出台了法规和规范性文件，依法依规加强对少数民族文化的保护、传承和发展。2004年出台的《云南省实施〈中华人民共和国民族区域自治法〉办法》第34条、第三十五条规定，对于民族自治地方，上级政府应当支持建设少数民族传统文化保护区、民族博物馆、图书馆、文化馆（站）和民族艺术之乡等文化设施。应当支持民族语言、民族文物古籍、广播影视译制、民族报刊和出版等文化事业的发展，在资金投入等方面给予必要的扶持。应当重视和加强对少数民族民间文化传承的收集整理、抢救保护和开发利用工作，尊重和优待少数民族民间文化传承人，帮助培育和发展民族文化产业。另外，云南省还出台一批有关民族文化的法律法规。如《云南省民族民间传统文化保护条例》（2000年）、《云南省建设工程文物保护规定》（2005）、《云南省历史文化名城名镇名街保护条例》（2007年）、《云南省少数民族语言文字工作条例》（2013年）、《云南省非物质文化遗产保护条例》（2013年）、《云南省人民政府关于加强文物工作的实施意见》（2016年）、《云南省人民政府关于进一步加强非物质文化遗产保护工作的意见》（2018年）等。这样，云南省依法依规保护、传承和发展民族文化，并于2000年12月出台了《云南民族文化大省建设纲要》。2007年省委八届四次会议做出了云南由"民族文化大省"向"民

---

[1] 国务院.国务院实施《中华人民共和国民族区域自治法》若干规定[EB/OL].中央人民政府网，2008-03-28.

族文化强省"迈进的决定。2010年出台了《关于建设民族文化强省的实施意见》。2017年出台的《云南省建设我国民族团结进步示范区规划（2016—2020年）》，把"民族文化繁荣工程"列为示范区建设六大工程之一。

总之，云南经过60多年的民族法制建设，已初步建立了民族法律法规体系，为依法治理云南民族地区提供了法制保障。但是从民族法制建设的实践来看，民族法律法规总体上仍不健全，仍然存在着不适应民族地区经济社会发展需要的问题，与党和国家的要求、与云南民族团结进一步示范区建设的要求还存在差距。民族区域自治法的政策法规配套没有完全到位；自治条例和单行条例的立法质量不高；民族法制的实施缺乏有效监督；上一级国家机关对自治权尊重不够，自治机关的自治权没有完全落实到位。鉴于此，云南民族法制建设必须适应新形势，进一步加大建设力度，提高依法治理民族地区的能力。

三、中国共产党建设民族法制，依法治理云南民族地区提供法制保障的基本经验

总结新中国成立以来云南民族法制建设的实践，我们不难发现，中共云南省委、省政府、省人大和各级地方党委、人大认真贯彻执行党的民族政策，稳步推行民族区域自治，切实加强民族法制建设，结合各民族自治地方实际进行的民族立法对保障民族自治机关依法行使自治权，促进各民族各项事业的全面发展，促进平等、团结、互助、和谐的民族关系发挥了积极作用。《宪法》《民族区域自治法》赋予民族自治地方的自治权，是加强民族法制建设的根本依据。把党和国家多年来行之有效的民族政策用民族法律法规、条例、办法固定下来并使之具体化，以及各执法部门切实执行民族政策和民族法律法规，是各少数民族实现平等权利、自治权利以及各项民主权利的最有力保障。

（一）民族法制建设的根本依据是党和国家的民族政策

新中国成立以来，党和政府把马克思主义民族理论与国内民族问题的实际结合起来，探索总结出了一系列符合中国民族发展和各族人民利益的民族政策，这些政策成为指导民族地方民族工作、保障少数民族自治权利的指导思想和根本原则。云南作为有20多个世居少数民族的省份，在党的民族政策的指导下积极开展民族法制建设。云南刚解放，就以《云南省民族自治区代表会议组织暂行条例》为起点，开启了民族立法的进程。

党和政府的政策作为一种导向性和权威性的政治策略，不具备法律的强制性和规范性，这些政策在一定程度上不具备法律保障。政策受各种因素的影响

较大，具有易变性和临时性，不具备法律上的稳定性和长期性。因而，在"文化大革命"时期，由于受错误民族政策的影响，民族法制工作遭到破坏，民族立法停滞。党的十一届三中全会以后，党和国家重新调整了民族政策，并加强了民族立法，用法律形式将少数民族的平等权利和自治权利固定下来。中共云南省委、省政府、省人大以及民族自治机关正确把握党和国家的民族政策，在民族政策的指导下开展民族立法工作。按照《宪法》和《民族区域自治》以及上级国家机关的决议、决定、命令和指示，加强民族法制建设，使云南民族法制建设得到健康发展。

（二）民族自治地方的设立和民族自治机关的自治权是民族法制建设的基础

《中国人民政治协商会议共同纲领》确立了我国各民族享有平等权利、履行同等义务的基本原则，《中华人民共和国宪法》《中华人民共和国民族区域自治实施纲要》《中华人民共和国民族区域自治法》规定，各少数民族聚居的地方实行区域自治、设立自治机关、行使自治权。云南依据《中国人民政治协商会议共同纲领》的原则和《中华人民共和国宪法》《中华人民共和国民族区域自治法》的规定，稳步推行民族区域自治。而民族区域自治的推行，是在开展民族调查、民族识别、民族关系疏通和把握各少数民族实际情况的基础上，与各民族代表充分协商，并充分照顾各民族的利益和尊重各族人民的意愿，采取一系列措施设立民族自治地方。经过几十年稳步推行民族区域自治，云南已建立8个民族自治州、29个民族自治县，建立了142个民族乡（曾设立197个民族乡，后因撤乡建镇或合并，2012年时只有142个民族乡了），成为全国民族自治地方最多的省份。自治州、自治县和民族乡的建立，从行政建制上解决了各少数民族实行民族区域自治的问题，实现了各民族当家做主的平等权利。

少数民族自治地方建立后，为了保障各族人民当家做主、充分行使自治权，着手建立和不断完善民族自治机关。最初召开了各族各界人民代表会议，建立了民族自治地方的人民委员会和人民代表大会；后来经过不断调整与完善，民族自治地方建立了延续至今的民族自治机关即人民代表大会和人民政府。民族自治机关建立后，配备民族干部担任领导职务，并相应确定了民族自治地方人民代表大会、人民政府的领导成员和工作人员中的民族干部配置比例。全省实现了民族乡的乡长由建立民族乡的民族的公民担任，自治州、自治县的行政首长由实行区域自治的民族的公民担任。民族自治地方及其自治机关的建立和完善，民族干部的培养选拔和使用，为云南民族法制建设奠定了现实基础。

(三) 通过民族法制建设，保障各民族当家做主、自主管理本民族内部事务

《宪法》和《民族自治区域自治法》都明确规定，我国各民族一律平等，各少数民族聚居的地方实行区域自治，设立自治机关，行使自治权。这样，民族区域自治、少数民族当家做主有了法律保障。新中国成立后，特别是党的十一届三中全会以来，中共云南省委、省人大、省政府认真贯彻落实《宪法》和《民族区域自治法》的规定。1984年《民族区域自治法》颁布后，云南省政府出台了《云南省贯彻〈中华人民共和国民族区域自治法〉的若干规定（试行）》。2001年，《民族区域自治法》修订后，2004年云南省政府制定了《云南省实施〈中华人民共和国民族区域自治法〉办法》。同时，云南省政府还出台了一批规范性文件。这样，通过制定与《民族区域自治法》的配套法规，保障党和国家的民族区域自治制度和政策得到贯彻落实。推行民族区域自治，把少数民族聚居地区的区域自治与国家的统一有机结合起来，既充分尊重和保障了各少数民族管理本民族内部事务的权利，又保证了党和国家各项方针政策在民族自治地方的贯彻落实，实现了党的领导、人民当家做主和依法治国的有机统一，最大限度地调动和激发了云南边疆各族人民全面推进现代化建设的积极性、主动性和创造性，为充分实现各民族全面当家做主、全面自主管理本民族内部事务的权利，提供了充分的法律依据和坚实的制度基础。

(四) 民族法制建设，必须从实际出发，突出地方特点和民族特色

地处祖国西南边疆的云南，少数民族众多，在全国省、自治区、直辖市中民族自治地方也最多，各少数民族在社会、经济、文化等方面都有各自的特点，各民族居住的自然环境又千差万别，民族法制建设必须与各少数民族和各民族地区的实际相结合，坚持从各少数民族的社会、经济、文化特点出发。正是从实际出发，突出地方特点和民族特色，才初步形成了云南特色和民族特色的民族法律法规体系。云南有37个民族自治州和自治县，需要制定37部自治条例。在制定自治条例的过程中，为了避免自治条例的雷同化，防止立法上的"一般化"和"一刀切"，云南省人大要求各相关部门提前介入，深入各民族自治地方，在同当地立法机关一起调查了解，总结历史经验，分析州情、县情的基础上，抓住自治地方的地区特点、资源优势和民族特色来做文章，要求自治条例能够充分反映各地不同的发展思路。如楚雄州，根据各民族发展不平衡的实际，突出贫困山区的开发问题。西双版纳州，在自治条例中增加了"生态建设"一章，用较大篇幅阐述了西双版纳生态建设的内容。同时，由于西双版纳热区资

源丰富，对热区资源的开发也制定了专章。大理和丽江两个自治地方把历史文化名城和国家级风景旅游区的优势反映在自治条例中。这样，37 部自治条例都突出了各自的特色。

（五）制定单行条例，促进民族自治地方依法行政

云南 8 个自治州、29 个自治县，在制定自治条例的同时，也在积极进行制定单行条例的探索。如大理州，为了加强对洱海水资源的开发利用，制定了《洱海管理条例》。德宏州，随着大门对外敞开，吸毒贩毒等违法犯罪活动也大量渗透进来，带来一系列社会治安问题。针对这一情况，制定了《德宏傣族景颇族自治州禁毒条例》。又如，玉龙纳西族自治县，为了保护自然环境、发展旅游业，制定了《玉龙纳西族自治县玉龙雪山保护管理条例》《玉龙纳西族自治县拉市海高原湿地保护条例》。至 2014 年 5 月，云南省人大常委会批准的单行条例已达 151 件（有效件数 144 件）。各自治州、自治县的党委、人大和政府密切协作，下大力抓自治条例配套法规的制定，州人民政府、县人民政府各职能部门提交自治条例在本部门、本行业的实施办法和措施，经州人大常委会或县人大常委会批准，由州政府或县政府公布施行，使自治州、自治县的各项工作走上了依法行政的轨道。

（六）通过民族法制建设，把加强民族团结、维护社会稳定纳入法制规范

我国《中华人民共和国宪法》第 4 条、《中华人民共和国民族区域自治法》第 9 条都规定，上级国家机关和少数民族自治机关"禁止对任何民族的歧视和压迫，禁止破坏民族团结和制造民族分裂的行为"。同时规定，各民族都有保持或改革风俗习惯的自由以及宗教信仰的自由，强迫少数民族改变风俗习惯或非法干涉和破坏少数民族风俗习惯，引起民族纠纷并造成严重后果的，以及煽动民族歧视、民族仇恨、出版歧视和侮辱少数民族作品等行为，均属违法行为。云南省各级党委和政府高度重视民族团结稳定工作，在 1999 年就依法建立了民族团结目标管理责任制，把加强民族团结和维护社会稳定的工作做在平时、落到实处。按照"团结、教育、疏导、化解"的方针和"党政动手，各尽其责，依靠群众，化解矛盾，维护稳定，做到小事不出村、不出厂矿，大事不出乡（镇），矛盾不上交"的原则，层层签订责任状，做到目标明确、任务落实、工作到位、量化管理、年终检查考核。截至 2007 年，民族团结目标管理责任书已签订到全省所有州（市）、县（市、区）及 1330 个乡镇、8671 个村（居）委会、1510 个宗教活动场所、698 个企业和农场，成为维护民族团结稳定的有效

工作制度。① 2012年6月,中共云南省委、省政府出台了《关于建设民族团结进步边疆繁荣稳定示范区的意见》,提出建设的目标是"作出十大示范,实现三大跨越,2015年取得明显成效,2020年全面建成示范区"。2017年2月,云南又出台了《云南省建设我国民族团结示范区规划(2016—2020年)》,规划提出了"三个着力"②、"五个共同"③,要在六个方面作出示范(民族团结创建、民族事务治理、民族教育促进、民族文化繁荣、民生持续改善、发展动力增强等方面),努力建成我国民族团结进步示范区。另外,还依法建立了民族团结稳定工作预警机制和涉及民族方面的群体性事件预案制度,积极应对和消除影响民族团结稳定的矛盾纠纷和隐患。

---

① 云南省民族事务委员会. 云南民族团结进步事业光辉历程(1949—2009)[M]. 昆明:云南民族出版社,2009:129.
② 着力补齐少数民族和民族地区全面建成小康社会的短板、着力增强少数民族和民族地区跨越式发展的动力、着力促进民族团结和宗教和谐。
③ 实现全面小康同步、公共服务同质、法治保障同权、精神家园同建、社会和谐同创。

主要参考文献

［1］中共中央马克思恩格斯列宁斯大林著作编译局.马克思恩格斯选集：第1卷［M］.北京：人民出版社，1995.

［2］中共中央马克思恩格斯列宁斯大林著作编译局.马克思恩格斯选集：第3卷［M］.北京：人民出版社，1995.

［3］中共中央马克思恩格斯列宁斯大林著作编译局.列宁选集：第2卷［M］.北京：人民出版社，1972.

［4］中共中央马克思恩格斯列宁斯大林著作编译局.列宁选集：第3卷［M］.北京：人民出版社，1972.

［5］中共中央马克思恩格斯列宁斯大林著作编译局.列宁选集：第4卷［M］.北京：人民出版社，1972.

［6］中共中央马克思恩格斯列宁斯大林著作编译局.斯大林全集：第11卷［M］.北京：人民出版社，1955.

［7］毛泽东.毛泽东选集：第4卷［M］.北京：人民出版社，1960.

［8］毛泽东.毛泽东选集：第5卷［M］.北京：人民出版社，1960.

［9］毛泽东.毛泽东选集：第6卷［M］.北京：人民出版社，1960.

［10］周恩来.周恩来选集：下卷［M］.北京：人民出版社，1984.

［11］刘少奇.刘少奇选集：上卷［M］.北京：人民出版社，1981.

［12］邓小平.邓小平文选：第1卷［M］.北京：人民出版社，1994.

［13］江泽民.江泽民文选：第1卷［M］.北京：人民出版社，2006年版

［14］江泽民.江泽民文选：第3卷［M］.北京：人民出版社，2006.

［15］胡锦涛.胡锦涛文选：第2卷［M］.北京：人民出版社，2016.

［16］习近平.习近平谈治国理政［M］.北京：外文出版社，2014.

［17］习近平.习近平谈治国理政：第2卷［M］.北京：外文出版社，2017.

［18］中国共产党章程［M］.北京：人民出版社，2017.

［19］红河哈尼族彝族自治州编纂委员会．红河州志：第2卷［M］．北京：生活·读书·新知三联书店，1994．

［20］红河哈尼族彝族自治州编纂委员会．红河州志：第3卷［M］．北京：生活·读书·新知三联书店，1997．

［21］红河哈尼族彝族自治州编纂委员会．红河州志：第5卷［M］．北京：生活·读书·新知三联书店，1994．

［22］红河州地方志编纂委员会．红河州志：上中下［M］．昆明：云南人民出版社，2013．

［23］楚雄彝族自治州地方志编纂委员会．楚雄彝族自治州志：第2卷［M］．北京：人民出版社，1993．

［24］楚雄彝族自治州地方志编纂委员会．楚雄彝族自治州志：第3卷［M］．北京：人民出版社，1995．

［25］钟继红．楚雄彝族自治州卫生志［M］．昆明：云南民族出版社，2012．

［26］西双版纳傣族自治州地方志编纂委员会．西双版纳傣族自治州志：上下［M］．北京：新华出版社，2002．

［27］文山壮族苗族自治州地方志编纂委员会．文山壮族苗族自治州志：第2卷［M］．昆明：云南人民出版社，2002．

［28］文山壮族苗族自治州志（1996—2010）：下卷［M］．芒市：德宏民族出版社，2014．

［29］怒江傈僳族自治州编委会．怒江傈僳族自治州志：上下［M］．北京：民族出版社，2006．

［30］德宏州史志办．德宏州志：政治卷［M］．芒市：德宏民族出版社，2011．

［31］云南省地方志编纂委员会．云南省志（卫生志）：第69卷［M］．昆明：云南人民出版社，2002．

［32］元江哈尼族彝族傣族自治县编纂委员会．元江哈尼族彝族傣族自治县志［M］．北京：中华书局，1993．

［33］云南省元阳县志编纂委员会．元阳县志［M］．贵阳：贵州民族出版社，1990．

［34］云南省红河县志编纂委员会．红河县志［M］．昆明：云南人民出版社，1991．

［35］开远市地方编纂委员会．开远市志（1978—2008）［M］．昆明：云

南人民出版社，2015.

[36] 南涧彝族自治县志编纂委员会．南涧彝族自治县志（1978—2005）[M]．昆明：云南人民出版社，2009.

[37] 云南省武定县志编纂委员会．武定县志[M]．天津：天津人民出版社，1990.

[38] 德宏傣族景颇族自治州概况编写组，《德宏傣族景颇族自治州概况》修订本编写组．德宏傣族景颇族自治州概况[M]．北京：民族出版社，2008.

[39]《大理白族自治州概况》编写组．大理白族自治州概况[M]．北京：民族出版社，2007.

[40] 大理白族自治州地方志编纂委员会．大理州年鉴：2016[M]．昆明：云南民族出版社，2016.

[41] 禄丰县地方志办公室．禄丰县年鉴：2017[M]．禄丰：禄丰县地方志办公室，2017.

[42] 中共中央文献研究室．三中全会以来重要文献选编：下册[M]．北京：人民出版社，1982.

[43] 刘先照．中国共产党主要领导人论民族问题[M]．北京：民族出版社，1994.

[44] 云南省民族事务委员会，等．云南民委工作60年[M]．昆明：云南民族出版社，2011.

[45] 云南省民族事务委员会，等．云南民族团结进步光辉历程：1949—2009[M]．昆明：云南民族出版社，2009.

[46] 云南民族事务委员会．云南民族工作大事记：1949—2007[M]．昆明：云南民族出版社，2008.

[47] 中共云南省委党史研究室．云南土地改革[M]．昆明：云南大学出版社，2011.

[48] 王连芳．云南民族工作的实践和理论探讨[M]．昆明：云南人民出版社，1995.

[49] 马曜，等．云南民族工作40年：上下卷[M]．昆明：云南民族出版社，1994.

[50] 中共云南省委党史研究室，等．新民主主义革命时期党在云南的少数民族工作[M]．昆明：云南民族出版社，1994.

[51] 中共云南省委党史研究室．新民主主义革命时期中国共产党在云南的统一战线工作[M]．昆明：云南民族出版社，1999.

［52］王文光，等. 云南近现代民族发展史纲要［M］. 昆明：云南大学出版社，2009.

［53］罗开云，等. 中国少数民族革命史［M］. 北京：中国社会科学出版社，2003.

［54］云南近代史编写组. 云南近代史［M］. 昆明：云南人民出版社，1993.

［55］王明东，等. 民国时期云南土司及其边疆治理研究［M］. 北京：社会科学文献出版社，2015.

［56］当代云南编辑委员会. 当代云南简史［M］. 北京：当代中国出版社，2004.

［57］郑晓云. 当代云南傣族简史［M］. 昆明：云南人民出版社，2012.

［58］马玉华. 云南全省边民分布册西南夷考察记［M］. 哈尔滨：黑龙江教育出版社，2013.

［59］马玉华. 国民政府对西南少数民族调查之研究（1929—1948）［M］. 昆明：云南人民出版社，2006.

［60］申旭，肖依群. 云南民族调查史料钩沉［M］. 昆明：云南人民出版社，2016.

［61］云南民族识别综合调查组. 云南民族识别综合调查报告（1960年）［M］. 昆明：云南民族学院民族研究所，1979年.

［62］傅懋勣. 傅懋勣民族语文论集［M］. 北京：民族出版社，2011.

［63］云南省编辑组. 云南少数民族社会历史调查资料汇编：三［M］. 昆明：云南人民出版社，1987.

［64］尤伟琼. 云南民族识别研究［M］. 北京：民族出版社，2013.

［65］中共中央统战部. 民族问题文献汇编（一九二一·七——一九四九·九）［M］. 北京：中共中央党校出版社，1991.

［66］陈国新. 云南少数民族的社会主义道路［M］. 昆明：云南大学出版社，1999.

［67］当代云南编辑部. 当代云南大事纪要（1949—1995）［M］. 北京：当代中国出版社，1996.

［68］中共云南省委党史研究室. 中国共产党民族工作的伟大实践（云南卷）：上中下［M］. 北京：中共党史出版社，2014.

［69］勒安旺堆. 当代云南藏族简史［M］. 昆明：云南人民出版社，2009.

［70］中共中央组织部调配局，等. 培养选拔少数民族干部［M］. 北京：中

华工商联合出版社，1994.

[71] 张邦兴. 当代云南壮族简史 [M]. 昆明：云南人民出版社，2012.

[72] 李缵绪. 当代云南白族简史 [M]. 昆明：云南人民出版社，2014.

[73] 中共大理州委组织部. 中国共产党云南省大理白族自治州组织史资料 云南省大理白族自治州政权、军事、统战、群团系统组织史资料（1947.12—1987.12）[M]. 昆明：云南人民出版社，1994.

[74] 云南省民族事务委员会，等. 云南民族自治地方"九五"经济社会发展文献 [M]. 昆明：云南民族出版社，2002.

[75] 云南省民族事务委员会，等. 云南民族地区"十五"经济社会发展文献 [M]. 昆明：云南民族出版社，2007.

[76] 云南省民族事务委员会，等. 云南民族地区"十一五"经济社会发展文献 [M]. 昆明：云南民族出版社，2012.

[77] 云南省民族事务委员会，等. 云南民族地区"十二五"经济社会发展文献 [M]. 昆明：云南民族出版社，2017.

[78] 中共中央统战部. 民族问题文献汇编 [M]. 北京：中共中央党校出版社，1991.

[79] 国家民族事务委员会，等. 民族工作文献选（二〇〇三—二〇〇九年）[M]. 北京：中央文献出版社，2010.

[80] 史筠. 民族法制研究 [M]. 北京：北京大学出版社，1986.

[81] 张尔驹. 中国民族区域自治的理论和实践 [M]. 北京：中国社会科学出版社，1988.

[82] 金炳镐. 中国共产党民族工作发展研究（广西云南篇）[M]. 北京：中央民族大学出版社，2007.

[83] 云南省人民代表大会民族委员会，等. 民族区域自治在云南的成功实践 [M]. 北京：民族出版社，2012.

[84] 云南省情编委会. 云南省情（2008年版）[M]. 昆明：云南人民出版社，2009.

[85] 云南省药物研究所. 云南天然药物图鉴：第1卷 [M]. 昆明：云南科技出版社，2004.

[86] 王声跃，等. 云南地理 [M]. 昆明：云南民族出版社，2002.

[87] 李荣梦，等. 云南水资源及其开发利用 [M]. 昆明：云南人民出版社，1983.

[88] 云南省统计局. 云南四十年 [M]. 北京：中国统计出版社，1989.

[89] 中共云南省委党史研究室. 云南省家庭联产承包责任制［M］. 昆明：云南人民出版社，2016.

[90] 李静萍. 农业学大寨运动史［M］. 北京：中央文献出版社，2011.

[91] 新编云南省情编委会. 新编云南省情［M］. 昆明：云南人民出版社，1996.

[92] 云南省发展和改革委员会，等. 西部大开发在云南［M］. 昆明：云南人民出版社，2011.

[93] 黄健英. 当代中国少数民族地区经济史［M］. 北京：中央民族大学出版社，2016.

[94] 赵新国. 新中国民族政策在云南实践经验研究［M］. 北京：中国社会科学出版社，2012.

[95] 陶天麟. 云南少数民族教育史［M］. 昆明：云南民族出版社，2015.

[96] 中共云南省委政策研究室. 云南地州市县情［M］. 北京：光明日报出版社，2001.

[97] 王明东. 彝族传统社会法律制度研究［M］. 昆明：云南民族出版社，2001.

[98] 王连芳. 云南民族工作回忆［M］. 北京：民族出版社，2012.

[99] 中共云南省委党史研究室. 民族团结进步示范区建设云南的成功探索［M］. 昆明：云南人民出版社，2016.

[100] 黄峻，纳麒. 云南文化发展蓝皮书［M］. 昆明：云南大学出版社，2006.

[101] 王文章. 非物质文化遗产概论［M］. 北京：文化艺术出版社，2006.

后　记

云南和平解放以来，中国共产党治理云南民族地区取得了巨大的成效。尽管中国共产党治理云南民族地区已有半个多世纪了，但尚无一项对这一问题进行全面、系统研究总结的课题和专著。于是课题组在 2016 年申报了以"中国共产党治理云南民族地区的实践与经验研究"为题的项目，并得到了某社科基金的立项。

本课题自立项以来，课题组成员按照预定计划进行研究，先后到云南省档案馆、云南省图书馆、云南民族大学、中共云南省委党史研究室等单位查找资料；深入河口、金平、元阳、红河、绿春、峨山、元江、墨江、镇沅、江城、宁洱、澜沧、孟连、景洪、勐海、勐腊、耿马、沧源、镇康、芒市、双柏、武定、大理、福贡、香格里拉等县市调研，收集资料。在积累了一定资料的基础上，课题组成员制订写作提纲进行写作。

本课题从立项到结项，历时 5 年有余，最终成果是课题组成员集体劳作的结果。课题的完成，铭刻着课题组成员艰辛的付出，凝结着课题组成员辛勤的劳动和汗水。具体研究及撰稿分工如下：

李普者：绪论、第二章、第三章、第四章、第六章、第七章、第九章、第十章，项目的倡导和论证、提纲的最终拟定，全书的增补修改，并负责全书的统稿。

王明东：课题项目倡导、论证，并参与全书的统稿。

李甫保：课题项目倡导、论证，收集资料，提出各章节的修改意见。

马云：第一章，提纲的初步拟定，全书部分章节的修改。

杨文顺：第八章初稿。

向艳花：第五章初稿，收集资料。

2022 年春季的某一天，光明日报出版社来微信告知书稿即将进入出版环节，嘱我对书稿进行删减。经过多次增补删改，定稿工作即将完成，只盼着早日付梓，让广大读者批评指正。

本书虽然是课题组成员集体智慧的结晶，但由于著作署名最多只能有三人，只好按课题申请书上姓名的先后顺序署名；课题组其他成员未能署名，甚是遗憾！

最后，谨对光明日报出版社以及参与撰写本书的课题组成员致以真诚的谢意。

李普者

2023 年 4 月 8 日